Professor Dr. Herbert Tichy, Jahrgang 1912, ist Geologe, Schriftsteller und Weltreisender. Er wurde durch die Erstbesteigung des Cho-Oyu (8189 m) im Himalaya im Jahre 1954 und durch zahlreiche Bücher über Expeditionen durch Asien und Afrika weltweit bekannt.

Vollständige Taschenbuchausgabe
Droemersche Verlagsanstalt Th. Knaur Nachf. München
Lizenzausgabe mit freundlicher Genehmigung
des Verlags Orac, Wien

Die Abbildungen auf den Tafeln stammen
aus dem Archiv des Autors
Umschlaggestaltung Klaus Förster
Umschlagfoto Mauritius
Gesamtherstellung Ebner Ulm
Printed in Germany · 1 · 9 · 983
ISBN 3-426-03710-6

1. Auflage

Herbert Tichy:
Weiße Wolken über gelber Erde

Eine Reise in das Innere Asiens

Mit 16 Abbildungen

Knaur

Die Erde ist die gleiche überall,
Und ewig, ewig sind die weißen Wolken.

(Aus Wang Wei, Der Abschied des Freundes)

VORWORT

Dem thailändischen Minister Pamon Montri verdanke ich es, daß ich sieben Jahre in China leben durfte. Ich sage mit Absicht „durfte" — denn es war eine wunderschöne, lehrreiche Zeit. Im Frühjahr 1941 besuchte er Berlin, um die Beziehungen Bangkoks zu Deutschland zu vertiefen. Polen, Frankreich, Dänemark, Norwegen, praktisch das halbe Europa waren von deutschen Truppen besetzt. Der Krieg gegen Rußland, noch weniger die nachfolgende Katastrophe in seinem Winter und seiner Weite, zeichneten sich noch nicht ab. Es war also zu dieser Zeit nicht abwegig, Deutschland als den kommenden Sieger zu sehen. Deshalb war Montri nach Berlin gekommen.

Ich bohrte zu dieser Zeit im eroberten Polen nach Öl. Die Jahre vorher hatte ich mich als Journalist und Geologe in Asien und Alaska herumgetrieben. Der Ausbruch des Kriegs aber überraschte mich in Wien, als ich gerade einen bürgerlichen Beruf bei einer Ölfirma gefunden hatte. Ich hätte den Krieg gerne als Fotoreporter bei der Luftwaffe mitgemacht, aber Öl war damals so wichtig geworden, daß ich „u. k. — unabkömmlich" gestellt wurde, um diese kostbare Flüssigkeit für die deutsche Kriegsmaschinerie zu fördern.

Zuerst bohrte ich — erfolglos — bei Wien, dann bei Hamburg, und schließlich wurden wir Geologen kurz nach den Kampftruppen in das eroberte Polen geschickt. Die Firma stattete uns großzügig mit Revolvern aus, und wir wurden unterwiesen, wie diese handlichen Waffen zu gebrauchen wären. Anfangs fanden wir dazu keinen Anlaß. Die Polen mochten sich von ihren alliierten Freunden, den Franzosen und Engländern, im Stich gelassen fühlen und versuchten, sich mit der neuen Lage abzufinden. Im früheren Galizien, wo man sich der alten k. k. Monarchie manchmal wohlwollend erinnerte, brachte man mir als Wiener kaum Haß, aber manchmal sogar Freundschaft entgegen. Heute noch bekomme ich von polnischen Emigranten, denen ich irgendwie behiflich sein konnte, herzliche Briefe — aus Argentinien und Brasilien.

Manche der Bohrungen, die ich zu betreuen hatte, lagen weit entfernt von meinem Standquartier in Sanok. Während des schneereichen Winters konnten sie mit dem Auto nicht erreicht werden, und ich benützte meine Langlauf-Ski. Ich erinnere mich an tagelange Wanderungen durch das hügelige Land; an die armseligen Bauernhäuser, die fast im Schnee verschwanden und nur durch den heimeligen Rauch die Nähe menschlicher Wesen ankündigten; an eine fahle Sonne des Morgens, die den Nebel vertrieb und das Land in eine glitzernde, arktische Einsamkeit verwandelte. Abends fand ich gastfreundliche Aufnahme in halbzerstörten Bauernhäusern und in ausgeplünderten Schlössern. Es war trotz des Kriegs eine schöne Zeit.

Aber diese Zeit einer — unerwünschten und unerlaubten — Verbrüderung ging rasch zu Ende. Den Kampftruppen war die zivile Verwaltung gefolgt. Mit ihrer Härte und Grausamkeit machte sie im General-Gouvernement bald jedes halbwegs friedliche Nebeneinanderleben unmöglich. Die polnischen Freunde schlossen ihre anfangs weit offenen Türen. Weiterhin könnten sie für meine Sicherheit nicht bürgen, sagten sie, auch sie selbst seien gefährdet, wenn sie über das Dienstliche hinaus — wir hatten polnische Angestellte und Arbeiter — mit mir verkehrten. Eine vergiftete Atmosphäre des gegenseitigen Mißtrauens und der gegenseitigen Angst entwickelte sich. Das schlimmste war, daß man kaum oder fast nicht helfen konnte. Die Maschinerie der Unterdrückung und Ausrottung war stärker.

So war es verständlich, daß ich weg wollte. Die Schwierigkeit war nur, daß meine Tätigkeit als kriegswichtig galt und ich sie nicht einfach aufkündigen konnte. Ich erinnerte mich meiner journalistischen Berichterstattung aus Asien und Alaska für deutsche Zeitungen; auch hatte ich ein Buch über eine verbotene Reise nach Tibet veröffentlicht, dem Sven Hedin ein Vorwort geschrieben hatte. Damit hoffte ich, die Redakteure wichtiger Zeitungen so weit zu beeindrucken, daß sie mich als ihren Sonderberichterstatter ins Ausland, womöglich nach Asien, schicken würden. Ich nahm also ein paar Tage Urlaub und fuhr nach Berlin, wo einige große Zeitungen erschienen.

Goebbels hatte inzwischen die Presse gleichgeschaltet, und „Sprachregelungen" wiesen die Redakteure an, was und wie sie zu schreiben hatten. Erstaunlicherweise standen die meisten Zeitungsleute dem Regime äußerst kritisch gegenüber und waren von den historischen Ereignissen, die sie schildern sollten, durchaus nicht begeistert. Das gaben sie natürlich nicht gleich zu erkennen; da ich aber „hinaus" wollte, betrachteten sie mich als Gesinnungsgenossen. Die meisten hatten für meinen Wunsch nur ein mitleidiges Lächeln: „Von uns kommt keiner mehr lebend hinaus", meinten sie abschließend.

Auch Dr. Mündler, der Herausgeber des Wochenblattes „Das Reich", der während meines Aufenthalts in China Selbstmord verübte, war dieser Meinung. Bevor er sie aber äußern konnte, klingelte das Telefon, und Minister Montri — Gott und Buddha segne ihn — trat ihn mein Leben.

Mündler nickte ein paar mal ins Telefon und sagte „ja, ich werde sehen" und „das wird sich schon machen lassen", dann hielt er die Muschel zu und fragte mich, ob ich einen Artikel über Siam schreiben könne. Natürlich, sagte ich, nichts leichter als das. Mündler teilte seinem Gesprächspartner, es war das Auswärtige Amt, mit, daß in der nächsten Nummer der gewünschte Bericht doppelseitig erscheinen würde.

Montri gab mir die nötigen sachlichen Unterlagen und sein vorteilhaftes Foto in großer Paradeuniform (es wurde fast so groß veröffentlicht wie ein Bild des exotischen Königs), und ich leistete auf zwei Seiten des großformatigen Blattes meinen Beitrag zur Freundschaft Berlin—Bangkok.

Montri war über den Erfolg seines Staatsbesuchs — ich glaube, er handelte ein Kulturabkommen aus — hoch erfreut und lud mich offiziell ein, Thailand doch drei Monate lang zu bereisen und von Ort und Stelle über das „Land der Freien“ zu berichten.

Gute Beziehungen zu fernöstlichen Ländern galten damals als wichtiger als die paar Fässer Öl, die dank meiner Kenntnisse der polnischen Erde entrissen wurden. Höchster Stelle plante man ja sogar, Indien vom britischen Kolonialismus zu befreien. Es konnte dann nicht schaden, ein freundliches Thailand zum Nachbarn zu haben. So wurde ich für ein Vierteljahr beurlaubt, und vier Wochen vor Ausbruch des Rußlandfeldzugs rollte ich mit dem Sibirienexpreß nach Osten. Noch bevor wir den Ural hinter uns hatten, hörten wir im Zugsradio drohende Worte von „deutschen Imperialisten, die unsere jugoslawischen Brüder“ überfallen hatten. An der Grenze Sibirien—Mandschukuo mußten die deutschen Passagiere mit dem Paß auch Brieftasche, Notizbuch und anderes Papierzeug abliefern. Die Sachen wurden auf einen Tisch neben dem Zug gehäuft. Rotarmisten standen vor den Waggontüren Wache. Die Deutschen wurden einzeln hinausgerufen, Paß und andere Papiere oder gar Druckzeug wurden einer genauesten Prüfung unterzogen und dann zurückgegeben. Ein Mitreisender hatte seinem Notizbuch anvertraut, daß das Essen im Speisewagen geschmacklos und miserabel sei. Diese Seite wurde herausgerissen, und der Feinschmecker erhielt dafür eine Bestätigung in cyrillischer Schreibart. Ich war dankbar, daß ich ein fauler Tagebuchschreiber bin und meine Seiten noch weiß waren. Diese Grenzformalität klingt lächerlich, aber sie dauerte stundenlang, und uns war gar nicht zum Lachen zumute. Wir atmeten auf, als der Zug ins Kaiserreich Mandschukuo rollte.

Wenig später war ich in Bangkok, aber aus den geplanten drei Monaten in Thailand wurden sieben Jahre in China. Der Rußlandkrieg hatte die Landverbindung nach Europa abgeschnitten. Die alliierte und später auch die amerikanische Flotte sperrten den Seeweg. Nur wenige deutsche Blockadebrecher kamen nach dem verbündeten Japan, aber es war ein Himmelfahrtskommando, auf einem solchen Schiff Passage zu nehmen. Gelegentlich wurden unliebsame Volksgenossen, die es sich mit der deutschen Gestapo und der japanischen Kempetai verscherzt hatten, auf diese Art strafweise nach Deutschland verfrachtet. Darunter ein guter Freund aus Tientsin, der „dumme Sachen" über das Tausendjährige Reich zu laut gesagt hatte. Wir bemitleideten ihn damals sehr, aber sein Schiff wurde nahe der brasilianischen Küste versenkt, und er konnte an Land schwimmen. Dort brachte er, ein gevifter Geschäftsmann, es rasch zum Millionär, und als wir ein paar Jahre später bettelarm in Europa ankamen, bemitleidete er uns.

Ich blieb also sieben Jahre im Fernen Osten. Zuerst bereiste ich Thailand, und als sich das Morden nach dem japanischen Angriff auf Pearl Harbor zu einem Pazifischen Krieg ausweitete, war ich hauptsächlich als Kriegsberichterstatter in China tätig.

Von Charbin im Norden nahe der russischen Grenze bis nach Kraburi im südlichsten Zipfel Thailands bereiste ich das von Japan besetzte Festland. In China waren das hauptsächlich die Küstengebiete. Das Innere des Landes, das von Tschiang Kaischek und Mao Tse-tung beherrscht wurde, konnte ich mit meinem damaligen deutschen Paß nicht betreten. Nach Kriegsende lockerten sich diese Beschränkungen.

Wahrscheinlich war es meine Vorliebe für die abseitigen, stillen Dinge des Lebens, die mich zu keinem begeisterten Berichterstatter der aktuellen Ereignisse werden ließ. Obwohl ich die Quellen meiner Informationen genau prüfte und Gerüchte von Tatsachen trennte, bekamen meine Berichte, gleich ob sie von den blutigen Feldern des Krieges oder von dem gar nicht so glatten Parkett der Diplomaten erzählten, für mich einen fernen, unglaubhaften Klang. Ich kabelte sie nach Berlin, wo sie im „Reich" und auch in Tageszeitungen veröffentlicht wurden. Teilweise hat mein Vater sie gesammelt, und sie liegen noch heute vor mir — ein totes Gerippe von Geschehnissen, die das wirkliche Leben vermissen lassen.

Besonders im menschenreichen China hatte ich das Gefühl, daß die Kriegshandlungen, ja selbst eine Überschwemmung oder eine Hungersnot, die wir katastrophal nennen würden, den Strom des

Lebens kaum berührte. Da waren Menschen, und immer wieder Menschen. Sie lebten mit ihren Traditionen oder brachen mit ihnen. Vielleicht wollte es der Zufall, daß ich häufiger mit Leuten zusammen war, die noch aus einer Vergangenheit schöpften, die bald beiseitegedrängt werden sollte. Ich bedauere es nicht, sie noch gekannt zu haben.

In diesem Buch erzähle ich meist von Dingen, die die Spesen eines Kabels nicht gerechtfertigt hätten. Hier seien nur zwei Episoden aus meiner Tätigkeit als Reporter erwähnt.

„Das Reich" galt allgemein als Lieblingszeitung Goebbels', und man könnte annehmen, daß es besonders linientreu gestaltet wurde. Aber gerade das Gegenteil war der Fall, es war eine wirklich gute Zeitung. Dr. Mündler kabelte mir manchmal einen Wunsch, welches Thema er von mir gerne behandelt habe. Einmal lautete sein Wunsch oder Auftrag: „Die Anstrengungen Nationalchinas zum gemeinsamen Krieg."

Nationalchina war das von Japan besetzte China, das eine „eigene", von Japan beeinflußte Puppen-Regierung besaß. Natürlich kümmerten sich diese Chinesen keinen Deut um irgendwelche gemeinsame Anstrengungen. Sie suchten, sich mit möglichst heiler Haut aus ihrer unerfreulichen Lage herauszuschaukeln: sie hatten drei Feinde — die Japaner, Tschiang und Mao. Um ihr vorsichtiges Abwarten zu verschleiern, führten sie gelegentlich lautstarke Werbefeldzüge durch. Zur Zeit des Kabels von Mündler kämpften sie gerade gegen das Spucken.

Hier muß kurz erklärt werden, daß die Chinesen — vielleicht wegen des feinen Staubs, den der Sturm aus der Wüste Gobi bringt — häufig, gerne und lautstark ausspucken. Auf den meisten Fotos chinesischer Würdenträger bei einem Interview sieht man den unvermeidlichen Spucknapf. Nun hatte die Nationalregierung die Gefahr dieser Sitte erkannt — Tuberkulose, Unhygiene, Schmutz, Belästigung u. a. — und wollte sie als Beitrag zum gemeinsamen Krieg ausrotten.

Ich verfaßte ein — wie ich glaubte — witziges Kabel und freute mich des Schmunzelns auf Dr. Mündlers Gesicht. Diese Freude wurde jäh durch die Aufforderung des deutschen Botschafters unterbrochen, doch sofort von Peking nach Nanking zu kommen und ihn dort aufzusuchen. Er las mir richtig die Leviten: mein Kabel sei durch einen Zufall, natürlich unveröffentlicht, Goebbels vor Augen gekommen. Der hatte keinen Spaß verstanden und nicht geschmunzelt. Falls ich mir noch etwas zuschulden kommen lasse, würde ich mit dem nächsten Blockadebrecher in eine Strafkompanie an der Ostfront abgeschoben. Mündlers Wünsche und meine Berichte wurden daraufhin weniger humorvoll.

Die zweite Episode muß ich ohne Namensnennung erzählen. Nicht aus Diskretion, sondern weil mir die Namen entfallen sind. Die Tatsachen waren: die Japaner hatten in Mandschukuo eine 1 Million starke, bestausgerüstete Armee stehen. Natürlich hoffte man in Deutschland, daß die Achse Berlin–Tokio sie bewegen würde, gegen Rußland loszuschlagen. Wir deutschen Journalisten besuchten turnusweise das sonst wenig ergiebige Mandschukuo und fragten routinemäßig um ein Interview bei dem befehlshabenden japanischen General (Name vergessen) an. Ich war wieder einmal an der Reihe, und zu meiner größten Überraschung bekam ich das Interview.

Um das Folgende verständlich (oder vielmehr unverständlich) zu machen, muß ich die Einzelheiten des Interviews schildern. Ich wurde ins Hauptquartier gebracht, verschiedene andere Militärs waren anwesend, ein japanischer Dolmetsch übersetzte meine englischen Fragen und die japanischen Antworten des Generals. Japanische Stenographen schrieben mit, und außerdem mußte mein Kabel ja durch die japanische Zensur.

Schließlich stellte ich die Gretchenfrage: „Welche Rolle spielt Ihre Armee im gegenwärtigen Krieg?“

Antwort: „Die gleiche wie Hindenburgs Armeekorps XY (vergessen) in der Schlacht von Tannenberg!“

Ich wußte über Weltkrieg I zu wenig Bescheid, um die Bedeutung dieser Aussage zu verstehen. Erst der deutsche Botschafter klärte mich auf: Hindenburg hätte dieses Korps bis zum letzten Augenblick zurückgehalten, es sozusagen erst fünf vor zwölf in die Schlacht geworfen und diese gewonnen. Was das für den Deutsch-Russischen Krieg bedeutete, war sogar mir klar. Ich schrieb mein Kabel und brachte es zur Post — (von wo es zur Zensur ging).

Ich war über meinen journalistischen Coup erfreut und feierte entsprechend. In der Nacht weckte mich der Botschafter: „Sie müssen sich sofort entschuldigen!"

„Bei wem? Weshalb? Wofür?"

„Beim General. Sie haben in Ihrem Kabel Unwahrheiten behauptet."

„Sie wissen doch selbst, daß . . ."

Der Botschafter ließ mich nicht ausreden und erklärte: Das Kabel hatte in Berlin nicht nur Freude, sondern auch Extraausgaben ausgelöst. Die waren nach Tokio gefunkt worden. Dort war man mit der Behauptung des Generals durchaus nicht glücklich, sie paßte nicht in die japanische Politik. Wahrscheinlich hat der General einen argen Rüffel bekommen. Um gegenseitig Gesicht zu wahren, brauchte man einen Sündenbock. Der sollte ich sein.

„Warum gerade ich?" begehrte ich auf. „Sie wissen doch selbst . . ."

„Machen Sie keine Geschichten. Sie sind doch kein heuriger Hase."

So brachte man mich nochmals in das Hauptquartier. Die gleiche Szenerie: General, Adjutanten, Dolmetsch, Stenographen. Ich entschuldigte mich wegen des Mißverständnisses, das meiner Oberflächlichkeit, ja Dummheit zuzuschreiben sei. Meine Entschuldigung wurde steinernen Gesichts angenommen und ich ungnädigst entlassen.

Hier erinnere ich mich an ein anderes Interview, das ich nicht widerrufen mußte, weil ich es nie niederschrieb. Der japanische Botschafter in Nanking, also im befreundeten und besetzten China, empfing mich in seiner Residenz. Shigemitsu war ein alter Staatsmann mit maskenhaftem Gesicht. Bei einem Bombenanschlag hatte er ein Bein verloren, was ihm die Würde eines Märtyrers verlieh. Er sprach gutes Englisch, und wir unterhielten uns ohne Dolmetsch — auch bei sprachkundigen japanischen Militärs oder Politikern eine Ausnahme. Shigemitsu hätte auf meine Fragen mit den üblichen Phrasen von Durchhalten und Endsieg antworten können. Es war zwei Jahre vor Hiroshima, und die Lage war nicht so hoffnungslos, daß solche Antworten lächerlich geklungen hätten. Aber Shigemitsu kam ins Sinnieren und malte ein Bild des japanischen Untergangs und eines im Blut versinkenden China. Mit seinen Voraussagen hat er nur zum Teil recht behalten. Wir hatten ein oder zwei Stunden geplaudert, es war Abend geworden, und plötzlich fuhr er wie aus einem Traum auf und sagte mit einem rührenden Lächeln, wie man es bei einem Japaner selten sieht: „That's all off the record — nicht für Veröffentlichung." Später wurde Shigemitsu Außenminister Nachkriegsjapans, aber ich habe ihn nicht mehr gesehen.

Nach kurzer Zeit in Peking hatte ich so viel Chinesisch gelernt — den Dialekt der Stadt, der in ganz Nordchina verstanden wird —, daß ich mich zuerst leidlich, dann recht fließend unterhalten konnte. Nach einigen Jahren fühlte ich mich als „old China-hand", also als Fachmann für alles Chinesische. Wie alle anderen China-Kenner, gleichgültig ob Amerikaner, Europäer oder selbst Chinesen, war ich überzeugt, daß der Kommunismus in China keinen Erfolg haben könne. Chinesen seien die größten Individualisten, die sich nur dem Kollektiv der Familie beugen, aber andere Bindungen, seien sie staatlich oder religiös, kritisch betrachten und meist ablehnen. Jeder Experte konnte diese Meinung mit so vielen Argumenten untermauern, daß an ihrer Richtigkeit nicht zu zweifeln war. Die Welt weiß, wie sehr diese Experten — mich eingeschlossen — geirrt haben.

Als der bekannte Journalist Luis Barcata zu seiner ersten Reise ins neue China aufbrach, gab ich ihm mein Buch „China ohne Mauer" mit. Darin versuchte ich, den Charakter oder die Seele der Chinesen zu erklären. Das Buch erlebte eine bescheidene Auflage, wurde aber von den Fachleuten gelobt — wenigstens so lange, als Mao noch nicht der große Steuermann war.

„Lies dieses Buch genau, Luis", sagte ich, „besonders die Schlußfolgerungen, die ich ziehe. Sie stimmen alle — du mußt sie nur um 180 Grad oder ins Gegenteil umkehren."

Auch bei der Voraussage des Kriegsendes irrten die Fachleute. Natürlich waren vernünftige Leute schon lange vor der Kapitulation in Deutschland und der Bombe auf Hiroshima überzeugt, daß die Achsenmächte den Krieg verlieren würden. In Peking beteuerten die japanischen Besatzer, daß im Falle einer Niederlage — die immer nur als theoretische Möglichkeit erwähnt wurde — keiner von ihnen lebend nach Nippon zurückkehren würde. Sie alle würden Harakiri verüben. Die wohlhabenden Chinesen und Ausländer wiederum fürchteten einen Aufstand der Armen, der zu Plünderungen und Gewalt führen würde. Die Wirklichkeit war viel friedlicher. Kein Japaner suchte den Freitod — allerdings hatte der Tenno Zurückhaltung in dieser Hinsicht empfohlen. Es gab wohl ein paar Ohrfeigen und grobe Worte, aber keinen Aufstand des Mobs. Es war — zumindest in Peking — ein sanftes Ende eines brutalen Kriegs.

Nach Kriegsende, als ich nicht mehr den Status eines Journalisten besaß, sondern zum Treibgut des Kriegs geworden war, mit wenig Geld und ohne gültigen Paß, lernte ich die Chinesen erst richtig kennen — und lieben. Ein Sprichwort behauptet: Um ein Land wirklich zu verstehen, müsse man mit den Männern gearbeitet und mit den Frauen geschlafen haben. Ich würde ergänzen: man muß dort auch arm gewesen sein. Aus den Jahren meiner chinesischen Armut stammt meine große Liebe zu China.

Ich denke an Ma, der mit Antiquitäten handelte, dem ich manches gute Geschäft vermittelte, solange noch amerikanische Soldaten in Peking waren. Meine Sprachkenntnisse und seine Waren ergänzten einander. Dann verloren wir uns aus den Augen. Ich war lange am Blauen See, er war bemüht, seine Handelsbeziehungen auszubauen. Schließlich kam ein bitterkalter Winter in Peking für mich. Die letzten Ersparnisse mußte ich für die Passage nach Europa aufheben, ein mongolischer Prinz nahm mich in sein Haus auf. Leider war auch er so arm, daß wir nicht heizen konnten. Meist hatte es einige Minusgrade in meinem Zimmer. Zwei Tage vor Weihnachten tauchte Ma auf. Wir hatten uns lange nicht gesehen. Er machte ein verlegenes Gesicht und stotterte herum: Würde ich ihm einen großen Gefallen erweisen? Er könnte ein gutes Geschäft abschließen, aber alles sei noch in der Schwebe, und er würde viel Gesicht vor seinen chinesischen Partnern gewinnen, wenn ich als Fremder seine Ehrlichkeit und seine kaufmännische Fähigkeiten bezeuge. Ich war nur zu bereit, denn Ma war immer ein Ehrenmann gewesen. Dann also übermorgen im Restaurant zur Fetten Ente.

Es gab ein mehr als reichliches Essen mit viel weißem Schnaps. Anscheinend hatte Ma vergessen, daß mein Chinesisch sehr gut geworden war. „Hoffentlich fühlt er sich wohl, er soll sich nur recht satt essen", meinten seine Freunde, und von Geschäften war kaum die Rede. Ma hatte daran gedacht, daß der Abend des 24. Dezembers für uns eine feierliche Bedeutung hat und wollte mich nicht hungrig in meinem eisigen Zimmer frieren lassen. Aber wie tölpelhaft wäre es gewesen, mich ganz einfach zu einem fetten Essen aufzufordern. Ma wußte, daß man Armen ihr „Gesicht" nicht nehmen darf, sie besitzen so wenig anderes. Ich tat, als würde ich von dem frommen Schwindel nichts merken, und als wir spät nachts auseinandergingen, waren wir alle vollgegessen und fröhlich angeheitert. Aber ich war auch gerührt, und wenn ich heute an Weihnacht denke, an all das, was eine Stille, Heilige Nacht verkörpert, dann sehe ich den schlaksigen Ma mit seinem verlegenen Jungengesicht vor mir.

Aber auch die glückhafteste Armut wird auf die Dauer langweilig. Der Plan, über die Mongolei und Tibet nach Indien zu kommen, wo ich von früher viele Freunde hatte, war fehlgeschlagen. Ich hatte einen neuen österreichischen Paß bekommen und konnte mich um eine Schiffspassage bemühen.

In Shanghai fand ich einen holländischen Frachter, dessen Kapitän mich trotz seines ständig betonten Hasses gegen alles Deutsche nach Europa mitnehmen wollte.

„Aber kein einziges deutsches Wort auf der ganzen Reise!" warnte er mich. Ich war damit einverstanden und nicht daran schuld, daß die Umgangssprache auf dem Schiff bald hauptsächlich deutsch war. Die anderen Passagiere waren Emigraten aus Österreich und Deutschland, die wieder in ihre Heimat zurückkehrten. Die holländischen Matrosen wiederum hatten während des Kriegs als Gast- oder Zwangsarbeiter in Deutschland gearbeitet und von dort, wie sie gerne und unaufgefordert erzählten, erfreuliche Erinnerungen — hauptsächlich an Mädchen — mitgebracht, die sich häufig in Volksliedern und nicht ganz anständigen Witzen äußerten. Alles natürlich auf deutsch.

Nach dem langen Umgang mit Chinesen und Mongolen war ich der deutschen Sprache etwas ungewohnt und suchte nach stillen, ungestörten Plätzen auf dem Schiff, das mit einem Umweg über die Philippinen zwei Monate nach Genua brauchte. Auf der Insel Mindanao hatten wir Holz geladen, und in einem einladenden Winkel zwischen zwei wohlduftenden Stapeln von Brettern fand ich einen idealen Platz zum Schreiben. Ich wollte die Jahre in Asien in meiner Erinnerung nochmals erleben.

Ich dachte an Minister Montri, dessen Wunsch nach einem Kulturabkommen mich nach Thailand gebracht hatte; wie mich das Treiben im lebensfrohen Bangkok anfangs verwirrt und bald ermüdet hatte. Der Pazifische Krieg hatte noch nicht begonnen, und es herrschte die sprichwörtliche Ruhe vor dem Sturm. So waren meine jounalistischen Aufgaben nicht vordringlich, ich schob sie mehr und mehr in den Hintergrund und suchte die Einsamkeit des Dschungels. Seine Weite und Stille verführte dazu, sich treiben zu lassen und die Zeit zu vergessen.

I.

Es war Mittag, als ich in die Steppe kam.

Ich hatte lange im Dschungel gelebt und das grelle, heiße Licht der Sonne schmerzte mich. Die Grenze zwischen Wald und Steppe war scharf und ausgeprägt. Die Bäume und Palmen wagten sich nicht vereinzelt hinaus in das glühende, sonnendurchflutete Land. Sie standen eng aneinandergepreßt und schützten sich gegenseitig.

Im Dschungel war es niemals heiß gewesen. Selbst während der Mittagstunden war die Sonne ein matter Ball, grün und mild über einem dichten Vorhang von Blättern und Moosen. Und immer war es feucht. Feucht und kühl.

Aber jetzt sprang mich die Hitze wie ein Raubtier an und schlug nach mir. Der Boden der Steppe war grau und staubig, das Gras war dürr und hart und schnitt wie kleine Messer gegen die bloße Haut. Der Himmel leuchtete in einem unbarmherzigen Blau und die Sonne war eine Geißel.

Am liebsten wäre ich zurück in das feuchte Halbdunkel des Dschungels gegangen, wo Tag und Nacht harmonisch ineinanderfließen und man die Tage und Wochen zu zählen vergißt. Doch da war die offene, weite Grasfläche und der Tag mit seinem brutalen Licht, er hatte mich gepackt, und ich wußte, daß ich nicht mehr zurück konnte.

So ging ich weiter durch das hohe Gras.

Die endlose, offene Fläche verwirrte mich. Im Dschungel sind Lichtungen klein und begrenzt, selbst der Mekong, der breit und lässig fließt, vermittelt nicht den Eindruck der Grenzenlosigkeit: der Wald schiebt sich dicht an seine Ufer und greift mit den Ästen über sein Wasser. Nein, selbst dieser Strom war ein Sklave des Waldes.

Auch die großen Tempelhöfe von Angkor-Wat waren begrenzt. Sie führten den Blick nicht gegen einen freien Horizont, sondern immer gegen den grünen Wall des Dschungels. Dort war es zum letztenmal gewesen, daß ich ungeschützt im grellen Sonnenlicht stand. Doch dort konnte ich mit ein paar Schritten zurück in die schützende Dunkelheit des Waldes, und selbst auf den Höfen gab es immer wieder eine Wand oder Statue, die auch zur Zeit der höchsten Sonne Schatten warf.

Hier war nichts als die graue, trockene Steppe, der milchig blaue Himmel und die unbarmherzige Sonne. Aber ich wandte mich nicht nach dem Wald um, sondern ging weiter und erreichte bald eine Straße. Ich überlegte, ob ich nach Osten oder nach Westen gehen sollte. Die Sonne würde bald sinken, und es war besser, sie im Gesicht zu haben als im Rücken; so ging ich nach Westen.

Nach kurzer Zeit holte ich einen Bauern auf seinem Büffelkarren ein. Die Büffel trotteten sehr langsam und wirbelten hohe Staubwolken auf. Doch da ich Zeit hatte und kein bestimmtes Ziel, setzte ich mich auf den Wagen.

Der Bauer war ein sehr alter Mann, er rückte zur Seite und lächelte mich an. Seine Lippen waren blutrot vom Kauen der Betelnüsse, und die Zähne waren schwarze Stummel. Trotzdem war er ein schöner, würdevoller Mann und sein Gesicht war ohne Mißtrauen und Gier. Er deutete nach vorne und sagte: „Battambong."

Ich wußte, daß Battambong eine Stadt ist, ahnte aber nicht, daß wir ihr so nahe waren. Die Leute im Dschungel kümmern sich nur wenig um Städte und gehen ungern in die Steppe hinaus. So hatte ich zwar immer gewußt, wie weit es bis zu den nächsten Hütten war, hatte aber keine Vorstellung von den Städten. Noch bevor wir die Stadt erreichten, packte mich das Fieber. Doch der Anfall dauerte nicht lange, und als wir auf die Hauptstraße einfuhren, zitterte ich nicht mehr und konnte schon wieder gehen.

Battambong bot einen ungewöhnlichen Anblick. Die Leute waren erregt und standen in großen Mengen auf der Straße. Sie warteten auf etwas und hatten Fähnchen in der Hand. Auf dem Platz vor dem Schloß waren siamesische Offiziere in blütenweißer Uniform, und junge Männer liefen von Gruppe zu Gruppe und filmten sie. Ich sah keinen Westländer.

Vielleicht deshalb kamen die Filmleute auf mich zu und fragten, ob sie mich filmen dürften. Ich sagte, natürlich, falls sie Spaß daran fänden, könnten sie mich filmen, so lange sie wollten. Und sie erzählten mir, daß in wenigen Minuten die Truppen aus Bangkok einmarschieren würden, und Battambong, das vierunddreißig Jahre unter französischer Verwaltung gestanden hätte, würde zu Thailand zurückkehren. Sie hätten einen Krieg gewonnen, sagten sie voll Stolz.

Nun wußte ich das natürlich alles. Selbst im Dschungel hatte man erfahren, daß der Krieg zu Ende war und daß Indochina große Gebiete an Siam abtreten müsse. Erst vor wenigen Tagen hatte ich einen französischen Beamten gesehen, der auf einem entlegenen Außenposten die französische Flagge gestrichen hatte. Es war eine ziemlich ausgeblaßte Fahne, die von einem windschiefen Mast wehte. Ein paar annamitische Soldaten bildeten die Ehrenkompanie, und ein Grammophon spielte die Marseillaise. Der Beamte hatte Schwierigkeiten, die Flagge herunterzubringen. Seine Hände zitterten und Tränen tropften über seine ausgehöhlten Wangen.

Gerade als sie mich filmen wollten, prasselte ein Regenguß herunter, und wir mußten unter einem vorspringenden Dach Schutz suchen.

„Ein glückbringendes Zeichen, ein gutes Omen“, sagte ein Filmmann. Tatsächlich gilt Regen in Siam als gutes Omen, und die Menge legte ihn auch als solches aus; man lachte und war guter Dinge, obwohl man bis auf die Haut naß wurde.

Dann kamen die Truppen aus Bangkok. Die Menschen schwenkten ihre Fähnchen wie wild, und das Geschrei der

Menge kam wie eine Welle näher. Die ersten Motorradtruppen bogen um die Ecke, Autos und Tanks folgten. Die Filmleute hatten alle Hände voll zu tun.

Dann schritt ein sehr großer und sehr schlanker Mann in weißer Uniform auf das Schloß zu, und die anderen Offiziere folgten ihm. Die Truppen marschierten in den Park und nahmen Aufstellung, drei Salven hallten über den Platz und die Menge brüllte begeistert. Dann hißte der große, schlanke Mann langsam Zug um Zug die neue Flagge.

Der Photograph erzählte mir, was er von ihm wußte, aber ich habe seinen Namen vergessen. Er war ein bedeutender Mann, und sein Vater hatte einst in diesem Schloß gelebt. Als die Franzosen Battambong eroberten, hatte sein Vater die siamesische Flagge niederholen müssen. Man erzählt, daß damals Tränen über sein Gesicht liefen.

Jetzt stand der Sohn an derselben Stelle und dieselbe Flagge ging wieder hoch. Seine Hände waren lang und nervös. Liebevoll und genießerisch umfaßten sie das Flaggenseil, und jeder Zug brachte die Flagge um einen Fuß höher, bis sie schließlich von der Spitze des Mastes wehte. Der schlanke Mann verlas eine Erklärung der Regierung: Battambong war in diesem Augenblick wieder siamesisch geworden.

„Ein historischer Augenblick", sagte der Photograph zu mir, „drei Uhr fünfzehn, Sonntag, den siebenundzwanzigsten Juli neunzehnhunderteinundvierzig."

Sicher war er ein glühender Nationalist. Alle Männer östlich von Suez, die wie er fließend Englisch sprechen, sind Nationalisten.

So sagte ich höflich: „Ja, ein historischer Augenblick."

Aber er gab sich damit nicht zufrieden: „Es gab nur zwei Geschehnisse, die für Asien ebenso wichtig waren. Die Schlacht von Adua und die Schlacht von Port Arthur. Hier hat Europa die dritte Schlacht gegen die unterdrückten Völker Asiens verloren. Eine neue Zeit beginnt."

Vielleicht hatte er recht mit dem, was er sagte. Wahrscheinlich sogar, denn er sprach Englisch wie ein Mann, der in Oxford studiert hat. Aber da packte mich das Fieber wieder, ich begann zu zittern und konnte ihm nicht antworten.

Das Fieber kam seit vielen Tagen. Am späten Nachmittag, wenn die Hitze erträglich wird, stellt sich das Fieber ein. Es kommt nicht immer gleichartig, manchmal ist es zärtlich und umschmeichelt mich so lange, bis ich mich ihm widerstandslos hingebe. Dann wieder packt es mich wild und plötzlich, ohne Vorbereitungen. Im Dschungel hatte ich anfänglich versucht, mich gegen das Fieber zu wehren. Ich war zu Ärzten gegangen, die sich nicht klar darüber waren, ob es Malaria oder ein unbestimmtes Fieber war. Sie gaben mir Pillen, Pulver und Einspritzungen, aber das Fieber blieb. Daraufhin freundete ich mich mit ihm an, denn es ist angenehm und macht meine Abende schön.

Ich kann dann meine Gedanken nicht mehr kontrollieren, sie gehen ihre eigenen Wege und denken für mich. Ich sehe Wälder, Berge, Kirchen, Menschen, Gesichter, die ich kenne, fremde Fratzen, eine große, verwirrende Stadt, ein weites Feld mit reifem Getreide, ein farbenfrohes Bild Gauguins und ein verwirrendes Breughels, und die vielen Menschen in Breughels Schneelandschaft bewegen sich plötzlich und verschwinden, und es bleibt nur der Schnee. Ich gleite dann über ein unendliches Schneefeld, der Schnee ist weich und sanft, meine Schi schweben schwerelos darüber, ich ziehe lange Bogen, und der Hang wird immer steiler. Ich bin weit nach vorne geneigt, und die Luft preßt wie ein weicher Polster gegen meine Brust. Und während ich wünsche, daß dieses Gefühl des unbeschwerten, freien Fliegens niemals enden sollte, ist es plötzlich vorbei, und ohne jeden Übergang stehe ich in einer Straße in Sevilla und singe mit zwei Handwerksburschen, um mir ein paar Peseten zu verdienen. Jahrelang habe ich nicht an diese Episode aus meiner Schulzeit gedacht, jetzt aber sehe ich die von den Hungerjahren der Nachkriegszeit gezeichneten Gesichter der beiden vor mir und fühle wieder die Angst, daß sie, alte Routiniers dieses Gewerbes, hören würden, wie schlecht und falsch ich singe, und daß sie mich, Neuling, davonjagen würden, ohne mir ein Drittel der Münzen zu geben, die mitleidige Frauen aus den Fenstern der weißen Steinhäuser werfen. Dann taucht groß und nahe das Gesicht einer Frau auf, die irgendwo in einem anderen Erdteil mit einem anderen Manne lebt. Es ist so nahe, daß ich ihren Atem spüre und den feuchten Glanz ihrer grünen Augen erkenne. Sie spricht Worte, die, sinnlos und unverständlich für andere, für uns tiefe Bedeutung haben und die nochmals zu hören ich kaum mehr zu hoffen wagte. Ich versuche angestrengt, die Frau und die Stimme zu halten, aber das Fieber ist unerbittlich, es gibt und nimmt die Bilder, ohne sich beeinflussen zu lassen. Die Frau verschwindet und ich sitze unvermittelt auf einer Schulbank. Dann spricht meine Mutter zu mir, und später liege ich an der Küste und höre das Rauschen des Meeres und fühle die wohltuende Wärme der Sonne.

Diesmal kam das Fieber sanft und allmählich. Es ließ mir Zeit, mich von dem Photographen zu verabschieden und einen Gasthof zu finden. Obwohl viele Fremde gekommen waren, gab mir der Wirt ein großes Zimmer mit einer luftigen Veranda. Es war seltsam, den Lärm der Straße zu hören: das Sprechen vieler Menschen, das Geräusch ihrer Füße auf der harten Erde, die schrillen Rufe der Verkäufer und manchmal das Horn eines Autos. Im Wald sind die Nächte still. Ich habe natürlich auch in den Büchern von Forschungsreisenden und Jägern gelesen, daß der Dschungel nachts voll wilder Geräusche ist, daß Elefanten durchs Dickicht brechen und Tiger brüllend ihre Beute schlagen. Das mag für andere Gegenden stimmen. In den Wäldern zwischen dem Mekong und dem Menam sind die Nächte still. Nur selten hört man den Ruf eines Vogels oder das Brechen von Ästen.

Ich saß auf der Veranda und trank eisgekühltes Fruchtwasser.

Dabei sah ich die Bilder des Fiebers und hörte seine Stimme. Dann — viel später, es war vielleicht schon Mitternacht — kam ein Europäer auf die Veranda. Er war groß und mächtig. Die nackten Beine unterhalb seiner kurzen Hose waren krebsrot. Auch sein Gesicht war rot, nur der obere Teil seiner Stirn war schneeweiß.

„Mein Name ist Svenson", sagte er und setzte sich neben mich in einen Stuhl.

Ich nannte meinen Namen und sagte, er würde meine Gesellschaft wahrscheinlich langweilig finden, ich hätte Fieber.

„Das", sagte er, „werden wir kurieren."

„Boy", rief er, und ein bloßfüßiger Boy erschien und brachte ohne zu fragen einen Kübel mit kleinen Eisstücken, zwei Flaschen Whisky und viele Flaschen Soda.

Nun vermißte man im Dschungel nichts schmerzlicher als kalte Getränke. Es gibt zwar verschiedene Methoden, das faulige Wasser der Brunnen zu kühlen: man füllt es in Leinensäcke, an deren Außenseite es verdunstet, oder man schlägt feuchte Tücher um eine Flasche und schwenkt sie rasch durch die Luft. Aber das Wasser bleibt immer lauwarm. Nein, es gibt keine kalten Getränke im Dschungel.

Ich hielt das Glas mit beiden Händen, trotzdem klirrten die Eisstückchen, so zitterte ich.

„Sie haben die Feierlichkeiten gesehen?" fragte Svenson.

„Ich sah, wie die Flagge gehißt und Battambong wieder ein Stück von Siam wurde. Es war ein historischer Augenblick: nach Adua..."

„Es war auch ein historischer Krieg. Ich habe ihn oben am Mekong miterlebt. Die siamesischen Soldaten ließen ihre Hemden von den Priestern weihen: sie waren überzeugt, daß sie vor den französischen Kugeln geschützt seien. Und tatsächlich behielten sie recht. Es gab nur geringe Verluste. Nicht die geweihten Hemden, sondern die französischen Gewehre waren dafür verantwortlich. Aber die Soldaten wissen das nicht, und die Priester sind heute angesehener denn je. Wissen Sie, wie das Kommuniqué einer Schlacht lautet?"

„Nein, ich habe lange keine Zeitungen gelesen."

„Es war eine Schlacht, die für die Siamesen siegreich endete. Ihre Beute betrug: zwei Elefanten und ein Fahrrad und einen verletzten Annamiten. Er war vom Elefanten gefallen und hatte sich den Knöchel verstaucht."

Er lachte dröhnend und fuhr sich mit einem Handtuch, das er am Gürtel befestigt hatte, über das feuchte Gesicht.

„Die Leute haben es verlernt, vom Elefanten aus zu kämpfen, und sie haben es noch nicht gelernt, mit Tanks zu kämpfen. Eine schlechte Zeit für Elefantenjäger und Tankerzeuger."

„In Europa machen sie gute Geschäfte, wenigstens die Tankerzeuger."

„Ah, in Europa! Ich bin aber hier, und ich bin Elefantenfänger. Nur fünf habe ich während des letzten Jahres verkauft. An einen Zirkus nach Amerika. Früher, das waren Zeiten! In Indien gab es immer Kriege, und die Inder verstanden, vom Elefanten zu kämpfen. Er war damals wichtiger als heute der Tank. Und Siam war das einzige Land, das Elefanten in großer Menge ausführte. Zu Hunderten wurden sie gefangen und nach Tenasserim gebracht, von dort nach Mergui und über den Golf nach Indien. Zwanzig oder fünfundzwanzig Tiere auf einem Segelboot. Ah, das waren Zeiten!"

Er leerte sein Glas auf einen Zug. Die Eisstücke schlugen gegen seine Zähne, und er saugte den letzten Rest Alkohol zwischen ihnen heraus. Er füllte das Glas von neuem.

„Und wissen Sie, warum ich so glücklich bin? Ich heirate in einer Woche. Ja, beim Teufel, der alte Svenson heiratet. Man würde es nicht glauben, aber er sagt es selbst, so muß es wahr sein."

Er lachte dröhnend über diesen Witz, und meine Beteiligung an dem Gespräch war nicht mehr nötig.

„Hab' mir's lange genug überlegt", sagte er. „Hab' all die

Mädchen hier gekannt, die aus Annam, aus Tonkin, aus Burma, aus Siam und aus China. Hab' sie alle gekannt. Nett und braun und weiche Haut. Aber nichts für einen weißen Mann, der braucht auch was Weißes. Man muß reden können mit seiner Frau, Gedankenaustausch und Kameradschaft, Sie verstehen schon. Das hat der alte Svenson jetzt gefunden."

Das Fieber ließ nach, und ich merkte, daß er schon sehr viel getrunken hatte. Er legte seinen Arm um meinen Hals und kam sehr nahe: „In einer Woche heirate ich. Wir leben in einem Haus am Hügel, dort ist immer kühler Wind, und man sieht weit über die Wälder. Sie müssen uns besuchen kommen, ja, wirklich, Sie müssen kommen!"

Er schrieb mir auf, wie ich sein Haus am Hügel erreichen könne. Ich sollte ihm telegraphieren, und er würde mir seinen Wagen an die Bahn schicken. Ja, bestimmt, ich müßte kommen. Es war spät, als wir schlafen gingen.

Am nächsten Morgen fuhr ich mit dem Lastauto nach Bangkok. Es war eine langweilige, heiße Reise durch eine wellige Steppe ohne Schatten und ohne Feuchtigkeit, durch eine glühende, flimmernde Luft, die auf der Haut brannte. Nach einiger Zeit kamen wir zu einem Ort, der Sisophon hieß. Ein armseliger Ort mit grauen Wellblechdächern und kerzengeraden neuen, aber trotzdem verwahrlosten Straßen. Es gab kein Eis in Sisophon und die kalten Getränke waren lauwarm. Aber Papaya und Bananen und Ananas gab es in großen Mengen.

Wieder fuhren wir ein paar Stunden über die staubige Straße. Oft kamen wir durch Triumphbogen aus Bambus mit vielen grellen Papierfähnchen. Kleine, braune, nackte Kinder, deren praller Reisbauch frisch gewaschen in der Sonne glänzte, wehten mit Fahnen, aber sie waren enttäuscht, daß wir keine Soldaten, sondern nur gewöhnliche Passagiere waren.

Dann kamen wir nach Aranya, wo früher die Grenze war, aber man hatte den Grenzbaum zur Seite geschoben, und das Land zu beiden Seiten war eine einförmige Ebene. Sie war jetzt nicht mehr so trocken. Am Horizont war der grüne Saum des Dschungels sichtbar, und neben der Straße lagen kleine Reisfelder. Dann kam der Wald so nahe an die Straße heran, daß kein Platz mehr für Reisfelder war und wir durch einen dunklen, grünen Tunnel fuhren. Bald darauf waren wir in Bangkok.

Es gibt viele Leute, die von Bangkok begeistert sind. Andere wieder haben wenig für diese Stadt übrig. Es hängt wahrscheinlich davon ab, von wo man kommt. Kommt man aus Europa, so ist Bangkok eine wunderbar exotische Stadt, voll von würdigen Mönchen und schillernden Pagoden. Kommt man von China oder Japan, dann sind buddhistische Mönche ein alltäglicher Anblick, und die Tempel von Bangkok sind zu neu, zu farbig und zu formenreich.

Ich kam aus dem Dschungel, und Bangkok war für mich eine moderne, große Stadt. So vieles hatte sich geändert, seit ich zum letztenmal hier gewesen war. Man sah jetzt mehr Soldaten als Mönche auf den Straßen, und selbst die Kinder liefen in Uniformen und hatten Gewehre. Viele Leute trugen noch die alten Trachten; aber ohne Hut, Rock und Krawatte durfte man kein öffentliches Gebäude betreten. Die Frauen gingen noch mit den königlich edlen, schwebenden Bewegungen, die nur Frauen eigen sind, die durch viele Generationen Lasten auf dem Kopf balanciert haben, aber Regierungserlässe schrieben ihnen bereits Stöckelschuhe, europäische Kleider, Handschuhe und Hüte vor. Ich sah einen Gemüsemarkt, auf dem die Händler nichts an Frauen verkaufen durften, die ohne Hut kamen, und ich sah einen Wettbewerb neuer Hutmodelle, aus dem eine zweiundsiebzigjährige Dame als Siegerin hervorging.

Auf dem Land und in den Vororten und auf den vielen Kanälen, die vom Menam abzweigen, herrschte Asien. Die Regierungserlässe forderten eine Imitation des Westens. Es ist wahr, die Regierungserlässe reichten nicht weit, aber wohin sie reichten, wurden sie mit Härte durchgeführt. Alle waren in Ungewißheit und keiner wußte, wo er stand.

Das Land wurde von einem milden Diktator beherrscht, war offiziell eine konstitutionelle Monarchie und besaß auf seiner Prunkstraße, der Rajadamnoen Avenue, ein Denkmal der Demokratie. Ein modernes, häßliches Ding übrigens, vier säulenartige Betonsockel, die zueinander strebten und jeden Photographen zur Verzweiflung trieben.

Über der eigenartigen, zwiespältigen Stimmung der Stadt lag die Spannung, die damals wahrscheinlich jedes Land in Ostasien in Atem hielt. Der Krieg in Europa war schon zwei Jahre alt, aber Japan und Amerika waren noch immer neutral. So wartete jeder, ob sie es bleiben würden, und man baute Luftschutzgräben, die sich mit Grundwasser und mit Giftschlangen füllten, man schoß mit der Flak gegen Übungsballons, so daß die Büffel erschreckt durch die Felder rasten und den Reis niedertraten. Man wartete.

II.

Für einige Zeit lebte ich damals in der Pension eines Russen. Er war ein gutaussehender Mann, der während der Revolution aus Rußland geflohen war und langsam seinen Weg über Tientsin, Shanghai, Hongkong nach Bangkok gefunden hatte. Seiner Frau, einer Mongolin vom Baikalsee, hatten der Wohlstand und das tropische Klima hart zugesetzt. Sie war ständig in Schweiß gebadet und bewegte ihren schweren Körper — sie wog etwa hundert Kilogramm — nur, wenn es notwendig war. Sie hielt sich ständig in der Küche auf, wo sie einen siamesischen Boy und ein Mädchen durch eine nie abreißende Kette russischer Flüche zu erstaunlichen Leistungen antrieb. Es war hauptsächlich die ausgezeichnete Verpflegung, die mich in der Pension hielt.

Ich hatte ein Zimmer an der Nordseite. Eine Veranda war von den großen, fleischigen Blättern und grellen Blüten der südlichen Bäume in ein angenehm kühles Halbdunkel getaucht. Wenn ich Fieber hatte, lag ich auf der Veranda in einem Streckstuhl.

Das Zimmer neben dem meinen, das ebenfalls auf die Veranda mündete, war von Nakao Takasaki bewohnt, einem höflichen Japaner, der in Bangkok Geschäfte machte. Ich hatte Glück mit Takasaki: er war still und bescheiden und nur zu bereit, mir Eisstücke aus dem Eisschrank zu holen, wenn das Fieber mich zu sehr plagte. Er war ein gewandter, aber immer zurückhaltender Gesellschafter, wenn ich ihn in ein Gespräch verwickelte, und er konnte stundenlang schweigend sitzen, wenn ich müde war. Nur nach dem Genuß einiger Gläser Whisky wurde er gesprächiger und schien dann weit über seine gewöhnliche Größe hinauszuwachsen. Gewöhnlich war er ein kleiner Mann und reichte mir bis zur Schulter. Und ich bin auch nicht groß.

Eines Tages feierten die Russen ihre Silberne Hochzeit und ließen es sich nicht nehmen, ihren Gästen ein besonders gutes Essen und große Mengen Wodka aufzutischen. Wir aßen viel von den stark gewürzten Zakuska und tranken entsprechend. Ich trank besonders viel, weil ich Fieber hatte und die Gesellschaft nicht durch meine Krankheit stören wollte. Takasaki saß mir gegenüber, und sooft ich mein Glas leerte, wurde auch seines leer. Er war sehr gesprächig, als wir spätnachts auf unserer Veranda landeten.

„Das war ein netter Abend, Takasaki San", sagte ich. „Gute Nacht."

„Noch einen kleinen Schluck Whisky", bat Takasaki. „Ich habe eine Flasche kanadischen Whisky. Den müssen wir noch versuchen."

Er holte die Flasche und zwei Gläser, und wir tranken den Whisky pur und warm. Es gibt Leute, die sagen, man müsse Whisky eiskalt und mit Soda trinken. Sie haben unrecht: lauwarmer Whisky ist ein herrliches Getränk.

„Waren Sie schon einmal in Japan?“ fragte Takasaki.

„Ja, vor vielen Jahren, Takasaki San. Ich sah das Fest der blühenden Kirschblüte in Kyoto. Das war vor vielen Jahren. Ihr hattet damals den Krieg mit China noch nicht begonnen.“

„Wir führen keinen Krieg in China.“

„Dann schreiben es nur die Zeitungen.“

Er nahm einen langen Schluck.

„Wir haben viele Zugvögel in Japan.“

„Ja“, sagte ich.

„Sie fliegen im Herbst nach Südchina, nach Indochina, nach Siam, nach Malaya, nach den Philippinen, nach Borneo, nach Java, nach Sumatra, nach Australien. Und andere Zugvögel kommen im Herbst nach Japan. Sie kommen von der Mandschurei, von der Mongolei, von Kamtschatka, von Sibirien. Ihnen gehört die ganze Welt von der Antarktis bis Alaska. Aber ihre Heimat ist Japan.“

Ich wäre gerne schlafen gegangen, aber ich wollte den einmal redelustigen Japaner nicht kränken.

„Die Zugvögel sind klug“, sagte er, „sehr klug. Sie verlieren niemals ihren Weg und sie kehren immer nach Japan zurück. Ihr Flug ist oft eine Frage auf Tod und Leben. Aber sie treten ihn jedes Jahr wieder an. Sie müssen viele Junge aufziehen, denn manche gehen auf dem Flug zugrunde, aber die Überlebenden kommen nach Japan zurück und bauen wieder Nester. Wissen Sie, warum die Zugvögel so klug sind?“

Ich schüttelte den Kopf.

„Weil sie alt sind. Sie sind uralt. Viele Millionen Jahre. Sie sind eigentlich fliegende Reptilien. Sie sind alt und daher klug. Und sie haben den Vorzug, in Japan zu leben.“

„Glückliche Zugvögel“, sagte ich.

„Ja, sie sind glücklich. Und wir sind glücklich, weil wir endlich von ihnen gelernt haben. Wir müssen uns ein Beispiel an ihnen nehmen. Sie sind die ältesten unter den Tieren, wir die ältesten unter den Menschen. Wir stammen von der Sonnengöttin ab, wir haben unsere göttliche Mission. Wir müssen uns ausbreiten nach Norden und nach Süden und besonders nach dem Westen, nach diesem stillstehenden, modrigen Kontinent. Wir werden ein Paradies schaffen, ein Paradies für alle Menschen, ein Paradies vom Eismeer bis zur Südsee und weit hinaus über die große Mauer, hinüber bis zum Ganges. Die Menschen werden dann alle glücklich sein, wir werden sie führen und sie werden uns gerne gehorchen. Wir sind berufen, und wir werden dem Ruf folgen. Die Zugvögel zeigen uns den Weg, die Zugvögel..."

Ich hatte Takasaki niemals so betrunken gesehen. Das Fieber hatte mich gepackt, und ich wollte gerne Ruhe haben. Er merkte nicht, daß ich aufstand und in mein Zimmer ging. Ich legte mich aufs Bett und stellte den Ventilator an.

Die Nächte in Bangkok waren sehr heiß. Draußen im Dschungel hatte die Feuchtigkeit etwas Modriges, Kühles. In der Stadt war sie aber noch viele Stunden nach Sonnenuntergang überhitzt und voll Dampf. Das Moskitonetz, das sich wie ein Kegel von der Decke über das Bett ausbreitete, schwächte den geringen Luftzug, der manchmal durch das offene Fenster wehte.

Ich war nackt, aber um den Bauch hatte ich mir ein dickes Handtuch gebunden. Die erfahrenen Tropenleute sagen, daß man in spätestens zwei Jahren unter der Erde liegt, wenn man mit nacktem Bauch schläft, besonders wenn man einen Ventilator laufen läßt. Sie machen sich die Nächte durch ein „Dutch Wife" erträglich. Das ist ein langer, runder, harter Polster, den man zwischen die Beine klemmt oder in die Arme nimmt und so die Gliedmaßen voneinander und vom Körper fernhält. Sie alle sind sich über die wohltuende Wirkung eines „Dutch Wife" einig, sie können aber nicht erklären, ob der Polster wegen seiner Form, seines Temperaments, oder weil er zuerst von Holländern benutzt wurde, zu seinem Namen kam.

Ich hatte mir mein „Dutch Wife" zurechtgedrückt. Der Ventilator lief auf hohen Touren und blähte das Netz wie ein Segel. Ich würde gut schlafen.

Da taumelte Takasaki schwer in mein Zimmer.

„Stell den Ventilator ab“, sagte er mit drohender Stimme. „Stell den Ventilator ab, ich kann nicht schlafen.“

„Er läuft jede Nacht und hat Sie noch nie gestört“, sagte ich.

„Stell den Ventilator ab. Jetzt sofort!“ Seine Stimme war heiser von Alkohol und Erregung.

„Gute Nacht, Takasaki San. Sie haben viel getrunken, schlafen Sie jetzt.“

„Ich schlafe nicht. Ich schlafe nicht. Ich bin Japaner. Ich kann hier befehlen. Ich bin Japaner!“

Er schrie mit voller Kraft und sprang wie ein gereiztes Tier immer wieder in die Luft. Er schleuderte die Whiskyflasche gegen den Ventilator, die Splitter flogen durchs Zimmer.

„Ha, ich bin Japaner. Hier in Bangkok habe ich zu befehlen, ich komme aus Japan.“

Ein Splitter mußte ihn auf der Stirne verletzt haben; ein dünner Blutstreifen zog sich über sein bleiches Gesicht. Die Flügel des Ventilators drehten sich langsamer und blieben stehen. Takasaki sah wie gebannt hinauf und stöhnte: „Jetzt steht er. Ich bin Japaner. Er steht.“ Dann sank er graziös zusammen und schlief ein. Ich trug ihn in sein Zimmer und legte ihn auf sein Bett.

Am nächsten Morgen trafen wir uns beim Frühstück.

„Guten Morgen“, sagte er höflich und rückte mir meinen Stuhl zurecht.

„Guten Morgen.“

„Das war eine reizende Feier gestern abend.“

„Ja, unsere Wirte sind ein glückliches Paar.“

„Vielleicht werde auch ich bald heiraten. Dann veranstalte ich ein großes Fest und Sie müssen unbedingt kommen.“

„Ich werde gerne kommen und wieder von Ihrem Whisky trinken. Die kanadische Sorte ist sehr gut.“

„Haben wir gestern davon getrunken? Das ist mir ganz entfallen.“

„Ja, wir tranken ein wenig.“

Bald darauf wurde Takasaki San nach Singapur versetzt. Er gab ein großes Abschiedsfest, bei dem er aber nüchtern blieb.

III.

Eines Tages traf ich einen Amerikaner vor dem Tempel der Morgenröte. Er wollte mit dem Tempel im Hintergrund photographiert werden, und ich bin ein geübter Photograph. So kamen wir ins Gespräch: er hieß Parker und war Korrespondent einer New-Yorker Zeitung. Er war von Chungking über die Burmastraße nach Rangun gefahren und von dort nach Bangkok geflogen.

„Wie ist die Burmastraße?“ fragte ich.

„Großartig, eines der großen Dinge unserer Zeit. Kurven, Kurven und immer wieder Kurven. Hunderte oder Tausende, man kann sie nicht zählen. An Berghängen entlang, die tausend Meter tief abstürzen. Über die während der Regenzeit die Erdrutsche wie Lawinen abgleiten und die Straße wieder auslöschen. Und wie wurde sie gebaut!

An einer Stelle sah ich eine Tafel: ‚Die Straße wurde von den Bewohnern dieses Bezirkes ohne jede fremde Hilfe gebaut.‘ Sie hatten tatsächlich nicht nur keine fremde Hilfe, sondern überhaupt keine Hilfe. Keine Werkzeuge, ein paar Spaten und ein paar Hauen. Und die kleinen Körbe, in denen sie Erde tragen. Zehntausende Kulis und Bauern haben sie gebaut, wie sie seit Jahrtausenden ihre Felder bebauen, und sie haben das größte Wunder unserer Zeit geschaffen. Mit den Fingern haben sie die Straße in die Berge gegraben, mit ihren Fingernägeln in den Berg gekratzt. Was für Menschen!“

„Waren Sie lange in China?"

„Zehn Jahre. Zehn Jahre Zuschauer, zehn Jahre Außenseiter in einem Land, in dem wir nichts verloren haben und das wir nie verstehen werden. Die sogenannte offene Tür, um die wir uns bemühen — aber wenn es darauf ankommt, schlägt man sie uns ja doch vor der Nase zu. Zehn Jahre Krieg, von dem wir nichts verstehen. Man kann ihn sehr sachlich erklären: die Monarchie stürzt, also zuerst ein General gegen den andern, dann Tschiang Kai-schek gegen die Kommunisten, dann China gegen Japan, und morgen Japan gegen uns. Aber es ist nicht so einfach, wie wir es sehen. Asien kämpft gegen sich selbst. Wie können wir wissen, worum es wirklich kämpft! Wir wissen nichts von Asien. Zehn Jahre ist eine lange Zeit."

„Ich möchte gern in China leben", sagte ich, „die alte Kultur, eine vernünftige Philosophie, gesunder Rationalismus..."

„Ja, so gesund, daß man ihn manchmal nicht verstehen kann. Kennen Sie die Geschichte von den Schweinen und den Kulis am Jangtse? Nein? Also: ein Boot, beladen mit Schweinen, treibt den Jangtse herunter. In einer der Schluchten schlägt das Boot um, und Schweine und Kulis schwimmen um ihr Leben. Die Menschen am Ufer haben den Vorfall bemerkt und kommen in ihren Booten herausgefahren. Mit Mühe und Gefahr ziehen sie die Schweine ins Boot; wenn ein Kuli in seiner Todesangst den Bootsrand umklammert, schlagen sie ihm mit dem Ruder auf die Finger. Dreißig oder vierzig Schweine werden gerettet, zwanzig Kulis ersaufen. Gesunder Rationalismus — Schweine sind selten und wertvoll, hungrige Kulis gibt es genug.'

Ich wußte nicht, was ich antworten sollte. Aber er erwartete keine Antwort. Er zeigte mir eine Zeitung aus Singapur.

„Kra bedroht Singapur", stand da als Überschrift, „20.000 eingeborene Arbeiter sind fieberhaft damit beschäftigt, die Landenge von Kra zu durchschneiden. Mit diesem Kanal will

Japan Singapur zu einer Basis zweiten Ranges machen und seine Stellung im südwestlichen Pazifik ausbauen."

„Das bedeutet Krieg", sagte ich.

„Wenn es wahr ist, ja. Aber vielleicht ist es nicht wahr. Ich sollte nach Kra fahren und selbst sehen, aber ich habe keine Zeit. Ich warte auf ein Interview mit dem Premier, das ist wichtiger. Dann muß ich weiter nach Manila. Fahren Sie nach Kra und erzählen Sie mir, was tatsächlich vorgeht. Sie bekommen dafür zweihundert Dollar."

So fuhr ich am selben Abend mit dem Expreß nach Süden. Der Zug war voll besetzt von englischen Frauen und Kindern, die nach Singapur fuhren. Von dort sollten sie weiter nach Australien, der britische Gesandte hatte ihnen geraten, das Land zu verlassen. Sie lachten und waren guter Dinge. Als der Zug losfuhr, riefen sie ihren Männern zu: „Danke für die schöne Reise, in zwei Monaten sind wir wieder zurück."

Die Männer lachten nicht. Vielleicht wußten sie mehr über die Lage, vielleicht waren sie nur mißmutig, weil Bangkok ohne Frauen eine langweilige Stadt ist.

Die Züge nach dem Norden waren voll von Japanern, die aus Singapur kamen und über Bangkok in ihre Heimat wollten. Sie machten bekümmerte, entschlossene Gesichter und trugen ihr Besitztum in Bündeln und Packen mit sich.

Wir fuhren zuerst durch Reisfelder, die in der Ebene von Bangkok liegen, dann durch Palmenwälder, und in der Nacht sah ich für kurze Zeit das Meer; oder vielleicht war es nur flaches Land, das zum Meer führt.

Am Morgen stieg ich in Chumpon aus. Hier war die sagenhafte Landenge von Kra. Ich hatte vorher die Landkarte studiert und wußte: wollten die Japaner einen Kanal bauen, dann von hier nach dem fünfzig Kilometer entfernten Taplee. In Taplee hätten sie einen Fluß erreicht, der sich kurz nachher zu einem Meeresarm erweitert und in den Golf von Bengalen führt. Hier war die Stelle, um Singapur tödlich zu treffen.

Ich sah keine Japaner und keine Arbeiter, und niemand wußte etwas von einem Kanal. So fuhr ich mit einem Autobus nach Taplee. Nichts war zu sehen als der dichte Dschungel. Es ist etwas Seltsames um den Dschungel. Von einem Flugzeug oder einem hohen Berg gesehen, erscheint er sanft und harmlos, dunkelgrüner Samt, der die Formen der Berge glättet und der Landschaft ihre Härte nimmt. In der Nähe aber ist er ein undurchdringliches Dickicht von glatten, feindseligen Bambusstämmen und dornigen Büschen, voll von durstigen Blutegeln.

Die Straße führt über einen niedrigen Paß. Es war ein niedriger Paß für eine Straße, aber ein unendlich hoher Paß für einen Kanal. Ein tiefer Schacht würde nötig sein, um ihn zu bewältigen, oder eine komplizierte Anlage von Docks. Weder das eine noch das andere war ohne große Maschinen und tausende Arbeiter zu schaffen. Und, wie gesagt, ich sah nichts als den Wald und gelegentlich ein paar neugierige Äffchen.

Taplee war eine kleine Ortschaft von fünfzig oder sechzig Häusern, die zwischen Straße und Fluß in gerader Linie ausgerichtet waren. Ein hölzerner Gehsteig, durch ein Wellblechdach gegen die häufigen Regengüsse geschützt, bildete eine trokkene, gemütliche Galerie, von der aus mich die Einwohnerschaft mit Genuß und Ruhe betrachtete. Fremde sind hier eine seltene Erscheinung und haben hundert Eigentümlichkeiten, über die man sich stundenlang unterhalten kann. Das macht Spaß — Sanuk nennt es der Siamese —, und Sanuk ist um vieles wichtiger als Arbeit, denn für Arbeit kann man sich bestenfalls Reis und ein Stück Tuch kaufen, aber es macht wenig Spaß, Reis ohne Sanuk zu essen. Da ist es schon besser, nur Sanuk zu haben, denn einige Bananen findet man später auch, ohne vorher Geld verdient zu haben. Wir lachten uns freundlich an und hatten ausgiebig Sanuk, während ich mich vergeblich nach dem Kanal erkundigte.

Zweihundert Dollar ist eine Menge Geld, und so fuhr ich mit dem Motorboot den Fluß stromab, der Siam von Burma trennt. Wurde der Kanal irgendwo anders gebaut, hier mußte er in den Golf von Bengalen münden. Er konnte mir nicht entgehen.

Das Motorboot war klein und altmodisch und überfüllt. Diesmal waren die Passagiere weder Engländerinnen noch Japaner, sondern bärtige Sikh. Aber auch sie waren auf der Flucht vor einem kommenden Krieg und wollten über Burma zurück in ihre Heimat, das Pandschab. Ich hatte die großen, stolzen Gestalten der Sikh oft bewundert und gewünscht, sie näher kennenzulernen. Jetzt ging mein Wunsch in Erfüllung. Wir hockten eng aneinandergedrängt auf dem kleinen Bootsdeck. Mein rechtes Bein hatte ich durch eine brutale Bewegung ausstrecken können, aber es wurden mir drei Kinder daraufgesetzt. Es waren Kinder im zarten Alter von zwei oder drei Jahren, ihre Kleidung bestand aus einem kurzen Hemd, das weit über den Bauch hinaufgerutscht war. Ich beobachtete ängstlich ihre Gesichter, um rechtzeitig zu erkennen, wann die Unzahl Bananen, die sie unausgesetzt mantschten, ihre Wirkung haben würde. Aber meine Furcht war unbegründet, ein sorgender Sikh-Papa hob eines der Kinder nach dem anderen in kurzen Abständen von meinem Bein und hielt es über die Bootswand, wo es kreischend seinen Geschäften nachkam. Wenn eine besonders hochgehende Welle das Kind an seinen empfindlichsten Teilen erreichte, wurde das Kreischen zum Gebrüll, aber bald war der Kummer vergessen, und das naßkalte Hinterteil des Kindes wurde wieder auf mein Knie gesetzt. Auf meinem anderen Bein saß ich selbst, was sicherer, aber auch unbequemer war. Gegen meinen Rücken war ein spitzes Knie gepreßt, dessen Eigentümer ich nicht feststellen konnte. Mein rechter Ellbogen stieß gegen den üppigen Busen einer Sikh-Dame, die mich ablehnend und strafend ansah, als hätte ich mich in das übervolle Boot nur hineingedrängt, um ihr nahe zu kommen.

Es war keine schöne Fahrt. Ein weißhaariger Sikh brachte Brot und Knoblauch — mehr Knoblauch als Brot — zum Vorschein, und es wurde gegessen, gerülpst und gelacht, und zwischendurch Kinder über Bord gehalten. Ich glaube trotzdem nicht, daß mir der Kanal entgangen wäre: der Dschungel begleitete ungebrochen und jungfräulich beide Ufer.

Nachmittags landeten wir in Kraburi. Buri bedeutet auf siamesisch Stadt oder Ort. Kraburi ist also die Ortschaft von Kra. Sie füllt sicherlich viele Seiten in den gelehrten Büchern über Geopolitik, in denen die Kraftlinien der Weltmächte klar und überzeugend in Vielfarbendruck festgelegt sind. Hier mitten durch Kraburi führt eine solche japanische Kraftlinie, die der hundertjährigen britischen Empirepolitik in Singapur den Todesstoß versetzen sollte.

Kraburi selbst wußte noch nichts davon, daß es auf einer machtpolitischen Kraftlinie schlief. In Unkenntnis dieser Tatsache schlief es friedlich und fest. Einige morsche Pflöcke im Fluß, durch ebenso morsche, schlüpfrige Bretter verbunden, bildeten den Hafen. Daran schloß sich die Hauptstraße, eine breite, durch Regengüsse schlammig gewordene Andeutung einer Straße, die von etwa zehn Häusern beidseitig eingerahmt war und noch in Sichtweite unvermittelt im Dschungel endete.

Die Ankunft unseres Bootes, es verkehrte nur zweimal wöchentlich, hatte den Nachmittagsschlaf Kraburis gestört. Ein Dutzend Leute schlenderte zum Landungssteg, und einige andere, die im Schatten der Häuser geschlafen hatten, hoben den Kopf. Aber sie waren rasch überzeugt, daß unser Boot trotz Knoblauchgeruch und weißem Fahrgast nicht genug Sanuk biete, um diese Anstrengung zu rechtfertigen. Die Gaffer verschwanden wieder, die Schläfer schliefen weiter, nur Hühner und Schweine belebten die Szene — Kraburi war in seinen Alltag zurückgekehrt.

Ich blieb drei Tage in Kraburi. Mit einem kleinen Kanu fuhr ich die Küste entlang und stieg in die Täler, die aus dem Inneren zum Meer führten. Ich fragte die Leute immer wieder nach dem Kanal, aber sie wußten nichts davon, ja sie ahnten nicht einmal, daß ihre armseligen Häuser vielleicht einmal ein zweites Port Said oder Panama werden könnten. So träumten sie in ihrer paradiesischen Unwissenheit weiter, und ich fuhr zurück nach Bangkok, um Parker Bericht zu erstatten.

Ich traf Parker in seinem Hotel. Er hatte schon einige Whiskys getrunken und war redselig.

„Erzählen Sie rasch", sagte er, „was es unten Neues gibt. Ich habe gerade noch Zeit, mein Kabel zu machen. Morgen früh geht mein Flugzeug."

Ich erzählte ihm, was ich gesehen hatte oder vielmehr, was ich nicht gesehen hatte.

„Das gibt ein nettes Kabel", sagte er, „nicht aufregend, aber nett. Vielleicht dauert es doch noch einige Monate, bevor der Krieg hier beginnt."

Wir saßen am Ufer des Menam. Vom Hotel führte eine weite Rasenfläche bis zum Fluß, auf ihr standen Tische und tiefe, bequeme Stühle, in die man sich so weit zurückgleiten lassen konnte, daß man nur noch den Himmel sah und unzählige helle Sterne und das leuchtende Band der Milchstraße.

Der Menam war eine graubraune, träge Wassermasse, die sich lautlos vorbeischob. In der Dämmerung hatte ich manchmal kleine üppig grüne Inseln gesehen, die vorbeitrieben. So wild wuchert die Vegetation, daß sie sich zu rasch in den Fluß vorwagt. Der Fluß reißt diese kleinen, lebenden Waldstücke von ihrem Untergrund, und sie treiben dem Meere zu. Dann war es dunkel geworden, und die schwimmenden Inseln waren schwarze Schatten im schwarzen Fluß, nur daran kenntlich, daß sie den Glanz der Sterne nicht widerspiegelten.

„Wie war das Interview mit dem Premier?" fragte ich.

„Ein energischer Mann, dieser Pibul Songgram. Und natürlich sehr diplomatisch: Siam ist neutral und es bleibt neutral."

„Und was haben Sie sonst in Bangkok erlebt?"

„Nichts Besonderes. Doch, ich habe etwas erlebt, etwas Schreckliches, Grauenerregendes: Hände."

„Hände?"

„Ja, Hände."

Er leerte sein Glas. Wie die meisten Zeitungsleute trank er seinen Whisky pur, aber er wurde nicht betrunken, sondern nur gesprächig.

„Lassen Sie mich der Reihe nach erzählen", sagte er. „Vor dem Schloß fand eine Parade statt, bei der einige Soldaten, die während der Kämpfe gegen Indochina besonders tapfer waren, ausgezeichnet wurden. Sie waren in langen Reihen angetreten, und in dunklen, kühlen Zelten saßen die Priester und beteten zu Buddha und weihten dann Kanonen und Maschinengewehre. In Europa habe ich das oft gesehen, hier in Asien sah ich es zum erstenmal: Prediger der Vergebung und der Nächstenliebe, die auf moderne Mordinstrumente Segen und reiche Ernte herabflehen. Aber das war nicht das Erschütternde.

Pibul Songgram ging die Reihen der Soldaten entlang und heftete ihnen Auszeichnungen an die Brust. Es waren gut gewachsene, schlanke Burschen mit hart geschnittenen Gesichtern. Er stand gerade vor einem jungen Soldaten, dessen rechtes Bein oberhalb des Knies amputiert war. Er drückte den Verletzten lange gegen seine Brust und begann mit ihm zu reden. Er fragte ihn, wo er verwundet worden sei. In strammer, soldatischer Haltung antwortete der Gefragte. Dann wollte der Premier Einzelheiten über die Art der Verwundung wissen. Der Soldat erklärte. Er beugte sich auf seinen Krücken weit nach vorne und beschrieb die Art der Verletzung. Ich konnte nicht verstehen, was er sagte, aber seine Hände, schlanke, braune Hände, sprachen eine so unmißverständliche Sprache, daß ich ihr folgen konnte. In der Nähe des Knies hatte eine Kugel oder ein Granatsplitter beide Knochen zerschmettert, und sein Bein war leblos und tot, nur durch einige Muskelfetzen mit dem Körper verbunden gewesen.

Seine Hände waren ausführlich und genau, die ausdrucksvollen Finger folgten der Linie des fehlenden Beines und formten es liebevoll in die leere Luft. Dann blieb die Hand in einer grauenhaften, rührenden, gefaßten und gleichzeitig völlig hoffnungslosen Geste schweben.

Ich hatte an diesem Tage ziemlich viel Whisky getrunken. Und als ich die Hand anstarrte, änderte sie ihre Farbe und wurde zu der weißen Hand eines Europäers, aber ihr Ausdruck blieb der gleiche: so grauenhaft traurig und resigniert.

Vor einigen Monaten war ich in Finnland gewesen. An der Front gegen Rußland, in den großen Wäldern hielt ich einmal einen Vortrag für Leichtverwundete, die in einer Schule untergebracht waren und bereits auf Schulbänken sitzen konnten. Dort traf ich einen Leutnant, den ich bei der Olympiade in Lake Placid kennengelernt hatte.

‚Wenn der Krieg vorbei ist', sagte ich, ‚kommen Sie wieder auf unsere Olympiaschanze.'

Er sah mich einen Augenblick an, dann schob er seinen Beinstumpf, der von der Bank verdeckt gewesen war, vor und sagte: ‚Mit dem da?'

Seine Hand griff hinunter. Es war die gleiche Bewegung, so grauenhaft und rührend, so gefaßt und hoffnungslos, die ich gestern wieder gesehen habe. Die gleiche Bewegung, der gleiche Kummer, der gleiche Irrsinn, ausgedrückt einmal von einer weißen, dann von einer braunen Hand.

Es war sehr heiß und ich hatte viel getrunken. Sonst bin ich nicht sentimental. Aber ich sah eine Unzahl Hände vor mir: braune, gelbe, schwarze, weiße. Sie alle sprachen die gleiche hoffnungslose, schicksalsergebene Sprache und fragten die gleiche Frage. Und ich wußte keine Antwort darauf. Es ist eine gottverdammte, scheußliche Welt, in der wir leben."

Bevor ich antworten konnte, verwandelte sich die Nacht in ein wundervolles, märchenhaftes Schauspiel. Kleine Boote, so wie sie Kinder für ihre Puppen verwenden mögen, trieben den Fluß hinunter. Das Wasser war so ruhig und träge, daß die Boote kaum schaukelten, sondern gerade, in müßiger Bahn, durch die Nacht schwebten. In den Booten waren brennende Kerzen und Öllichter. Kleine, leuchtende Ballons der Helligkeit, kamen sie aus dem Nichts. Zuerst war es nur ein Boot und wieder eines und noch eines, mit einem langen Stück dunkler Nacht dazwischen. Dann wurden sie häufiger, und schließlich riß ihre Kette nicht ab. Der Fluß selbst leuchtete und strahlte, und die Palmen wurden in den Strom des Lichtes eingeschlossen und hoben sich als helle Silhouetten gegen den dunklen Himmel.

Der Boy, der den Whisky nachschenkte, sagte: „Für die toten Seelen. Wir Thai-Leute sind sehr fromm."

Dann wurden die Boote seltener und die Nacht zwischen ihnen länger und dunkler. Aber man wußte nie, welches das letzte Boot sein würde, immer wieder tauchte eines verspätet auf und schwebte lässig vorbei.

Parker stand auf und sagte: „Ich muß noch packen. In einem halben Jahr bin ich wieder hier. Dann können wir etwas gemeinsam unternehmen."

„Gerne", sagte ich, „sehr gerne." Ich konnte Parker gut leiden. Wegen seines Kummers über die Geste des Verwundeten, und auch weil er während des Vorbeigleitens der Lichter geschwiegen hatte. Es gibt Zeiten, wo man gerne einen Menschen neben sich hat und seine Anwesenheit ohne viele Worte den Augenblick erfüllt.

IV.

Bangkok ist ein schlechter Platz, wenn man Fieber hat. Die Feuchtigkeit der Reisfelder und die Hitze der Straßen vermengen sich über der Stadt, und der Wind vom Meer ist träge und schwül. „Gehen Sie nach Norden", rieten mir Freunde, „nach den Bergen von Chieng-mai, dort wird es in der Nacht so kühl, daß Sie sich mit einer Wolldecke wärmen werden."

So verließ ich Bangkok und fuhr nach Norden. Ich wollte zuerst ohne Unterbrechung — vierundzwanzig Stunden mit dem Expreß — nach Chieng-mai, aber ich blieb einige Tage in Ayuthia.

Ayuthia ist nichts: ein paar Bambushäuser mit Wellblechdächern, und eine Stadt toter, unheimlicher Ruinen, vom Dschungel überwuchert. Aber es ist auch viel mehr als Bangkok: es ist die Erinnerung an den Glanz und Prunk des alten Siam, an seine gottähnlichen Könige und hochmütigen Mandarine, die, so hochmütig sie waren, vor dem König im Staub krochen, wenn sie zur Audienz zugelassen wurden. Und es ist gleichzeitig die Erinnerung an zwei Europäer, die hier in der alten Hauptstadt ihr Schicksal erfüllten und in einem fernen, märchenhaften Land, viele Monate mühsamer Schiffsreise von ihrer Heimat, doch nichts anderes tun konnten als leben, wie es der Heimat entsprach. Der eine mit dem Traum nach Größe und Macht und vielleicht nach Unsterblichkeit, der andere mit dem gesunden Verlangen nach Reichtum. Ah, man konnte weit reisen und fremde Länder und Meere sehen, die Heimat mit ihren Tugenden und Lastern folgte einem.

Aber von all dem hätte ich nichts gewußt, wenn ich nicht Monsieur Choisy getroffen hätte. Ohne ihn wäre Ayuthia eine jener großen Ruinenstädte für mich gewesen, die an die Vergänglichkeit menschlicher Werke und an die Unbezähmbarkeit des Dschungels erinnern, die in ihrer wunderbaren, halb zerstörten Schönheit nachdenklich und ein wenig traurig stimmen, die man aber trotzdem rasch vergißt, weil sie nicht mit heißen menschlichen Schicksalen, sondern mit anonymer Geschichte verbunden sind.

Ich traf Choisy, als ich spätabends nach dem Dorf Ayuthia zurückkehren wollte. Ich hatte den ganzen Tag in der Ruinenstadt zugebracht. Sie war nicht so großzügig angelegt wie Angkor-Wat, und auch die Einzelheiten besaßen eine Schönheit, die ausgeglichener und weniger überwältigend war. Es war ein heißer, wolkenloser Tag gewesen, und die Sonne stand jetzt rot über dem feuchten Dunst des Dschungels. Ich hätte mich gerne zwischen die Ruinen gesetzt und das Kommen der Nacht abgewartet, aber ich hatte eine lange Strecke zu meiner Herberge zu gehen, und ich fühlte, wie das Fieber kam.

Choisy saß unter einem großen Buddha aus Stein. Die Hände der Statue waren abgeschlagen, und auch einige Falten ihres Gewandes fehlten, aber das Gesicht war unversehrt: friedlich und sinnend blickte es in den heraufdämmernden Abend. Wie immer, wenn ich vor einer gelungenen Statue Buddhas stand, wurde ich von der Ausgeglichenheit seines Gesichts gepackt. Es schien mir das beste Symbol dieser friedlichen Religion. Viel einfacher und lebensnäher als unser Kreuz oder der Halbmond der Mohammedaner. Das waren abstrakte Symbole, deren Bedeutung und Geschichte man kennen mußte, um beeindruckt zu sein. Das Gesicht Buddhas aber war allgemein verständlich; tatsächlich, jeder Bewohner des Dschungels und jeder Einwohner der Stadt, jeder Mensch aus Asien, aus Europa, ja selbst aus Amerika würde dieses Gesicht verstehen. Es war ja nichts anderes als der Spiegel seiner eigenen Seele. Aber unsere Spiegelbilder waren verzerrt und häßlich: voll von Erinnerungen und Wünschen, gezeichnet von den vollbrachten Taten, die uns verfolgten, und gequält von den Taten, die wir noch ausführen würden. Selbst in unseren friedlichsten Stunden konnten wir nicht hoffen, dem Gesicht des Buddha zu ähneln. Selbst jetzt war mein Spiegelbild gezeichnet von dem Wunsch, der Wunschlosigkeit des Buddha nahezukommen. Ich mußte lächeln: wie klein und armselig waren wir. Wir wünschten uns Wunschlosigkeit und erfüllten unser Herz dabei mit einer neuen Begierde.

Ich mußte lange unter dem Buddha gestanden sein, denn die Sonne war untergegangen, als ich ans Weitergehen dachte. Meine Gedanken waren nicht tiefgründig gewesen, aber ich brauchte Zeit, um selbst einfache Gedanken bis an ihr Ende zu verfolgen. Das Fieber trieb wieder sein Spiel mit mir, und sie gerieten auf Abwege, die in schimmernde Nichtigkeiten führten oder gegen hohe, dunkle Wälle, die sie auslöschten.

Da sprach Choisy zu mir. Er mußte die ganze Zeit neben dem Buddha gesessen haben, aber seine verwaschene Kakhikleidung war von der Farbe des Steins, und ich hatte ihn nicht gesehen.

„Die Dämmerung", sagte er, „ist die günstigste Stunde, um unter einem Buddha zu stehen. Wir entfernen uns von der Welt unserer Tatsachen und glauben in dem abgeklärten Gesicht des Buddha unser eigenes zu sehen. Ah, wir fühlen uns sehr groß und leicht und ungebunden in der Dämmerung! Unter der hellen Sonne ist es schwerer. Der Buddha ist auch da unverändert, aber wir sind wieder völlig gefangen von unseren Begierden und Wünschen. Nur während der Dämmerung und in der Nacht können wir mit dem Buddha harmonisch auskommen, weil wir dann blind sind gegen uns selbst."

Ich wunderte mich nicht, daß er meine Gedanken wußte.

„Aber", sagte ich, „es ist schön, manchmal blind zu sein. Wie häßlich wäre das Leben, wenn wir uns immer klar sehen würden."

Er lachte ein leises, harmonisches Lachen, das den trägen Frieden der Stunde nicht störte. Dann verfielen wir wieder in Schweigen. Das steinerne Gesicht verlor seine Einzelheiten und wurde ein dunkler Schatten gegen das Dunkel des Himmels.

„Es ist zu spät, jetzt nach dem Dorf zu gehen", sagte Choisy. „Sie bleiben über Nacht bei mir."

Wir gingen langsam auf einem der schmalen Pfade, die durch die Ruinenstadt führen. Jetzt erst erfuhr ich Choisys Namen und auch, daß er ein Wissenschaftler war, der hier seine Studien trieb. Ich hatte sein Gesicht in der Dämmerung nicht mehr klar gesehen, und jetzt in der Dunkelheit hatte ich Schwierigkeiten, seinem Schatten zwischen den Steinen zu folgen. Aber seiner Stimme nach zu schließen, war er ein alter, abgeklärter Mann. Ich stellte mir sein Gesicht vor: sicher war es eines jener geistvollen Gesichter Frankreichs, voll von überliefertem Stolz einer langen Vergangenheit, und vielleicht hatte Asien es mit Milde und Güte gezeichnet. Er mußte ein anziehender Mann sein. Er lebte in einer kleinen Bambushütte, die zwischen den Ruinen und dem Dschungel stand. Eine Hütte auf hohen Pfosten, wie ein Pfahlbau über dem Fieber und den giftigen Insekten des feuchten Grundes. Eine Lampe brannte hell auf der Veranda, und als wir näher kamen, rief eine junge Stimme: „Hallo, Professor, sind Sie es?"

„Sicher, sicher", antwortete Choisy. Wie alle Franzosen sprach er ein melodisches, seltsames Englisch.

Wir stiegen über eine steile Holztreppe auf die Veranda. Ein Tisch war gedeckt und zwei Flaschen französischen Kognaks standen neben der Lampe. Ah, dachte ich, wie die Franzosen zu leben verstehen, selbst die Professoren im Dschungel vergessen nicht die Annehmlichkeiten ihrer Zivilisation.

In einem flachen, tiefen Stuhl saß ein junges Mädchen.

„Dieser Mann wäre sicher von einer Kobra gebissen worden", sagte Choisy, „weil er zu lange vor einem Buddha träumte und den Rückweg nach dem Dorf vergaß. Wie ist Ihr Name?"

Ich nannte ihn und verbeugte mich gegen das Mädchen.

„Und das ist Miss Gordon. Miss Joan Gordon. Augenblicklich meine Assistentin."

„Glücklich, Sie kennenzulernen", sagte Miss Gordon, „wir können jetzt essen."

Sie war Amerikanerin. Das hörte man an ihrer Stimme und sah man in ihrem Gesicht. Sie besaß ein klares, unbekümmertes amerikanisches Gesicht, mit der hohen, gewölbten Stirne, dem großen, vollen Mund und den klaren, ein wenig kalten Augen, die man nur in Amerika findet. Ihr Haar war blond, fast weiß. Sicher kam sie nicht aus Kalifornien oder Georgia oder aus einem anderen südlichen Staat, sondern aus Maine oder Montana, wo die Leute mehr Skandinavier als Amerikaner sind.

Sie saß fast liegend auf ihrem Stuhl. Bis zu den Hüften stak sie in einer seltsamen Konstruktion aus Draht und feiner Gaze, die es den Moskitos verwehrte, ihren unstillbaren Blutdurst an ihren langen Beinen zu befriedigen. Sie trug eine kurze Hose, und die helle Haut ihrer Beine schimmerte matt unter dem engmaschigen Netz. Ihre Bluse hatte weite, lange Ärmel, in die sie die Hände verbergen konnte. Sie war sehr jung und sehr schön. Ah, dachte ich wieder, wie es doch die Franzosen verstehen, selbst im Dschungel zu leben.

Wir aßen ein gutes Nachtmahl und tranken viel Kognak. Hätte es keine Moskitos gegeben, es wäre ein vollendeter Abend gewesen. Aber sie umgaben uns in einem dichten Schwarm und peinigten uns. Und natürlich hatte ich wieder Fieber.

Der Professor sah so aus, wie ich ihn mir vorgestellt hatte. Sein Gesicht war lang und aristokratisch und vom Fieber gezeichnet. Später erzählte mir Joan, daß er ein entfernter Nachkomme von Voltaire sei. „Aber wer ist Voltaire?" lachte sie. „Der Professor spricht nie darüber. Ich weiß nur, daß er Gedichte gemacht hat. Was für Gedichte? Über Liebe? Ah, sicherlich, er lebte doch in Paris."

Ja, sagte ich, Voltaire hätte auch über die Liebe geschrieben, aber er hätte sie nicht sehr ernst und tragisch genommen. Er sei ein großer Zyniker gewesen.

„Oh, ich liebe Männer, die im richtigen Augenblick ein wenig zynisch sind", sagte Joan. „Unsere Männer sind manchmal zu oberflächlich und manchmal zu tragisch, aber die Franzosen verstehen uns Frauen."

Sie war auf einer Weltreise gewesen und hatte Choisy in Bangkok getroffen. Seine zynische Art hatte sie anscheinend bewogen, ihm seit zwei Monaten mit Kamera und Metermaß zwischen den Ruinen behilflich zu sein.

Aber all das erfuhr ich erst später, an diesem Abend sprach fast ausschließlich der Professor, und er sprach nicht über sich oder Joan, sondern über die tote Stadt, an deren Rand sein Haus stand, das einzige Lebende und Moderne in einer toten Welt der Vergangenheit.

„Hier war das Paris des Ostens“, sagte er. „Diese Ruinen waren einmal eine große, glanzvolle Stadt. Schiffe aus Frankreich, England, Holland, Japan, China segelten den Fluß stromauf und trieben Handel. Die Waren und der Reichtum der ganzen Welt sammelten sich hier, und der König dieser Welt herrschte gottähnlicher als sein Zeitgenosse Louis XIV. Vielleicht war sein Palast nicht so großartig wie der des Kaisers K'ang Hsi von China oder der des großen Aurangseb von Indien, aber diese beiden waren einmalige Phänomene der Macht und des Prunks. Für Europäer, die nach Siam kamen, war der Hof von Ayuthia ein Schauspiel, das Versailles in den Schatten stellte. Wenn der König Audienz gab, krochen die Mandarine auf allen vieren in den Saal. Die Hände wie eine Lotosknospe gefaltet und den Kopf gesenkt, warteten sie auf dem Boden. Dann bewegte sich ein Vorhang, und hoch über den demütigen Menschen, wie ein Bodhisattva über allem Irdischen schwebend, saß der König auf seinem Thron. Er war kein Mensch mehr, er war der Mittelpunkt einer architektonischen Komposition und der Mittelpunkt aller menschlichen Wünsche. Selbst die Pharaonen am Nil waren Stümper, verglichen mit den Königen von Ayuthia.“

Choisy sprach mit geschlossenen Augen. Wahrscheinlich sprach er weder zu Joan noch zu mir. Wir waren nur ein menschlicher Hintergrund, der ihn anregte, laut zu denken. Joan war sehr schön, als sie ihm zuhörte. Ihr Gesicht war so jung und unberührt. Ich sah es an und sah durch es hindurch den dekadenten Glanz des mittelalterlichen Asiens. Welche Gegensätze in einem Blick.

„Es war eine andere Welt. Glanzvoll und fremdartig und verwirrend und anziehend. Aber die Europäer, die hieher kamen, blieben ihrem Lande treu. Wie schwerfällig waren sie, oder wie ergeben ihrem Land. Der Engländer blieb Engländer und der Franzose blieb Franzose. Und sie konnten nichts anderes, als in dieser verwirrenden Umgebung Engländer und Franzosen bleiben. Ich weiß nicht, ob ich sie beneiden soll oder bemitleiden.

Sie haben wahrscheinlich nie von White, dem Händler, und Phaulkon, dem Träumer, gehört. White war Engländer, er gehörte der East India Company an. Er kam nach Siam und der König wollte ihn benützen, um den Einfluß der mohammedanischen Kaufleute zu brechen. White hätte König eines asiatischen Imperiums werden können, aber er war nur ein Händler. Er machte Profite und ein großes Vermögen, und als die Zeiten unruhig wurden, ging er zurück nach London und lebte dort von seinen Zinsen. Ah, diese Engländer, sie vergessen den Ruhm und das Empire, wenn man weder Ruhm noch Empire für gute Geschäfte braucht."

Eine Fledermaus flog so niedrig über den Tisch, daß Joan mit einer ängstlichen weiblichen Geste ihr wildes, offenes Haar mit beiden Händen bedeckte. Aber Choisy hatte sich über den Handelsgeist der Engländer zu sehr erregt, um daran Gefallen zu finden.

„Phaulkon war Franzose. Nicht durch Geburt und durch Rasse. Wir sind keine Nation und wir sind keine Rasse, wir stehen darüber. Wir sind Anhänger der gleichen Kultur. Phaulkon kam von der Levante, aber in seinem Herzen war er Franzose. Er liebte den Ruhm und den Glanz, und er war bereit, dafür sein Leben aufs Spiel zu setzen. Was schadet es, daß er es verlor. Er wußte wie ein Franzose zu sterben. Es ist besser, hier unter der hellen Sonne Siams zu sterben, als im stickigen Nebel Englands seine Zinsen aufzuzehren.

Die Jesuitenpatres, die damals auch nach Siam kamen, haben eine genaue Beschreibung Phaulkons zurückgelassen. Er war nicht groß, vielleicht nicht größer als Napoleon. Und wie Napoleon war er voll Feuer und voll Energie, ein Träumer und gleichzeitig ein Realist. Er war gebildet und belesen, er verstand, sprühende Konversation zu machen. Aber hinter seiner fröhlichen Maske war immer etwas Trauriges, Sinnendes. Welcher große Mann, der die Menschen wirklich kennt, vermag die Traurigkeit aus seinem Herzen zu bannen?

Aber er ließ sich seinen Kummer nicht anmerken. Er lebte wie ein Gott. Nur der König war über ihm, und der war ein anerkannter Gott. Und gleichzeitig war er ein alter Mann. Phaulkon hatte zwei Paläste, die nur von der Verbotenen Stadt des Gottkönigs übertroffen wurden. Seine Gattin, die junge Tochter eines japanischen Samurai, war von erlesener Schönheit und Anmut. Jeden Abend wurden vierzig Gedecke im Speisesaal gelegt. Die siamesischen Edelleute mußten sich vor ihm zu Boden werfen wie vor dem König. Vielleicht drückten sie ihr Gesicht sogar tiefer in den Staub: der König war ein alter Mann, aber Phaulkon war jung und stark. Wer konnte wissen, wie hoch sein Stern noch steigen würde?

Sein Stern zerbarst wie der Napoleons. Vielleicht gönnen die Götter dem einzelnen Menschen nur ein bestimmtes Maß an Ruhm und Größe, und wenn sie das Maß zu rasch erfüllen, nehmen die Götter ihre schützende Hand von ihnen. Die siamesische Aristokratie revoltierte, und Phaulkon wurde ins Gefängnis geworfen. Er wurde gemartert und gefoltert und gequält. Seine Fußsohlen wurden verbrannt, um ihm die Flucht unmöglich zu machen, er wurde gepeitscht, bis seine Haut ein Muster blutiger Striemen war. Wir haben keine Nachricht, wie er sich im Gefängnis verhielt. Aber er war Franzose, Monsieur!

Eines Abends setzte man ihn auf einen Elefanten und brachte ihn vor die Stadt in den Dschungel. Von diesem letzten Ritt durch die Straßen Ayuthias haben wir Kenntnis. Sein Gesicht war bleich und müde, aber seine Augen strahlten hell. Er zeigte keine Furcht, und seine Stimme war fest, als er die Gebete der Sterbenden sprach.

Auf einer kleinen Lichtung am Dschungelrand war der Ritt

zu Ende. Phaulkon nahm ein Kruzifix, das der Papst ihm gesandt hatte, und reichte es dem siamesischen Mandarin, der die Hinrichtung leitete, mit der Bitte, es seinem kleinen Sohn zu übergeben. Dann betete er einige Zeit und erklärte, daß er sich keines Verbrechens gegen das Königreich bewußt sei. Sein einziges Ziel sei immer der Ruhm und die Größe Siams gewesen. Dann wartete er in Unwissenheit, auf welche Art er hingerichtet werden sollte. Ein Soldat stieß ihm ein Schwert in den Körper, er stürzte zu Boden und sie hackten ihn in Stücke. Er starb ohne einen Klagelaut. Ich müßte das nicht besonders erwähnen, er war Franzose."

Choisy schwieg einen Augenblick, dann sah er mich rasch an. „Sie halten mich vielleicht für einen Chauvinisten, Monsieur", sagte er. „Sie haben unrecht. Jede Kultur hat ihre Eigenheiten, ihre Stärken und Schwächen. Wir Franzosen träumen vielleicht manchmal zu hoch in den Himmel hinein, aber wenn unsere Träume zerplatzen, dann wissen wir würdevoll zu sterben."

Der Dschungel und die Ruinen waren totenstill, aber die Moskitos um uns erfüllten die Luft mit einem hohen, singenden Ton. Es war spät geworden, und wir gingen schlafen.

Ich blieb einige Tage bei Choisy und Joan, obwohl die schwüle Ebene von Ayuthia für mich genau so schlecht war wie Bangkok, und das Fieber jeden Abend kam. Vielleicht blieb ich, um Choisy zu sehen, wie er stundenlang vor einer bestimmten Statue in der Sonne kauerte und mit den Fingern wie ein sanfter Liebhaber jede Rundung des Steins abtastete, und um ihn am Abend zu hören, wie er mit einfachen Worten das Leben und den Glanz der toten Stadt hervorzauberte. Er war ein außergewöhnlicher Mann.

Vielleicht auch blieb ich Joans wegen. Ich hatte schon lange in Asien gelebt, und in Asien ist alles alt und müde, geheimnisvoll und unklar. Vielleicht blieb ich, weil Joan das lebende Gegenteil von all dem war. Ich war froh, mich durch sie gegen das Geheimnisvolle und Dunkle zu wehren, das mich anzog, das ich aber doch nie so weit verstand, daß es vertraut und hell wurde. Wahrscheinlich blieb ich wegen Joan.

Als ich wieder weiterfuhr, wußte ich ganz sicher, daß es wegen Joan war. Ich meine die Abreise, nicht mein Bleiben vorher. Es war schön gewesen, mit Joan nachts durch die Ruinen zu gehen. Sie verloren dann ihre strenge Form und ihre überwältigende Schönheit. Sie waren ein nächtlicher, unausgesprochener Hintergrund. Und Joan wieder war in der Dunkelheit weniger unbekümmert und weniger jung. Sie war Frau. Nachts paßten die Ruinen und Joan gut zusammen.

Tagsüber waren sie ein unerträglicher Gegensatz. Joan war dann selbstsicher und laut und unbekümmert, sie fand alle Statuen reizend und den Dschungel schrecklich. Sie war in einer alten Welt voll tiefer Hintergründe ein Kind, das nur die Gegenwart und die Oberfläche sieht. Und die Stadt verlor tagsüber ihre nächtliche Ruhe und löste sich in einzelne Bauwerke, Formen und Gestalten auf, die so schön und stark waren, daß es schmerzte, sie als „reizend“ bezeichnet zu hören.

Choisy litt nicht unter dem Gegensatz zwischen Joan und der Stadt. Vielleicht lebte er mehr während der Nacht und war während des Tages völlig mit seinen Vermessungen und Skizzen beschäftigt. Aber ich glaube, das war nicht der wirkliche Grund. Er war alt und klug und hatte sein Leben in Asien verbracht. Er wußte, wo er stand. Ich aber war noch ruhelos und voll Fieber. Was mich an Joan störte, war, daß ich mich in ihr erkannte. Und es ist nicht schön, zu erkennen, daß man ein Fremdling ist in einer Welt, in die zu gehören man hofft. Ah, das ist nicht schön.

So schützte ich mein Fieber und das schlechte Klima von Ayuthia vor und fuhr weiter nach dem Norden. Ich hatte mich der Einladung Svensons erinnert. Er lebte bei Chieng-mai in den Bergen. Ich würde ihn jetzt besuchen.

Svensons Haus lag einige Autostunden nördlich von Chieng-mai in den Bergen. Es waren keine gewaltigen Berge, sondern nur übergroße Hügel von sanften, gemäßigten Formen, aber nach der Ebene von Bangkok und Ayuthia war es eine andere Welt. Die Nächte waren kühl, und der Sonnenaufgang barg nicht die Drohung tödlicher Hitze, sondern das Versprechen eines neuen Tages. Der Wind, der aus den Bergen von Burma kam, war würzig und erfrischend. Ich verlor mein Fieber und war sehr glücklich. Ich muß nach dem Norden gehen, dachte ich, weit nach dem Norden, in die Mongolei oder nach Tibet, wo die Luft trocken ist und die Tage kühl sind. Dort wird mein Leben wieder ruhig und mein Denken wieder klar werden.

Svenson war ein wenig derb und ungeschlacht, aber er hatte es wunderbar verstanden, einen unübertreffbaren Platz für sein Haus zu wählen. Eine breite, wahrscheinlich künstlich gerodete Lichtung auf dem flachen Rücken eines Berges, von der man nach allen Seiten einen ungehinderten Blick hatte. Die Berge waren grün und bis zum Gipfel bewaldet, ein Bergzug nach dem anderen, ein erstarrtes smaragdenes Meer.

Ich hatte Svenson telegraphiert, und er holte mich mit seinem Wagen aus Chieng-mai ab. Die Straße führte in vielen Kurven durch den dichten Dschungel, aber der Dschungel war nicht so dicht und so dunkel wie der, in dem ich an den Ufern des Mekong so lange gelebt hatte. Es war ein dichter Wald, durch den man stellenweise den Himmel und die Sonne sehen konnte.

Svenson war der einzige Europäer in diesem Gebiet. Er mußte ein guter Geschäftsmann sein und hatte sein Geld in verschiedenartigen Unternehmungen angelegt. Wir fuhren an Reisfeldern vorbei, deren Ernte er aufgekauft hatte, an großen Schlägen von Teakholz, das er nach Amerika verkaufte, und an Herden von Elefanten, die für ihn arbeiteten. Es waren kluge Tiere, die mit den schweren Baumstämmen so gewandt umgingen, als hätten sie keine andere Leidenschaft: nur Teakholz und das Geschäft Svensons. Es waren sonderbare Tiere.

Svenson, der sonst ein alltäglicher, freundlicher Mensch war, konnte tief und beobachtend werden, wenn er von seinen Elefanten sprach. Er wußte viele Geschichten von ihrer Klugheit und kannte sie alle beim Namen. Vielleicht gab es keinen besseren Kenner dieser Tiere als Svenson. Ich hatte ihn gern, wenn er von seinen Elefanten sprach.

„Schade, daß Sie an Politik kein Interesse haben. Man kann ihnen die dümmsten Geschichten erzählen, und sie drucken sie in ihren Zeitungen ab. Wissen Sie, was ich einem amerikanischen Reporter erzählte? In Bangkok, erzählte ich ihm, sei früher der Verkehr ausschließlich auf dem Rücken von Elefanten erfolgt. Natürlich habe es viele Unfälle gegeben, besonders während der Nacht. So wurde eine Verordnung erlassen: jeder Elefant mußte nach Anbruch der Dunkelheit ein rotes Licht am Schwanz hängen haben. Aber die Treiber waren vergeßlich und zündeten das Licht oft zu spät an. So zündeten die Elefanten, die die Bewegung liebten und fürchteten, von der Polizei aus dem Verkehr gezogen zu werden, ihre Laternen mit dem Rüssel selbst an und trugen sie stolz mit sich. Ein besonders vorsichtiger Elefant hatte schon lange vor Sonnenuntergang eine brennende Öllampe mit sich, der Treiber war machtlos gegen diese Kaprize. Aber später wurde der Elefant von der Polizei ausgezeichnet, und sein Besitzer erhielt einen Goldpreis. Schade, daß Sie kein Journalist sind."

Bevor wir das Haus erreichten, drückte Svenson lange auf das Horn.

„Das gilt dem Boy", erklärte er. „Ich habe mein eigenes Ritual des Heimkommens."

Es war ein angenehmes Ritual. Der Boy wartete vor dem Haus und führte uns mit vielen Verbeugungen auf die Veranda. Auf einem kleinen Tisch standen vier gefüllte Gläser, zwei mit Bier, das weiß und hoch schäumte, und zwei mit Whisky-Soda, in denen die Luftperlen hochstiegen. Er mußte die Gläser während der letzten Sekunden vor unserer Ankunft gefüllt haben. Obwohl ich Svensons Haus zum erstenmal betrat, hatte ich das Gefühl, als hätte ich hier schon lange gelebt und kehrte nur nach einem kurzen Ausflug zurück. Svenson verstand zu leben und andere leben zu lassen. Er war ein liebenswerter Mensch.

Seine Frau hieß Gerda und war eine Baltin. Sie war um vieles jünger als er, aber sie war nicht hübsch, nur angenehm fraulich, und sie paßten gut zueinander. Da war nichts Beunruhigendes und die Sinne Verwirrendes in dem Haus auf dem Hügel: Svensons Gespräche verließen nie die alltäglichen Tatsachen, Frau Svenson war beruhigend und freundlich, und der Dschungel und das Fieber verloren hier in der Höhe ihre Kraft. Hier würde ich wieder gesund und stark werden, wie Svenson es war, ohne abwegige Gedanken, nur mit den hellen Dingen des Tages verbunden.

Sicher wäre ich so geworden, wenn wir nicht das Gespräch auf der abendlichen Veranda gehabt hätten. Das war, nachdem ich schon zwei oder drei Wochen bei Svensons gelebt hatte. Sie machten nicht viel Aufhebens mit mir, ich hatte mein eigenes Zimmer und konnte mein eigenes Leben führen. An diesem Tag war Svenson nach einer entfernten Teakholzschlägerung gefahren. Er hatte mich aufgefordert mitzukommen, aber ich fühlte mich auf der Lichtung des Hügels so wohl und geborgen, daß ich sagte, ich würde ihn hier erwarten. Wenn er zurückkäme, würde ich eine besondere Mischung von Whisky und Nelken und Rum herstellen, die ich von einem englischen Oberst in Burma gelernt hätte und die die Künste seines Boys weit in den Schatten stellen würde. Ich hatte übertrieben, es war keine aufregende Mischung, und der Oberst, der sie mich gelehrt hatte, war ein alter Mann ohne Imagination gewesen, aber ich kannte Svensons Vorliebe für neuartige Mischungen von Alkohol und wollte ihm eine Freude bereiten. Er möge nur rechtzeitig und weit unten auf der Straße sein Ankunftszeichen laut werden lassen, und er würde die Überraschung seines Lebens haben.

Ich saß auf der Veranda und machte mir Sorgen. Rum und Whisky mischen sich schlecht, und der Geschmack von Nelken ist scharf und kann daran wenig ändern. Svenson würde unzufrieden mit mir sein.

Frau Svenson saß mit mir auf der Veranda. Ich war ihr nicht sehr nahe gekommen. Sie war kühl und zurückhaltend, und ich wußte nie, ob sie mein Vorhandensein angenehm oder unangenehm empfand.

Ich versuchte verschiedene Arten der Mischung, und sie schienen mir wenig gelungen. Wir kosteten immer wieder und waren nicht zufrieden. Frau Svenson trank sonst wenig, aber an diesem Abend trank sie sehr viel, wohl aus der Sorge heraus, meine armseligen Kenntnisse als Mixer zu prüfen und ihrem Gatten einen schönen Abend zu bereiten.

„Sie müssen weniger Rum geben", sagte sie, „es schmeckt zu stark nach Rum."

Sie hatte recht, und ich goß etwas mehr Whisky in die Mischung.

„Wissen Sie, daß ich verlobt bin?" fragte sie.

„Verlobt und verheiratet?" fragte ich zurück.

„Verheiratet auch, aber hauptsächlich verlobt." Ihre Stimme war eifrig und gepreßt. Zum erstenmal schien sie eine wirkliche Frau zu sein. „Mit einem Italiener verlobt. Wir lebten zusammen in Java. Dann kam der Krieg, und er wurde nach Indien geschafft und dort interniert. Ich kam nach Bangkok. Von Siam ist die Post nach Indien sicher und rasch. Jede Woche bekam ich einen Brief. Jede Woche einen Brief. Sonst wäre ich fort von Bangkok nach Shanghai oder nach Tokio, aber nur von Bangkok kann man so rasch Briefe nach Indien schicken. Oh, es war schrecklich. Alle sieben Tage ein Brief, und dazwischen sieben lange Tage und sieben lange Nächte. Sie kennen Bangkok nicht. Sie sind ein Mann. Nur als Frau kennt man die Tropen. Diese schrecklichen schwülen Nächte, der modrige Geruch des Dschungels, der wirre Träume schafft, und die grellen, heißen Tage, so leer und so einsam. Alles ist drohend und unheimlich. Aber sie sind besser als die Nächte. Die locken und verführen und betören. Mit ihren sanften Geräuschen und ihrem tödlichen Duft. Es ist schrecklich, als Frau allein in den Tropen zu leben."

Schon bei diesen Worten wußte ich, daß der Frieden des Hauses auf der freundlichen Lichtung für mich zu Ende war. Auch hieher war der Dschungel mit seinen dunklen Schicksalen gestiegen.

„Nein, als Frau kann man nicht allein in den Tropen leben. Ich hielt es nicht mehr aus. Ich hätte nach Shanghai oder Tokio gehen können, aber von dort dauert die Post nach Indien sechs Wochen. Ich konnte nicht weg aus Siam. Und da waren die Männer. Fast alle ohne weiße Frauen. Es war schrecklich, eine Tortur durch Tag und Nacht. Sie waren so läppisch und so begehrend und sie waren Männer. Manchmal ging ich mit ihnen in den Klub, manchmal blieb ich allein zu Hause. Ah, eines war so schrecklich wie das andere. Ich hielt es nicht mehr aus, ich mußte fort. Aber ich konnte nicht fort, seinetwegen."

Ich hoffte, Svenson würde kommen und die Vertraulichkeit dieser Stunde unterbrechen. Aber die Ruhe des Abends lag über den Hügeln, und sein Horn war nicht zu hören. Frau Svenson sprach, eifrig und für sich, als wäre sie durch Jahre zum Schweigen verurteilt gewesen.

„Dann kam Sigvard. Er hatte alles, was ich brauchte: Sicherheit, Frieden, die Flucht aus dem tödlichen Dschungel, und vor allem: weiteres Leben in Siam. Die Briefe sind in zehn Tagen hier. Natürlich heiratete ich ihn. Was konnte ich sonst tun? Ich muß hier warten, bis dieser Krieg zu Ende ist. Ohne Sigvard hätte ich nicht warten können. Was konnte ich sonst tun als ihn heiraten?"

„Nichts", sagte ich und hoffte, Svenson würde kommen.

„Jetzt lebe ich hier und warte. Alles ist friedlich und schön, hier kann ich gut warten."

„Weiß Svenson — Sigvard — davon, warum Sie ihn geheiratet haben?“

„Er darf es nicht wissen. Er ist ein guter, braver Mensch. Er darf es nicht wissen.“

Jetzt endlich erklang das lang ersehnte Horn von Svensons Wagen. Er war noch tief unten im Tal und es klang dünn und fern. Sicherlich hatte er mein Versprechen nicht vergessen und wollte mir Gelegenheit geben, meine Mischung vollendet auszuführen. Hätte ich mich jetzt nur dem Getränk gewidmet, vielleicht hätte ich dann noch viele Wochen in dem Haus auf dem Hügel leben können. Aber das sonst so kühle Gesicht der Frau war leidenschaftlich, und ich konnte nicht anders:

„Und wenn der Krieg zu Ende ist? Wenn der Italiener frei wird? Was ist dann mit Sigvard? Wird er Sie freigeben?“ fragte ich.

„Das wird er nie.“

„Und?“

„Und? ... und? ... Ich werde weggehen. Und wenn er es zu verhindern sucht, ich werde trotzdem weggehen. Die alten Frauen hier wissen viele Mittel, Säfte und Pflanzen, das fein geschnittene Haar eines Tigers. Ich werde ihn töten.“

Ich sah betreten zu Boden. Es ist immer schmerzlich, um das Schicksal anderer Menschen zu wissen. Und ich hatte Svenson gern.

„Ja, verlassen Sie sich drauf, ich werde ihn töten.“ Ihre Stimme war grell und hysterisch.

Svensons Wagen hielt vor dem Bungalow. Fünf Minuten früher, dachte ich, und ich wäre ihm froh und unbelastet entgegengetreten. Gleichzeitig schämte ich mich, daß ich sein Schicksal nur als Beeinflussung meines Lebens betrachtete.

„Mehr Whisky als Rum!“ rief er vom Wagen, „Rum macht Kopfweh und Whisky klärt die Gedanken.“

„Das wußte ich selbst“, rief ich. „Sparen Sie sich Ihre Ratschläge und nehmen Sie eine Probe.“

„Darauf brenne ich", sagte er und kam mit raschen Schritten die Treppe herauf. „Wir sind wie die Teufel gefahren. Ich vertraue Ihrer Geschicklichkeit."

Wir saßen lange auf der Veranda. Es war ein schöner und friedlicher Abend. Spätnachts sagte ich:

„Übrigens, Svenson, ist Ihr Wagen morgen frei? Ich muß nach Chieng-mai und nach Bangkok. Ich will nach dem Norden fahren. Nach Shanghai oder nach Peking. Ich habe genug von dem Süden."

„Natürlich, Sie können den Wagen jederzeit benützen. Aber bleiben Sie doch länger hier. Wir werden Sie vermissen."

„Danke", sagte ich, „danke vielmals, aber ich muß endlich wieder weiter."

Er hatte seinen Arm eng um die Frau geschlungen und preßte sie an sich. Sie gab sich dem Druck willenlos und anschmiegend hin.

„Wir werden ihn vermissen", sagte er zu ihr, „und wir werden ihn nicht vermissen. Wir sind beisammen, und das ist genug."

Sie sah ihn an und ihre Augen waren sehr klar und hell.

„Ja", sagte sie, „zwei sind genug."

„Das ist persönlich gemeint", rief Svenson. „Aber nicht gegen Sie, sondern für mich."

„Ich bin", sagte ich, „schon anderen verliebten Leuten begegnet. Ich weiß mich zu benehmen."

Früh am nächsten Morgen fuhr ich nach Chieng-mai. Die Svensons standen auf der Veranda und winkten mir nach. Bald war ich im Dschungel, und die Palmen störten die Sicht nach dem Haus. Aber ich konnte noch sehen, wie er sie eng an sich zog. Sie standen nebeneinander, als wären sie eine Person. Dann wurden die Palmen dichter, und ich sah nur noch den Giebel des Hauses.

In Bangkok war ein Küstendampfer, der nach Saigon fuhr.

V.

Saigon ist Paris, in den Dschungel versetzt. Die Boulevards sind schmäler und kleinstädtischer, und der Charme ist oberflächlicher, aber es ist Paris. Die gleichen Cafés auf dem schattigen Gehsteig, dieselbe Vorliebe für Wein, für gute Küche und für Höflichkeit. Saigon ist, wenigstens auf seiner Hauptstraße, Frankreich, mit Parfums, mit hohen Stöckelschuhen und gleißenden Lichtreklamen. Die Vorstädte sind Asien. Einmal fiel nachts nur zwanzig Minuten von diesen Lichtreklamen ein Schuß — ein Tiger hatte sich von den benachbarten Dschungeln in die Vorstädte verirrt.

Mit dem grünen Dschungel ist das Saigon der Franzosen immer fertig geworden. Der graue Dschungel der Vorstädte, mit seinen Elendsquartieren und zehntausenden Arbeitslosen und Hungrigen, war schon gefährlicher. Aber am gefährlichsten waren die stillen, bescheidenen Japaner. Ihre Schiffe lagen im Hafen und warteten auf Reis für die hungrigen Münder Japans.

Im Café saß ich mit einem Franzosen. „Natürlich", sagte er, „natürlich werden die Japaner uns Indochina nehmen. Wie sollen wir uns verteidigen? Frankreich ist besetzt, ist ohnmächtig. Kennen Sie die Umgebung von Saigon? Nein? Es ist eine riesige Reisschüssel. Die andere ist Burma. Zinn ist wichtig und Gummi ist wichtig. Aber nichts ist so wichtig wie Reis. Wer diese Reisschüssel besitzt, entscheidet über Hunger und Sattsein, über Tod und Leben von vielen Millionen. Durch Jahrzehnte haben wir den Schlüssel zum Schicksal besessen und ihn, glauben Sie mir, weise verwendet. Wir haben unsere Profite gemacht, aber wir waren gerecht und wir waren menschlich."

Im Hafen traf ich einen Japaner. Er zeigte auf die vielen Schiffe, von denen die aufgehende Sonne Japans wehte: „Sie führen Reis nach Japan. Ostasien ist eins, ein großes Gebiet des gemeinsamen Wohlstands und des Glücks. Wir werden Asien befreien und es glücklich machen, satt und reich."

In der Vorstadt traf ich einen Annamiten. „Ob wir die Franzosen schätzen? Nein, warum sollen wir? Sie leben in unserem Lande von unserer Arbeit und gegen unseren Willen. Ob wir die Japaner lieben? Wissen Sie, wie wir Annamiten sagen: Die Franzosen sind gekommen und haben unser Fleisch und unsere Muskeln gefressen. Jetzt kommen die Japaner und sie werden auch unsere Knochen fressen."

Es war sehr heiß in Saigon, und so fuhr ich mit der Bahn nach Norden, aber gleichgültig, ob Tourane, Hué oder Hanoi, es war überall heiß. Wenn man nicht selbst in den Tropen war, weiß man nicht, wie brutal und gefährlich Hitze sein kann. Sie brennt den letzten Widerstand aus dem Körper, das letzte bißchen Energie und Moral. Erst abends wird man ein Mensch. Mein Körper glüht noch und ich trinke ein Glas nach dem anderen, und je mehr ich trinke, um so unstillbarer wird mein Durst. Ich werde unruhig im Gefängnis des Hotelzimmers, unter den Palmen ist die Luft stickig und die Hauswände glühen wie ein Ofen. Ich werfe mich in eine Rikscha und lasse mich durch die Straßen ziehen. Ich habe den Schweißgeruch des Kulis in der Nase, aber manchmal in einer Ecke spüre ich die Andeutung einer Brise. Unermüdlich trabt der Kuli, ich höre seinen keuchenden Atem, aber ich bin nur mit mir und der Hitze beschäftigt.

Ich lege den Kopf weit in den Nacken und sehe die Sterne. Dieselben Sterne, die ich viele Male in kalten, weißen Winternächten gesehen habe. Und ich beginne zu beten: Herr, laß mich noch einmal Schnee erleben. Schnee, der unter den Füßen singt, und eine Luft, die den Atem zu einer weißen Wolke werden läßt. Laß mich noch einmal frieren. Nimm ein Jahr von diesem Leben und gib mir dafür eine Woche Winter. Oder, Herr, wenn das zu viel ist: gib mir einen Tag voll Schnee und Kälte und klarer Luft.

Der Kuli fährt mich durch eine Allee. Von den Bäumen fallen weiße Blüten wie Schneeflocken, sie duften stark und süß, aber wenn sie wenige Stunden in der Sonne gelegen sind, riechen sie nach Verwesung.

In einer engen, stickigen Gasse bleibt der Kuli stehen. Ich verstehe seine Worte nicht, aber ich verstehe sein anpreisendes Keuchen. Er schiebt mich in ein kleines, heißes Zimmer, ein alter Chinese und eine alte Frau hocken dort, er raucht Pfeife und sie schlürft Tee. Der Kuli sagt einige erklärende Worte, der Mann raucht ohne aufzusehen weiter, und die Frau ruft mit schriller Stimme: „Yulan." Und aus einer finsteren Ecke des Zimmers, die durch eine halbhohe spanische Wand abgetrennt ist, kommt Yulan. Ohne mich oder die Alten anzusehen, bleibt sie stehen und dreht sich im hellen Lichtkreis einmal um sich selbst. Schon halb abgewandt, hebt sie den Kopf nach mir, und die großen, dunklen Augen eines Kindes ruhen einen Augenblick auf meinem Gesicht. Sie sind nicht prüfend und auch nicht lockend, ohne Ausdruck sehen sie mich an, und das Mädchen verschwindet wieder in der dunklen Ecke und läßt sich lautlos auf einer Holzpritsche nieder.

Der Kuli bangt um die Kommission, die ihm sicher zukommt, wenn einer seiner Fahrgäste hier ein Geschäft abschließt. Er beginnt die Vorteile dieses Hauses anzupreisen, welch hübsches Mädchen, und wie billig! Erklärend hält er mir zwei schmutzige Papiernoten vor die Augen. Sie reichen nicht für eine anständige Mahlzeit aus, aber hier kann ich mit ihnen eine halbe Stunde Vergessen oder einen langsam schleichenden Tod kaufen. Die Augen des Mädchens würden ihren kindlich unberührten Ausdruck nicht ändern, die alte Frau würde unbekümmert ihren Tee weiterschlürfen, der alte Mann würde sich eine neue Pfeife stopfen und der dunklen Ecke, in der das Holzbett steht, keine Beachtung schenken.

Die Hitze in dem Zimmer ist unerträglich, der süße Geruch von Opium liegt in der Luft, und von der Straße sind die kreischenden Rufe der Händler hörbar. Der Kuli schimpft leise vor sich hin, daß ich die Gelegenheit, die Nacht so zu verbringen, versäume, die beiden Alten bleiben völlig unbewegt, ich bin gar nicht sicher, ob sie mich überhaupt gesehen haben, und das Mädchen liegt wieder wie schlafend auf seinem Holzbett.

Draußen ist es noch heißer geworden. Wie ein feuchter, warmer Lappen schlägt mir die Hitze gegen den Körper. Die Sterne sind verschwunden, und schwere Wolken stehen drohend über der Stadt. Groß und schwer schlagen die ersten Tropfen gegen mein Gesicht, sie fallen immer dichter, und schließlich fahre ich durch eine Wand aus fallendem Wasser. Es ist plötzlich fast kalt geworden, und die mörderische Hitze liegt wie ein böser Traum hinter mir. Aber ich weiß: morgen wird die Sonne wieder vom wolkenlosen Himmel scheinen und die Energie, die Anständigkeit und die Moral aus mir herausbrennen, und ich werde ein paar Stunden Vergessen kaufen und Opium rauchen. Alles nur, um dieser mörderischen Hitze zu entfliehen. Ah, was für ein erbarmungsloses, hartes Land sind diese Tropen mit ihren üppigen Reisfeldern und ihren saftigen Früchten!

Mit der Bahn fuhr ich nach Norden. In Hué blieb ich einen Tag. Dort lebt der Kaiser von Annam in seinem Palast, einer Verbotenen Stadt, die nach dem Vorbild des Kaiserpalastes in Peking gebaut wurde. Er lebt nach den Zeremonien und mit dem Prunk des Mittelalters, seine Minister werfen sich bei der Audienz zu Boden, aber außerhalb der Verbotenen Stadt besitzt er Rennautos und Flugzeuge. Das mittelalterliche Hué ist märchenhaft. Vom Fluß der Düfte ging ich durch die äußeren Höfe des Palastes: eine Welt köstlicher Träume. Ich traf einen alten Chinesen.

„Das ist“, sagte er, „nur eine verspielte, kindische Nachahmung. Wenn Sie Schönheit und Würde sehen wollen, dann gehen Sie nach Peking. Wenn Sie wirklich sehen wollen, was gut und schön und wertvoll an Asien ist, dann gehen Sie nach Peking. Bleiben Sie nicht in Annam.“

Bronzener Löwe im Kaiserpalast

Zierliche Dächer hinter hohen Mauern

Abendlicher Spaziergang um das Kloster

Gebet vor dem Heiligtum

Der Eunuch der Kaiserin

Würdevoll schreitet der Große Lama durch das Klosterdorf

Der friedliche Herbst des Lebens

Der sanfte Gott des Tempels

Und ich fuhr weiter nach Norden. Manchmal sah ich das Meer, blau und grenzenlos hinter dem dichten Dschungel. Dann glaubte ich, durch winterliche Landschaften zu fahren. Die Schneefelder rückten nahe an die Bahnlinie heran, und ihr glänzendes, schmerzliches Weiß war nur von wenigen kümmerlichen Grashalmen unterbrochen, deren blasses Grün den Glanz der weißen Flächen nicht milderte. Aber die Schneefelder waren Sanddünen, die uns nach stundenlanger Fahrt durch hellgrüne Reisfelder und dunkle Dschungel unerwartet begleiteten. Dann wieder Palmen und Bambushütten und graubraune Tümpel. Nur die Augen und Nasen und Hörner der Wasserbüffel ragten aus der lauwarmen Brühe, unbeweglich lagen sie im Wasser. Auf dem Rücken eines riesigen Büffels, der faul unter einem Baum stand, saß ein nacktes, braunes Bürschlein. Sein Reisbauch war straff gespannt, zufrieden blickte es von seinem hohen Sitz herunter, und selbst der vorbeibrausende Zug konnte ihm kein Erstaunen abgewinnen. Immer wieder fuhren wir an diesen kleinen braunen Hirten vorbei, sie sahen alle einander ähnlich: zufrieden und ohne Interesse für die Vorgänge dieser Welt, die nicht unmittelbar mit ihrer Büffelherde in Verbindung standen. Sie schienen beneidenswert in ihrer nackten Wunschlosigkeit. Aber mein Eindruck, während ich im Schnellzugstempo vorüberfuhr, war oberflächlich und wahrscheinlich falsch. Wer weiß, welche Sorgen und Kümmernisse das Herz der kleinen Hirten erfüllten.

Hanoi war wieder Paris. Doch nein, nicht Paris, nur eine kleine französische Provinzstadt, in ein exotisches Land versetzt. Dieselben Typen: der dicke, gemütliche und doch mißtrauische Rentner, die hübsche Verkäuferin, die altmodisch gekleidete Hausfrau. Dazwischen unhörbar und katzenhaft weich die Annamiten, immer im Hintergrund, aber immer vorhanden. als warteten sie auf ihre Zeit. Die Frauen groß und schlank wie schreitende Blumen: das lange Kleid seitlich bis zur Hüfte geschlitzt und bei jedem Schritt den Kelch ihrer Hüfte und die schlanken Beine in farbiger, bis zum Knöchel reichender Hose darbietend. Ihre Kleider und Hosen in all den erdenkbaren Farben, die eine tropische Natur erfindet. Und an den Straßenecken Verkaufsstände mit Bergen von Blumen, wieder in all den betörenden Farben und voll des sinnlichen Geruchs, der in wenigen Stunden faul und modrig wird. Abends vor der „Taverne Royale" Bürger mit ihrem Aperitif und ihrem „Hanoi Soir" und ihrer Politik, aber im Hintergrund immer die Schatten der Annamiten. Die Franzosen haben nicht die strenge Scheidung zwischen Farbig und Weiß der britischen Kolonien nachgeahmt, sie mischen sich gerne und frei, und manche Zwischenfarbe ist Zeuge dafür. Aber gerade diese oberflächliche Mischung zeigt eine Kluft, die tief und vielleicht unüberbrückbar ist. Im Hintergrund sind immer die dunklen, rätselhaften, wartenden Augen der Annamiten.

Breite, gepflegte Boulevards, herrliche Hotels mit französischem Sekt, Tanzmusik in dem Café am See — ein Paradies, aber ein Paradies mit dunklen, drohenden Wolken.

Im Norden war der Krieg zwischen Japan und China. Die Bahn nach Kunming war unterbrochen. Die Chinesen hatten die Schienen aus der Trasse genommen und auf dem Rücken von tausenden Kulis ins Innere geschleppt, und der Dschungel wuchs wieder über die Bahn, und die Tropenregen zerstörten die Brücken, und das Land wurde ungangbar und wild und schützte China.

Ich konnte nicht über Land nach China. So fuhr ich zum Meer, nach der Hafenstadt Haiphong.

VI.

Haiphong ist wie Marseille. Wenn man viel Geld hat, kann man an weißgedeckten Tischen mit Silberbesteck die besten

Speisen der französischen Küche essen und aus geschliffenen Gläsern Champagner trinken. Wenn man kein Geld hat, kann man sich durch die Hafenspelunken treiben und um ein paar Piaster ein Glas Rotwein und eine Scheibe Weißbrot erstehen. Der heimatlose Abschaum aller Kontinente und der unbrauchbare Auswurf der sieben Seen sind die Gefährten: Männer, die eine Mutter und Pläne und Sehnsüchte besaßen, die einmal sogar ihr eigenes Gesicht hatten. Jetzt sind sie Masken. Nicht die leblosen, gefühllosen Masken beherrschter Orientalen, sondern die Masken erfrorener Leidenschaften und gemeiner Lüste. Ihre Gesichter sind braun und gelb und schwarz und weiß, aber tatsächlich ist es nur ein Gesicht.

Ich ging jeden Abend durch dieselben Spelunken und traf dieselben menschlichen Wracks. Nur selten lief ein neues Schiff im Hafen ein, und erst wenn ich mein Glück vergebens bei der Agentur und beim Kapitän versucht hatte, machte ich mich an die Matrosen heran. Es gab kein Schiff, das nach Norden fuhr. Ich saß wie in einer Rattenfalle.

Wenn ich gesagt habe, daß all diese Gesichter nur ein Gesicht waren, so habe ich den alten Franzosen vergessen, der seinen nächtlichen Stammplatz in einem winzigen Café hatte. Er saß immer allein und trank Kognak. Sein Gesicht hatte den gleichen verwüsteten Ausdruck, aber die Verwüstung war nicht erstarrt und kalt. Sie wurde manchmal belebt von einer verzweifelten Geistigkeit und einer Traurigkeit, die erschreckend und tief war.

Jede Nacht trank ich einen Kognak mit ihm. Immer wiederholte sich dasselbe Gespräch.

„Wissen Sie von einem Schiff, das nach Shanghai fährt, Monsieur?“ fragte ich.

„Ich bedaure tief, Monsieur“, antwortete er, „vielleicht morgen, wenn Sie morgen wieder fragen würden.“

Nur einmal erfuhr unser nächtliches Gespräch eine Änderung.

„Monsieur“, hatte ich gefragt, „wissen Sie vielleicht von einem Schiff, das nach Shanghai fährt?“

Und er hatte geantwortet: „Leider war ich heute noch nicht im Hafen. Aber ein kleiner japanischer Dampfer soll nachmittags eingelaufen sein. Vielleicht gehen wir jetzt zum Pier, um selbst zu sehen.“

Es war eine heiße Nacht. Die Luft war feucht und klebrig, voll von den unbeschreiblichen und unerklärlichen Gerüchen des Hafens und der Tropen, alle übersatt und ein wenig faulig. Der Mond war fast voll und die Lagerhäuser zeichneten tiefschwarze Schatten, und unter jeder Palme war eine kreisförmige Insel der Nacht. Das Wasser warf kurze, sanfte Wellen, die sich lautlos gegen die Steinmauern hoben und senkten. Manchmal hörte man weiter draußen das fette Aufklatschen eines springenden Fisches, und das Meer strahlte dann in einem jähen Springbrunnen leuchtender Kristalle auf.

Der Franzose hatte von einigen Hafenarbeitern bald in Erfahrung gebracht, daß der Japaner erst am nächsten Morgen einlaufen würde. Ja, er führe weiter nach Shanghai, dorthin sei jedenfalls die Ladung bestimmt.

„Wenn Sie wollen, können wir hier auf das Meer sehen“, sagte der Franzose, „und wir können von diesem Kognak trinken.“ Er brachte aus seiner Hosentasche eine flache Flasche zum Vorschein und reichte sie mir. Ich tat einen tiefen Schluck. Der Kognak war lauwarm, aber sehr gut. Er reinigte den Mund von den übersatten Gerüchen und brannte in Hals und Magen. Ich nahm noch einen kleineren Schluck und zerdrückte die Flüssigkeit zwischen Zunge und Gaumen. Dann gab ich die Flasche dem Franzosen. Er setzte sie lange an die Lippen und stellte sie dann zwischen uns.

Wir saßen auf einem kleinen Molo, an dem die Motorboote der Küstenschiffahrt und die Dschunken anlegten. Wie ein träge im Wind schaukelnder Wald schwankten die Maste, und das Tauwerk schlug sanft gegen das Holz. Von manchen Dschunken strahlte der gedämpfte Schein einer Laterne und das flackernde Aufleuchten eines offenen Feuers. Man hörte das Murmeln schläfriger Stimmen und das Klappern der Mah-Jongg-Steine und dazwischen den aufgeregten Fluch eines Spielers. Wie eine süße Wolke lag der Rauch des Opiums über den Dschunken. Auf manchen Booten begann die Mannschaft die keilförmigen Segel hochzuziehen, sie hingen schlaff und leblos vom Mast.

Die Dschunken, die uns am nächsten lagen, waren dunkel und schlafend. Die Seile, die sie mit dem Pier verbanden, griffen wie die dünnen Beine einer Spinne vom fetten Leib des Bootes nach dem Festland. Sie schwankten manchmal leicht, als wäre das riesige Tier bereit, sie bald zu benützen.

All das bot einen friedlichen, träumerischen Anblick. Es war schön, so zu sitzen und zu schauen, ohne zu sprechen. Ich griff nach der Flasche. Sie war noch halbvoll, und ich nahm einen tiefen Schluck. Als ich sie absetzte und wieder auf das Meer schaute, sah ich die Ratten.

Sie kamen aus einer Dschunke und liefen über die Taue ans Land. Die Dschunke war mit vier Tauen verankert, und auf ihnen liefen die Ratten eine hinter der anderen landwärts. Sie waren so dicht hintereinander, daß es aussah, als würde sich das Seil selbst bewegen und wie ein laufendes Band gegen das Land rollen.

Auch der Franzose hatte die Ratten gesehen. Er lachte ein häßliches, heiseres Lachen. „Ah, Monsieur, darf ich Ihnen vorstellen: unsere Brüder, die Ratten. Eben angekommen in Haiphong, der glorreichen Hafenstadt der glorreichen Provinz Tonkin."

Die Ratten liefen von den Seilen über die glatten Quadern des Kais zu einem Lagerhaus. Dort verloren sich die einzelnen Tiere im Dunkel. Man hörte das Scharren ihrer Krallen, und manchmal fiel ein fetter Körper mit einem dünnen Schrei gegen das Blech, das wie eine schlaffe Trommel dröhnte.

„Fühlt sich Monsieur gekränkt über die Vorstellung?" fragte

der Franzose. „Dann kennt Monsieur die Ratten nicht. Oder kennt Monsieur die Menschen noch nicht?“

Er reichte mir die Flasche und ich trank. Der Zug der Ratten war schütter geworden, aber der Lärm bei dem Lagerhaus war jetzt stärker.

„Monsieurs Gesicht ist jung. Vielleicht hat er noch nicht genug Erfahrung mit Menschen und Ratten. Und vielleicht ist es mir gestattet, ihn aufzuklären, bevor das Leben ihn aufklärt.“

Er nahm die Flasche und trank sie leer, dann warf er sie gegen das Lagerhaus, und sie zerschellte. Für einige Sekunden war es still, dann setzte der Lärm der Ratten aufgeregter wieder ein.

„Monsieur“, sagte er, „die Ratten haben mehr menschliche Eigenschaften als sonst ein Tier. Sie gewöhnen sich an jedes Klima. Sie fressen alles, was der Mensch ißt. Sie sind von derselben das ganze Jahr andauernden Fruchtbarkeit wie der Mensch. Natürlich ist der Mensch in seinen Beweggründen überlegen. Er zeugt seine Jungen aus höheren Idealen: ein Diktator braucht menschliches Material, und wir legen uns ins Bett und geben dem Staat, was des Staates ist. Ein weihevoller Akt. Die Ratten tun es aus purer Lust.

Aber die Folgen, Monsieur, sind dieselben. Eine Hungersnot, und Millionen sterben. Wir sind ständig auf Eroberungszügen und rotten die Schwachen aus. Wir sind noch nicht so erfolgreich wie die Wanderratte, die die Hausratte fast völlig verdrängt hat. Aber warten Sie noch ein wenig, Monsieur, dann werden auch wir totale Siege erringen.“

„Es ist“, unterbrach ich ihn, „das Gesetz der Natur, daß der Stärkere den Schwächeren frißt. Haben wir uns nicht schon einen gewaltigen Schritt von diesem primitiven Gesetz entfernt? Hatten wir nicht Plato, Buddha, Konfuzius und Christus? Haben Sie niemals von Romain Rolland und Gandhi gehört, Monsieur?“

„Natürlich habe ich von ihnen gehört. Wer aber folgt ihnen?

Ich habe lange im Dschungel gelebt. Ich kenne das Gesetz der Natur, aber es heißt nicht nur Töten. Es heißt Töten, damit man selbst am Leben bleibt. Es geht sogar weiter: Ameisen, Bienen und einige Vögel leben in sozialen und wirtschaftlichen Einheiten, die ihnen ein Dasein ohne unnötiges Morden ermöglichen, wenigstens gegen ihre eigene Art.

Nur die Menschen sind immer am Kriegszug. Sie sind die erfolgreichsten Raub- und Mordtiere. Sie haben sich die ganze Welt erobert. Sie sind von Osten nach Westen gezogen und haben gemordet und erobert. Zuerst der Mensch und dann die Ratte. Der getreue Schatten seines Herrn. Die Hausratte verschwindet, wie die Inkas, die Azteken und die Indianer verschwunden sind. Ausgerottet von ihresgleichen. Nein, Monsieur, das ist kein Gesetz der Natur. Wir und die Ratten stehen außerhalb jedes Gesetzes. Wir sind die erfolgreichsten Raubtiere der Welt. Wir haben keine Gesetze."

Die Dschunke, aus der die Ratten gekommen waren, lag wieder leer und tot im Wasser. Die Seile schwankten leise. Der Mond stand noch hoch am Himmel, aber im Osten begann es licht zu werden. Bald würde es Tag sein.

„Ich bin müde, Monsieur", sagte ich. „Ich will schlafen gehen."

„Ja, gehen Sie und träumen Sie ein wenig. Von Buddha und Gandhi und der alles vereinigenden menschlichen Liebe. Träumen Sie, Monsieur. Aber", seine Stimme wurde leise und flüsternd, „träumen Sie nicht zu viel. Sie haben die Ratten kommen gesehen. Vor ihnen waren wir Franzosen gekommen. Bald werden die Japaner kommen. Monsieur, träumen Sie nicht zu lange. Nehmen Sie das nächste Schiff nach dem Norden."

„Hoffentlich fährt der Japaner nach Shanghai."

„Ja, ich hoffe es für Sie. Aber wird es Ihnen helfen? Auch auf dem Japaner werden Sie Ratten und Menschen finden. Wohin immer Sie reisen, werden Sie auf diese beiden treffen. Sie haben sich die Welt erobert. Gute Nacht, Monsieur, und gute Reise."

Er lehnte sich weit zurück und blickte gegen den Himmel. Ich ging langsam durch den Hafen, ich verlor meinen Weg und mußte lange zwischen Kranen und Schiffen umherirren, bevor ich den Ausgang fand. Es wurde jetzt rasch hell, und annamitische und chinesische Kulis kamen in Scharen zu ihrer Arbeit. Sie gingen in Gruppen und schwatzten, die Chinesen zusammen und die Annamiten zusammen, und sie mischten sich nicht miteinander.

VII.

Der höfliche Franzose hatte unrecht gehabt, der Japaner kam nicht, und es war auch unbestimmt, ob und wann er kommen würde. Aber ich fand einen kleinen portugiesischen Dampfer, der nach Macao fuhr und mich mitnehmen wollte.

Der Kapitän hieß Senor Pereira. Er hatte ein tiefgebräuntes Gesicht, das an den Schläfen bläulich anlief. An den Augen konnte man erkennen, daß er chinesisches Blut hatte, aber diese Tatsache erwähnte man besser nicht, wenn er nüchtern war, und um Himmels willen nicht, wenn er einige Glas Whisky ohne Wasser und Soda, die er verächtlich beiseite schob, getrunken hatte. Er hatte einen portugiesischen Paß, sprach portugiesisch und hing mit einer fanatischen Liebe an der fernen Heimat, die weder er noch seine Eltern oder Großeltern je gesehen hatten. Er war ein freundlicher, unterhaltsamer Mann, nur nachts sang er mit durchdringendem, rollendem Baß portugiesische Volkslieder auf der Kommandobrücke.

Wir fuhren zwei Tage durch das südchinesische Meer. Wolkenlose Tage und wolkenlose Nächte von einer unbeschreiblichen feuchten Hitze erfüllt, die jede Bewegung und jedes Denken zur Qual machte. Schön war der zweite Abend.

Schwere, schwarze Gewitterwolken lagen über dem Meer, und gerade dort, wo die Sonne unterging, bildeten sie ein Tor aus

Feuer und Gold. Dann war es rasch dunkel, und das Wasser wurde lebendig und geheimnisvoll. Wo die Wellen unseres Schiffes die schläfrige Ruhe des Meeres störten, leuchteten von Zeit zu Zeit grünliche runde Lichter auf, die unter uns vorbeischwebten, kleine Meerestiere, durch die Berührung der Luft zum Leuchten gebracht. Nur kurz war das Aufleuchten, und nach ein oder zwei Sekunden war das Wunder vorbei. Aber gleich leuchtete eine neue Scheibe auf, und wie durch ein Meer sanfter, kurzwährender Sternschnuppen fuhren wir der Mündung des Perlenflusses entgegen.

Noch während der Nacht sahen wir die Lichter von Macao, und bei Sonnenaufgang konnte man die Form und Bauweise seiner Häuser erkennen. Es waren buntbemalte Steinhäuser, mit den Bogengängen und den zum Trocknen aufgespannten Netzen, die den Fischerdörfern des romanischen Mittelmeeres ihren Reiz verleihen. In stolzen, unnahbaren Formen hoben sich einige Zypressen darüber in den Himmel, und eine Kirche beherrschte mit ihrem blendenden, unwahrscheinlichen Weiß die Zusammenballung satter, froher Farben. Der schwingende, sanfte Ton einer Glocke wurde hörbar.

Ich konnte die Gesichter der Menschen nicht erkennen, die dicht durch die Straßen wimmelten, aber sicher würden es die harten, sonnverbrannten Züge südeuropäischer Fischer sein, mit ihrer von Wind und Wasser gegerbten Haut und ihrem schwarzen, ungebändigten Haar. Ich würde in ein kleines Gasthaus gehen und Chianti und Spaghetti bestellen und mir Salami aufschneiden lassen.

Unser Schiff fuhr näher an die Küste heran und legte unter viel Geschrei und Kommandos an. Neben uns schaukelten hunderte Dschunken auf dem Wasser, die exotische Form ihrer Segel und die fremdartigen Rufe der Kulis, die sich wie eine Welle auf unser Boot stürzten, gaben dem zuerst so romantisch anmutenden Bild die Atmosphäre, die es auch weiterhin behalten sollte: eine Mischung romanischer Bauweise, romanischer

Kultur und romanischer Landschaft — denn die Bucht von Macao könnte irgendwo in Spanien oder Italien liegen — mit chinesischem Leben. Die Fassade und der schon bröckelnde Glanz ist das Portugal des Mittelalters, das alles erfüllende, überschäumende Leben ist China.

Über dem Gewimmel der engen chinesischen Gassen mit ihrer erschreckenden Vielheit von Gerüchen, Geschäften und Lärm erhob sich die klare, kühle Form einer Kathedrale. Neben mir verkauften Chinesen gebündeltes Holz und getrocknete Fische, vor mir wuchtete das Symbol einer fernen Welt.

Ich ging zur Kathedrale hinauf, denn ich liebe Kirchen. Man braucht in ihnen nicht immer zu beten, aber ihre Höhe und Ruhe sind wie die schlanken, kühlen Hände einer Frau, die — wenigstens für einen Augenblick — alle Sorgen und Kümmernisse verscheuchen und Frieden geben. Wie lange war es her, daß ich in einer Kirche gewesen war? Ich konnte mich nicht erinnern, vielleicht hatte ich die kurzen Augenblicke des Friedens vergessen.

Ein schweres Holztor mit Schnitzereien und Metallverschlägen verwehrte mir den Eintritt. Zeit und Regen und Hitze hatten Risse in das starke Holz gefressen, und ich legte mein Auge an einen Riß, um das Innere der Kirche zu sehen: ein kühles Dämmerlicht, mystische Wolken von Weihrauch und Portugiesen und Chinesen, die vor Heiligenbildern knien. Aber wie durch einen Spuk sah ich nicht das Innere einer Kathedrale, sondern eine kümmerliche Wiese mit einigen Steinblöcken und darüber den erbarmungslos blauen Himmel.

Es war keine Kathedrale, vor der ich stand, sondern nur die Illusion einer Kathedrale: ihre Front, die mächtig und formschön dastand, während die Seiten und Rückwände verfallen und ihre Bausteine verschleppt waren.

Vor hundert Jahren brannte die Kirche bis auf die mehr als einen Meter starke Vorderfront ab, und man baute sie nicht mehr auf. Wenn man die Hauptstraße entlang auf die

Ruine zukommt, dann bleibt die Täuschung bis zuletzt vollkommen. Erst wenn man einige Schritte seitlich vom gewohnten Weg geht, sieht man, daß man kein mächtiges Gebäude, sondern eine kulissenartige Ruine vor sich hat, eine Ruine, die zugleich ein Symbol ist.

Seit fast vierhundert Jahren ist Macao eine portugiesische Kolonie. Niemals haben mehr als fünftausend Portugiesen hier gelebt, und wahrscheinlich waren es nicht die besten, die nach dem fernen Besitztum gingen. Sie haben so viele chinesische Frauen genommen, daß ihre Augen schräg und ihre Haut gelb wurde, aber mit pathetischer Liebe hängen sie an ihrer fernen Heimat, die sie nur vom Hörensagen kennen und daher maßlos idealisieren.

Für ein paar Tage lebte ich zwischen zwei Welten. Die Gegenwart und die Zukunft ist China. Vor allem die Zukunft. Viele Schulen sind aus den von den Japanern besetzten Gebieten um Kanton mit Lehrern und Schülern nach dem neutralen Macao geflohen. Zehntausende Mittelschüler und Studenten erfüllen die Straßen der Stadt mit fröhlichem Lärm. Selbst die kleinsten, lichtlosesten, ungünstigsten Gebäude werden als Schule verwendet.

Die Vergangenheit ist Portugal. Ein paar Namen, ein paar Ruinen, ein Gouverneur und die große Liebe zu einem unbekannten Land. Aber ist diese so stark betonte Liebe nicht nur Angst vor der chinesischen Gegenwart und Flucht in einen Traum?

Durch die Avenida Ameida Ribeiro und die Rue de Praia Grande — wieder portugiesische Namen mit chinesischem Leben erfüllt — ging ich zum alten Friedhof der Ostindischen Handelsgesellschaft.

Hier, im Zeichen des Todes, lebt das Macao der Vergangenheit. Portugiesen, Spanier, Holländer liegen hier. Unter dunkelrot leuchtenden Blüten, den „Flammen des Waldes", ist ein deutscher Grabstein.

Dem Staube Des F. W. Schnitgers Gebohren
Zu Pleuhnin Holstein 31. Mai 1773 Nach
Vielen Leiden Gestorben In Macao 30. Mai
1807. Ist Diese Grabstätte und Dieser Stein
von Dankbaren Freunden Gewidmet.

Ich war nicht gerne in Macao. Vielleicht ist es selten schön, wenn sich zwei Welten mischen. Wenn aber die eine mit überholten starren Formen dem Leben der anderen äußere Gestalt zu geben versucht, dann ist es ein pathetisches Schauspiel.

So fuhr ich auf einem kleinen japanischen Dampfer nach Norden. Der Kapitän hatte gesagt, er würde nicht lange nach Shanghai brauchen.

VIII.

Lag ich flach auf dem Rücken, so waren wenige Handbreit Raum über mir, gerade genug, daß ich mich umdrehen konnte, wenn ich die gefederte Matratze nach unten drückte und die ungeduldige, nervöse Bewegung des Italieners spürte. Die Decke über mir war aus braunem Holz, und eine schmutzige Stelle zeigte, daß viele schlaflose Passagiere mit ihrer nackten, schwitzenden Hüfte gegen das Holz gewetzt hatten, wenn sie sich von einer Seite auf die andere warfen. Die Decke oberhalb des Gesichts war feucht vom Atem der Schläfer. Es war wie ein Sarg.

Aber mein Bett war das beste, denn die winzige runde Luke war in meiner Höhe, und wenn der Wind richtig blies, zog ein kühler Luftzug über mich. Und — was wichtiger war — ich lag über dem Italiener und dem Deutschen, und besonders der Deutsche sprach ununterbrochen, aber die zwei Matratzen milderten seine Stimme. Ich konnte sie ausschalten und hören, wie man Radio hört; ein Geräusch, ohne es zu verstehen.

Der Deutsche, er hieß Ritter, hatte das unterste Bett gerne

genommen. Er war so fett und schwer, daß er sich in sein Bett hineinfallen lassen mußte, ohne viel herumzuturnen. Auch mußte er wegen Maxi unten schlafen. Maxi war ein kleiner Affe, ein nettes Tier zum Ansehen und für ein kurzes Spiel, aber eine Plage in einer winzigen Kabine. Wenn ihm etwas nicht paßte — und die Seereise paßte ihm nicht —, stieß er kurze, klagende Rufe aus wie ein Kind, das sich verirrt hat und, bevor es zu weinen anfängt, seinen ganzen Mut zusammennimmt, um noch einmal um Hilfe zu rufen. Auch war Maxi nicht stubenrein. Das war der Hauptgrund, warum Ritter ebenerdig schlafen mußte.

Wir hatten uns dagegen gewehrt, Maxi in die Kabine zu lassen. Aber es gab keinen anderen Platz auf dem Schiff, wo er sicher aufgehoben war. Die japanischen Matrosen neckten und quälten ihn, bis Ritter den Tränen nahe war. Als wir noch hart blieben, war er, Maxi fest an sich gepreßt, ein paar Nächte auf Deck gesessen. Dann hatten wir uns an Maxi, seine Geräusche und seinen Geruch gewöhnt. In meinem Bett war ich von Maxi ziemlich ungestört, aber der Italiener unter mir litt. Er war ein Aristokrat mit einem feinen, degenerierten Gesicht und schlanken, zarten Händen.

So lagen wir vier — der Affe, Ritter, del Bono und ich — Tag und Nacht in unserem Gefängnis. Es gab nur einen winzigen Meßraum, voll von dem Schweißgeruch der Matrosen und dem faden, schleimigen Dunst von gekochtem Reis. Auf Deck war wenig Platz und die Offiziere jagten uns wieder in unsere Kabine. Dann war auch die Zeit der Taifune, es regnete viel und das kleine Schiff tanzte wie betrunken auf den Wellen. Es war schwer, ein paar Schritte gerade zu gehen. Wir kamen kaum vom Fleck — das Schiff, meine ich —, für viele Tage konnten wir die Küste von Hainan sehen, und manchmal sahen wir große Schiffe, die wie Kriegsschiffe aussahen, und die Atmosphäre war voll Spannung und Krieg und kommendem Morden, aber wir wußten nichts Bestimmtes, denn die Japaner sprachen nicht mit uns. Den Kapitän sahen wir überhaupt nicht, wir hörten nur ohne Unterbrechung das Klirren und Klappern der Mah-Jongg-Steine.

Ich hatte noch Fieber und das war gut. Die Gedanken in meinem Kopf und die Bilder vor meinen Augen und die Geräusche in meinen Ohren waren undeutlich und verworren. Ich lebte in einer Welt aus Nebeln und Schatten und mußte mich anstrengen, um diese Nebel manchmal zu zerstreuen und klar zu sehen. So hörte ich wenig, was del Bono und Ritter sprachen, aber ihre Stimmen waren immer in meinem Ohr, Ritters Baß nur selten von del Bonos melodischer Stimme unterbrochen. Manchmal aber wichen die Nebel von selbst, und ich lag wach und hellhörig. Kein Wort entging mir dann, und die Gesprächsfetzen, die ich so hörte, färbten für viele Stunden meine Nebel. Del Bono sprach einmal von einer Frau, die ihm nahe war und die an Fieber gestorben war. Ich konnte sie viele Tage nachher sehen, sie war schön und sanft. Ritter sprach über alles mögliche.

„Das ist kein Grund, um nervös zu werden", sagte er zu del Bono. „Liegen wir nicht bequem in unseren Betten? Ha, haben wir es hier nicht schön? Sie werden zu leicht nervös. Wir haben Zeit. Haben wir nicht viel Zeit? Eines Tages werden wir schon nach Shanghai kommen. Aber wir haben Zeit.

Ich bin jahrelang so gelegen und habe gewartet. Kein Mensch hat gefragt, ob ich Zeit habe. Aber es war nicht so bequem. Auch drei Betten übereinander, aber ohne Matratzen, nur Holz und der Mantel darüber. Und eine feuchte Lehmwand an der Seite, und Regen, immer Regen. Dazu Donnern, das nie aufhört. Ein Donnern, das einmal stärker wird, dann schwächer. Aber es hört nie auf.

Und ich konnte nicht immer ruhig liegen. Jeden Tag hinaus in den Schlamm, in den Dreck und in das Wasser. In Schützengräben, die Kanäle waren. Und auf der anderen Seite der Engländer. Manchmal zwischen dem Donner konnten wir sie reden hören, dann aber kam der Donner wieder und löschte alles aus. Ein ganzes Jahr. Dreck, Schlamm und Warten. Und Ruinen: Ypern, Hazebrouck.

Da wartest du und wartest. Manchmal ein Sturmangriff. Du rennst und schießt und wirfst Handgranaten. Du wünschst, daß alles vorbei wäre. Du betest, daß du doch endlich krepierst wie die Leute um dich. Du hoffst, daß du nächstesmal nicht nach dem Bunker zurück mußt, nach den rinnenden Lehmwänden. Aber wenn du dann aus dem Graben draußen bist, dann rennst du um dein Leben. Du denkst nicht, es ist nur eine dumpfe Angst in dir, und du rennst und rennst, und dann beginnt das Elend von neuem. Warten.

Und wieder einmal renne ich so. Ein paar Stunden vorher haben die Engländer einen Sturmangriff gemacht, jetzt sind wir daran. Ich renne und springe und ich weiß, daß wir ihren Graben nie erreichen werden. Seit sechs Wochen versuchen wir, über diese hundert Meter Schlamm wegzukommen. Und dann plötzlich habe ich keine Beine mehr. Der Schlamm ist in meinem Gesicht, und ich drücke mich tief hinein, und über mir ist eine Hölle. Ich bin aber sicher, unterhalb der Kugeln. Ich greife nach meinen Beinen, beide sind da, nur etwas Blut. Ich krieche durch den Schlamm und, bei Gott, ich vergesse, daß ich jetzt alles enden kann. Ich brauche mich nur aufzurichten, nur ein paar Sekunden aufzurichten, und alles ist vorbei. Aber ich krieche wie eine Schlange durch den Dreck.

Die Toten sind ein großes Hindernis. Sie sind noch nicht tief genug im Schlamm, ich muß um sie herumkriechen, wenn ich nicht in die Hölle will. Aber die Beine kann ich manchmal heben und unter ihnen wie unter einem Tunnel durchkriechen. Endlich komm' ich zu einem Granattrichter und lasse mich hineinrollen. Ich rolle auf eine Leiche, aber die Leiche bewegt sich und sagt: ‚God damn you, you hurt me.'

‚Hey', sagte ich, ‚Tommy, was machst du hier?'

‚Warten', sagt der Engländer.

‚Warten — auf was?'
‚God knows', sagt der Engländer.
‚Wann bist du gekommen?'
‚Vor ein paar Stunden.'
‚Und jetzt wartest du?'
‚Ja, ich warte.'
‚Worauf?'
‚God knows', sagt er.

So liegen wir nebeneinander und langsam kann ich wieder denken. Es ist Nachmittag. In ein paar Stunden ist es Nacht, und in der Nacht wird wenig geschossen. Ich kann dann zu unserem Graben kriechen und, wenn ich nahe genug bin, rufen: ‚Ich bin es, Ritter. Nicht schießen, ich bin es, der Ritter.' Ein paar Stunden nur.

Der Engländer blutet von der Schulter.
‚Schlimm?' frage ich.
‚Was schlimm?'
‚Die Schulter?'
‚Nicht so schlimm. Und dein Bein?'

Ich nehme ein Stück von meinem Hemd und binde es über die Wunde. ‚Nicht so schlimm', sage ich.

Dann liegen wir wieder und warten. Ich schau' auf meine Uhr, es ist drei Uhr dreißig. Ich bin durstig, aber das Wasser im Trichter ist lehmig und blutig.

‚Hast du was zu trinken?' frage ich den Tommy.

‚Ja', sagt er und gibt mir eine kleine Metallflasche. Es ist Whisky, bei Gott, es ist Whisky. Ich nehme einen tiefen Schluck und der Schlamm ist nicht mehr so kalt und feucht.

‚Willst du meine Frau sehen?' frage ich den Tommy. ‚Meine Frau und meine Kinder.'

‚Deine Kinder?'

‚Zum Teufel, ja, meine Kinder', schreie ich.

‚Es ist der Lärm', sagt er und zeigt nach oben. Ich nehme die Photographie aus der Rocktasche und zeige sie ihm.

‚Ah', sagte er und nichts weiter.

So liegen wir und warten.

Endlich sagt er: ‚Du sprichst gut englisch.'

‚Sicher', sage ich, ‚ich war acht Jahre in Afrika.'

‚In Afrika?'

‚Ja, in Kimberley bei den Minen.'

‚Kennst du Porter? George Porter?'

‚Sicher', sage ich. ‚George, der zuerst in der Mine war und dann eine Farm gekauft hat?'

‚Ich kenne ihn auch.'

‚Warst du auch in Afrika?'

‚Ja, in Durban. Was ist aus George geworden?'

‚Er hat geheiratet. Die Tochter vom alten Richards. Jean.'

‚Oh, Jean. Ich habe sie gekannt, als sie ein Kind war.'

‚Sie war kein Kind mehr, als George sie geheiratet hat, darauf kannst du dich verlassen.'

Und ich erzählte ihm von Jean. Sie war nicht schön, bei Gott nicht, aber sie war klug und verstand zu reden. Sie konnte reden wie ein Mann, alles, was sie sagte, hatte Sinn und Verstand. Man konnte ihr stundenlang zuhören. Sie war nicht schön, aber sie konnte reden. Und so erzählte ich dem Tommy von Jean. Dann sage ich:

‚Ich habe mich noch nicht vorgestellt', sage ich, ‚mein Name ist Ritter.'

Er murmelt etwas, das ich nicht verstehen kann.

‚Wie?' sage ich.

Ich verstehe ihn wieder nicht, aber ich sage, es freue mich, ihn getroffen zu haben.

Wir liegen weiter und warten, und ich erzähle von Afrika, und er ist einer von den Menschen, die den Mund nicht aufmachen, und ich muß für die Unterhaltung sorgen. So vergeht die Zeit und es wird dämmerig. Es wird nicht mehr geschossen, sie haben diesen Tag genug geschossen.

‚Hey', sage ich zu dem Tommy, ‚wir können gehen.'

‚Bald', sagt er und schaut mich an.

‚Gleich', sage ich. ‚Jetzt', sage ich. Ich will weg aus diesem Loch, zurück in den Bunker. Keine Minute länger halte ich es aus. ‚Jetzt gehen wir', brülle ich ihn an, aber er schüttelt den Kopf und sagt: ‚Zu früh.' Ich kann aber nicht mehr warten, ich kann nicht warten, ich will nicht mehr warten. Und wenn ich vor ihm wegkrieche, so schießt er mich vielleicht nieder. Er hat seinen Revolver und ich hab' meinen Revolver. Ich kann nicht wegkriechen, solange er da liegt.

‚God damn you, jetzt gehen wir', brülle ich.

Und er schüttelt wieder den Kopf und schaut mich an. Da nehme ich meinen Revolver, schieße ihn nieder und krieche über..."

„Was? Was haben Sie gemacht?" Das war die schrille, gepreßte Stimme del Bonos.

„Ich schieße ihn nieder und krieche über den Rand des..."

„Sie haben ihn wirklich erschossen?"

„Ich hab' es ja schon dreimal gesagt. Gott verdamm Sie, ich hab' ihn erschossen und..."

„Hören Sie auf, hören Sie auf!" schrie del Bono hysterisch. „Ich kann Sie nicht mehr anhören. Sie sind ein Mörder. Warum haben Sie ihn erschossen? Warum?"

„Warum?" Ritter besaß jetzt die überlegene pädagogische Ruhe, die athletisch gebaute Männer oft zeigen, bevor sie von ihren Körperkräften Gebrauch machen. „Warum? Ich will es Ihnen erklären: weil er auch Waffen hatte, weil ich nicht mehr warten konnte, weil er mich vielleicht niedergeschossen hätte, weil ich..."

„Vielleicht, vielleicht", kreischte del Bono. „Sie sind ein ganz gemeiner, feiger Mörder. Ein Mörder, sage ich. Ein feiger, gemeiner Mörder."

Mit einer überraschend schnellen Bewegung hatte sich Ritter aus dem Bett gewälzt. Sein mächtiger Körper füllte fast die ganze Kabine. Es sah aus, als würde er sich auf del Bono stürzen, er starrte ihn für einen Augenblick mit blutunterlaufenen Augen an, aber dann preßte er Maxi gegen die Brust und verließ die Kabine. Mit einem scharfen Knall flog die Türe zu.

Nach diesem Auftritt wurde die Reise noch ungemütlicher als sie gewesen war. Ritter und del Bono sprachen kein Wort mehr miteinander, und so lagen wir schweigend und schwitzend übereinander, mit unseren Gedanken und einer tödlichen Langeweile.

Wir fuhren nicht den geraden Kurs nach Shanghai, das konnte selbst ich erkennen. Zweimal sahen wir Land, ich weiß nicht, ob Inseln oder das Festland. Die Mannschaft blieb schweigsam und unfreundlich. Eines Nachts — es war der achte Dezember — hörten wir sie begeistert „Banzai" rufen, und ich sah sie durch den Türspalt in Reih und Glied antreten, und alle mit dem Kapitän an der Spitze verbeugten sich gegen Norden, wahrscheinlich zum kaiserlichen Palast.

Ritter war der gesprächigste von uns gewesen, und er litt unter dem lastenden Schweigen am schwersten. Del Bono verstand zu schweigen, und ich war froh, daß ich Fieber hatte.

Zwei Tage nach der Auseinandersetzung erkrankte Ritter an einem schweren Durchfall. Er mußte während der Nacht oft die Kabine verlassen und schloß — ich glaube, in der Absicht, del Bono zu ärgern — nie die Türe. Sie schlug mit der schaukelnden Bewegung des Schiffes auf und zu, und die Matrosen, die durch den engen Gang vorbeikamen, sahen del Bono gerade ins Gesicht. Ich bin überzeugt, daß Ritter die Tür in dieser Absicht offen ließ.

Wieder einmal schlug die Tür. Ich wollte aufstehen und sie schließen, aber da war del Bono schon aus dem Bett. Er sah durch die Tür nach beiden Seiten den Gang entlang, dann wandte er sich Maxi zu. Maxi hatte sich von dem Streit zwischen seinem Herrn und dem Italiener nicht beeinflussen lassen und sprang mit einem zärtlichen Laut gegen die Brust del Bonos. Der sah einen Augenblick zu mir herauf, aber mein Gesicht war im Schatten, und er mochte glauben, ich schliefe. Er preßte den Affen an sich und ging hinaus. Vielleicht eine Minute später war er zurück. Ohne Maxi.

Als Ritter zurückkam, merkte er sofort das Fehlen des Affen. Er sah sich suchend in der Kabine um, aber sie war so klein, daß man in ihr nicht lange suchen konnte. Dann ging er in den Gang, und später hörte ich seine schweren Schritte auf Deck. Dort hatte er eine Auseinandersetzung mit dem Steuermann und kam zorngerötet in die Kabine.

„Sie müssen für mich übersetzen“, sagte er zu del Bono.

Der Italiener war der einzige von uns, der leidlich Japanisch sprach.

Del Bono sah ihn groß an und drehte sich ohne ein Wort auf die andere Seite. Wieder sah es so aus, als würde sich Ritter auf ihn stürzen, aber wieder verließ er wortlos die Kabine, ohne handgreiflich zu werden.

Er mußte sich ohne Hilfe den Matrosen verständlich gemacht haben — das war auch nicht schwer, da jeder den Namen des Affen kannte — und bald begann ein eifriges Suchen. Ritter suchte mit verzweifelter Ausdauer. Das Schiff war nicht groß, ein Fünftausend-Tonnen-Dampfer, und solange es Nacht war, blieb immer die Möglichkeit, daß Maxi irgendwo zwischen den Seilen oder auf den Masten oder sonstwo in einem der unzähligen Schlupfwinkel eines unordentlich geführten Schiffes verborgen war. Wir hatten den Ausläufer eines Taifuns passiert und die See war noch wild. Maxi konnte schweren Seegang nicht vertragen und saß dann immer in sich gekauert, ein Häuflein Unglück. Darauf baute Ritter seine Hoffnung: sicherlich würde er Maxi beim Morgengrauen verschreckt und ängstlich zusammengekauert finden.

Aber auch bei Morgengrauen fand er ihn nicht, und auch nicht im Laufe des Tages. Fast alle Matrosen beteiligten sich etwas an der Suche, und auch ich ging einige Male über Deck.

Nur del Bono blieb wortlos in seiner Koje liegen. Als Ritter ihn gefragt hatte, ob er gesehen habe, daß der Affe durch die offene Tür hinaus sei, hatte del Bono eine Gegenfrage gestellt: „War die Tür offen?"

Am nächsten Tag sagte uns der Kapitän, daß Krieg zwischen Japan und Amerika ausgebrochen sei. Trotzdem würde er uns sicher nach Shanghai bringen, denn die amerikanische Flotte sei bereits vernichtet und japanische Truppen wären in Kalifornien gelandet. Er war ein kleiner Mann mit glattrasiertem Kopf und einer dicken Brille. Er sah eher aus wie ein Gelehrter als ein Seemann. Als er seine Mitteilungen beendet hatte, schrie er plötzlich aus voller Kehle dreimal „Banzai", was „Zehntausend Jahre" bedeutet und ein japanisches Hurra ist.

Ritter machte eine erschreckende Veränderung mit. Er lief tagsüber wie geistesgestört über Deck, und man erkannte an seinen wilden Blicken, daß er noch immer nach Maxi suchte. Er aß kaum mehr einen Bissen und hatte tiefe Ringe unter den Augen. Nachts wälzte er sich schlaflos in seiner Koje.

Del Bono blieb wortlos. Das Verschwinden des Affen und der Ausbruch des Krieges hatten ihm nicht mehr als zehn Sätze entlockt.

Am Tage, bevor wir in Shanghai landen sollten, kamen wir in einen neuen Taifun. Er war nicht besonders stark und wir wurden nur von seiner Peripherie erreicht, aber für einen Fünftausend-Tonner ist selbst die Peripherie eines mittelstarken Taifuns genug. Der Kapitän richtete das Schiff gegen die Wellen, wären sie breitseits gekommen, so hätten sie es vielleicht zum Kentern gebracht. In der Nacht wurde der Seegang geringer, der Himmel hatte sich geklärt und die Luft war still, aber es dauert oft einige Tage, bis die vom Taifun aufgewühlte See sich völlig beruhigt.

Beim Frühstück bemerkten wir, daß Ritter fehlte. Wir suchten ihn auf Deck, im Maschinenraum und in den Quartieren der Mannschaft. Dann wurde auch der Laderaum geöffnet. Aber

Ritter blieb verschwunden. Der Kapitän war sehr verärgert: es sei Krieg, sagte er, und man wisse nie, was die Europäer im Schilde führten. Er hätte Schwierigkeiten von seinen vorgesetzten Behörden zu erwarten.

Del Bono war nervös und gereizt. Er sah mich kaum an und das tödliche Schweigen lastete weiterhin in unserer kleinen Kabine. Es war eine unerfreuliche Reise, besonders für mich, denn ich wußte zu viel.

Ich war froh, als wir in den Whangpoo einfuhren und die Silhouette von Shanghai sich über den Horizont schob. Es sah aus wie New York. Wolkenkratzer und die Straßen dazwischen voll von Autos und eiligen Fußgängern.

IX.

Die beiden chinesischen Schriftzeichen „shang-hai" bedeuten „über dem Meere", und das Meer um Shanghai ist eine schmutzige, braune Brühe. Hat sich ein Phönix daraus emporgehoben und greift dort, wo vor hundert Jahren ein armseliges Fischerdorf stand, mit gewaltigen Wolkenkratzern gegen den Himmel und spiegelt seine glatten Marmorwände im faulen Wasser des Whangpoo? War es der mystische Vogel Chinas, der seine Schwingen ausbreitete, helle, glänzende Schwingen des Fortschritts, von denen das schmutzige Meerwasser abtropfte und sie unbefleckt und weiß zurückließ?

Sicherlich, es war jener Phönix des vorwärtstreibenden Menschengeistes, der Urwälder rodete, Wüsten bewässerte und die Welt besser machte. Er hat die Fischerhütten weggefegt und riesige Steinpaläste an ihre Stelle gesetzt, er hat die Dschunken in den Soochow Creek zurückgedrängt und Ozeandampfer in den Whangpoo gebracht, er hat die Straßen der jungen Stadt mit Fahrzeugen und Menschen gefüllt, er hat

China eine Hauptstadt gegeben, eine Hauptstadt des Handels und des Geldes. Amerika und Asien mischen sich hier. Sie gehen ineinander über und bilden ein neues Ganzes, das nicht Asien ist und nicht Amerika. Es ist Shanghai. Und alle Rassen der Welt, alle Sprachen der Erde ergänzen das Bild und geben ihm seine eigene Note, die man nirgendwo sonst findet. Nur in Shanghai.

Tausende Autos, zehntausende Rikschas, Millionen Fußgänger schieben sich durch die Straßen. In den modernsten, teuersten Autos fliegen die Sieger im Wettrennen um Erfolg über den Asphalt. In armseligen Lumpen schleppen sich die Verlierer durch das Labyrinth der Gassen. Ein Paradies mit allen Genüssen des Westens und allen Lastern des Ostens für die Gewinner. Eine Hölle, erbarmungsloser als die Wüste, für die Verlierer. Aber ist es wirklich eine Hölle? Täglich kommen sie zu Tausenden mit ihren Bündeln auf dem Rücken aus dem umgebenden Land. Die „Stadt über dem Meere" zieht sie an wie ein helles Licht. Bürgerkrieg, Hunger, Überschwemmung, Dürre treiben sie von ihren Feldern nach der Metropole des Geldes. Heute leben vier Millionen in ihr oder fünf, morgen werden es sechs Millionen sein. Die Stadt nährt sie alle, oder fast alle.

Was bedeuten schon die Hundert oder Zweihundert, die ihre Bettelschale nicht füllen konnten und allmorgendlich friedlich und still auf dem harten Asphalt liegen? Was sind hundert Verhungerte und Erfrorene für eine Millionenstadt? Meist liegen sie in dunklen Seitengassen, ein gewohnter Anblick für die Bewohner dieser Gassen, die mit geübtem Schritt über die hingestreckten Gestalten wegschreiten. Manche allerdings bleiben auf den breiten Gehsteigen der Bubbling Well Road oder der Avenue Foch, und die eleganten Tänzerinnen, die frühmorgens aus der Bar kommen, finden es schwerer, mit ihren hohen Stöckelschuhen über die Hindernisse wegzuschreiten. Nur ganz selten liegen sie vor den Restaurants, in denen auch Fremde speisen, dann kann es geschehen, daß eine europäische

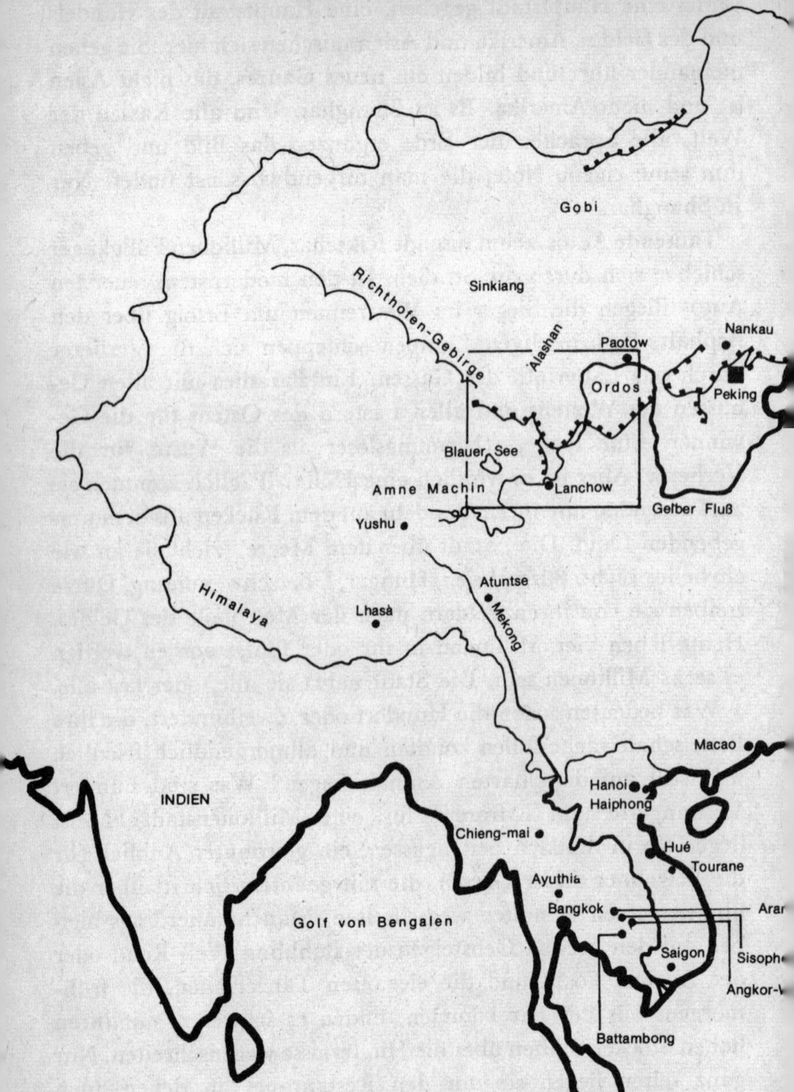
Gobi
Sinkiang
Richthofen-Gebirge
Alashan
Paotow
Nankau
Ordos
Peking
Blauer See
Amne Machin
Lanchow
Gelber Fluß
Yushu
Atuntse
Mekong
Himalaya
Lhasà
Macao
INDIEN
Hanoi
Haiphong
Chieng-mai
Hué
Tourane
Ayuthia
Bangkok
Golf von Bengalen
Saigon
Battambong

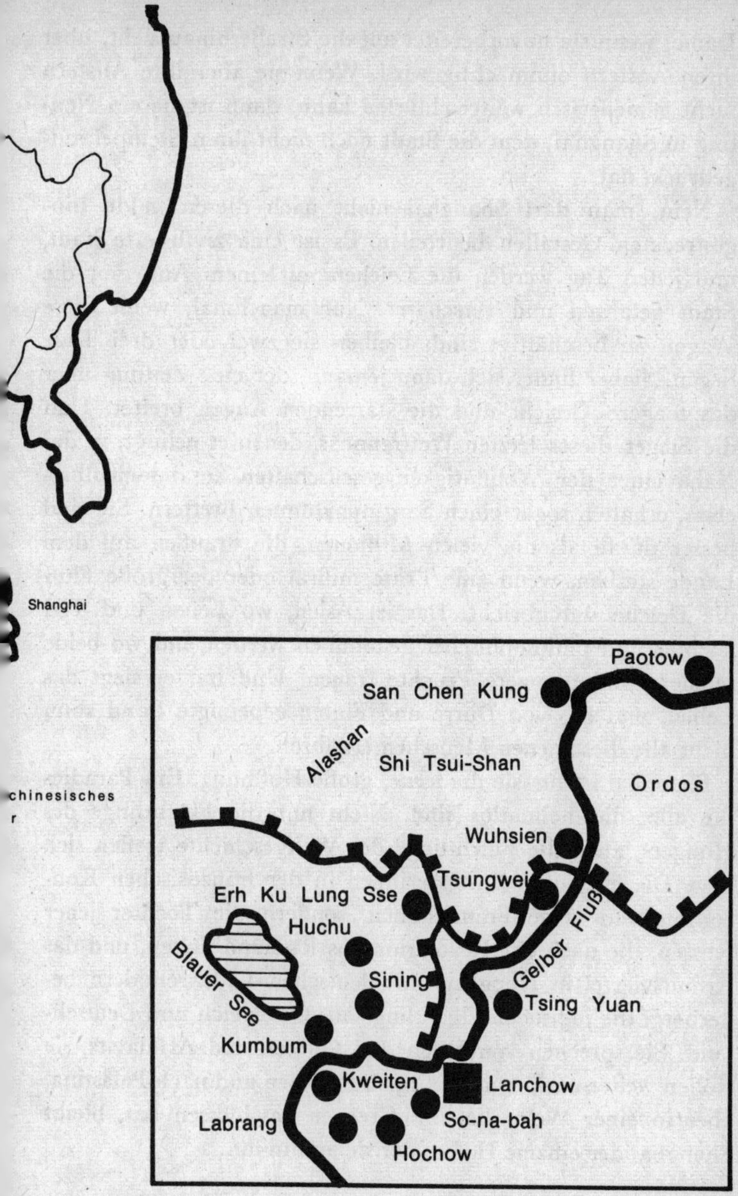
Shanghai
chinesisches
r
Paotow
San Chen Kung
Alashan
Shi Tsui-Shan
Ordos
Wuhsien
Tsungwei
Erh Ku Lung Sse
Huchu
Blauer See
Sining
Gelber Fluß
Tsing Yuan
Kumbum
Kweiten
Lanchow
Labrang
So-na-bah
Hochow

Dame, wenn sie unvorbereitet auf die Straße hinaussieht, über ihren Austern ohnmächtig wird. Wenn sie aber ihre Austern nicht genießerisch weiterschlürfen kann, dann ist sie ein Neuling in Shanghai, dem die Stadt noch nicht ihren Stempel aufgedrückt hat.

Nein, man darf Shanghai nicht nach diesen müde hingestreckten Gestalten beurteilen. Es ist eine zivilisierte Stadt, und jeden Tag werden die Leichen mit einem Auto vor die Stadt gefahren und verscharrt. Nur manchmal, wenn diese Wagen zu beschäftigt sind, bleiben sie zwei oder drei Tage liegen. Sicher findet sich dann jemand, der eine Zeitung über das magere Gesicht und die starrenden Augen breitet. Und die Sieger dieses letzten Wettrennens, denen es gelingt, in der Nähe einer der Wohltätigkeitsgesellschaften zusammenzubrechen, erhalten sogar einen Sarg aus dünnen Brettern. Sie sind besser daran als die vielen Millionen, die draußen auf dem Lande sterben, wenn eine Ernte mißrät oder der große Fluß die Deiche durchbricht. Das ist Asien, wo Leben und Tod leichter und philosophischer genommen werden und wo beide reichere und üppigere Früchte tragen. Und immer siegt das Leben, und das von Dürre und Fluten gepeinigte Land kann nicht alle diese neuen Menschen ernähren.

Shanghai ist für sie die ferne, große Hoffnung. Ein Paradies für alle, die heimatlos sind. Nicht nur die Flüchtlinge des Hungers, auch die Flüchtlinge der Weltgeschichte treffen sich hier. Die eleganten Europäerinnen in der französischen Konzession sind keine Französinnen, sondern die Töchter jener Russen, die nach der Revolution aus Rußland flohen, und das Armutsviertel in Hongkew mit deutschen Ladenschildern beherbergt die jüdischen Flüchtlinge aus Österreich und Deutschland. Sie sprechen von Visen und Quoten und Affidavits, sie wollen weiter nach Amerika, nach Brasilien und nach Palästina, aber in einer Welt, die ihre Grenzen geschlossen hat, bleibt Shanghai der einzige Hafen, der sie aufnimmt.

Nicht nur Menschen, auch Geld zieht Shanghai an wie ein großer Magnet. Aus den kleinen Banken in den Provinzen kommt es nach der großen Stadt, aus dem reichen Holländisch-Indien senden es die Überseechinesen. Freilich, Shanghai ist jetzt unter japanischer Herrschaft, aber es steht noch immer im Banne des Geldes, und die Mächtigen des Geldes geben ihm seine Gesetze, und sie achten darauf, daß ihrem Idol, dem Geld, große, neue Tempel gebaut werden. Mächtiger und größer als die Tempel des alten China stehen die Banken drohend und gewaltig am Bund, und durch ihre breiten Tore gehen mehr Gläubige als selbst an hohen Festtagen durch die Tore der Tempel in der Chinesenstadt. Das Fieber einer neuen Religion hat die skeptischen Chinesen erfaßt, einer Religion, die nicht nur gelegentlich ein Opfer und ein Gebet vor den Ahnentafeln erfordert, sondern die ganze Seele verlangt. Das Gesicht der Menge ist von dieser neuen Religion gezeichnet, und die Gläubigen aus anderen Kontinenten kommen und lehren die Chinesen moderne Arten der neuen Gottesdienstes.

Vielleicht hatte ich zu lange im Dschungel gelebt, wo die Menschen scheu und verschämt zu den Geistern des Flusses und des Waldes beten, wo sie ein wenig Reis und Weihrauch als Opfer anbieten und nicht ihr Leben. Ich war nicht sehr glücklich in Shanghai.

Trotzdem blieb ich viele Wochen. Es ist sehr schwer, von dieser Stadt wegzukommen, sie birgt zu viele menschliche Schicksale in sich. Natürlich hat auch das kleinste, friedlichste Dorf seine menschlichen Schicksale, denn das Leben wird mehr durch Inneres als durch Äußeres bestimmt, aber die Leute in Shanghai, Flüchtlinge und Abenteurer aus der ganzen Welt, waren durch Paradiese und Höllen gegangen, die farbenprächtiger und schrecklicher waren als die eines geregelten Lebens. Ich sprach mit Russen, Spaniern, Engländern, Amerikanern, Indern, Japanern, Chinesen, Deutschen, Franzosen, sogar mit einem Neger von der Goldküste. Es mußte doch etwas Gewaltiges an ihrer neuen Religion sein, wenn sie während eines Krieges, der ihre Völker ausblutete, verhältnismäßig friedlich nebeneinander leben konnten.

Einer von ihnen war Matzusawa, ein kleiner, wendiger Japaner, der viele Jahre in Honolulu gelebt hatte und gut Englisch sprach. Ich weiß nichts über sein Schicksal, denn er war ein schweigsamer Mann, ich erwähne ihn nur, weil er der erste Japaner war, den ich weinen sah.

X.

Matzusawa San erwartete mich an der Ecke Nanking Road und Bund. Es gibt kaum einen unangenehmeren Platz: der erschreckende Verkehr der Nanking Road, ein nicht endender Strom von Fußgängern, dazwischen Lastenträger mit unförmigen Bündeln auf langen Tragstangen, unzählige Rikschas und Autos, all das brandet hier gegen ein Gewühl von Menschen und Fahrzeugen, das sich dem Whangpoo entlang wälzt. Der kleine Matzusawa wurde von eiligen Fußgängern böse hin und her geschoben, und ich hatte Mühe, ihn zu finden.

Wir gingen zuerst ins Palace Hotel einen Whisky trinken. Aber der Whisky war schlecht und die Leute betrunken und lärmend. So gingen wir in ein japanisches Restaurant und aßen Sukyaki. Die Freude an diesem Gericht hängt ganz von der Köchin ab. Nicht so sehr von ihrem Können, als von ihrem Aussehen und ihren Bewegungen. Sie kocht nämlich auf dem Tisch, an dem die Gäste sitzen, in einer kleinen Bratpfanne über glühenden Holzkohlen.

Unsere Köchin war hübsch, geschmeidig und freundlich. Es machte Vergnügen zuzusehen, wie sie Essig und Zucker und Sojasauce mischte, Fleisch und Gemüse hineingab, und die einzelnen Stückchen mit den langen Eßstäbchen sorgfältig umdrehte, als bereite sie nicht zwei zufälligen Gästen, sondern dem Geliebten eine Mahlzeit.

„Ah, die Chinesinnen", sagte Matzusawa San geringschätzig, „sind groß und schlank und manchmal auch schön. Aber sie sind immer hart und kalt. Ich liebe sie nicht."

Das Sukyaki schmeckte herrlich. Wir tranken heißen Reiswein dazu und das Mädchen nippte von unseren Schalen. Sie hatte große, demütige Augen und einen sehr roten Mund. Aber an den Schalen blieb keine Spur eines Lippenstiftes haften.

„Jetzt führe ich Sie zu einer Komfort-Gruppe", sagte Matzusawa.

Ich dachte, er würde mich zu einem der freundlichen Häuser im japanischen Viertel führen, aber wir fuhren zu einem großen Kino. An Stelle der Leinwand war eine Bühne aufgerichtet, auf der sich, als wir eintraten, gerade einige farbenprächtig gekleidete Mädchen produzierten. Sie reisten durch das besetzte China, um den japanischen Soldaten durch ihre Kunst Komfort zu bringen. Sie waren hübsch, reizvoll und wenig bekleidet. Die Soldaten im Zuschauerraum schienen diese Art des Komforts zu schätzen.

Nach den Tänzerinnen traten fünf Mädchen auf und schwenkten lange Fahnen. Sie waren dabei sehr ehrgeizig, aber ungeschickt, und die Fahnen bereiteten ihnen sichtliche Schwierigkeiten.

„Die Flaggen unserer Freunde", erklärte Matzusawa.

Tatsächlich konnte man, sobald die Mädchen die Fahnen frei zum Schwingen brachten, die Farben Japans, Chinas, Burmas, der Philippinen und der Mandschurei erkennen. Plötzlich tauchte verspätet ein sechstes Mädchen auf. Sie bemühte sich um die Flagge Indiens. Tosender Beifall belohnte die Darbietung.

Dann wurde es im Zuschauerraum und auf der Bühne vollkommen dunkel. Ein schmaler, greller Scheinwerfer ergriff von hoch oben durch die Dunkelheit eine alte Japanerin, die, vorsichtig und mühsam, Schritt für Schritt nach dem Vordergrund der Bühne kam. Sie hielt einen abgenutzten alten Schirm über sich, um ihren einfachen grauen Kimono gegen den Regen zu schützen. Prüfend streckt sie die Hand aus und sieht gegen den Himmel. Anscheinend hat der Regen geendet. Bedachtsam faltet sie den Schirm und schüttelt die letzten Tropfen zu Boden. Sie klemmt ihn unter ihren Arm und setzt ihren Weg fort. Mit müden, schleppenden Schritten kommt sie näher. Die Bühne ist völlig leer, aber man sieht, wie sie sorgsam um ausgedehnte Wasserlacken schreitet, und wie der Himmel, zu dem sie immer wieder furchtsam aufblickt, noch voll drohender Wolken ist.

„Eine alte Mutter, die vor dem Schrein für ihren gefallenen Sohn betet", sagte Matzusawa.

Jetzt steht die Frau vor dem Heiligtum. Es muß ein großer, mächtiger Schrein sein, zu dem die Mutter mit gläubigen Augen aufblickt. Sie kauert sich zu Boden und legt den Schirm und ein kleines, in ein Stück Seide gehülltes Bündel neben sich. Für einen Augenblick hält sie den Kopf gesenkt. Denkt sie an die ersten Worte des Sohnes? An die tolpatschigen Schritte auf den krummen Beinchen? An die Zeit, als er sich in Onaka San verliebte, und als er Abschied nahm? Langsam hebt sie den Kopf. Der Lichtkegel wird enger und beleuchtet nur ihre Stirn. Ihre Augen, die großen, traurigen Augen einer Mutter, beherrschen den Saal. Nur Trauer, Schmerz und Anklage ist in ihnen, als sie sich nach oben wenden und das Heiligtum starr anblicken. Dann weicht der schmerzliche Ausdruck und wird von gläubiger Hingabe überdeckt, und die Augen strahlen und glänzen in ekstatischer Kraft. Sie ziehen den alten, abgearbeiteten Körper aufwärts, die Frau erhebt sich unbewußt wie unter hypnotischem Zwang. Sie breitet die Arme in segnender und gleichzeitig ersehnender Geste. Eine Minute steht sie so mit dem Blick nach dem Jenseitigen.

Der Zuschauerraum war totenstill und gebannt. Matzusawa ergriff meinen Arm und seine Finger preßten sich hinein.

Plötzlich brechen die Kraft und Ekstase, die die Frau emporgerissen haben, zusammen, und schluchzend fällt sie zu Boden. An Stelle der gläubigen Augen sind ein gebeugter, bebender Rücken und Hände, die Tränen verbergen. Wie beschämt lösen sich die Hände wieder und tauchen in ein imaginäres Wasserbecken und waschen die verweinten Augen. Dann öffnen sie behutsam und zärtlich das seidene Paket und entnehmen ihm ein Stück Papier, den letzten Brief des Sohnes. Sie pressen es gegen den zitternden Mund und gegen die feuchten Wangen.

Aus den Augen sind die Tränen verschwunden. Sie bekommen einen verstehenden, abgeklärten Blick, in dem Freude und Schmerz, Leben und Tod zu einem sinnvollen Ganzen verschmelzen. Der gebeugte Rücken, der noch vor kurzem Gram und Verzweiflung ausdrückte, ist wieder gerade. Nicht mehr so starr und stolz herausfordernd wie zuvor im Augenblick der Ekstase, sondern demütig und wissend — aber ungebrochen.

Wieder heben sich die Augen. Sie verlassen den Brief des Sohnes und sehen ihn selbst in weiter Ferne. Der Scheinwerfer blendet ab, die Gestalt und das Gesicht verschwinden im Halbdunkel, nur die schmerzvollen und gläubigen Augen sind noch da. Dann senkt sich der Vorhang.

Es gab keinen Applaus, aber die Augen der Soldaten waren feucht. Über Matzusawas Wangen flossen zwei Tränen. Er führte mich in ein Restaurant, wo wir sehr viel Whisky tranken. Aber wir waren schweigsam und es wurde kein lustiger Abend.

XI.

Fast jeden Tag ging ich durch die Bubbling Well Road. Es gibt zweierlei Straßen in Shanghai. Die vornehmen, die hauptsächlich von Fremden und den reichen Chinesen bewohnt werden, und die Geschäftsstraßen, in denen nur Chinesen leben und Geschäfte und Büros sind. Daneben gibt es natürlich auch die Straßen des Elends und der Armut, aber Elend und Armut sind in allen Ländern der Welt gleich grau und traurig. Es sind die Straßen des Reichtums und des Geschäfts, die Shanghai zeichnen.

Die Bubbling Well Road nimmt nun eine Zwischenstellung ein. Sie beginnt unten am Whangpoo und heißt dort Nanking Road und ist eine Geschäftsstraße. Weiter oben wird sie zur Bubbling Well. Es gibt zwar noch einige Auslagen, die europäische Lederwaren und Kleider zeigen, aber zwischendurch stehen hohe Apartmenthäuser. So wie die Straße ist auch ihr Publikum geteilt. Auf der Bubbling Well mischen sich Chinesen mit Fremden, man kann alle Sprachen der Welt hören und alle Rassen sehen: gepflegte Anglosachsen, würdige Sikh, elegante Franzosen, derbe Russen, Neger aus Afrika, hellblonde Skandinavier, dicknackige Deutsche, dunkelhäutige Macaonesen, kurzbeinige Japaner und natürlich Chinesen und immer wieder Chinesen. Bauern, die ein Huhn auf der Schulter tragen und gerade aus ihrem Dorf angekommen sind; Damen, die viele Jahre in New York gelebt haben und auf hohen Stöckelschuhen daherschreiten. Wenn man oft über die Bubbling Well gegangen ist, kann einen kein Gesicht der Welt in Erstaunen versetzen, denn die ganze Welt trifft sich auf der Bubbling Well.

Ich hatte all die Gesichter der Bubbling Well gesehen, und wenn man die ganze Welt in einer Straße trifft, dann wird sie so langweilig wie ein kleines Dorf. Ich sah die Gesichter nicht mehr an, sie alle hatten den gleichen Ausdruck, Shanghai hatte sie gezeichnet.

Doch eines Tages sah ich die Augen. Es war Nachmittag und viele Fußgänger waren unterwegs, da begegnete ich den Augen. Sicher waren die Gestalt und der Kopf genau so bemerkenswert, aber zuerst fühlte ich die Augen. Sie waren dunkel und groß und hypnotisch. All die Wünsche und das Elend der Welt waren in ihnen. Sie waren wissend und ohne Hoffnung und gleichzeitig aufbegehrend und denkend. Sie sahen einen an und sie packten einen, und man mußte sich gegen ihre Macht wehren. Der Mann kam mir entgegen und sah mich an. Ich blieb stehen und sah in seine Augen. Sie waren hart und fragend auf mich gerichtet, und ich fühlte mich, ich weiß nicht aus welchem Grunde, schuldbewußt und verlegen. Wahrscheinlich sah ich lange Zeit nur die Augen, und das übrige Gesicht und die Kleidung wurden mir erst später bewußt, aber ich will sie gleich jetzt beschreiben.

Der Mann war in eine rötlichbraune, zerschlissene Mönchsrobe gekleidet, sie reichte bis zu seinen Knöcheln und ließ ihn größer erscheinen, als er tatsächlich war. Er trug weiche chinesische Schuhe mit Stoffsohlen. Sein Kopf war groß und kahl, nur die Wangen und das Kinn waren von einem weißen Bart bedeckt. Die Ohren und die Nase besaßen gewaltige Ausmaße und hätten sicher den Blick auf sich gezogen, wären die Augen nicht gewesen. Er war Europäer.

Wir blieben stehen und sahen einander an.

„Wer sind Sie?“ fragte er.

Ich hatte keinen Beruf, und was ist ein Name oder eine Nationalität? So antwortete ich:

„Ein Wanderer.“

„Ein Sucher?“

„Vielleicht ein Sucher. Aber sind wir das nicht alle?“

Er schien die Frage übelzunehmen und sein Gesicht wurde hochmütig: „Vielleicht. Ich bin Chao Kung, der Abt.“ Und er ging weiter. Er war nicht groß, und ich verlor ihn bald aus den Augen, aber ich konnte noch lange sehen, wie die Fußgänger, Fremde und Chinesen, stehenblieben und sich nach dem Abt umdrehten.

Es war nicht schwer, mehr über den Abt in Erfahrung zu bringen. Shanghai ist voll von Leuten, die sich hauptsächlich mit den Angelegenheiten anderer befassen und darüber gerne und ausführlich berichten. Im Falle des Abtes war es besonders leicht, man konnte in eine Bibliothek gehen und dort Bücher entleihen, die über ihn geschrieben worden waren. Bald wußte ich seine Lebensgeschichte oder wenigstens soviel darüber bekannt ist.

Ignatius Timotheus Trebitsch, alias Trebitsch Lincoln, alias Timothy Lincoln, alias Jackson James Lamprecht Trautwein, alias Leo Tandler, alias Keehan Patrick, alias Lohmand Theodore Tolnai Ludwig, alias Herman Ruh, alias Anagarica Fukkosaty, alias Chao Kung, wurde in einem kleinen Dorf bei Budapest geboren und sollte Rabbiner werden. Vielleicht waren das strenge Dogma und der rächende Jehova seiner Eltern für seine rastlose Seele zu begrenzt. Mit zwanzig Jahren ist er in Hamburg ein Mitglied der lutherischen Kirche. Kurz darauf in Kanada bei den Presbyterianern, später Kurat in Appledore in Kent. Darauf Sekretär eines Schokoladenerzeugers und 1910 Mitglied des Britischen Parlaments.

Nun beginnt sein Leben rascher und hektischer abzurollen, die Bewegungen und die Beweggründe werden obskurer, aber es bleibt ein ständiges Wechseln von Berufen, eine ständige Ortsveränderung, ein ewiges Suchen:

Rotterdam; New York; drei Jahre Gefängnis in England; dann Ungarn zur Zeit Béla Kuns; Deutschland zur Zeit des Kapp-Putsches; Berater eines chinesischen Machthabers in Ichang; Verbindungsmann chinesischer Generäle in der Schweiz; Shanghai; Berater bei General Wu Pei-fu; New York; Shanghai; Ceylon; zurück nach England, um seinen zum Tod verurteilten Sohn noch einmal zu sehen, aber bevor Trebitsch an Land darf, wird der Sohn gehängt; Hamburg; San Francisco; Shanghai, Hangchow; Tientsin; Shanghai; wieder Kanada.

Immer ruheloser wird der ruhelose Wanderer. Es wäre ermüdend, alle Stationen seiner Wanderschaft aufzuzählen. Immer wieder zieht er sich in buddhistische Klöster zurück, bei Hangchow, in Nantao, der Chinesenstadt Shanghais, in Pachuashan bei Peking lebt er als buddhistischer Mönch. In Europa und

Amerika will er buddhistische Zentren schaffen, Madeira scheint ihm ein idealer Platz für ein grüblerisches Leben der Meditation, aber immer wandert er rastlos weiter, seine Schüler verlassen ihn, eine deutsche Nonne unter seinen Anhängern wird auf mysteriöse Weise ermordet.

In den Geheimakten der Regierungen der Weltmächte füllt sein Name viele Seiten, England erblickt in ihm einen gefährlichen Feind, einen Gegenspieler des großen Lawrence. Die anderen Länder fürchten ihn, und er findet es immer schwerer, ein Visum, eine Reiseerlaubnis, eine Passage zu bekommen, nur Shanghai, „die Heimat der Heimatlosen, der Himmel der Unerwünschten, das Paradies der Abenteurer", nimmt ihn immer wieder auf.

Was ist er tatsächlich? Ein großer politischer Agent? Ein Mann, der die Furcht und den Haß des Britischen Empire verdient? Ein Genius des Scharlatanismus? Ein Sucher politischer Utopia? Ein rastloser, ewiger Wanderer, dem diese Welt zu eng wurde?

„Ein Mann, den der britische Intelligence Service schuldlos verfolgt", erklärt Trebitsch einem amerikanischen Journalisten. „England klagt mich an, ich hätte: Kitcheners Tod herbeigeführt; Béla Kun und den Kommunismus in Ungarn eingeführt; Deutschland während des Weltkrieges geholfen; Matteotti ermordet; General Koutiepow entführt; Amanullah gestürzt; Ludendorff und Hitler beraten.

Als Kitchener starb, war ich in einem englischen Gefängnis, zur Zeit Béla Kuns war ich noch immer im Gefängnis. Als Matteotti ermordet wurde, war ich in China. Als die Zeitungen schrieben, ich sei mit General Ma Cha-chan in der Mandschurei, lebte ich im Kloster bei Se Tchouen. Als ich angeblich Hitler in München half, war ich Berater bei Wu Pei-fu. Als die Unruhen Amanullah vertrieben, lebte ich in Nizza. Ich will nichts als Ruhe."

Aber Ruhe, selbst im ruhelosen Shanghai, war für den großen

Abenteurer unerträglich. Die Klöster waren zu still und friedlich, die Schüler zu rebellisch. Er wurde müde und alt. Er dachte an seine Heimat, an das kleine Dorf bei Budapest, und bat die ungarischen Behörden um Rückreiseerlaubnis, „ein alter Mann, der sich nur wünscht, seine letzten Tage in dem Dorf zu verbringen, in dem er geboren wurde". Aber Ungarn zeigte wenig Neigung, seinen berüchtigten und berühmten Sohn zurückzuhaben. Trebitsch blieb weiter in Shanghai.

Am ersten September 1939 erwies er sich als schlechter Prophet. Er übergab der Presse eine Erklärung: In Europa werde kein Krieg ausbrechen, denn er würde mit einem „wahrlich unerhörten Unternehmen" den Frieden erhalten. Auf Roosevelts großen Friedensappell antwortete er mit einem offenen Brief: „Sie sind kein Friedensmacher, sondern ein Kriegstreiber", trotzdem erklärte er sich bereit, als Vertreter der buddhistischen Religion nach Washington zu gehen, um die Friedensbedingungen zu erörtern.

Der Nimbus des Geheimnisvollen und Gefährlichen hatte den alten Mann verlassen, das Empire fürchtete ihn nicht mehr, es lachte über ihn. Die Presse veröffentlichte gerne seine großartigen Erklärungen, aber niemand nahm ihn ernst, vielleicht nur er selbst. Doch wer kann das sagen? Vielleicht lachte selbst er über sich und die Welt.

Er reichte bei den Vertretungen der vier Großmächte in Shanghai eine Note ein, die den Rücktritt der Regierungen von England, Frankreich, Deutschland und Rußland forderte, „eine Vorbedingung für eine Friedenskonferenz. Sonst werden die buddhistischen, tibetischen Höchsten Meister ohne Warnung, ohne Voreingenommenheit und ohne Gunst Kräfte und Mächte entfesseln, deren bloße Existenz Ihnen unbekannt ist und gegen die Sie folglich völlig schutzlos sind". Die Vertretungen leiteten die Note nicht weiter.

Ein wenig später zog er mit einem Rucksack und einem Paar neuer Schuhe nach Westen. Sein Ziel war das ferne Tibet mit seinen buddhistischen Großmeistern. Aber der Weg war zu weit und die Schuhe zu neu und die Großmeister hatten sich nicht die Mühe genommen, die Blasen an den Füßen ihres Schülers zu verhindern. So kehrte er hinkend nach Shanghai zurück, und Shanghai nahm ihn wieder liebevoll auf, einen alten Mann, der seinen Tag gehabt hatte und nicht erkennen wollte, daß er zu Ende gegangen war.

Es war nicht schwierig, den Abt wieder zu treffen. Fast jeden Nachmittag ging er langsam und gemessen die Bubbling Well Road entlang, immer ein Gegenstand der Neugier und ein Mittelpunkt starrender Blicke. Aber seine glühenden Augen sahen durch die Menge hindurch. Wenn er ein Scharlatan war, dann einer mit innerem Feuer, das selbst im hohen Alter hell lohte.

Als ich ihn wieder traf, fragte ich:

„Darf ich Sie besuchen, Abt?"

„Wozu?" fragte er schroff.

„Ich möchte Ihre Ansichten hören."

„Gut, kommen Sie. Ich werde zu Ihnen sprechen."

Er bewohnte im YMCA, dem Hotel der Young Men's Christian Association, ein kleines Zimmer. Er war nicht allein. Ein ebenfalls kahlköpfiger Europäer, auch mit stechenden, starken Augen, erhob sich, als ich eintrat.

„Mein Jünger. Ein Deutscher", sagte Chao Kung, nahm sich aber nicht die Mühe, seinen Namen zu nennen.

„Sie wollen meine Meinung über den Krieg hören. Ich werde zu Ihnen darüber sprechen."

Der Jünger stand hinter Chao Kung und hing an seinen Lippen.

„Der Meister spricht nicht zu jedem. Sie sind bevorzugt", sagte er.

Chao Kung warf ihm einen strengen Blick zu.

„Vielleicht wundern Sie sich", sagte er, „warum die tibetischen Großmeister das Völkermorden noch nicht zu Ende gebracht haben. Junger Mann, haben Sie die Bibel gelesen? Und die buddhistischen Schriften? Dann wissen Sie, daß das Böse auf der Welt existiert. Es muß sich ereignen, es muß seinen Weg nehmen. Wir könnten es beenden, aber wir können es nicht aus der Welt schaffen. Es ist besser, ihm jetzt seinen Lauf zu lassen. Wenn die Köpfe und Herzen der Menschen das große Leid erfassen, dann werden wir handeln."

„Sind Sie selbst, Abt, einer der Meister?"

Seine Augen glühten mich böse an: „Sie stellen unkluge, dumme Fragen. Ich kann sie nicht beantworten."

„Ist die Macht der großen Meister unbegrenzt?"

„Sie ist unbegrenzt."

„Haben sie oft in den Lauf der Ereignisse eingegriffen?"

„Ja."

„Gibt es Beweise dafür?"

„Es gibt Beweise dafür!"

„Können Sie mir einen nennen?"

„Viele. Aber man spricht besser nicht von der kürzlichen Vergangenheit. Nur ein Beispiel: Als Kitchener gegen den Mahdi zog, marschierte er mit seinen Truppen auf einen Tempel zu. Dort gab es Wasser und Schatten. Aber plötzlich, ohne äußeren Grund, änderte er seine Marschrichtung. Ohne äußeren Grund, sage ich. Der wahre Grund war, daß die tibetischen Großmeister in diesem Tempel wichtige Dokumente hatten. Sie beeinflußten Kitchener, den Tempel nicht zu besuchen. Die Tatsachen dieser Ereignisse können Sie in Geschichtsbüchern nachprüfen. Die Hintergründe habe ich Ihnen jetzt gegeben."

„Wie beeinflussen die Großmeister die Menschen?"

„Wie sie es wünschen. Sie können ihre Befehle gedanklich übermitteln. Oder sie können selbst an Ort und Stelle auftreten, wo sie einzuschreiten wünschen. Nichts ist für uns unmöglich."

Wieder wollte ich ihn fragen: Wie viele Großmeister es gäbe, ob sie Europäer oder Asiaten seien, ob sie in Tibet lebten oder über die Welt zerstreut.

Der Jünger sagte: „Der Meister hat sehr offen zu Ihnen gesprochen.“

Wieder warf ihm der Abt einen strengen Blick zu, und der Jünger senkte wie ein geschlagenes Kind den Kopf.

Chao Kung sagte: „Die Großen der Welt sind nichts als Marionetten. Stalin, Roosevelt und Hitler, was sind sie? Nichts, es ist ihnen nur erlaubt, unseren Willen auszuführen. Sie sind Marionetten in unserer Hand. Haben Sie noch eine Frage?“

„Ja“, sagte ich, „ich habe noch eine Frage: Wenn der Wille der Großmeister Gesetz ist, leiten sie dann tatsächlich die Welt? Oder sind auch sie einem höheren Gesetz unterworfen, dem wieder sie nur Marionetten sind?“

„Auch diese Frage werde ich Ihnen nicht beantworten.“

Der Jünger sah mich böse an, sicherlich hatte ich wieder zu viel gefragt.

Chao Kung stand auf. Er war kein großer Mann, aber selbst wenn er klein gewesen wäre, hätten seine Augen fühlen lassen, daß er ein sehr bedeutender Mann war.

„Noch etwas kann ich Ihnen sagen. Dann gehen Sie. Und gehen Sie beruhigt. Der Krieg wird bald zu Ende sein, wir werden ihn bald beenden. Das Zeitalter eines langen Friedens wird kommen, die Menschen werden glücklich und harmonisch nebeneinander leben. Sie haben schon einige Fortschritte gemacht. Früher starben die Verwundeten auf dem Schlachtfeld und die Verrückten wurden getötet, heute gibt es Ärzte und Irrenanstalten. Das menschliche Leben ist im Wert gestiegen. Bald werden die Großmeister durch ihre Puppen-Staatsmänner eine ideale Welt des ewigen Friedens leiten.“

Ich hätte ihm gerne noch einige Fragen gestellt, aber er stand unvermittelt auf und gab mir die Hand. Wieder sah ich seine starken Augen und wieder wußte ich nicht: war er ein Besessener, ein Scharlatan, ein verkannter Messias?

Der Jünger brachte mich vor die Tür. Er neigte sich an mein Ohr und flüsterte: „Der Meister hat Ihnen wichtige Dinge anvertraut. Ich bin glücklich, ihm dienen zu dürfen. Bald werden Sie und die Welt Großes von ihm hören."

Ich hörte nichts Großes mehr von Chao Kung. Die nächsten zwei Monate saß ich in einem Gefängnis, wo ich natürlich keine Neuigkeiten und Zeitungen bekam, und dann lebte ich in Peking.

Dort las ich ein halbes Jahr später folgende Notiz in der Zeitung:

Chao Kung, besser bekannt als Trebitsch Lincoln, die mysteriöseste und geheimnisvollste Gestalt aus der Horde der Abenteurer, die Shanghai an seine schlammigen Ufer lockte, starb Donnerstag nachts im Allgemeinen Krankenhaus. Der Tod kam um neun Uhr und der gebrechliche, alte Körper, der die Aufregungen des abenteuerreichsten Lebens ausgehalten hatte, war ein leichtes Opfer, nachdem er eine Magenoperation durchgemacht hatte. Er war eine Woche im Krankenhaus.

XII.

Ich war nur einmal in meinem Leben im Gefängnis gewesen. Das war vor vielen Jahren, als ich noch sehr jung war, in Spanien. Ich weiß nicht mehr, worum es sich damals handelte, vielleicht waren meine Papiere nicht in Ordnung gewesen, aber ich sehe noch die Zelle vor mir. Es war eine helle, reine Zelle, und ich bekam Brot und Zwiebeln und sonntags sogar Wein. Seitdem hatte ich keine Angst vor Gefängnissen. Aber das war ein Fehler.

Als ich durch die Gordon Road ging und vor mir eine junge, hübsche Chinesin sah, hatte ich natürlich keine Ahnung, daß dies der Beginn einer sehr unangenehmen Zeit sein würde. In Shanghai gibt es viele junge und auch hübsche Chinesinnen, und ich kann wirklich nicht sagen, warum gerade sie mir auffiel. Vielleicht, weil sie weniger modern und sehr dezent gekleidet war, vielleicht auch, weil ihr Gesicht nicht nur hübsch, sondern außergewöhnlich schön war, vielleicht — aber diesen Grund habe ich erst später gefunden, nachdem ich lange Wochen darüber nachgedacht hatte —, weil ihr maskenhaftes Gesicht ein sehr tiefes Leben zu verbergen schien.

Sie kam mir entgegen, und als wir auf gleicher Höhe waren, grüßte ich sie. Sie blieb unwillkürlich stehen und erwiderte meinen Gruß.

„Sprechen Sie, bitte, Englisch?“ fragte ich.

„Ja“, sagte sie zögernd, „warum?“

„Ich hätte gerne Ihre Hilfe einen Augenblick in Anspruch genommen. Ich bin fremd in Shanghai.“

Ich dachte, sie würde weitergehen, aber sie blieb stehen und sah mich fragend an.

„Ich hätte“, sagte ich, „gerne einen Jadeschmuck in diesem Geschäft gekauft. Nun bin ich leider völliger Laie, was Jade betrifft. Da sah ich den Ring an Ihrer Hand. Sicher könnten Sie mich beraten, damit ich nicht gerade ein besonders schlechtes Stück kaufe.“

Sie sah auf ihren Ring, der ein großes, meergrünes Stück Jade trug.

„Ich werde Ihnen gerne helfen“, sagte sie.

Tatsächlich war das Geschäft eines Juweliers in der Nähe, und nach langem Suchen und Feilschen hatte ich ein pflaumengroßes Stück Jade erstanden. Jade ist ein seltsamer Stein und nur wenige Fremde können seine Feinheiten richtig schätzen. Aber für Chinesen ist er mehr als ein Edelstein, er ist eine Leidenschaft, der große Vermögen geopfert werden.

Die junge Chinesin war sichtlich erregt, als wir wieder auf die Straße traten.

„Vielleicht hätten wir doch das andere Stück nehmen sollen“, sagte sie. „Die Wahl war wirklich schwer.“

Ich war sehr glücklich, daß sie „wir“ gesagt hatte.

Wir gingen in eine Konditorei und tranken heiße Schokolade. Ich stellte mich vor und auch sie nannte ihren Namen. Sie hieß Ailing Kuan.

Erst jetzt, da ich ihr gegenüber saß, sah ich, wie schön sie war. Und ich merkte auch, was mich später durch die monotonen Tage des Gefängnisses immer wieder beschäftigte: daß ihr Gesicht nur eine Maske war. Nun ist jeder Mensch über einem gewissen Alter für sein Gesicht verantwortlich, und auch das beherrschteste Gesicht, das zu einer Maske erstarrt ist, verrät den Menschen. Was ich sagen will, ist: Ailings Gesicht, so schön, harmonisch und stark es war, schien mir nur ein Bruchteil dessen zu zeigen, was es zeigen konnte.

Wie es manchmal zwischen wildfremden Menschen ist, war unser Gespräch sehr persönlich. Wir sprachen zwar kaum über Dinge, die unser Leben betrafen, und ich wußte von ihr nur, daß ihre Familie in Peking lebte und sie hier in Shanghai auf Besuch war. Trotzdem war unsere Unterhaltung von einer Vertrautheit und Offenheit, die man sonst nur bei alten Freunden findet und bei Menschen, die sich zum erstenmal treffen, aber viel Gemeinsames haben. Vielleicht bilde ich mir das alles nur nachträglich ein, aber es ist manchmal schwer, objektiv zu sein.

Die Zeit verging sehr rasch. Sie sah nach der Uhr und sagte:

„Jetzt haben Sie meinen Nachmittag zerstört. In einer halben Stunde bin ich eingeladen, und ich hätte vorher in der Yu Yuen Road einen Brief abgeben sollen."

Natürlich machte ich mich erbötig, den Brief nach der Yu Yuen Road zu bringen. Sie nannte mir die Nummer, im ersten Stock dieses Hauses sollte ein Herr Chang wohnen, ein Schulfreund aus Peking, und sie hätte ihm versprochen, daß er den Brief vor acht Uhr abends haben sollte. Es war ein dicker Brief ohne Marken und mit chinesischen Schriftzeichen. Ich war froh, daß sie mir einen so wichtigen Brief anvertraute. Am nächsten Tag sollten wir uns in derselben Konditorei wieder treffen.

Das Haus in der Yu Yuen Road lag hinter einem kleinen,

kümmerlichen Vorgarten; ein häßliches, graues, vielstöckiges Haus. Es war wenige Minuten vor acht, Herr Chang würde seinen Brief gerade rechtzeitig bekommen. Vielleicht war er ein netter, gesprächiger Mann und ich würde von ihm manches über Ailing erfahren.

Die Straße war fast menschenleer, und auch im Hausflur traf ich niemanden. Ich stieg in den ersten Stock. Dort war nur eine Wohnungstür und auf ihr stand in westlichen und chinesischen Schriftzeichen der Name Chang. Es war kein Zweifel, daß ich an der richtigen Adresse war. Ich läutete und wartete. Niemand öffnete, auch im Innern der Wohnung hörte ich kein Geräusch. Ich läutete ein zweites und ein drittes Mal, aber mit demselben Ergebnis. Ich versuchte die Tür zu öffnen, sie war unverschlossen. Ich kam in einem kleinen Vorraum und rief: „Herr Chang", und als keine Antwort kam, ein zweites Mal: „Herr Chang."

Ich öffnete die Tür zu meiner rechten Hand und kam in ein Wohnzimmer. Das erste, was ich sah, war ein Tisch mit einer Teekanne und drei Schalen darauf. Sie waren noch halbvoll und in den Untertassen lag die Asche von Zigaretten. Ich klopfte nochmals gegen die schon offene Tür und rief: „Herr Chang."

Dann sah ich neben dem Tisch, den Kopf gegen die Wand, einen Menschen liegen. Er war europäisch gekleidet, auf dem Rock über der Brust war ein dunkler Fleck und das Gesicht war fast unkenntlich vor Blut. Ein Arm war in unnatürlichem Winkel vom Körper gespreizt und die Hand hatte sich in einen Vorhang verkrallt. Wie die Klaue eines Vogels hing sie in dem dunkelgrünen Tuch, die Falten des Stoffes quollen zwischen den Fingern hervor, und die langen, schlanken Finger waren weiß.

Ich ging zurück zur Tür und wollte auf die Straße hinaus. Da hörte ich einige Leute die Treppe heraufkommen. Sie gingen geradewegs auf die Tür des Herrn Chang zu. Es waren japanische Polizisten in schwarzen Uniformen. Ich hatte ein seltsames und unbegründetes Schuldgefühl. Ich wollte ihnen erklären, was ich gesehen hatte, aber sie ließen mich nicht zu

Worte kommen und drängten mich in die Wohnung zurück. Als sie den Toten sahen, zog einer von ihnen einen Revolver und richtete ihn auf mich. Zwei andere untersuchten meine Taschen, sie nahmen den Brief, mein Geld, einige Papiere, die ich bei mir hatte, und natürlich auch das Stück Jade.

Ich versuchte einige Male, ihnen zu erzählen, daß ich gerade hierhergekommen sei. Aber sie hörten nicht auf mich. Ich weiß nicht, ob sie überhaupt Englisch verstanden, miteinander sprachen sie japanisch.

Nach einiger Zeit führte mich der Polizist mit dem Revolver aus dem Zimmer und die Stiege hinunter. Die Straße war jetzt fast dunkel und noch immer menschenleer. Wir stiegen in ein kleines Polizeiauto und fuhren los.

Zuerst zurück zur Bubbling Well Road, dann durch die Nanking Road und über die Garden Bridge nach dem japanischen Stadtteil Hongkew.

Der Polizist neben mir war schweigsam. Wenn wir uns einer Lampe näherten und das Licht schräg in den Wagen fiel, konnte ich sein Gesicht klar sehen. Er trug eine Brille mit dicken Gläsern und sah aus wie ein junger Student, der zuviel über seinen Büchern gesessen hatte. Er lehnte gegen die Außenseite des Wagens und hielt den Revolver im Schoß. Die Mündung war noch immer gegen mich gerichtet, und er sah mich ernst und wortlos an. Ich machte keinen Versuch, mit ihm zu reden.

Dann hielt der Wagen vor einem großen Gebäude, dessen Fenster hell erleuchtet waren. Wir gingen durch lange Gänge und kamen in ein Zimmer, in dem ein Japaner in Zivil am Schreibtisch saß. Der Polizist sprach ausführlich und mit vielen Gesten zu ihm, und der Zivilist sah mich von Zeit zu Zeit forschend an.

Als der Polizist gegangen war, sagte er in sehr gutem Englisch:

„Erzählen Sie, wer Sie sind und warum Sie den Chinesen ermordet haben."

Ich erzählte ihm, wie ich den Brief bekommen hatte und daß Chang bereits tot war, als ich in seine Wohnung kam. Aber ich erwähnte den Namen Ailings nicht. Ich sagte, sie hätte ihn mir nicht genannt, aber wir wollten uns morgen vor dem Capitol-Kino treffen.

Der Zivilist hörte zu, ohne mich zu unterbrechen. Ich konnte nicht erkennen, ob er mir glaubte oder nicht. Er sagte höflich:

„Drehen Sie sich gegen die Wand. Sie müssen warten."

Ich stand sehr lange mit dem Gesicht gegen die Wand. Andere Leute kamen ins Zimmer und sprachen mit dem Mann am Schreibtisch, zwischendurch telephonierte er und in allen Gesprächen konnte ich gelegentlich meinen Namen hören. Die Verbindung mußte undeutlich sein oder den Leuten am anderen Ende des Telephons machte es Schwierigkeiten, einen fremden Namen zu verstehen, jedenfalls wiederholte der Zivilist meinen Namen sehr oft mit lauter Stimme. Es war ein unheimliches Gefühl, meinen Namen ständig in einer drohenden Sprache zu hören, die ich nicht verstand.

Als ich müde wurde, fragte ich den Zivilisten, ob ich mich setzen dürfe. Er sagte nein und befahl mir, mich wieder nach der Wand umzudrehen. So stand ich eine sehr lange Zeit, ich glaube, viele Stunden.

Es war aber noch Nacht, als sie mich in die Zelle führten. Beim Hinausgehen fragte ich den Zivilisten, was jetzt mit mir geschehen würde, aber er sah mich an, ohne zu antworten.

Die Zelle war sehr klein. An der Längswand lag eine niedrige Matte. Sie füllte die ganze Länge der Zelle, war aber trotzdem so kurz, daß ich mich darauf nicht ausstrecken konnte. Die Breite konnte ich mit zwei kleinen Schritten durchmessen. In den grauen Wänden war kein Fenster, nur in der eisernen Tür war eine vergitterte Öffnung, die auf den Gang führte, durch die während der Nacht das grelle Licht einer nackten elektrischen Lampe kam und während des Tages ein schwacher grauer Schimmer. So verkehrte sich für mich die gegebene Ordnung von Licht und

Dunkelheit: die Tage wurden dämmrige, farblose, unendlich lange Stunden, ohne Konturen und sichtbares Leben, aber erfüllt von den Geräuschen der Straße und des Gefängnisses; die Nächte wieder waren still und tot, ohne das geringste Geräusch, aber eine grelle Lichtsäule, durch die Gitterstäbe in kleine Segmente zerschnitten, reichte quer durch die Zelle nach der grauen Wand und erfüllte den Raum mit Licht. Noch lange, nachdem ich frei war, verband ich mit dem Eindruck des hellen Lichts ein tiefes, alles umfassendes Schweigen und war immer wieder erstaunt, wenn beim Morgengrauen das geräuschvolle Leben begann. Genau so ungewohnt war das Schweigen der Nacht. Dämmrige Dunkelheit war die Zeit von tausenden Geräuschen gewesen: der leisen Schritte im Gang, die sanft begannen und drohend lauter wurden; des kreischenden Schlosses, wenn die Tür zweimal täglich geöffnet wurde und ich eine Schale Reis bekam; manchmal der hysterischen, fürchterlichen Schreie, die plötzlich begannen und ebenso plötzlich wieder endeten; des dumpfen Lärms der Autos, die in den Hof einfuhren; japanischer Gesprächsfetzen, unverständlicher Laute menschlicher Stimmen; und einmal eines seltsam rauhen Gesanges, der lange Zeit andauerte und dann durch ein gebrülltes Kommando unterbrochen wurde und in einem gepeinigten Schrei endete.

Ich hatte nichts als diese Geräusche. So kümmerlich sie waren, sie waren das einzige, das mich mit dem Leben verband. Sie waren mein Leben. Sie und meine Gedanken.

Während der ersten Tage wartete ich darauf, zu einem neuen Verhör geführt zu werden. Ich verlangte von dem Soldaten, der mir die Schale mit Reis brachte und den Kübel mit Unrat entfernte, er solle mich zu seinem Vorgesetzten führen. Ich erklärte ihm, daß ich unschuldig sei. Niemals erwiderte der Soldat auch nur ein Wort, ich hörte nie seine Stimme.

Aber noch lange hoffte ich. Wenn ich Schritte hörte, stand ich auf und wartete: man würde mich holen und ich würde alles erklären können. Zuerst war ich verzweifelt und niedergeschlagen, wenn die Schritte vorbeigingen, dann nahm ich es als etwas Selbstverständliches hin, aber immer noch stand ich auf. Schließlich stand ich auch nicht mehr auf.

Ich wußte, daß mein Leben ewig so weitergehen würde: das graue Zwielicht, unterbrochen von zwei Schalen Reis, dann die helle Nacht und wieder das Zwielicht. Ich war froh, daß die Ungewißheit der Hoffnung vorbei war, sie hatte mich unglücklich und verzweifelt gemacht. Jetzt konnte ich mein Leben wieder nach feststehenden Tatsachen regeln, nach zwei Schalen Reis, der Dämmerung und der Lichtsäule. Sie würden immer sein und ich konnte mich nur undeutlich an die Zeit erinnern, wo sie nicht gewesen waren.

Aber dann ereignete sich doch etwas Unerwartetes.

Eines Tages, gerade nachdem ich die morgendliche Schale Reis bekommen hatte, wurde die Zellentür ein zweites Mal geöffnet. Das war noch niemals geschehen, auch war die Tür bisher immer nur einen schmalen Spalt geöffnet worden, gerade weit genug, um den Kübel oder die Reisschale durchzuschieben, diesmal aber wurde sie weit aufgerissen. Ein Soldat, den ich noch nicht gesehen hatte, stand davor und warf einen prüfenden kurzen Blick in die Zelle, dann wandte er sich um und schob einen Mann, der neben ihm gestanden war, zu mir herein.

Man kann nicht sagen, daß er ihn heftig stieß, er schob ihn gerade nur so, als wollte er sich lange Erklärungen oder Befehle ersparen, aber der Kübel stand im Wege und der Mann fiel darüber und kam neben mich auf die Matte zu liegen. Die Tür schloß sich und wir waren allein.

Der Mann blieb liegen, den Kopf von mir gewandt, aber ich hatte erkannt, daß er ein Fremder war.

„Sind Sie verletzt?" fragte ich.

Ich erschrak über meine eigene Stimme. Seit den ersten vergeblichen Versuchen, den Soldaten dazu zu bewegen, mich zu seinem Vorgesetzten zu führen, hatte ich nicht mehr gesprochen. Das war sicher schon einige Wochen her. Ich hatte früher gehört, daß Leute, die lange allein sind, mit sich Selbstgespräche führen sollen, um die Einsamkeit und Stille erträglicher zu machen, und ich hatte anfangs zu mir selbst gesprochen. Aber meine Stimme hatte gespenstisch geklungen. So hatte ich seit langer Zeit nicht mehr gesprochen.

Der Mann wandte sich zu mir und sagte:

„Nein, ich bin nur nicht daran gewöhnt zu gehen."

Es war schwer, sein Alter zu schätzen. Er war seit langem nicht rasiert und auch sein Kopfhaar war lang. Sein Gesicht war erschreckend mager und die Augen groß und hungrig. Schon an den paar englisch gesprochenen Worten hatte ich erkannt, daß er Franzose war. Franzosen beherrschen eine fremde Sprache nur selten so, daß man ihre Nationalität nicht erkennt. Es ist schwer zu sagen, ob mein Leben durch die Ankunft des Franzosen besser oder schlechter wurde. Er war ein sehr sympathischer und gebildeter Mann. Selbst in der fürchterlichen Enge der Zelle machte mich seine Anwesenheit niemals nervös. Er vermied körperliche Berührungen und war so schweigsam, daß ich seine Geschichte erst nach einigen Tagen erfuhr. Er zog es überhaupt vor, über Dinge zu sprechen, die mit unserer Existenz und unseren Ängsten nichts zu tun hatten. Er liebte Gide und Claudel und erklärte mir die religiösen und philosophischen Hintergründe ihrer Dichtungen. Mein Leben wurde durch ihn viel reicher.

Trotzdem weiß ich nicht, ob ich nicht lieber allein geblieben wäre. Ich hatte keinen Spiegel in der Zelle und hatte mein Gesicht seit der Verhaftung nicht mehr gesehen. Unwillkürlich stellte ich es mir unverändert vor, unrasiert und schmutzig natürlich, aber im Grunde genommen unverändert. Die Züge des Franzosen zeigten mir, wie ich wahrscheinlich tatsächlich aussah: das Grauen, die Hoffnungslosigkeit und die Verzweiflung langer Gefängniswochen waren in ihnen. Und das Gesicht ist der Spiegel der Seele. Mit einigem starken Willen konnte man sich darüber hinwegtäuschen, wie leer und hoffnungslos man geworden war, aber das Gesicht konnte man nicht betrügen. So brachte mir der Franzose meine Lage erst richtig zu Bewußtsein. Nicht nur sein Gesicht, sondern auch seine Erlebnisse.

Er war Kaufmann gewesen und schon seit zwei Jahren verhaftet. Wie er sagte, hatte er sich sein Hirn zermartert, um einen Grund für seine Verhaftung zu finden, aber er wußte keinen. In den zwei Jahren war er nicht ein einziges Mal verhört worden. Für lange Zeit hatte er eine Zelle mit einem Chinesen geteilt, der schon vier Jahre gefangen war, ohne zu wissen warum. Man hätte erwarten können, daß der Franzose jede Hoffnung aufgegeben hatte, noch einmal aus dieser Hölle des Nichts herauszukommen, aber er war vom Gegenteil fest überzeugt. Gerade dieser unbegründete Optimismus machte mich niedergeschlagen und verzweifelt. Ich merkte daran, wie trügerisch und ohne jede Beziehung zur Wirklichkeit die hellen Gedanken und Hoffnungen der letzten Wochen gewesen waren. Nichts als ein primitiver Instinkt, eine Schwäche und keine Stärke.

Wieder vergingen die Tage im Gleichmaß der Dunkelheit und des Lichtscheins. Der Franzose mußte früher, als „er noch lebte“, so charakterisierte er selbst die Zeit vor seiner Verhaftung, ein geschätzter Gast bei abendlichen Unterhaltungen gewesen sein. Er wußte eine große Anzahl Scherzfragen, Rätsel und Tricks, die auf handlicher Geschicklichkeit beruhten, und die wir selbst mit den wenigen Gegenständen, die wir in der Zelle hatten, ausführen konnten. Wenn ich dem Gefängnis in Spanien eine große Vorliebe für rohe Zwiebeln verdanke, so lehrte mich das Gefängnis in Shanghai mehr Taschenspielerkunststücke, als ich an einem Abend vorführen kann.

Bald waren diese Übungen unsere einzige Bewegung. Die Beine des Franzosen und sein Bauch waren von der ständigen unzureichenden Reiskost geschwollen und kraftlos. Besonders der Zustand seiner Beine war sehr ernst. Auch ich wurde von Tag zu Tag schwächer. Das nagende Hungergefühl der ersten

Tage hatte einer angenehmen Gleichgültigkeit Platz gemacht. Ich erwartete den Reis nicht mehr mit der tierhaften Gier, die zuerst so viele meiner Gefühle und Gedanken ausgefüllt hatte. Die tägliche Nahrung war wie die Dämmerung und das Licht der elektrischen Lampe eine der bestehenden Tatsachen geworden, die sich ereigneten, ohne daß man sie beeinflussen, beschleunigen oder verhindern konnte, die vorhanden waren und, obwohl sie die einzigen Anzeichen waren, daß außerhalb unserer Gedanken und Gespräche noch eine andere Welt existierte, in keinerlei Beziehung zu unserem Leben standen.

Ich dachte sehr oft darüber nach, ob es ein sinnloser Zufall oder ein vorbestimmter Ablauf von Ereignissen war, der mich ins Gefängnis gebracht hatte. Wäre ich wenige Minuten früher oder später durch die Gordon Road gegangen, so wäre ich jetzt wahrscheinlich in Peking. Hätte ich ein Schaufenster betrachtet, als Ailing mir entgegenkam, oder hätte ich sie auf eine Art angesprochen, die ihr mißfallen hätte, so wäre ich einige Tage später nach dem Norden gefahren. Erst mit meinem Angebot, den Brief an Herrn Chang zu übermitteln, schien mein Schicksal einem festgelegten Lauf zu folgen. Vorher schien es den Zufälligkeiten noch offen zu stehen. Aber war nicht auch der Zufall vorausbestimmt?

Natürlich führen diese Gedanken zu keinem Ergebnis. Aber sie beunruhigten mich auch nicht. War alles nur Zufall, dann würden weitere Zufälle mein Leben bestimmen. War es Bestimmung, dann war alles schon vorgezeichnet, und nur meine Unwissenheit über Dinge, die wir fälschlich als zukünftig bezeichnen, die aber, da sie vorbestimmt sind, schon seit Unendlichkeiten bestehen, erfüllte mich mit unnötigen Hoffnungen und Ängsten. Meine erzwungene Untätigkeit und mein Warten paßten dann in den Lauf der Dinge, sie konnten nichts fördern und nichts hindern.

Wir verloren das Gefühl für Zeit vollständig. So konnte ich nicht sagen, nach wieviel Wochen es sich ereignete, daß der

Soldat nur eine Schale Reis in die Zelle schob, dann die Tür weit öffnete und mir andeutete, ihm zu folgen. Er führte mich in dasselbe Zimmer, in dem ich damals verhört worden war. Ich war sehr schwach, als ich eintrat, und sicherlich wäre ich zusammengebrochen, wenn ich wieder mit dem Gesicht gegen die Wand hätte stehen müssen. Aber der Mann in Zivil war sehr zuvorkommend. Er wies auf einen Stuhl und bat mich, Platz zu nehmen.

„Ihre Unschuld“, sagte er, „hat sich herausgestellt.“

Ich hatte in Gedanken oft lange Reden mit ihm geführt. Ich hatte ihm die Brutalität seiner Handlungsweise vorgeworfen, ihn darauf aufmerksam gemacht, daß er die primitivsten Grundlagen jeder Gerechtigkeit mißachtet habe, denen zufolge der Ankläger die Schuld und nicht der Angeklagte seine Unschuld beweisen müsse. Es waren klare, sachliche Reden, ohne jede persönliche Kleinlichkeit gewesen, gegen die es keine Verteidigung gab. Aber ich sagte nichts und schwieg.

„Sie sind frei und können gehen.“

Erst als ich schon einige Tage in meinem alten Quartier wohnte, erinnerte ich mich, daß ich mich von dem Franzosen nicht verabschiedet hatte. Ich brachte ihm einige Nahrungsmittel ins Gefängnis und verlangte ihn zu sehen. Man sagte mir unfreundlich, ich solle mich nicht um Dinge kümmern, die mich nichts angingen, es sei nicht möglich, ihn zu besuchen, man würde ihm mein Geschenk geben.

Ich ging auch noch in das Französische Konsulat und erzählte einem Beamten von dem Schicksal seines Landsmannes. Aber es ist ein schwieriges und undankbares Unterfangen, einem Beamten zu erklären, daß man zwei Monate im Gefängnis gesessen ist. Er war mißtrauisch und stellte viele Fragen über mein Vorleben.

„Waren Sie schon früher einmal im Gefängnis?“ wollte er wissen.

„Oft“, sagte ich.

„Auch in Frankreich?"

„Ja, in Frankreich dreimal."

„Aus welchem Grund?"

„Ich wollte Ihnen nur mitteilen, daß ein Landsmann von Ihnen anscheinend schuldlos hier im Gefängnis sitzt. Es wäre eine dankeswerte Aufgabe für Sie, sich mit den japanischen Behörden in Verbindung zu setzen."

„Überlassen Sie es mir, die Qualitäten meiner Aufgaben zu bestimmen!" sagte er gekränkt und verabschiedete mich. Trotzdem hoffe ich, daß er etwas für meinen Zellengenossen unternommen hat. Ich habe allerdings niemals mehr von ihm gehört.

Ich ging noch einige Male durch die Gordon Road, aber ich sah Ailing nicht mehr. Auch der Juwelier, bei dem wir das Jadestück gekauft hatten, wußte nicht, wer die junge Dame war, mit der ich vor langer Zeit bei ihm gewesen war.

Vielleicht hätte ich in der Yu Yuen Road, bei den Verwandten des Herrn Chang, etwas über Ailing erfahren können. Ich schrieb einen Brief an diese Adresse, ohne Antwort zu bekommen. Ein panikartiges Gefühl der Angst hielt mich ab, selbst hinzugehen.

Es gab nichts mehr in Shanghai, das mich festhielt, außer der Hoffnung, Ailing zufällig zu treffen. Aber Shanghai ist eine riesige Stadt mit fünf Millionen Einwohnern.

So fuhr ich über Nanking nach Peking. Ich war sehr froh, als der Zug die schmutzigen Vorstädte hinter sich hatte und durch freies Land fuhr. Es war Herbst und die Bauern hatten die letzte Reisernte eingebracht. Die Felder waren schlammige Tümpel, aus denen die abgeschnittenen Halme bündelartig wie die Stacheln eines Igels hervorsahen.

XIII.

Peking ist keine Stadt. Es ist der Wirklichkeit gewordene Traum eines gottbegnadeten Künstlers, der Natur, Stein und Holz; Bäume, Seen und Brücken; staubige Winkelgäßchen, zerfallene Tempel und armselige Bettler; breite Boulevards, Paläste und schöne Chinesinnen zu einem harmonischen Ganzen vereint. Selbst die fernen zackigen Berge, die den Horizont abschließen, und der Himmel, der gerade den richtigen Farbton hat, um die Dachziegel der Verbotenen Stadt kontrastreich strahlen zu lassen, geben all ihre Schönheit, um das Bild der Stadt auch in seinen fernsten Hintergründen vollendet zu gestalten.

Die Ebene, in der Peking liegt, ist nicht reich an Farben. Durch acht Monate des Jahres ist es eine graubraune, trockene Wüste. Erst nach einem späten Frühjahr schießt die junge Saat unter der heißen Sonne in die Höhe und verwandelt die graue Wüste in ein grünes Paradies. Die Ernte kommt bald, und während der sonnigen Wochen des Spätherbstes ist das Land schon wieder grau und tot. Es ist nicht reich an Farben.

Aber Grau ist keine tote Farbe. Es gibt das weißliche Grau der Morgendämmerung, das rosige des Sonnenaufgangs, das goldene der hohen Sonne, das silberne des Nachmittags und das violette des Abends. Während des Vollmonds ist die Ebene ein See aus Silber.

Peking selbst schwelgt in seinen Farben, aber es hat sie der Umgebung angepaßt. Es vermeidet die grellen Töne und findet in matten Schattierungen so viele Möglichkeiten, daß sein Verzicht, selbst was die Zahl der verschiedenen Farbtöne betrifft keinen Mangel bedeutet.

Das Rot der alten Mauern, die die Tempel und den kaiserlichen Palast, die Verbotene Stadt, umschließen, ist von Regen und Sonne gedämpft. Ein Rot, das im klaren Mittagslicht und in der düsteren Dämmerung gleich würdig bleibt und die Gedanken von der hastigen Gegenwart zurückleitet in die Vergangenheit, da die Mauern den Sohn des Himmels und den Herrn der Welt — denn außerhalb Chinas gab es nichts — beherbergten.

Die glasierten Dachziegel zeigten freundlichere Farben. Sie sind dem blauen Himmel Chinas näher als seiner grauen Erde. Aber es bedarf keines blauen Himmels und keiner leuchtenden Sonne, um in die gelben Dächer den Widerschein der Sonne hineinzuzaubern, und auch an trüben Tagen leuchten sie, als wäre die Sonne nicht verschwunden. Die blauen und die grünen Dächer wirkten unter einem düsteren Himmel ein wenig tot, und ihre Farbe ist ohne inneres Feuer. Wenn aber die Sonne daraufscheint, verwandeln sie sich in ein farbiges Feuerwerk, das funkelt und gleißt und das doch nie das unwahrscheinliche Blau des Himmels stört.

Und die Silhouetten der Dächer, sanft geschwungene Linien, denen die verspielte Wildheit siamesischer Paläste und Tempel fehlt, schweben wie ein sanfter Optimismus über den Sorgen und Kümmernissen der Stadt. Es sind strenge Formen, aber eine fast unmerkliche Kurve führt den Blick vom Bauwerk weg gegen den Himmel. Nicht wie die Dächer des Westens trennen sie die Menschen vom Himmel, sie vermitteln zwischen beiden.

Die ausgeglichene Schönheit, die den Dächern und Mauern eigen ist, bleibt nicht allein auf sie beschränkt. Sie ist allgegenwärtig. Das armselige Haus der Vorstadt besitzt sie und selbst die modernen Bauten beugen sich ihr.

Ja, das Zauberhafte an Peking ist, daß seine Schönheit nicht auf einzelne Ansichten und bestimmte Bauten beschränkt ist, sondern wohltuend auch in den entlegensten Winkel eindringt. Seine Schönheit ist nicht museumhafte Vergangenheit, sondern lebende Gegenwart. In Athen und Rom mag die Vergangenheit triumphaler erhalten sein und in weitere Jahrhunderte zurückreichen, aber sie ist tot. In Peking lebt sie. Der Rikschakuli besitzt den philosophischen Gleichmut der alten Weisen, und selbst der Bettler zeigt die Würde vieler Generationen. Die

Priester sprechen Gebete, die schon vor zweitausend Jahren gesprochen wurden, und die Weisen lesen aus Büchern, die unverändert die Jahrtausende überdauert haben.

Für sie sind die Landschaft, die Bauwerke und die glänzenden Dächer nur der prachtvolle Rahmen, der das Schönste und Wertvollste Chinas birgt: seinen Geist und seine Seele. Sonst ist der Geist Chinas nicht so leicht fühlbar. Shanghai hat sich mit dem Westen vermählt, der Süden ist heißblütig und raschlebig, nur der Norden ist ausgeglichen und konservativ. Aber der Norden ist armes Bauernland, und wie sollten die Bauern, die vom Morgengrauen bis zur Nacht auf ihren Feldern arbeiten, das Ergebnis von viertausend Jahren menschlichen Denkens und Grübelns übermitteln. Nein, diese Mittlerstellung hat nur Peking.

Man kann sich dem Geist Pekings nicht entziehen, und die Fremden, die in dieser Stadt leben, verlieren langsam ihre Eigenheiten: der Amerikaner wird weniger laut, der Engländer aufgeschlossener, der Deutsche gelöst, der Franzose international, und selbst der Japaner, der als Eroberer nach Peking gekommen ist, kann nur schwer die Bewunderung für die Erbauer dieser Stadt verbergen. Unverändert bleibt nur der Chinese und weiß nicht, daß er eine ganze Welt erzieht.

Ah, es ist gefährlich, in Peking zu leben. Man kann nichts von einer fremden Welt aufnehmen, ohne ein wenig von seiner eigenen Welt aufzugeben. Und plötzlich ist man heimatlos: man gehört nicht mehr dem Lande an, in dem man geboren wurde, und nicht mehr dem Kontinent, in dessen Philosophie und Kunst und Religion man aufwuchs. Man freut sich, alte traditionelle Bindungen gesprengt und von ihnen nur das behalten zu haben, was man für richtig hält. Man ist stolz, eine andere Art des Denkens und Fühlens gelernt zu haben. Aber kann man jemals in zwei Welten zu Hause sein? Kann man das Fühlen des Ostens verstehen, wenn westliches Blut durch die Adern rinnt? Kann man sich in einem Leben über das Vermächtnis von

Generationen hinwegsetzen? Ah, es ist gefährlich, in Peking zu leben.

Aber es ist schön. Die Jahreszeiten schließen sich harmonisch aneinander. Der Winter ist lang und kalt. Die Erde liegt tot und gefroren unter einem ewig blauen Himmel, die Luft ist trocken und eisig, und wenn einmal Schnee fällt, so saugt sie ihn in wenigen Tagen auf. Der Frühling ist kurz. Das ist vielleicht der einzige Nachteil Pekings, es hat keinen Frühling. Nur ein paar Tage, in denen Winter und Sommer ineinander übergleiten, wenn der Sturm den feinen Sand der Gobi über die Stadt jagt und die Sonne, violett und drohend, ohne Wärme und ohne Licht, ihre ferne Bahn zieht. Dann kommt der Sommer, heiß und üppig, mit den milden Nächten der Tropen und den erbarmungslosen Tagen der Wüste. Aber bald werden die Tage frisch und die Nächte kalt. Unmerklich beginnt der Herbst, der lange, herrliche, unvergeßliche Herbst Pekings. Die Tage werden kürzer und morgens liegt ein feiner Nebel über der Stadt, aber der Himmel ist ewig blau und die Sonne ein vertrauter Freund. Ah, es ist gefährlich, in Peking zu leben.

Aber es ist gesund. Das Fieber der südlichen Dschungel verliert seine Kraft, und die weite, sonnige Ebene verdrängt die dunklen Gedanken. Ich war froh, daß ich nach dem Norden gekommen war. Die Schicksale der Menschen waren hier ausgeglichener und die Ereignisse rollten gemächlicher ab. Es war, als hätte sich die Zeit den gemessenen Schritten der nordchinesischen Bauern angepaßt.

Der Krieg in Europa war zu Ende gegangen und auf Nagasaki und Hiroshima waren die Bomben gefallen, die den Frieden und ein neues Zeitalter der Furcht einleiteten. Aber China merkte nichts von dem Frieden und nichts von der Furcht. Der Bürgerkrieg ging weiter, und man erkannte, daß der große Krieg für China nur ein Teil des Bürgerkrieges gewesen war und daß China noch immer das Land der Mitte war, das die Vergangenheit in Jahrtausenden und seine Kriege in Jahrzehnten maß und sich durch den raschen Puls des Westens nicht beeinflussen ließ.

Ich war froh, daß Peking den großen Ereignissen der Welt ihre Kraft und Bedeutung nahm, denn sie besaßen weder Schönheit noch Hoffnung. Ich war sehr glücklich in dieser Stadt.

XIV.

Oft ging ich schon frühmorgens, noch bevor die Sonne aufgegangen war, in die Verbotene Stadt. Es gab keinen schöneren Platz, um das Kommen des Tages zu erwarten. Ich kannte einen weiten Hof, mit weißen Steinplatten belegt, von dunkelroten, kaiserlichen Mauern umgeben und gegen den Himmel abgeschlossen durch die feingeschwungenen Giebellinien der Dächer.

Zuerst war alles dunkel, nur der Steinboden strahlte den Schein des matten Himmels wider. Dann wurde das Dunkel der Wälle purpurn und schließlich leuchteten die Giebel, als ob sie aus flüssigem Golde wären. Am schönsten aber war es, wenn die Sonne den Hof selbst erreichte. Die geschweiften Schatten der Dächer zerschnitten mit gewaltigen Kurven seine weite Fläche in hellglänzende und tiefdunkle, phantastische Formen, die miteinander im Kampf lagen. Das Licht siegte und die Schatten suchten schmal und dürftig Schutz unter den Mauern.

Wieder einmal sah ich dem Kampf des Lichtes mit dem Schatten zu. Ich dachte allein in dem Hof zu sein, aber als die Sonne eine gewölbte Marmorstiege in Licht tauchte, bemerkte ich auf ihr einen alten Mann. Sein bronzenes Gesicht war ein Wirrwarr von Runzeln. Sie strahlten von den Augen aus und reichten über den kahlen Kopf bis auf den Hals. Die Augen selbst, tiefliegend und unter den überhängenden Lidern fast geschlossen, waren nur tiefere Runzeln in diesem Gesicht, das leblos und starr war.

Ich ging an dem Alten vorüber und sagte: „Ein schöner Morgen."

„Ja", sagte er, „ein schöner Morgen."

Die Falten und Runzeln änderten ihre Richtung, und das Gesicht strahlte plötzlich in einem glücklichen Lächeln. Der Mund öffnete sich weit und zahnlos, nur im rechten Oberkiefer steckte ein riesiger Eckzahn, der groß und hell in der Sonne leuchtete.

„Ich habe viele Morgen hier kommen gesehen", sagte ich.

„Nicht so viele wie ich", sagte der Alte.

„Du kommst oft?"

„Gelegentlich nur. Aber früher lebte ich hier."

Ich wollte höflich sein und fragte: „Zur Zeit der Kaiserin?"

„Zur Zeit des Großen Buddha." Er benützte den Namen, den der Volksmund der Kaiserin gegeben hatte.

„Dann bist du ein sehr alter Mann", sagte ich höflich. „Vielleicht schon achtzig Jahre?"

Er lachte: „Wenn du noch achtzehn dazuzählst, hast du das richtige Alter."

„Du bist ein Großer Alter Herr. Und du wirst sicherlich hundert werden."

„Wer kann sagen: sicherlich? Wer kann das heute sagen?"

Wir schwiegen und ich wandte mich zum Gehen.

„Du weißt nicht, wer ich bin?" fragte er mich eifrig.

„Nein."

„Sie haben es dir nicht gesagt?" Er deutete nach den Torhütern.

„Nein."

„Ich bin Li Lien-ying", sagte er geheimnisvoll und flüsternd. Er beugte sich nahe an mein Ohr und wiederholte: „Ich bin Li Lien-ying."

Ich nannte meinen Namen und sagte, es freue mich, ihn kennengelernt zu haben.

Er sah mich böse an: „Ich war einmal Herr hier. Ich bin der

Lord der Neuntausend Jahre. Meine Macht reichte in alle achtzehn Provinzen. Überall zitterten sie vor mir."

Er richtete sich hoch auf und wiederholte sehr würdevoll: „Ich bin Li Lien-ying, der Lord der Neuntausend Jahre."

Nun erinnerte ich mich. Ich hatte diesen Namen schon gehört und auch den Titel „Lord der Neuntausend Jahre". Kaiserin Tzu-Hsi war der Lord der Zehntausend Jahre, und der Lord der Neuntausend Jahre war der Obereunuch Li Lien-ying gewesen. Es gab kaum einen alten Chinesen, dem dieser Name nicht geläufig war.

Wieviel hatte er erlebt und wieviel hatte er verbrochen! Ihm war es zuzuschreiben, daß China vor der Jahrhundertwende von Japan so leicht besiegt worden war. Er hatte die für die Flotte bestimmten Gelder für den Wiederaufbau des Sommerpalastes verwendet. Statt Kriegsschiffe hatte er im flachen Wasser des Vergnügungssees ein Boot aus Marmor gebaut. Ich sah in das alte, runzlige Gesicht vor mir.

Der alte Mann, der hier die Wärme der Sonne genoß, hatte Geschichte gemacht. Hätte er nicht sein Marmorboot statt einer Flotte gebaut, wer weiß, ob Japan dann Rußland bei Port Arthur besiegt hätte. Und wenn Japan bei Port Arthur nicht gesiegt hätte, dann hätte es sich vielleicht nicht in China festgesetzt und der große Krieg im Pazifik wäre dann nicht geführt worden.

Es war ein seltsames Gefühl, hier, zwischen den Mauern, die so viel Geschichte erlebt hatten, einen Mann zu treffen, der selbst Geschichte gemacht hatte. Hätte er nicht vor fünfzig oder sechzig Jahren — damals wahrscheinlich ein hochgewachsener, hübscher Mann, männlich trotz seiner Verstümmelung, die allein ihm ständigen Aufenthalt am Kaiserhof gewährte — die Kaiserin für den Sommerpalast begeistert, vielleicht wäre dann keine Atombombe auf Hiroshima gefallen. Die kausale Kette der Ereignisse war so einfach: ein paar schmeichelnde, unterwürfige Worte in das Ohr der Kaiserin, eine Andeutung, wie glanzvoll die nächste Bootfahrt im Sommerpalast sein werde, und diese Ursache hatte eine Wirkung, und die Wirkung wurde von neuem zur Ursache, und so fort. Die beiden Bomben über Japan waren nicht mehr nur Folge, sondern schon wieder Ursache, und etwas Neues, Großes, Drohendes ballte sich irgendwo zusammen.

Und der Beginn dieser Kette, der alte, abgerissene, aber noch immer hochmütig-stolze Lord der Neuntausend Jahre, stand hier vor mir und wärmte sich in der Sonne. Aber vielleicht war er nicht der Beginn dieser Kette, sondern nur ein Glied, hervorgerufen und möglich durch unendlich viele Glieder vor ihm, die alle ineinanderpaßten und in die unendliche Vergangenheit reichten und unabänderlich in die Zukunft führten. Vielleicht war auch er nur ein willenloses Glied dieser Kette, ohne eigene Bedeutung.

Der Lord der Neuntausend Jahre war über mein langes Schweigen ungeduldig geworden.

„Du glaubst mir vielleicht nicht? Weil meine Kleider alt sind und weil ich nicht in der Sänfte komme? Oh, es sind neue Zeiten jetzt, Zeiten des Niedergangs. Seit der Lord der Zehntausend Jahre gestorben ist, hat die Welt nichts Gutes erlebt. Ich wünschte, meine Tage gingen zu Ende."

Ich dachte daran, wie viele Geheimnisse der kaiserlichen Gemächer dieser alte Mann noch wußte. Sie waren nur in seinem Kopf, in diesem alten, müden Kopf, und wenn der einmal aufhörte zu denken, dann würden sie verschwunden und ausgelöscht sein, als wären sie nie gewesen.

„Herr Li", sagte ich sehr höflich, „darf ich manchmal zuhören, wenn Sie von der Zeit erzählen, als Sie als Lord der Neuntausend Jahre hier herrschten?"

„Du kannst mich fast jeden Morgen hier treffen", sagte er gnädig, „falls ich einige Tage nicht komme, so wohne ich im Tempel beim Grab des Kang Tieh. Auch dort kann ich dich empfangen."

Ich war sehr froh, seine Bekanntschaft gemacht zu haben. Sicherlich würde er mir viel von der alten Kaiserin erzählen, daß ich darüber einen Artikel schreiben könnte. Amerikanische Zeitungen würden dafür gut zahlen, und ich könnte wieder einige Wochen sorglos leben.

Am nächsten Morgen ging ich wieder in die Verbotene Stadt. Aber der Hof blieb während des Spiels der Schatten leer, und auch später, als der Marmor in der Sonne gleißte und die Dächer glänzten, erschien der alte Li nicht.

Nachdem ich einige Male vergeblich versucht hatte, ihn zu treffen, ging ich nach dem Tempel beim Grab des Kang Tieh. Der liegt zwischen der Stadt und den Westbergen in der fruchtbaren Ebene. Es gibt dort viele Tempel und Heiligtümer, manche verfallen und zerstört, andere liebevoll instand gehalten. Ich hatte Mühe, den Tempel zu finden.

„Wo ist der Tempel des Kang Tieh?" fragte ich einen Bauern.

Er lachte mich an: „Willst du dort wohnen?"

„Nein", sagte ich, „einen Freund besuchen."

„Einen lao kung — einen alten Hahn?"

„Einen alten Hahn?"

„Ja, so nennen wir die, die sich verstümmeln ließen, um am Hof reich und fett zu werden. Sie sind wie alte Hähne, voll von Wünschen, aber ohne Möglichkeit, sie zu erfüllen."

„Sind sie schlechte Menschen?"

„Wer weiß das? Sie waren schlecht, als sie die Macht hatten. Heute sind sie arm und gut. Wir Bauern sagen: ‚Wenn du einem alten Hahn etwas verkaufst, dann nenne niemals den Preis. Er wird dich überzahlen.'"

„Und sie leben im Tempel des Kang Tieh?"

„Natürlich, wo sollten sie sonst leben? Im Kaiserpalast? Nein, sie hausen im Tempel ihres Schutzherrn. Du weißt, wer Kang Tieh war?"

Ich wußte es nicht.

„Er war der treue General eines Kaisers. Als der Kaiser

einmal einen längeren Jagdausflug unternahm und Kang die Verantwortung für den Palast übertrug, geriet Kang in Furcht. Sicher würde man ihn später verleumden, das kaiserliche Vertrauen mißbraucht zu haben. So wurde er freiwillig und als erwachsener Mann ein alter Hahn."

„Und das half ihm?"

„Natürlich, dafür hat er seinen Tempel bekommen. Als der Kaiser zurückkam, beschuldigte man ihn, er hätte seinen Aufenthalt im Palast mißbraucht. Der Kaiser ließ ihn wütend rufen. ‚Ich werde dich für deine Frevel töten lassen', sagte er. ‚Ich bin unschuldig', sagte Kang, ‚und in der Satteltasche Eures Pferdes findet Ihr den Beweis.' Und wirklich: in der Satteltasche fanden sie den Beweis, daß Kang schon vor der Abreise des Kaisers ein alter Hahn geworden war. Zum Dank wurde er Obereunuch und bekam seinen Tempel."

„Und wo ist der Tempel?"

„Siehst du dort den Hügel und die Bäume südlich davon? Das ist der Tempel."

Um den Tempel waren rollende Felder von Erdnüssen, Mais und Kaoliang. Es war eine reiche Gegend. Auch der Tempel machte einen reichen Eindruck. Er glich mehr einem großen Bauernhof als einem Heiligtum: ein alter Mann trieb Schafe durch das Tor, ein anderer alter Mann brachte eine Wagenladung reifer Erdnüsse heran. Es war ein schöner, wohlgepflegter Tempel unter Nadelbäumen, deren Rinde weiß war, fast so weiß wie Schnee. Die Bäume sahen dadurch unendlich alt und würdig aus.

In einem kleinen Raum saßen viele Männer beim Mittagmahl. Ich grüßte sie und sie luden mich ein, Platz zu nehmen, und gaben mir eine Schale mit Mehlklößen. Sie lachten darüber, daß ich die Eßstäbchen so gewandt handhaben konnte wie sie und daß mir keines der klitschigen Mehlklößchen entglitt.

„Er kann essen wie ein Chinese", lachten sie.

Sie waren sehr alt. Mir gegenüber saßen vier Männer, die

zusammen sicherlich dreihundert Jahre zählten. Aber nicht nur das Alter, ihre zerlumpte Kleidung und ihr Schmutz machten sie bemerkenswert. Es war der Ausdruck in ihrem Gesicht: etwas Weiches, das doch nicht weibisch war, ein müder, resignierter Zug, der die Gesichter aber nicht leer und oberflächlich machte, sondern hart und zugleich gut und voll eines erlebten Schicksals.

„Kann ich Li Lien-ying sprechen?" fragte ich.

Wie auf ein Kommandowort hörten alle gleichzeitig zu essen auf und sahen mich starr an. Der Ausdruck des Erstaunens machte ihre Gesichter zu verzerrten Fratzen.

„Den Lord der Neuntausend Jahre", sagte ich rasch. Vielleicht hatte ich es an der nötigen Höflichkeit fehlen lassen. Sie kamen aus einer Zeit und aus einer Welt, in der Höflichkeit und Etikette eine große Rolle gespielt hatten.

Kaum hatte ich den Satz beendet, veränderten sich die Fratzen des Erstaunens in Fratzen der Heiterkeit. Es war seltsam, welcher Veränderung diese zerfurchten Gesichter fähig waren. Einer legte den Kopf zwischen die Eßnäpfe auf den Tisch und schüttelte sich wie im heftigen Schluchzen. Ein anderer lehnte sich weit nach hinten, sein Mund wurde eine große Öffnung, durch die ich, unbehindert durch Zähne, weit in den Rachen sehen konnte. Wieder ein anderer spuckte die Brühe, die er im Moment des Erstaunens zu schlucken vergessen hatte, seinem Gegenüber ins Gesicht. Sie waren Narren, gefährlich, schrecklich aussehende alte Narren, die hier ihr eigenes Reich hatten, in dem ihre eigenen Gesetze des menschlichen Verhaltens galten. Ich war froh, daß draußen die Sonne schien, das einzig Vertraute in einer fremden Welt.

Ich weiß nicht, wie lange diese erschreckende Heiterkeit dauerte. Es schien mir eine sehr lange Zeit. Dann nahmen die verzerrten Fratzen wieder ihr gewöhnliches Äußeres an. Aber für mich blieben sie voll furchterregender Möglichkeiten: mein nächstes Wort oder meine nächste Handlung würde sie mit einem Schlag in grauenvolle Masken der Furcht oder des Zorns verwandeln.

Ein Mann kam auf mich zu.

„Li Lien-ying willst du sprechen, den Lord der Neuntausend Jahre?"

Ein Kichern ging durch den Saal. Dieselben Fratzen, aber gemäßigt im Ausdruck.

„Ja, Li Lien-ying."

„Dann mußt du weit reisen, sehr weit. Er ist weit von hier."

„Ich traf ihn vor ein paar Tagen im Kaiserpalast. Er sagte, ich solle ihn hier besuchen."

Von neuem die schreckliche Orgie von Heiterkeit. Aber diesmal dauerte sie nicht lange.

„Seid ruhig", schrie der Mann, der mich angesprochen hatte. Sofort war es totenstill.

„Eßt weiter", sagte er. Und das Schlürfen und Schmatzen begann wieder.

Er setzte sich zu mir an den Tisch.

„Der Lord der Neuntausend Jahre ist tot. Er ist vor vielen Jahren gestorben. Er war ein guter, mächtiger Herr. Oft hat er China gerettet. Er war mächtig und klug und mäßig. Es ginge uns besser, wenn er noch lebte."

„Mit wem sprach ich dann im Palast? Er stellte sich selbst vor: ‚Li Lien-ying, Lord der Neuntausend Jahre.'"

„Das war Yue Hsing-chia. Er lebte früher hier mit uns. Aber er wurde verrückt. Er glaubt, der große Li zu sein. Seitdem lebt er innerhalb der Mauern. Er sitzt vor den Hallen unseres Kaisers und glaubt, er sei der große Li. Weißt du, wo unser Brotgeber jetzt ist?"

„Euer Brotgeber?"

„Der Kaiser."

„Er war einige Jahre Kaiser für die Japaner in der Mandschurei."

„Ist er glücklich mit ihnen?"

„Er ist nicht mehr in der Mandschurei. Er ist jetzt mit den Russen oder den Amerikanern."

„Vielleicht kommt er bald zurück?"

Draußen wurde der Lärm eines Motors hörbar, und einige Fremde kamen, um den Tempel zu sehen. Sie sprachen nicht chinesisch, keiner der Eunuchen englisch, so übersetzte ich.

Die Fremden stellten viele Fragen und photographierten sich gegenseitig mit den Eunuchen. Sie ließen ein großes Bündel Noten zurück.

„Mein Name ist Liang Shan-chang", stellte sich der Mann vor, der zuerst mit mir gesprochen hatte. „Die Ausländer haben uns viel Geld gegeben. Mehr als sie sonst geben."

„Sie sind gute Menschen und sie haben viel Geld."

„Aber sonst geben sie nicht so viel. Vielleicht waren sie freigebig, weil du ihnen alles erklärt hast. Wir können nicht mit ihnen sprechen. Willst du nicht bei uns bleiben und den Fremden die Geschichte des Tempels erklären?"

So blieb ich im Tempel der Eunuchen. Sie waren gute und freundliche Menschen, geschwätzig und gutmütig. Da war ein alter Mann, der Kämmerer beim Kaiser gewesen war, und ein anderer, der im Schlafzimmer des Großen Buddha Ordnung gemacht hatte. Sicher hatten sie viel gesehen, aber sie hatten es vergessen, denn der Nebel der Jahre hatte ihre Erinnerung getrübt, oder sie wollten nicht sprechen. Aber da waren andere, voll von großen Worten und theatralischen Gesten. Wenn Fremde intime Einzelheiten über den Kaiser oder die Kaiserin wissen wollten, rief ich sie, und sie erzählten mit großartigen Gebärden und voll Stolz über ihre plötzliche Bedeutung nichtssagende Episoden aus ihrem Leben. Ich wieder erzählte den Fremden, was sie hören wollten.

So waren wir alle zufrieden, die Fremden, die Eunuchen und ich. Das Land um den Tempel wurde langsam herbstlich. Die Fremden brachten uns die Neuigkeiten der großen Welt, und Flüchtlinge erzählten uns vom Bürgerkrieg.

Manchmal starb einer der Alten, aber das Häuflein der Überlebenden nahm seinen Tod ohne Trauer zur Kenntnis.

„Bald wird der Tempel leer stehen. Noch vier oder fünf Jahre, dann lebt keiner mehr von uns. Dann wirst du eine andere Beschäftigung suchen müssen."

Aber ich wartete nicht, bis der Tempel leer stand. Es war Winter geworden und keine Fremden kamen mehr nach dem Tempel. So ging ich wieder in die Stadt zurück. Zum Abschied drückte mir Liang ein rotes Kuvert in die Hand. Wir saßen in demselben Speiseraum, in dem mich ihre Heiterkeit so erschreckt hatte. Jetzt sah ich keine Fratzen um mich, sondern gute, alte Gesichter.

„Komm nächstes Frühjahr wieder", sagten sie, „komm wieder."

„Ich werde wiederkommen", sagte ich. Aber ich wußte, daß ich sie nicht mehr sehen würde. In der Stadt öffnete ich das Kuvert und fand darin Geld. Ich kaufte dafür zwei Sack Mehl und schickte sie nach dem Tempel. Auch einen großen Krug Schnaps, denn sie litten sehr unter der Kälte.

XV.

Der Winter war tatsächlich sehr kalt und ich wollte für einige Zeit nach dem Süden gehen, nach Foochow, nach Swatow oder nach Kanton, nach einer Stadt, in der es nie richtig kalt wird. Leider hatte ich kein Geld für die Reise.

Um diese Zeit traf ich Herrn Feng, einen Beamten der Stadtverwaltung. Er hatte früher in Shanghai gelebt und war dort öfters bei mir gewesen. Er hieß Achilles Feng und besaß die für einen Nordchinesen erstaunliche Eigenschaft, Dinge bei ihrem richtigen Namen zu nennen und nicht lange zu umschreiben. Er hatte wenig chinesische Freunde.

„Wie geht's?“ begrüßte er mich.

Ich wollte antworten, daß es mir gut ginge, da erinnerte ich mich Fengs barbarischer Offenheit und sagte: „Schlecht! Ich habe kein Geld.“

„Ich auch nicht“, erwiderte Feng fröhlich.

„Ich finde das nicht so erfreulich. In einer Woche habe ich nichts mehr zu essen.“

„Wieviel Geld haben Sie noch?“ wollte Feng wissen.

Ich nannte den Betrag. Er war sehr klein. Etwa soviel, wie man einsteckt, wenn man ausgeht und sich einen vergnügten Abend macht. Und vergnügte Abende kosten in Peking nicht sehr viel Geld.

„Damit können Sie“, lachte Feng, „doch einige Monate herrlich auskommen.“

Wäre Feng nicht Feng gewesen, so hätte ich das für eine höfliche, nichtssagende Bemerkung gehalten. Aber er war so sachlich und jeder gesellschaftlichen Floskel abgeneigt, daß man von ihm einen derartigen Trost nicht erwarten durfte.

„Wenn Sie mir zeigen, wie“, sagte ich, „so bin ich nur zu gerne bereit, ein gelehriger Schüler zu sein. Wann können wir beginnen?“

„Morgen früh“, sagte Feng, und damit begann für mich ein neues Leben.

„Sind Sie um Ihr ‚Gesicht‘ besorgt?“ fragte Feng, als wir uns am nächsten Tag trafen.

„Nein“, sagte ich.

„Dann wollen wir jetzt gemeinsam essen gehen.“

Ich dachte, er würde mich in ein billiges Restaurant führen, wo Kulis und Arbeiter ihre Kohlsuppe essen, und ich freute mich auf eine warme Mahlzeit.

„Wir haben Glück, daß es heute so windstill ist“, sagte Feng.

„Es ist nicht so bitter kalt, wenigstens in der Sonne nicht“, sagte ich.

„Und der Wind bläst uns nicht so viel Sand in die Nudeln.“

Wir gingen in eine Straße, auf der ich schon früher emsiges Leben bemerkt hatte, ohne mir über den Grund klar zu werden. Jetzt sah ich, daß man auf dieser Straße essen konnte. Gegen die nördliche Straßenseite gedrängt standen kleine tragbare und fahrbare Küchen, und entweder sitzend oder stehend konnte man hier Nudeln, Fleisch, Gemüse, Eier, heißes Brot und Süßigkeiten essen.

Wir aßen Nudeln und saßen dabei. Die Sonne schien uns angenehm ins Gesicht, und die Nudeln waren mit rotem Pfeffer heiß gewürzt. Man merkte kaum etwas von der Kälte, obwohl es in der Frühe fünfzehn Grad unter Null gehabt hatte. Rikschakulis und andere Leute, die hier speisten, starrten mich anfänglich neugierig an. Aber nach einigen sarkastischen Bemerkungen Fengs, der den Leuten sagte, sie hätten kein „Gesicht", wenn sie mich so bei der Mahlzeit belästigten, beschränkten sie ihre Aufmerksamkeit wieder auf ihre Eßschalen. Seitdem ich dort Stammgast wurde, bedurfte es Fengs Hilfe nicht mehr, um als dazugehörig betrachtet zu werden.

Ich habe niemals so viel über China gewußt wie in jener Zeit, als ich in der Pflaumenblütengasse Mittag aß. Meist saß ich mit einem pensionierten Beamten zusammen. Was er über die Staatsmänner Pekings und Nankings nicht wußte, war nicht wert zu wissen. Er war auch genau über die Marktpreise unterrichtet, und niemals vorher und nachher habe ich das Öl für meine Lampen und die Hirse für das Abendessen so billig gekauft.

Aber der redselige Pensionist gestaltete mein Leben durch seine Ratschläge nicht nur billig, er füllte es auch mit jener dumpfen, unheimlichen Unruhe, mit der man einer kommenden Katastrophe entgegensieht. Wie er mir immer wieder erklärte, ging Peking einer schlimmen Zeit entgegen. Die Ursache seiner Besorgnis war eine alte Weissagung. Als die Stadt nach Zusammenbrechen des Boxeraufstandes von fremden Truppen besetzt wurde und die Bevölkerung sich der Willkür und dem Rauben

„ausländischer Teufel" preisgegeben sah, wurde unter dem Volk folgende Weissagung bekannt: für lange Zeit würde die Stadt vor gleich Schlimmem bewahrt werden, erst wenn „eine Fünf zwischen zwei Vieren" sei, stehe wieder ähnliches Unglück bevor. Diese Zeitbestimmung war etwas unklar, und selbst die abergläubischesten Chinesen wußten lange Zeit damit nichts anzufangen. Jetzt endlich wußten sie, wann die Voraussage eintreten würde, nur noch einige Wochen trennten uns von dem Unheil. Der chinesische Mondkalender schob in diesem Jahr einen Schaltmonat ein, der vierte Monat wurde wiederholt. So schließen die beiden chinesischen vierten Monate den westlichen fünften Monat ein, und endlich stand die gefürchtete „Fünf zwischen zwei Vieren".

Der Pensionist war nicht der einzige, der Böses erwartete. Es war eine böse Zeit und nur wie durch ein Wunder war Peking bisher so gut durchgekommen. Sicher würde jetzt das Glück der Stadt zu Ende gehen. Vielleicht würde der Bürgerkrieg über die Stadt hinweggehen und sie zerstören? Vielleicht würde der frierende, hungrige Mob sich erheben und die Stadt plündern? Der Beamte wußte immer neue Wege des Unglücks und erzählte von Freunden, die ihre Töchter aufs Land schickten, ihr Gold unter der Erde vergruben und alte Kulikleider bereithielten, um die schwarzen Tage des Unheils zu überleben. Da ich weder eine junge Tochter noch Gold besaß und meine Kleidung dürftig genug war, um keine Raubinstinkte zu erwecken, konnte ich die Mitteilungen des alten Beamten nicht für nötige Vorbereitungen auswerten. Aber erst als die zwei unheilschwangeren vierten Monate vorbeigegangen waren, ohne daß sich etwas Schlimmes ereignete, vergaß ich die Voraussage aus der Boxerzeit.

Während der Beamte die politischen und wirtschaftlichen Nachrichten brachte, sorgte ein athletischer junger Rikschakuli für die mehr persönlichen Neuigkeiten. Er stand mit seiner Rikscha abends meist in Chien Men Wei, wo die Singsong-

Häuser sind. Gestern hatte er die Goldene Chrysantheme zu dem alten Diplomaten eines neutralen Landes geführt. Um neun Uhr abends hatte er sie hingebracht, dann hatte er in dem Haus des Torhüters Reis mit Fleischklößen gegessen und viele Schalen Tee getrunken. Als die Goldene Chrysantheme um Mitternacht noch immer nicht für die Rückfahrt bereit war, hatte er geschlafen. Erst um acht Uhr am nächsten Morgen hätte der erste Boy des Fremden ihm befohlen, die Rikscha bereitzumachen. Früher war die Goldene Chrysantheme immer vor Mitternacht wieder nach Chien Men Wei gefahren. Wenn sie jetzt die ganze Nacht blieb — vielleicht würde der Große Fremde Herr sie ganz in sein Haus nehmen? Da ich zwar nicht die Goldene Chrysantheme, wohl aber den Großen Fremden Herrn eines neutralen Landes kannte, waren die Mittagessen in der Pflaumenblütengasse sehr anregend.

Natürlich ließ es sich nicht vermeiden, daß ich gelegentlich von Fremden gesehen wurde. Aber in Peking war man an die verschiedensten Arten von Exzentrikern und Narren gewöhnt, und ich brachte das Gerücht in Umlauf, daß ich die wirtschaftlichen Grundlagen des chinesischen Volkslebens studiere. Dadurch gewann ich unter der Fremdenkolonie viel Gesicht und galt als eine Art Wissenschaftler, der sozial-ökonomische Studien betreibt.

Tatsächlich tat ich das auch. Ich bewies, daß man um den geringen Bruchteil des Betrages, den Ausländer für ein Lebensminimum halten, bequem leben kann. Ich aß meist Nudeln oder Maisbrot, manchmal leistete ich mir als Nachtisch verzuckerte winzige Äpfel oder Weintrauben, die auf einen dünnen Holzspan aufgespießt und steinhart gefroren waren. Dann wieder kaufte ich mir eine Handvoll getrockneter Datteln — nicht der süßen arabischen, sondern der minderwertigen lokalen Art —, und am Sonntag leistete ich mir einen aus Malzzucker geblasenen Drachen. Er schmeckte etwas fade, aber ich aß ihn aus ästhetischen Gründen.

Feng enthob mich auch der Sorgen um die Beheizung. Eine unnötige Sorge, so erklärte er: die Tonne Kohle koste zehn amerikanische Dollar, Bai-Goer, der starke Schnaps aus Kaoliang, koste fast nichts. Ich solle ein nach dem Süden gelegenes Zimmer mieten, von zehn bis drei würde die Sonne es wärmen. Falls abends die Temperatur unter Null sinke — im Zimmer natürlich —, solle ich einige Gläser Bai-Goer trinken. Dann solle ich die falsche westliche Anschauung ablegen, daß man zu Hause halb unbekleidet herumläuft. Ich solle alle Ishangs und Überzieher anziehen und, wenn ich abends lesen wolle, auch dicke Handschuhe. Ich tat dies alles und merkte plötzlich, daß Beheizung ein völlig überflüssiger Luxus ist.

So verging der Winter rasch und angenehm. Ich lernte einen schwedischen Wissenschaftler kennen, der ein sozial-ökonomisches Buch über China schrieb. Durch zwei Monate half ich ihm, Einzelheiten über die Verdienste und Lebenskosten der Pekinger unteren Zehntausend zusammenstellen, und verdiente damit so viel Geld, daß ich mir im Frühjahr ein schönes, kleines Haus im Norden der Verbotenen Stadt mieten konnte.

XVI.

Vor dem Haus war ein winziger Hof mit zwei hohen Bäumen. Das Frühjahr in Nordchina ist kühl, und es dauert lange, bevor die Blätter der Bäume groß und schattenspendend werden. Aber lange vor den Blättern öffnen sich die Blüten der Kirschen und Pfirsiche, und so lag mein Hof unter Wolken weißer und rosiger Blüten, während die Sonne wärmend durch die kahlen Äste der großen Bäume schien. Gerade als die Strahlen begannen, heiß und schmerzend zu werden, verwandelten sich die Bäume in ein dichtes, grünes Dach. Ich war sehr glücklich in diesem Haus.

Wie im Gefängnis hatte ich vergessen, die Wochen zu zählen.

Sie reihten sich aneinander, jede ohne bedeutendes Ereignis, aber schön und harmonisch. Ich ging oft nach den Westbergen und lebte dort für einige Tage in einem Tempel, dessen Bonze sich stundenlang mit mir über die Sinnlosigkeit des menschlichen Strebens nach Erfolg unterhielt. Diese Gespräche trugen dazu bei, daß ich keine Anstalten traf, eine Beschäftigung zu suchen.

Auch in Peking selbst hatte ich viele Freunde, einige Fremde, aber hauptsächlich Chinesen. Ihre völlig andere Art, das Leben zu nehmen und seine Probleme zu lösen oder ungelöst zu lassen, zog mich an. Sie waren denselben Gefühlen der Liebe, des Hasses, der Gier und der Selbsterhaltung ergeben, es gab auch unter ihnen Schurken und Hohlköpfe, aber die ausgefeilten Regeln des menschlichen Verhaltens, die ihre uralte Kultur geschaffen hatte, schwächten einen großen Teil der unnötigen Sorgen und Anstrengungen ab, mit denen wir unsere Tage ausfüllen. Sie konnten mit sehr geringen Mitteln ein großes Maß von Zufriedenheit erreichen und nahmen Schicksalsschläge mit einem bewundernswerten Gleichmut hin. Trotz der äußeren Zerrissenheit ihres Landes und des überall sichtbaren Verfalls alter Kulturwerte waren sie während dieses Krieges, der die ganze Welt umspannte, vielleicht der einzige Beweis für die Meinung mancher Idealisten, daß sich die menschliche Entwicklung aufwärts bewege. Was immer ihr Land an Organisation, an Technik und an Sachlichkeit vermissen ließ, jeder von ihnen trug das Ergebnis einer vieltausendjährigen Kultur in sich, und es ermöglichte ihm meist ein zufriedenes Leben und fast immer ein harmonisches Sterben. Das war mehr, als wir Abendländer von uns behaupten konnten.

Der Klang der Ereignisse in der Welt drang nur gedämpft in mein Haus nördlich der Verbotenen Stadt. Die Japaner waren gegangen und die Amerikaner waren gekommen, aber ich merkte es kaum, denn in meiner Gegend wohnten fast nur Chinesen.

Es war im Spätherbst, an einem jener wundervollen Tage,

die kühl und neblig beginnen, während der Mittagszeit in goldenes Sonnenlicht getaucht sind und in eine klare Sternennacht übergehen, als es spätnachmittags an mein Tor klopfte. Ich öffnete und stand Ailing gegenüber.

Sie lächelte über mein Erstaunen und sagte:

„Darf ich eintreten?"

Ich entschuldigte mich und führte sie durch den Hof in mein Haus. Sie war mit dem Fahrrad gekommen und sah erhitzt und jung aus.

„Sie leben hier wie in einer Festung", sagte sie.

„Die Mauern sind gerade das Schöne an Peking", sagte ich.

Sie hatte sich nicht verändert. Ich hatte oft gedacht, daß ich sie mir in der Erinnerung schöner vorgestellt hatte, als sie tatsächlich war. Sie schien ein wenig älter und ernster, vielleicht nur deshalb, weil sie einen einfachen blauen Ishang trug, ohne Blumen und ohne jeden Schmuck. Sie war sehr schön, und wieder hatte ich das Verlangen, sie wie ein vollendetes Bild anzusehen und mir jede Linie ihres Gesichts einzuprägen.

„Ich habe nicht gedacht, daß wir uns noch einmal sehen würden. Wann kamen Sie nach Peking?" fragte ich. Ich hoffte, sie würde sagen, sie sei erst zwei Tage in der Stadt und hätte mich gleich aufgesucht.

„Oh, ich bin schon einige Monate hier. Herr Wu erzählte mir, wo Sie wohnen, und ich wollte schon lange vorbeikommen. Heute endlich bin ich dazugekommen."

„Ich habe Sie leider in Shanghai nicht mehr gesehen."

„Dafür muß ich mich noch entschuldigen, einer meiner Brüder heiratete, da war ich sehr beschäftigt."

So sprachen wir einige Zeit über nichts. Wieder hatte ich das Gefühl, eine schöne Statue vor mir zu haben, die höflich und lächelnd jeden Versuch abwehrte, sie aus der Reserve zu bringen. Wir sprachen sogar über das Wetter, und ich war niedergeschlagen und traurig und wünschte manchmal, sie sollte gehen, und fürchtete es gleichzeitig.

Es war die Stunde des Sonnenuntergangs. Ich konnte die Sonne selbst nicht sehen, aber die gelben Dächer der Verbotenen Stadt schillerten und glänzten im letzten Licht gegen den matten Himmel. Zu keiner anderen Stunde war der Blick über die Mauer schöner. Die Dächer wurden dann zu schwerelosen Traumgebilden, die in ihren verspielten, harmonischen Linien wie eine Fata Morgana in der Luft schwebten.

„Ich habe mir immer gewünscht, die Verbotene Stadt und Sie gleichzeitig zu sehen. Sonst beherrscht die Stadt den Blick, jetzt ist sie nur Hintergrund. Der einzig richtige Hintergrund."

„Danke. Ihre Komplimente sind würdevoll geworden. Sie haben sich seit Shanghai verändert."

„Sie nicht. Aber Sie sehen weniger sorgenvoll aus. Glücklicher und ruhiger."

„Das macht die gesunde Landluft im Norden."

Ich sah Changs weit aufgerissene, starre Augen und den unnatürlichen Winkel, in dem sein Arm verkrampft war. Wieder durchfuhr mich die Panik und Unruhe und Ungewißheit der langen Tage im Gefängnis.

„Shanghai ist tatsächlich nervenaufreibender", sagte ich. „Sind Sie zur Erholung heraufgekommen?"

„Nein, ich hatte Erholung nicht nötig. Meine Familie ist konservativ und ich ging wenig aus." Sie errötete ein wenig. „Ich bin auch sonst nicht Fachmann für Jade."

„Ich bin auch gewöhnlich nicht Briefträger zwischen alten Schulkameraden, die zu wenig Zeit haben, einander selbst zu besuchen, und der Post nicht trauen."

„Das war damals sehr nett von Ihnen. Nochmals vielen Dank."

„Nichts zu danken. Wie geht es Herrn Chang?"

„Ich habe ihn nicht mehr gesehen. Ich fuhr damals bald nach Ningpo, und als ich zurückkam, war er verreist."

„Eine weite Reise?"

Sie schwieg einen Augenblick. Über die schöne Maske ihres

Gesichts flog ein nachdenklicher Schatten. Aber schon war sie wieder ihr bezauberndes Selbst: „Chang ist ein sehr geheimnisvoller Mensch. Ich weiß nicht, wohin seine Reise führte."

„Es gibt verschiedene Theorien über die Art der Reise, die Herr Chang angetreten hat", sagte ich. „Manche glauben, daß sie nirgendwohin führt. Andere wieder glauben, an einen paradiesischen Rastplatz zu gelangen. Haben Sie einmal darüber nachgedacht?"

„Nein", sagte sie. „Ich kaufe mein Ticket und fahre drauflos. Ich mache mir nicht viele Gedanken darüber."

Ich hatte den großen Wunsch, sie einmal aus ihrer schauspielerischen Ruhe zu schütteln, einmal zu wissen, woran sie wirklich dachte, und ein spontanes Wort von ihr zu hören.

„Ich bin ein oberflächlicher Mensch. Sie werden sicher enttäuscht sein, wenn Sie mich näher kennenlernen", sagte sie höflich.

Einige wilde Schläge waren am Tor hörbar. Ich kannte ihren Rhythmus, es war Christiansen. Wahrscheinlich oder sicher war er betrunken. Er hatte gesehen, daß das Tor nicht verschlossen war, und würde so lange dagegen schlagen, bis ihm aufgemacht wurde.

„Ein Freund", erklärte ich rasch, „ein wenig genial und häufig betrunken. Ich hoffe, er wird Sie nicht langweilen."

„Sicherlich nicht!" Und wieder das höfliche Lächeln.

Christiansen war schlimmer als gewöhnlich. Seine Augen waren blutunterlaufen, und er konnte sich gerade noch aufrecht halten. Ich stellte vor, und er machte eine vollendete Verbeugung, fiel aber mit demselben Schwung auf das Sofa.

„Ah, Gesellschaft. Tut mir leid, daß ich störe. Nur ein paar Minuten, ich muß gleich weiter. Sie gestatten doch?" und ohne das bejahende Lächeln Ailings abzuwarten, zog er sich den Rock aus.

„Ich will euer Gespräch nicht unterbrechen. Worüber habt ihr gesprochen?"

„Über den Tod", sagte Ailing. „Ich war sehr enttäuschend, weil ich nicht weiß, woran ich glaube: völliges Ende oder eine Art Paradies. Ich lebe ganz einfach drauflos."

„Was für ein häßliches Thema für ein junges, hübsches Mädchen. Wir wollen über die Liebe sprechen. Jetzt bin ich alt und scheußlich, aber ich habe meine Zeit gehabt, eine gute Zeit."

Er kicherte vor sich hin, und ich hoffte, er würde nachdenklich werden und dann einschlafen, wie er es gewöhnlich tat. Aber Ailings Gegenwart glich seine Schlafsucht aus.

„Ich habe fast mein ganzes Leben in China verbracht. Ich denke auf chinesisch und träume chinesische Träume. Ich weiß, wie ihr hier lebt, und gerade deshalb kann ich sagen, nur ihr Chinesen habt verstanden, das Problem der Liebe richtig zu lösen." Er wandte sich ausschließlich an Ailing, und ich hatte Gelegenheit, sie ungestört zu beobachten. Ihr Gesicht war aufmerksam und ermunternd, und ich war ein wenig eifersüchtig, daß sie Christiansen gegenüber so lebendig war. Und auch ärgerlich, denn er war schon ohne jede Aufmunterung geschwätzig genug.

„Wir in Europa haben die Sache falsch angefaßt und sind jetzt in eine Sackgasse geraten, voll von unnötigen Komplikationen und Problemen. Die Amerikaner versuchen, es besser zu machen. Was haben sie erreicht? Nichts, ein Chaos. Aber ihr habt die Lösung gefunden.

Unser großer Fehler ist, daß wir den Begriff Sünde erfunden haben. Ist es Sünde, wenn man hungrig ist und ißt? Well, Erotik ist ein ebenso primitiver Trieb wie Hunger. Man muß ihn befriedigen, sonst gibt es psychologische Schwierigkeiten. Wenn du Glück hast, findest du einen Partner, den du liebst, achtest und verstehst. Manchmal heiratest du ihn. Dann kommt vielleicht noch langjährige Freundschaft dazu.

Alles schön und gut, aber manchmal willst du mit jemandem anderen schlafen. Wo ist da die Sünde? Und wie wird dein ständiger Partner dadurch geschädigt? Die Freundschaft, die

Liebe und die Achtung, die bleiben ja unverändert. Aber unsere monogamen Ehen machen daraus ein Verbrechen, sie untergraben das gegenseitige Vertrauen. Ah, man muß Realist sein.

Mein Vater, der war Realist. Er bekam Bibeln gratis und sollte sie gratis verteilen. Er war Missionar, deshalb hatte er mit Bibeln zu tun. Die Mongolen aber waren mißtrauisch. Sie sagten sich: Was kann das schon Gutes sein, wenn wir es umsonst bekommen? Kein Mensch verschenkt ein gutes Pferd, nur einen kranken Gaul bekommt man umsonst. Realist muß man sein. Mein Vater verkaufte die Bibeln. Er handelte damit. Manchmal bekam er ein Schaf, manchmal drei und manchmal ein gutes Pferd. Und die Leute, die ein Pferd gegeben hatten, die lasen die Bibel auch genau, für sie war sie wertvoll. Man muß Realist sein. Aber was wollte ich sagen?"

„Sie deuteten an, daß wir Chinesen eine bessere Lösung für das Problem Liebe gefunden haben", sagte Ailing. „Sind wir Realisten?"

„Ja, Realisten. Wir haben unsere Ehe auf der Voraussetzung aufgebaut, monogam zu sein. Eine falsche Voraussetzung, wir sind es nicht. Aber seit zweitausend Jahren hat man uns vorgehalten, daß die monogame Einstellung eine höhere Entwicklung darstellt. Manche Tiere sind monogam, und sie sind bei Gott nicht besser als die anderen. So schämen wir uns, offen einzugestehen, daß wir noch keine Supermenschen sind, und bauen unsere Ehe, unsere Familie und unsere gesamte Gesellschaftsordnung auf einer Lüge auf. He, gibt es hier etwas zu trinken?"

Ich gab ihm ein Glas starken chinesischen Schnaps. Er leerte es auf einen Zug.

„Wie kann unsere Ehe auf die Dauer gut sein? Oder unser Familienleben harmonisch? Wenn wir uns hypokritisch hinter Phrasen verschanzen und ganz geheim den realen Neigungen nachgehen und sie Sünde nennen? Oder wenn wir sie unterdrücken und schließlich bei einem Psychoanalytiker landen?"

„Und wodurch sind chinesiche Ehen besser?"

„Wodurch? Durch ihre Realität. Ohne Ehe und ohne Familie kann man auch nicht leben. Man braucht einen Kreis, in den man hineingehört. Aber um Himmels willen, das Bindungsmittel einer Familiengemeinschaft ist doch nicht physische Liebe allein! Woran aber denkt man, wenn man von einem Ehebruch spricht? Oh, wie kleinlich!"

Er streckte sein Glas aus, und ich füllte es zum zweiten Male und hoffte, er würde einschlafen oder weggehen, aber er ereiferte sich noch länger über das Barbarentum unserer Ehen, brach dann mitten in einem Satz ab, quälte sich in seinen Rock und sagte höflich: „Es hat mich sehr gefreut, Ihre Bekanntschaft gemacht zu haben. Leider muß ich jetzt gehen."

Ailing sah nach ihrer Uhr: „Oh, es ist schon spät, ich muß auch nach Hause", sagte sie.

„Bleiben Sie, bitte, noch etwas länger. Wir haben uns so lange nicht gesehen", bat ich und wünschte, ich könnte sie irgendwie zwingen, hier zu bleiben.

„Nein, es ist wirklich schon zu spät."

Ich war traurig und ärgerlich. Traurig, daß Ailing maskenhaft und unberührt wieder in ihr Leben zurückglitt, von dem ich überhaupt nichts wußte, und ärgerlich, daß Christiansens Auftauchen mir die Möglichkeit genommen hatte, herauszufinden, welche Papiere ich Chang gegeben hatte und warum er gestorben war.

Christiansen rief sich eine Rikscha, ich begleitete Ailing mit dem Rad. Wir fuhren durch die lange, breite Straße zwischen der Verbotenen Stadt und dem Kohlenhügel. Es ist eine der schönsten Straßen Pekings, obwohl man wenig sieht. Zu beiden Seiten eine hohe, rote Mauer, im Norden die symmetrische Form des Kohlenhügels, seine Silhouette durch zierliche Pavillons rhythmisch unterbrochen, und in der Mitte der südlichen Mauer das gewaltige Tor, durch das man in die Verbotene Stadt geht. Tagsüber ist die Straße heiß und das Rot der Mauern ist verwaschen und schmutzig. In der Dämmerung aber besitzen sie das müde, träumerische Rot der alten Tempelmauern und erzeugen die friedliche und zeitlose Stimmung, die halbverfallenen Tempeln eigen ist. Auch sieht man in der Dämmerung nicht, wo die Mauern enden, und kann sich vorstellen, daß man stundenlang zwischen ihnen dahinfährt, ohne an ein Ziel zu kommen. Und dieser Gedanke hat nichts von der gefängnisartigen Panik an sich, die sonst oft mit Mauern verbunden ist.

An einer Stelle ragten die Äste eines großen Baumes weit über die Straße. Jeden Abend konnte man hier die würdevollsten und friedlichsten alten Männer der Stadt finden. Sie kamen, bevor es dämmrig wurde, auf dicken, lautlosen Filzsohlen und in langen Ishangs, die bis zu den Knöcheln herabreichten. Sie hatten kleine Vogelbauer bei sich, die mit einem Tuch überdeckt waren.

In lautlosen Gruppen standen sie unter dem Baum und warteten. Dann ertönte aus den Ästen der spielerische Ruf eines Vogels, und wie die Betenden einer seltsamen Sekte hoben die alten Männer ihre Vogelkäfige hoch in die Luft gegen den Baum. Sang der Vogel in den Ästen besonders schön, dann zeigte ihr Gesicht einen ekstatischen Ausdruck. Aber sie blieben immer schweigend und hatten eine eisige Verdammung für jeden lauten, eiligen Fußgänger bereit. Diese abendliche Zeremonie dauerte, bis tiefes Dunkel herabsank und der Singvogel endgültig schwieg.

Sie waren Vogelliebhaber und erkundeten mit dem Spürsinn alter Spione, wo ein besonders guter Sänger seinen nächtlichen Rastplatz hatte, und kamen allabendlich mit ihren Lieblingen, die durch wiederholtes Hören der Meister gleiche Kunstfertigkeit erlangen sollten.

Die freundlichen alten Männer paßten gut zwischen die alten Mauern der Verbotenen Stadt. Das Schönste an ihnen waren ihre ruhigen Bewegungen und die sanfte Stille, die immer über ihnen ruhte. Vielleicht waren sie zu Hause laute Tyrannen;

während der abendlichen Vogelstunde waren sie äußerst liebenswert.

Wir fuhren langsam gegen Westen, da sagte Ailing: „Mit meiner Kette ist etwas nicht in Ordnung. Könnten Sie es, bitte, richten?"

Ich sah nach ihrer Kette, konnte aber den Schaden nicht entdecken. Ailing zeigte hierhin und dorthin, ich war hilfsbereit und es war alles in Ordnung. Nur meine Hände waren ölig und schmutzig.

„Das ist meine Schuld", rief Ailing, „wie dumm, daß ich nicht vorher daran dachte."

Ich sagte, es sei nicht so schlimm, und tatsächlich waren es nur ein paar kleine Ölflecke.

„Nein, Sie müssen sich waschen, es ist kein Vergnügen, so durch die Stadt zu fahren."

Wir kehrten um und ich ging ins Badezimmer, meine Hände zu waschen. Es wurde jetzt rasch dunkel und ich hörte den Schrei der Kraniche, die meist sehr spät mit lässigen Flügelschlägen wie Tiere aus einer chinesischen Fabel über die Stadt flogen.

Als ich ins Wohnzimmer zurückkam, hatte Ailing ihren Mantel ausgezogen und ordnete ihr Haar vor dem Spiegel. Es war blauschwarz und glänzend, und wenn sie es mit einer ungeduldigen Kopfbewegung nach rückwärts warf, sah sie für einen kurzen Augenblick nicht wie eine wohlgepflegte Shanghaier Dame, sondern wie ein junges, gesundes Bauernmädchen aus.

Sie drehte sich um und lächelte: „Ich bin zu dir zurückgekommen."

Ich sah zum ersten Male ihr wirkliches Gesicht. Es zeigte nicht länger die höfliche Maske, sondern das Leben, das darunter verborgen war. Ich ging zu ihr und küßte sie.

Ein wenig später lachte sie und sagte: „Es war gut, daß meine Kette herunterfiel."

„Und daß meine Hände schmutzig wurden."

„Sie waren kaum schmutzig."

„Und die Kette fiel nicht herunter."

„Glaubst du, daß du heute noch einen Besuch bekommst? Einen zweiten Christiansen mit seinen komischen Theorien? Ich hab' für Theorie nichts übrig. Ich bin enttäuschend einfach."

Viel später gingen wir vor das Haus. Es war Nacht und nur wenige Rikschas waren noch unterwegs. Der feine gelbe Staub, der drei Tage lang wie ein düsterer Schleier über der Stadt gelegen war, senkte sich. Die Straße war dicht mit Sand bedeckt. Er erstickte die Geräusche der Rikschas und Fußgänger und machte die Nacht fast lautlos. Noch war der Himmel nicht klar und die Sterne schienen gedämpft und matt, aber in kurzer Zeit würde die Luft rein sein und der Himmel seine Pracht wiedergewinnen.

„Können wir über Chang sprechen? Oder lieber nicht?"

Sie sagte: „Sicherlich. Was willst du wissen?"

„Was war in dem Brief, den ich ihm gab?"

„Einige Auskünfte, falsche Auskünfte, die er an die Japaner weitergeben sollte."

„An die Japaner?"

„Ja, Chang arbeitete für die Japaner."

„Und wer..."

„Wir mußten ihn beiseite schaffen. Er wußte zuviel."

„Meine Rolle als Briefträger hätte schlimme Folgen haben können, wenn die Japaner gedacht hätten, daß ich mehr damit zu tun gehabt hätte."

„Ja, es hätte böse ausgehen können."

„Ich war zwei Monate bei der Kempetai."

„Ich weiß. Es tat mir leid."

Sie preßte sich an mich und ich fühlte wieder ihren schlanken, knabenhaften Körper gegen meinen. Ihre Augen waren groß und feucht.

„Bist du deshalb heute gekommen? Eine Schuld bezahlen?“

Sie lachte und wurde steif und fern: „Nein, ich fühle mich nicht als dein Schuldner. Und wir bezahlen gewöhnlich unsere Schulden nicht auf diese Art. Sonst wäre ich schrecklich beschäftigt.“

Ich fragte: „Liebst du mich?“

„Wollen wir schon wieder eine Diskussion über Liebe beginnen? Ich habe noch genug von vorher.“

Wir gingen wieder ins Haus und die Nacht mit ihren gedämpften Geräuschen wurde ein sanfter Hintergrund.

Es war noch nicht Tag, als ich aufwachte. Die erste graue Morgendämmerung zog über den Himmel. Die Silhouetten der Dächer, trotz ihrer verschlungenen Linien klar und einfach, lösten sich in verwirrende Bilder mit Einzelheiten und Farben.

Ailing schlief noch. Ich schämte mich, ihr unbeherrschtes Gesicht zu betrachten, aber ich schämte mich nicht genug, um es nicht zu tun. Ich hatte niemals ein Gesicht von größerer Schönheit gesehen. Selbst jetzt am Morgen, das Zimmer noch mit dem schalen Weingeruch Christiansens erfüllt und unsere Kleider in Unordnung über den Stühlen, nach all den Verzauberungen einer langen Nacht, die vorbei war, und dem kalten Tageslicht, das immer greller am Himmel stand, selbst jetzt war das Gesicht nichts als Schönheit. Ich konnte nichts in ihm lesen: nicht die kalte Berechnung, mit der man Chang in den Tod geschickt hatte, und nicht die Wildheit und Hingabe der Nacht. Aber es war fehlerlos. Gegen das dunkle Haar, das halblang bis auf die Schultern fiel, hob sich die glatte, elfenbeinerne Haut fast weiß ab. Die Nase war zart und klein. Zwischen ihr und den Backenknochen, die dem langen Gesicht einen exotischen Umriß gaben, schienen die geschlossenen Augen leicht schräg gestellt und die Farbe der Lider dunkler als das übrige Gesicht, spöttisch und gelangweilt. Die Wimpern waren lang und dicht, die Brauen darüber kunstvolle Halbmonde.

Ich berührte die Haut mit den Fingerspitzen und sie zitterte, und ohne die Augen zu öffnen, sagte sie: „Bist du es, Darling?“ Ihr Gesicht war konzentriert und sie öffnete die Augen nicht, als wollte sie die Nacht nicht zu Ende wissen, und sie zog mich zu sich herunter. Wieder fühlte ich den Zauber ihrer Berührung, und dann sah ich ihre Augen, nicht mehr ausdruckslos, sondern voll Feuer, und wir schlossen den Tag aus.

Aber dann war es wirklich Morgen. Die Sonne leuchtete in den höchsten Baumgipfeln. Der gelbe Staub der Vortage war verschwunden und der Himmel war von schmerzendem Blau. Wir tranken Tee und ich hörte draußen die dumpfen Tritte der Kamele. Nur wenige Karawanen kamen nach der Stadt, und sie kamen nicht mehr von so fernen Orten wie Urga und sie brachten keine Jadeblöcke, die hier von Handwerkern in kostbaren Schmuck verarbeitet wurden. Ein kopfgroßer Block ergab oft nur ein vollendetes Stück, nicht größer als eine Kirsche, aber mehr wert als ein großer Goldklumpen. Sie brachten keine Gewürze oder Ginseng, aus denen sich verlebte Greise kraftversprechende Brühen kochen ließen. Sie kamen nur aus den benachbarten Gruben und brachten schwere Säcke voll schmutziger Kohle, und ihre Treiber hatten nichts von der abenteuerlichen Luft monatelanger Reisen, sondern waren nur schwarze Kohlenkulis, aber die Karawanen hatten trotzdem ihre alte Würde bewahrt. Die Kamele gingen langsam und gemessen, ihre langen Beine weit nach vorne werfend und dann mit einem dumpfen Patt aufsetzend, den Kopf hoch über dem Gleichtakt ihrer Beine, gelangweilt und stolz nach vorne schauend, als ginge sie die Arbeit ihrer Beine nichts an und als wären sie wieder irgendwo unterwegs auf einer großen Reise nach fernen Plätzen in der Mongolei.

Wir gingen vor das Tor und sahen die Karawane vorbeiziehen. Acht Tiere, eines an das andere gefesselt, dann wieder ein Kohlenkuli, der ein neues Leittier führte und rasch gehen mußte, um mit den würdevollen Beinen Schritt zu halten. Sie gingen auf der anderen Seite der Straße, Silhouetten aus der Zeit, als die Verbotene Stadt, gegen deren Mauern sie sich abhoben und deren Majolikaziegel über ihnen glänzten, noch der Mittelpunkt einer Welt war und sie, die Kohlenträger von heute, die stolzen Tributbringer aus fernen Provinzen. Und während ich an ihren vergangenen Glanz dachte, sahen uns die Kamele und ihre Treiber an, und Ailing sagte: „Ich verliere viel Gesicht, wenn ich um sechs Uhr morgens vor deinem Hause stehe."

So gingen wir wieder ins Haus.

Es war einige Wochen später. Die Sonne brannte auf uns herunter, der Himmel war klar und wolkenlos, aber es war nicht heiß. Wir lagen im Gras und das Gras hatte die Üppigkeit und Vollheit des kurzen Pekinger Frühlings. Es stand hoch über uns, grün und saftig, mit vielen Blumen und herbem Geruch. In zwei Wochen wird die Sonne es zu Heu verbrannt haben und die Berge werden grau und tot sein und die glühende Luft wird darüber flimmern. Jetzt aber war noch Frühling.

Wir waren mit dem Fahrrad nach dem Sommerpalast gefahren, hatten die Räder bei einem Bauern eingestellt und waren auf die Berge hinter der Jadequelle gegangen. Wir waren vor Sonnenaufgang aufgebrochen und hatten den ganzen Tag vor uns.

Wenn ich mich zurücklegte, verschwand die Welt hinter dem hohen Gras, und ich sah nur einen Halbkreis blauen Himmels und die grünen Halme. Die Luft war noch morgendlich und klar. Man konnte weit in die Ebene hinaussehen. Die Stadtmauer von Peking war ein dünner, grauer Streifen, der geradlinig durch die Felder lief. Man konnte nur die Westmauer sehen, aber an den hohen, befestigten Stadttoren, die sich wie kleine Burgen über den Horizont hoben, erkannte man auch den Verlauf der ferneren Mauern.

Innerhalb der Tore sah die symmetrische Form des Kohlenhügels wie das artige Spielzeug eines Kindes aus. Die Weiße Pagode des Pei Hai leuchtete wie eine bizarre Flamme, kleiner, aber graziöser als die wuchtigere Weiße Pagode der Weltstadt.

Dann kamen Felder. Ein Schachbrett von verschiedenem Grün, zwischendurch graubraune Quadrate und Rechtecke, wo die Erde für eine späte Saat bereitet wurde. Die Bauernhäuser und Ortschaften waren winzige Blöcke aus Lehm, mit Türen und Fenstern als dunkle Öffnungen.

Unter uns lag ein kleiner blauer See. Ich war oft darin geschwommen und wußte, daß sein Wasser schlammig und schmutzig war, aber hier, von der Höhe gesehen, war es blau und klar wie der Himmel. Im See war eine kleine Insel mit hohen, dunklen Bäumen, durch die sanfte, geschweifte Dächer sichtbar wurden. Eine Brücke aus blendend weißem Marmor verband die Insel mit dem Festland. Es war keine gewöhnliche Brücke, die nur dazu dient, Wasser zu überspannen. Es war eine leichte, zart gewölbte Angelegenheit, über die man zwar auch trockenen Fußes auf die Insel gelangen konnte, die aber hauptsächlich die Aufgabe erfüllte, die Harmonie der Landschaft zu vertiefen. Der See schien neben der Brücke dunkler und tiefer, und ihre leichte Wölbung hob den Blick sanft und unmerkbar vom Wasserspiegel gegen die gewaltigen Bauwerke des Palastes. Näher an uns war noch eine kleine Brücke, die den Zufluß von der Jadequelle in den See überspannte. Auch sie war aus weißem Marmor, aber sie sah nicht aus wie ein wirkliches Bauwerk, an dem Handwerker gearbeitet hatten, sondern wie der Traum eines Phantasten, der aus einem weißen Zauberstoff gegen alle Gesetze der Schwerkraft und Statik eine bizarre Unwirklichkeit schuf.

Im Norden begrenzte ein Hügel den See. Eine steile Wand, an die strengen Mauern tibetischer Klöster erinnernd, beherrschte ihn. Die strengen Linien dieser Wand waren gemildert durch eine Unzahl kleiner Pavillons und Hallen, graziös und leicht und fröhlich. Die dem See abgewandte Seite des Hügels war ein Urwald uralter Kiefern und ein Labyrinth verfallener Bauwerke. Die Ruinen waren traurig und würdevoll. Sie besaßen nicht die leichte Fröhlichkeit Chinas, man fühlte aus ihnen den eifrigen Fanatismus tibetischer Mönche und die weite, majestätische Ruhe ihres Landes.

Wir sahen lange Zeit ohne zu sprechen auf den See, auf den Palast, auf die fruchtbare Ebene und die Stadt. Ailing sagte plötzlich: „Vergib mir, Darling", und ihre Augen waren feucht. Sie versuchte zu lächeln und zwei große Tränen liefen über ihre Wangen. „Ich liebe mein Land schrecklich", sagte sie. Und dann: „Was haben wir zu essen mit? Ich bin hungrig, als hätte ich seit Wochen nichts gegessen. Du bist ein schlechter Ernährer." Aber ihre Augen waren noch feucht und sie schluckte verräterisch.

Nachdem wir gegessen hatten, lagen wir wieder im Gras. Ailing hatte ihren Kopf auf meiner Schulter und ihr Haar wehte mir über das Gesicht und ich sah den Himmel durch einen schwarzen Vorhang.

„Wir haben eine gute Zeit zusammen, nicht wahr?" sagte sie.

„Stell dir vor, ich hätte damals in Shanghai nicht gewagt, dich anzusprechen!"

„Dann wären wir jetzt nicht hier. Wie scheußlich, an einem so schönen Tag in der Stadt zu sein."

„Und ich hätte noch viele Illusionen über dich und würde nachts von dir träumen."

„So träumen wir zusammen."

„Für mich ist es viel mehr. Es ist das richtige Leben."

„Ja?" fragte sie. Und dann: „Hast du jemals in Erwägung gezogen, mich zu heiraten?"

„Hast du?"

„Ja, früher, als ich dich noch liebte."

„Was ist es jetzt? Freundschaft oder nur Gewöhnung?"

„Nein, du hast mich nicht verstanden. Nach unserem ersten Abend, als Christiansen kam und seine Theorien predigte, und als dann nichts war als dein kleines Haus, damals habe ich manchmal gewünscht, du würdest mich heiraten. Aber stell dir vor, wie schrecklich das wäre. Du müßtest dann arbeiten und jeden Morgen um sieben aus dem Bett und ich müßte dir Tee kochen und wir würden nur sonntags hier herauskommen, wenn die Berge voll von Ausflüglern sind."

„Nach dem ersten Abend warst du nicht so vernünftig?"

„Nein, damals hatte ich nur Angst, daß eines Tages eine Zeit kommen wird, wo wir getrennt sind. Wenn du wüßtest, wie viele und komplizierte Lügen ich erfunden habe, um mit dir leben zu können. Meine Familie ist sehr konservativ."

„Sollen wir auch konservativ sein? Selbst Christiansen leugnet die Vorteile einer Ehe — zumindest einer chinesischen Ehe — nicht ab."

„Christiansen ist ein alter Säufer. Und ich kann wirklich kein gutes Frühstück kochen."

„Zum Teufel mit deinem Frühstück."

„Du sprichst, als müßtest du es schon essen. Aber ich will versuchen, es dir zu erklären. Du weißt, du warst nicht der erste. Ich hatte Freunde vor dir, Chinesen und Fremde und auch einen Japaner. Macht dir der Japaner was aus?"

„Nein", sagte ich, „erzähl mir nur die Einzelheiten deines Lebens."

„Ärgere dich nicht, gleich kommt etwas Nettes. Ich hatte diese Affären, aber sie bedeuteten nicht viel. Und dann kam die Nacht am Kohlenhügel. Darling, ich liebte dich. Als ich aufwachte, war ich in Panik: wie kann ich jemals wieder allein sein, wie kann ich jemals wieder schlafen, ohne dich neben mir zu fühlen? Du hast wie verzaubert die Kamele angestarrt, und ich dachte: wie kann ich leben, wenn er fortgeht."

Ich wollte sie unterbrechen, aber sie legte ihren Finger auf meinen Mund und sagte: „Natürlich wirst du eines Tages fortgehen. Ich liebte dich, mein ganzes Leben vorher hatte ich nicht so viel gefühlt wie jetzt an einem Tag. Und ich hatte Angst, weil mein Leben so verändert war. Du wirst das vielleicht nicht verstehen: ich war wie in einer tiefen Grube gefangen, ich wollte heraus, aber je mehr ich mich bemühte, desto tiefer wurde die Grube. Und dann plötzlich — ich weiß nicht, wann es zum erstenmal war — merkte ich, daß es neben dir auch noch andere Dinge gibt, die das Leben voll machen. Mein Gott, ich habe niemals geweint, nicht einmal, als sie meinen Lieblingsbruder erschossen, und heute hatte ich Tränen, weil ich China so stark fühlte. Hier bin ich zu Hause, und diese Paläste haben wir gebaut, ich bin sehr stolz darauf. Und dort hinten in der Stadt gibt es Korruption und im ganzen Land Bürgerkrieg. Es ist zum Schämen. Aber ich liebe China, hier gehöre ich her."

Sie hatte sich aufgesetzt und ihre Augen blitzten.

„Vergib mir, ich spreche wie ein Politiker, der gerade eine Wagenladung Munition an die Japaner verkauft hat. Ich wollte nur sagen: das Leben ist so voll von liebenswerten, schönen Dingen, und ich habe erst jetzt gelernt, sie zu lieben. Eines Tages wirst du fortgehen, aber ich werde nicht sehr unglücklich sein. Nicht, weil ich dich nicht liebe, aber weil ich nicht nur dich allein liebe."

„Wenn du das alles so genau weißt, warum hast du mich dann gefragt, ob ich jemals in Erwägung gezogen habe..."

„Du hast keinen Sinn für Dramatik. Wäre es nicht schön, hier einen Heiratsantrag zu bekommen? Ich würde rot werden und sagen, ich müßte es mir noch überlegen und ob du schon mit meinem Papa gesprochen hättest? Der arme Papa. Er würde den Schreck seines Lebens bekommen, wenn ein fremder Teufel mit solch einem Anliegen käme. Du hast mich heute noch nicht geküßt."

„Doch. Du hast es vielleicht in deiner allumfassenden Liebe vergessen."

„Aber das gehörte doch noch zu gestern!" Sie beugte sich über mich und ich konnte die grünen Halme nicht mehr sehen.

Ich mußte lange Zeit geschlafen haben, und als ich die Augen wieder öffnete, war der Himmel voll schwerer, schwarzer Wolken. Der blaue See unter uns war nicht mehr blau, sondern grau und drohend. Es war kühl und der Sturm drückte das Gras zu Boden. Wir versuchten, nach dem nächsten Bauernhaus zu laufen, aber bevor wir noch unsere Sachen beisammen hatten, fielen die ersten großen Tropfen und gleich darauf Hagelkörner. Zuerst waren sie wie Erbsen und stachen angenehm auf der Haut, und wir lachten darüber. Dann aber waren sie so groß wie die Eier von Singvögeln, und der Sturm trieb sie schräg durch die Luft. Sie prallten mit der Zielsicherheit und Wucht gut geschleuderter Steine gegen unsere Körper und trommelten uns gegen den Kopf.

Das Gras war niedergebrochen und mit einer Schicht grauer Eiskristalle überdeckt. Knietiefe Wildbäche gruben sich in die Erde und zogen rotbraune, blutige Streifen durch die Eisfläche.

Wir konnten nicht weiter. Wenn wir aufrecht standen, boten wir den Hagelkörnern eine zu große Zielfläche. Ailing wimmerte wie ein junges Hündchen, aber sie versuchte, tapfer zu lächeln und sogar zu sagen, daß dies ein großer Spaß sei. Sie kam aber damit nicht zu Ende, ein besonders großer Hagel traf sie auf die Stirn und das Blut vermischte sich mit dem Regenwasser und gab ihr ein jämmerliches Aussehen.

So kauerten wir uns nieder, ich zog Hemd und kurze Hose aus, legte sie wie eine Rüstung um Ailings Schultern und Kopf, stülpte meine Schuhe als Helm darüber, und sie kauerte wie ein winziges Häufchen Unglück auf dem Boden. Ich riß Gras aus und stülpte es über meinen Körper. Aber das half nichts, der Hagel fand sein Ziel.

Mit einem Schlag war es still, das Klirren der Körner verstummte, es wanderte über die Hügel nach der Ebene hin, und im Westen war schon ein Stück blauer Himmel sichtbar. Wie ein grauer Vorhang zog das Wetter in die Ebene hinaus. Zuerst erschien der See wieder, schmutzig und grau, aber nach wenigen Minuten blau und strahlend. Die Brücken waren wie frisch gewaschen, und die Dächer des Sommerpalastes schimmerten in allen Farben, als hätten sie einen Regenbogen gefangen. Nur die tibetischen Ruinen blieben düster und mystisch. Jetzt war auch die Stadt schon sichtbar, klarer als zuvor, und alle Farben waren um einige Nuancen heller und frischer.

Die Sonne kam wieder heiß und gut hervor, und wir besahen den Schaden: auf Ailings Stirn eine kleine Rißwunde und unsere Körper wund und schmerzend, als hätte man uns sorgfältig und ausgiebig geschlagen. Aber die Sonne milderte die Schmerzen, unsere Haut dampfte, die Hagelkörner auf dem Boden wurden rasch kleiner und das Gras richtete sich langsam wieder auf. Wir gingen zu einem flachen Felsen, den das Unwetter reingewaschen hatte, und legten unsere Kleider zum Trocknen aus. Warmer Dampf stieg vom Gras und von dem Felsen, und ein Regenbogen griff über die Hügel weit in die Ebene hinaus. Der Felsen war kühl und glatt unter meiner Haut. Ailing saß, die Knie an die Brust gezogen und die Arme darüber verschränkt. Ihr Rücken bildete eine knabenhafte, sanfte Kurve, schmal und erst an den Hüften weiblich. Der Regen hatte die Wellen ihres Haares geglättet, und es hing in nassen Strähnen über die Schultern. Glänzende Wassertropfen fielen daraus hervor und liefen wie silberne Käfer ihren Rücken hinunter. Dann legte sie sich zurück und das Haar war wie ein Polster dunklen, feuchten Mooses unter ihrem Kopf. Ihre Brüste hoben sich in langen Atemzügen, an der Stelle des Halses, wo die Schlagader liegen mußte, vibrierte die Haut ein wenig. Ich hatte gedacht, daß ich jeden Zoll dieses Körpers mit allen seinen Bewegungen und Geheimnissen kannte, aber jetzt schien er mir fremd und fern und ich wagte nicht, ihn zu berühren. Ich wünschte, er würde nicht so fehlerlos und seine Bewegungen nicht so vollkommen sein, denn diese absolute Schönheit tötete meine Wärme. Ich versuchte mich zu überzeugen, daß es dieselbe Ailing war, die so viele Stunden in dem kleinen Haus am Kohlenhügel verbracht hatte. Aber es gelang mir nicht.

Dann sahen wir eine Schafherde kommen und Ailing sagte: „Wir ziehen uns besser an, sonst verliere ich Gesicht."

Und ich sagte: „So würdest du mehr als dein Gesicht verlieren."

Sie lachte: „Papa würde sofort einen Familienrat einberufen, wenn er hört, daß ich nackt auf Felsen herumliege."

Als die Schafe kamen, waren wir schon angezogen, und es gab nichts mehr zu sehen, aber sie blieben trotzdem stehen und starrten uns fragend und gutmütig an. Sie brachten den Geruch feuchter Wolle mit sich, und der alte Hirte, der sich neben uns auf den Felsen setzte, roch nicht nur nach Wolle. Aber er war ein freundlicher, redseliger Mann und sprach wie alle Hirten nur von seiner Herde und dem Wetter. So erfuhren wir, daß er hundertzwanzig Schafe betreute und daß er sich nur an ein Unwetter mit solch großen Hagelkörnern erinnern könne, das war zwei Jahre nach der Geburt Pu Yis, des letzten Mandschukaisers. „Und wo ist der Kaiser jetzt?"

Ich sagte, er sei irgendwo in Rußland.

„Hoffentlich bringt er den Feldzug glücklich zu Ende, und die Steuern werden dann niedriger."

Wir sagten, wir hofften das auch, und gingen nach dem Bauernhaus unsere Fahrräder holen.

Ich sah Ailing nicht regelmäßig. Manchmal lebte sie eine Woche mit mir, und wenn das Wetter nicht gut war, gingen wir überhaupt nicht aus dem Haus. Ich lernte das Tor von außen versperren und dann über die Mauer klettern, so daß jeder Besucher auf den ersten Blick sehen konnte, daß niemand zu Hause war. Es waren gute Zeiten. Dann wieder tauchte sie für lange Tage nicht auf, ich wußte nie genau, wo sie war und warum sie nicht kommen konnte. Sie hatte eine große Familie, und ihr Vater war ein angesehener Staatsmann der alten Schule. Ich sah ihn einmal bei einem Empfang, ein großer, würdiger Herr mit liebenswürdigem, aber strengem Gesicht, der niemals europäische Kleidung trug und, obwohl er Gedichte von Emerson und Gide ins Chinesische übersetzte, mit fremden Diplomaten nur Chinesisch sprach. Er hatte den Ruf, absolut unbestechlich zu sein, und fuhr in einer altmodischen Rikscha statt in amerikanischen Autos wie seine Kollegen. Ich verstand nicht, wie Ailing es zuwege brachte, so oft bei mir zu sein.

Sie erzählte mir wenig von ihrem Familienleben. Wenn sie von mir wegging, konnte ich mir nicht vorstellen, was sie machte. Ich wußte nicht, wie ihr Haus aussah. Ich wußte nicht, worüber sie mit ihren Eltern und Geschwistern sprach. Es war ein anderes Leben, von dem ich ausgeschlossen war. Ich litt darunter.

Während einer der Zeiten, die sie bei mir lebte, mußte sie jeden Nachmittag auf einige Stunden außer Haus gehen. Sie sagte, es sei eine Familienangelegenheit, und ich hatte mich daran gewöhnt, sie nicht viel über ihr chinesisches Leben zu fragen. Vielleicht liebte ich sogar diese Art unseres Zusammenseins: es hatte nichts Sicheres, es wurde von einem Treffen zum anderen neu geschaffen. Wenn wir zusammen waren, glaubte ich, sie könne ohne mich nicht leben, wenn sie aber in ihrem chinesischen Kreis verschwand, war ich nicht sicher, ob sie überhaupt je an mich dachte. Zu dieser Zeit also, als sie ihre nachmittägigen Besorgungen für die Familie erledigte, merkte ich nichts Besonderes an ihr.

Später las ich in der Zeitung, daß ihr Vater verhaftet worden war — aus irgend welchen politischen Gründen — und vielleicht ein Todesurteil zu erwarten hatte.

„Warum hast du mir nichts erzählt?"

„Ich wollte darüber nicht sprechen."

„Vielleicht hätte ich helfen können."

„Nein, du hast nicht die nötigen Beziehungen und auch nicht das nötige Geld."

„Haben sie dich zu Hause nicht gebraucht?"

„Nein. Ich ging jeden Nachmittag ins Gefängnis ihn besuchen. Ich tat alles, was möglich war."

„Wenn ich gewußt hätte..."

„Darling, es war nicht nötig, daß du es weißt. Ich war unglücklich und traurig, und so kam ich natürlich zu dir."

Dann kam eine Zeit, wo ich Ailing selten sah. Sie war viel unterwegs, in Tientsin, Nanking und Shanghai, meist in Familienangelegenheiten, über deren Einzelheiten ich wenig erfuhr. Aber ich nahm an, daß sie mit ihrem Vater zu tun hatten. Manchmal war sie mehrere Wochen außerhalb Pekings, und ich hörte nichts von ihr, dann bekam ich ein Telegramm: „Ankomme Mittwoch 6 Uhr bringe Krebse." Und Mittwoch abends würde sie vom Flugplatz, noch elegant wie eine junge Dame aus Shanghai, am Kohlenhügel auftauchen und zwei Pfund einer besonderen Krebsart mitbringen, die es nur bei Shanghai gab. Sie liebte zu kochen, aber noch mehr zu essen. Sie erzählte wenig von ihrer Mission in der Hauptstadt, es war meist so, als ob sie gar nicht weggewesen wäre. Nach einigen Tagen würde sie ihren leichten Flugkoffer wieder packen und sagen: „So, jetzt muß ich zur Familie, sonst merken sie, daß ich zwischen Shanghai und Peking verschollen bin." Und ich blieb wieder allein mit meinen eigenen Sorgen.

Ich hatte genug davon. Mein Geld war zu Ende. Ich hatte zwar die Miete noch für einen Monat vorausbezahlt, aber ich mußte oft hungern. Ich hätte Arbeit finden können. Sie war schlecht bezahlt und ich hätte mich für längere Zeit binden müssen. Aber ich wollte aus Peking fort. Sein Zauber hatte mich träge und zufrieden gemacht, und ich war ärgerlich darüber. Manchmal sagte ich mir: noch eine Woche mit Ailing, und dann fort. War die Woche aber vorbei, konnte ich den Gedanken nicht ertragen, daß ich niemals mehr ihre Stimme hören würde, die so überraschend von einem alltäglichen Thema zum persönlichsten umschwenkte, oder sehen würde, wie sie unter dem Schauer stand und das Wasser ihren Körper mit einem fließenden Vorhang verhüllte.

Eines Tages lud mich ein Herr Wu zum Essen ein. Dort traf

ich einen seiner Verwandten, der gerade aus dem Innern kam. Wir sprachen über dieses und jenes, er fragte mich, ob ich Brücken bauen und Straßen anlegen könne, und ich sagte: ja, ich könne brauchbare Brücken und gute Straßen bauen. So gab er mir eine Empfehlung an seinen Freund Lo, der die rechte Hand des Gouverneurs von Wuhsien war, und sagte, ich würde dort sofort interessante und gutbezahlte Arbeit bekommen. Ich war froh und wußte, daß ich diese Gelegenheit ausnützen würde. Meine Miete lief in einer Woche ab.

Am nächsten Morgen kam eines der üblichen Telegramme Ailings: „Wochenende Kohlenhügel vorbereite Festlichkeit Sekt aus Nanking." Nanking war ein guter Platz, um Sekt zu bekommen, wenn man Beziehungen zu den Diplomaten hatte. Ich verkaufte eine Ming-Elfenbeinfigur — ein kleines Männchen mit vergnügtem Gesicht — an einen Amerikaner und ging auf den Markt. Ein Russe gab mir ein Pfund Kaviar und ich füllte die Vasen mit Blumen.

Als ich ihr das Tor öffnete, dachte ich: Gott verdamme Wuhsien und seine Brücken! Sie trug einen hellen Mantel und darunter einen dunkelroten Ishang, und ich konnte an ihrem Gesicht sehen, daß sie sehr glücklich war. Der Rikschakuli brachte ihren Koffer und ich schloß das Tor. Sie deutete auf den Koffer und sagte: „Drei Flaschen Piper Heidsik. Der panamanische Botschafter ist ein alter Darling." Ich sagte: „Gott segne Panama." Und sie: „Ich habe dich schrecklich vermißt."

Sie zog nicht wie gewöhnlich ihre langen Hosen und den alten Pullover an, sondern blieb in der festlichen Kleidung der Hauptstadt, wo mittelamerikanische Botschafter junge Damen verwöhnen. Ich hatte ein gutes Essen gekocht und elfenbeinerne Eßstäbchen bereitgestellt. Es war schön, sie essen zu sehen. Sie hielt die Eßstäbchen mit einer unnachahmbaren Eleganz, ihre langen Finger waren von derselben Farbe wie das Elfenbein, die schmalen Nägel blutrot. Und wieder dachte ich: mein Gott, wie kann ich jemals nach Wuhsien gehen!

Schließlich tranken wir den Sekt.

„Du bist der Hausherr, du mußt den Toast sprechen."

„Aber du hast die Feierlichkeit angekündigt, du weißt über den Grund besser Bescheid."

„Richtig. Also." Sie runzelte ihre Stirn nachdenklich und hielt ihr Glas abwartend in der Luft. Ihre Augen wurden feucht. Sie hob ihr Glas und sagte: „Für meinen Vater."

Wir stießen an und tranken. Sie warf ihr Glas zu Boden und kam zu mir herüber: „Darling, ich habe ihn freibekommen. Du kannst dir nicht vorstellen, wie schwierig das war. Alle sagten, es wäre ausgeschlossen und man würde ihn nächsten Monat erschießen. Aber er ist schon frei. Darling, ich bin so glücklich."

Es war eine lange Geschichte, in der fünfzigtausend amerikanische Dollar und der Einfluß des panamanischen Botschafters eine bedeutende Rolle gespielt hatten. Ich hatte sie niemals so strahlend gesehen. Wir tranken den Sekt und aßen auch von dem Kaviar, den wir fürs Frühstück aufheben wollten.

Sie sagte: „Heute dürfen wir nicht eine Minute schlafen. Jetzt gehen wir in die Verbotene Stadt."

Es war spätnachts und das große Tor in die Verbotene Stadt war verschlossen. Ein alter, unfreundlich verschlafener Wächter wollte uns wegjagen. Aber Ailing sagte: „Bitte, Alter Herr, schicken Sie uns nicht weg. Es ist sehr wichtig, daß dieser Ausländer den Palast bei Nacht sieht. Er lebt schon viele Jahre in China und will hier für ständig bleiben. Ich habe versprochen, ihm etwas zu zeigen, was er nie vergessen wird: den Palast bei Nacht. Mein Großvater, der unter der Kaiserin gearbeitet hat, hat mir oft erzählt, wie schön das sei. Bitte, Alter Herr, bitte."

Der Alte Herr des Tores murmelte Proteste, und ich steckte einige Geldscheine in seine abwehrend zugreifende Hand, und er öffnete das schwere Tor einen schmalen Spalt. Dann schloß es sich hinter uns.

Die Mauer hinter dem Tor war so breit, daß wir durch sie wie durch einen Tunnel gingen, an dessen Ende wir einen Ausschnitt des menschenleeren, hellen Hofes sahen. Dann war der dunkle Tunnel, in dem unsere Schritte dumpf widerhallten, zu Ende und der klare Sternenhimmel wölbte sich über uns. Ich hatte den Hof oft bei Sonnenschein gesehen und auch einige Male, als er unter Schnee lag. Jetzt in der Nacht schien er um vieles größer. Die Mauern, die ihn einschlossen, waren nur dunkle Schatten, die ohne Trennung in den nächtlichen Himmel übergingen. Vor uns war ein zweites ebenso gewaltiges Tor. Die klaren, strengen Linien seiner Silhouette waren gegen den Himmel sichtbar. Tiefe Stille umhüllte uns und den Palast.

Wir saßen auf einer Steinbalustrade. Sie gab mir ihre Hand und sagte: „Bitte nicht sprechen. Höre."

„Höre was?"

„Höre auf dich selbst."

Ich hörte: Glaubst du, daß es eine zweite Stadt wie Peking gibt? Glaubst du wirklich, daß du noch irgendwo anders glücklich sein kannst? Denke an nichts jetzt, fühle nur und sei ehrlich: kannst du mehr vom Leben erwarten?

Ich hörte: Du wirst niemals dazugehören. Du wirst immer ein Außenseiter bleiben. Du mußt weiter, bevor Peking zum Alltag wird. Du kannst nicht in ein paar Jahren lernen, was die Chinesen in ein paar Jahrtausenden gelebt haben. Warte nicht, bis du aus deinem Traum aufwachst.

Dann sagte Ailing: „Ich glaube, wir haben noch etwas Sekt zu Hause."

Der Torhüter murmelte: auf Wiedersehen, wir sollten bei Vollmond wiederkommen, und wir sagten: vielen Dank, wir würden das tun.

Dann hörten wir den gleichmäßigen, hohen Klang eines Gongs auf uns zukommen. Ein hagerer, alter Mann ging langsam die Straße entlang. Er tastete sich mit einem langen Stock längs der Mauer und schlug mit der anderen Hand auf einen kleinen, runden Gong. Es war ein Wahrsager, der seine nächtliche Runde machte.

Ailing sagte: „Wollen Sie, bitte, mit uns kommen? Wir wohnen gleich hier an der Ecke. Wir würden Sie gerne einladen, ein Glas Wein mit uns zu trinken und einige Fischeier zu essen.“

Der Wahrsager sagte: „Sie sind sehr freundlich, vielen Dank. Ich komme mit.“

Er schlug jetzt nicht mehr auf seinen Gong und ging langsam neben uns durch die menschenleere Straße. Wir sprachen nicht.

Wir führten ihn zu dem tiefen Klubsessel und er ließ sich genießerisch darin zurückgleiten und tastete mit der Hand anerkennend über den abgewetzten Stoff: „Ihr habt ein feines Haus. Ihr seid sehr reich.“

Ich wehrte bescheiden ab und füllte sein Glas. Wir tranken „kan pei“ — „trockenes Glas“ — und er sagte, er hätte noch niemals „Gaswein“ getrunken, aber schon oft davon gehört. Es sei ein wohlschmeckendes Erzeugnis. Den Kaviar fand er weniger geschmackvoll, äußerte sich aber trotzdem anerkennend darüber.

Er hatte ein sehr langes Gesicht mit einer großen Hakennase. Seine Augen waren weiß und tot, aber weit geöffnet. Er blickte mich groß und starr an, wenn er mit mir sprach.

Er trank ein zweites Glas und fragte dann höflich, ob er uns jetzt wahrsagen dürfe. Er müsse noch eine alte Kundin in der Nordstadt besuchen und dürfe nicht zu spät kommen. Ailing fragte ihn, wie er wahrsage. Er sagte, es gäbe verschiedene Methoden, am besten sei das Pulsabhören. Ailing gab ihm ihre Hand und seine klauenartigen, langen Finger legten sich über ihr Gelenk. Sein Kopf war schräg gesenkt, als höre er auf ein fernes Geräusch. Lange Zeit horchte er so und wir wagten die Stille nicht zu unterbrechen. Dann erklärte er in den verschnörkelten Phrasen der Wahrsager: „Ein hohes Alter, ein sehr geachtetes Alter — viele Söhne und Enkelkinder — ein schönes Haus — aber vorher noch viel Unglück — eine weite Reise über das Meer — und immer Zufriedenheit.“

Wir dankten ihm und fragten, was wir ihm schuldeten. Er sagte, er würde kein Geld von uns annehmen, wir seien seine Freunde, und wenn es recht sei, würde er manchmal auf einen Sprung hereinkommen, um mit uns zu plaudern. Ich sagte, das wäre sehr nett, aber ich schliefe meist schon um diese Zeit und er müßte sehen, ob ich noch Licht hätte. Er erinnerte mich, daß er blind war, aber er könne vor dem Haus warten, bis jemand vorüberkäme, und ihn dann fragen.

Ich brachte ihn vor das Haus, und er tastete sich eilig, den Gong im Rhythmus seiner Schritte schlagend, zu der Kundin in der Nordstadt. Er verschwand in der dunklen Straße, die zum Glockenturm führt, aber sein Gong war noch lange zu hören, zum Schluß nur ein zartes, metallenes Aufschluchzen, das in der nächtlichen Stille versank. Für kurze Zeit herrschte lautlose Ruhe, dann tönte aus dem Wassergraben, der schützend um die Verbotene Stadt herumführt, das suchende Kuuuaaaa eines Frosches, weit entfernt antwortete ein anderer und sie führten ein kurzes Zwiegespräch und verfielen wieder in Schweigen.

Ich ging ins Haus zurück, und Ailing hatte die Gläser frisch gefüllt und sagte: „Jetzt ist die Reihe an dir — dein Toast."

Und ich sagte rasch, bevor ich es mir überlegen konnte: „Zur Erinnerung an unser Haus und daß wir uns bald wiedersehen!"

Ich sah sie nicht an und wir schwiegen beide. Schließlich fragte sie: „Du verreist?"

„Ja", sagte ich, „nach Wuhsien, Brücken und Straßen bauen."

„Wie wunderbar sich das trifft. Ich fahre mit meinem Vater nach Amerika. Er ist eingeladen, dort an einer Universität Vorträge zu halten."

„Bald?"

„In ein paar Tagen nach Shanghai. Hast du übrigens eine Einführung an den Gouverneur? Ich könnte dir einen Brief mitgeben."

„Bitte, gib mir keine Briefe mehr."

„Es ist bald Morgen. Wir haben noch einige Stunden."

Die Morgendämmerung war noch nicht gekommen, aber an den Geräuschen der Straße konnte ich erkennen, daß die Nacht zu Ende ging. Kaufleute und Kulis, die ihre Arbeit früh beginnen und einen weiten Weg zurückzulegen haben, gingen schlürfend und eilig vorbei, ich hörte ihr Lachen und lautes Reden.

Ailing lag neben mir, und es war dunkel im Zimmer, so daß ich nicht erkennen konnte, ob sie schlief. Wieder fühlte ich ihr Haar an meinem Gesicht und ihre Wange auf meiner Schulter. Ich dachte: ich muß ihr sagen, wieviel sie mir bedeutet, daß ich zu ihr zurückkommen werde, daß ich sie liebe. Dann fühlte ich, wie ihr Körper zitterte und meine Schulter naß wurde. Aber wir sprachen noch immer nicht und lagen still.

Dann sagte sie: „Ich habe damals gehofft, du würdest mich fragen."

„Damals? In den Westbergen?"

„Ja, bevor der große Hagel kam."

„Aber du sagtest, du seist jetzt endlich aus der tiefen Grube heraus!"

„Darling, du sollst nicht immer glauben, was ich sage."

„Du fährst jetzt nach Amerika?"

„Wahrscheinlich. Laß uns nicht mehr sprechen."

Als es Tag wurde, packte ich mein Bündel, und Ailing wurde wieder zur eleganten jungen Dame, die eben aus der Hauptstadt kam. Sie band sich ein rotes Kopftuch um, die dunklen Wellen des Haares drangen daraus hervor, und das Gesicht war eine bleiche Maske mit riesigen Augen und einem blutroten Mund.

„Ich hasse leere Zimmer und abfahrende Züge. Ich werde jetzt gehen."

„Ja, das ist vielleicht besser."

„Auf Wiedersehen, Darling."

„Auf Wiedersehen, Ailing."

Wir gingen hinaus, die Luft war frisch und klar, und einige Blüten auf den Obstbäumen waren aufgesprungen und schimmerten weiß gegen das rissige Grau der alten Stämme. Ein Rikschakuli lief heran, als er uns sah, und Ailing gab ihm ihre Adresse. Er fragte, ob wir eine zweite Rikscha brauchten, und wir schüttelten den Kopf.

Für eine Sekunde spürte ich Ailings Hand in der meinen, dann trabte der Kuli los auf der langen Straße, die zwischen den beiden Mauern führt. Es waren schon viele Rikschas unterwegs, aber ich konnte noch lange Zeit das rote Kopftuch erkennen. Es war leuchtend rot und hob sich scharf vom milden Rot der Mauern ab.

Dann versperrte ich das Haus. Es war Zeit, zum Bahnhof zu fahren.

XVII.

Der Zug war nicht voll besetzt und ich fand zwischen einigen Soldaten noch einen Platz. Sie fuhren zurück nach einer der mongolischen Fronten des Bürgerkriegs und machten verdrießliche Gesichter. Alle hatten große Thermosflaschen, die anscheinend die letzte Mode im Heer geworden waren, große, grell bemalte Dinger, die sie wie Babys sorgsam in den Armen hielten und alle paar Minuten öffneten, und immer von neuem staunten, daß der Tee noch heiß war. Der Mann neben mir hatte auf seiner Flasche mit großen gelben Buchstaben „Golden Dragon" gemalt, und ich mußte ihm die europäischen Schriftzeichen vorlesen. Er wiederholte voll Bewunderung „Go-dan Dla-gan" und erklärte seinen Freunden, wie sie es auszusprechen hätten. Sie alle sagten im Chor „Go-dan Dla-gan" und lachten gutmütig über die Häßlichkeit der westlichen Sprache.

Zuerst fuhren wir die Außenseite der Stadtmauer entlang. Die Mauer war grau und die Felder waren grau, nur vereinzelt unterbrachen grüne Rechtecke von Wintergetreide die Monotonie. Ich sah die Berge, auf denen uns vor fast einem Jahr der Hagel überrascht hatte, und erinnerte mich, wie saftig und grün die Ebene damals gewesen war. Nur die Obstbäume blühten schon und sahen aus wie kleine Wolken eines dichten Schneegestöbers.

Bei Nankau sahen wir die Große Mauer, die sich wie ein gewaltiger Drache über die Bergkämme wälzt. Einige Ausflügler aus Peking stiegen aus, um hier ihr Picknick zu essen und sich gegenseitig vor der Mauer zu photographieren. Durch felsige Täler ging es steil aufwärts, und bald hatten wir den Pekinger Frühling mit seinen blühenden Obstbäumen hinter uns gelassen und die letzten grauen Tage des mongolischen Winters erreicht.

Ein General stieg ein und die Soldaten wurden aus dem Abteil geworfen. Er schien zu überlegen, ob er auch mich hinausbefördern sollte, begann aber dann ein Gespräch mit mir und erzählte viel von seinen kriegerischen Taten, bereits vollbrachten und noch zu bestehenden: wie er mit seinem Kommandanten Fu Tso-yi bald Frieden schaffen werde und dann nach A-mei-li-tsha gehen würde, nach dem Distrikt Ka-li-fonja, wo es sehr viele hübsche Mädchen gäbe. Ich wünschte ihm, daß er bald reisen möge, und er streckte sich auf seiner Bank lang aus und schlief. Vor der Abteiltür stand seine Leibwache mit gezogenem Revolver.

Um die Telegraphenstangen, die der Bahnlinie folgten, lagen die Scherben der zerschlagenen Isolatoren wie feiner weißer Schnee, und in den Flußtälern, die wir auf Notbrücken übersetzten, türmten sich zerschlagene Waggons und Lokomotiven zu wilden Monumenten der Zerstörung.

Nach zwei Tagen erreichten wir Paotow, wo die Bahn endet. Eine kleine Stadt mit zwei asphaltierten Hauptstraßen und vielen Höfen, in denen sich die Felle und Häute der Mongolei zu Bergen des Reichtums häuften.

Ich ging in eine Herberge und bekam ein schmutziges Zimmer. Noch hatte ich mich nicht fertig gewaschen, schon war ein Polizist da, der meine Reiseerlaubnis genau studierte und vieles wissen wollte.

„Hast du Chinesen gerne?"

„Ja."

„Hast du Freunde in Paotow?"

„Nein."

„Wie oft warst du schon hier?"

„Zum erstenmal."

„Wie lange wirst du hier bleiben?"

„Bis das nächste Auto nach Wuhsien fährt."

„Hast du Freunde in Wuhsien?"

„Ja, der Gouverneur ist mein guter Freund. Er hat mich eingeladen zu kommen."

„Gouverneur Ma?"

„Gouverneur Ma."

„Du mußt ein bedeutender Mann sein."

„Sonst hätte mich der Gouverneur nicht eingeladen."

„Das ist so. Kann ich etwas für Sie tun?"

„Ja, laß mich allein und schick mir etwas zu essen."

Wir schüttelten uns freundlich die Hände und machten einige Verbeugungen. Der Wirt, der vor der Tür unserer Unterhaltung zugehört hatte, fragte nach meinen Wünschen und bat mich, in ein besseres Zimmer zu übersiedeln.

Ich ging und kaufte eine Karte nach Wuhsien. Die Garage war in dem früheren Shinto-Schrein der Japaner, und die alten, brüchigen Lastwagen paßten schlecht zu der graziösen Linie des Torbogens. Am nächsten Morgen um acht sollte ich zur Stelle sein.

Etwa fünfzig Passagiere waren um ein altertümliches Lastauto, unter dessen Motor zwei Mechaniker schwitzend beschäftigt waren, versammelt und warteten. Berge von Gepäck standen bereit. Ich legte mein Bündel hin und wartete auch.

Um halb zehn gab es eine Bewegung unter den Passagieren, und sie begannen, ihr Gepäck auf den Wagen zu werfen und mit überraschender Behendigkeit hinterher zu klettern. Nach einigen Auseinandersetzungen hatten alle Platz gefunden.

Dann kamen zwei Polizisten und verlangten die Karten und Ausweise zu sehen. Wir kletterten wieder vom Wagen herunter und zeigten unsere Papiere. Ein neuer Kampf um die Plätze wurde ausgefochten.

Jetzt kam ein dritter Polizist. Er mußte einen höheren Rang haben, denn die beiden anderen salutierten vor ihm. Der Manager der Garage brachte ihnen Tee und plauderte mit ihnen. Sie zündeten sich Zigaretten an und tranken und plauderten. Wir saßen oben auf dem Wagen und warteten. So verging einige Zeit. Dann hieß es: Shia lai, shia lai — kommt herunter, kommt herunter. Auch das Gepäck mußte abgeladen werden und wurde untersucht. Danach konnten wir es wieder verladen.

Als Einzelgänger war ich bei all diesen Operationen ziemlich im Nachteil. Es war nicht einfach, mein Bündel ohne Hilfe auf den hohen Wagen zu werfen und einen guten Platz zu bekommen. Ich war beide Male weit hinten gelandet, wo es am ärgsten staubt und arg schüttelt.

Ich sah mich nach möglichen Freunden um. Da waren fünf Lamas, die dank ihrer Zahl und klugen, manchmal gewaltsamen Taktik immer die besten Plätze eroberten. Der würdevollste von ihnen trug auf der Brust ein schweres, klobiges Amulett mit einem silbernen Buddha darin. Ich ging zu ihm und sagte:

„Lama, ich fürchte, daß dein Buddha Schaden leidet, wenn du dir einen Platz suchst. Ich werde ihn halten und ihn dir dann hinaufreichen. Du kannst mir oben einen Platz belegen."

Er sah mich an und fragte: „Willst du dem Buddha dienen oder mir helfen?"

Ich sagte: „Das läßt sich nicht trennen. Wenn ich dem Buddha diene, so helfe ich dir, da auch du ihm dienst. Und wenn ich dir helfe, so diene ich dem Buddha."

Er sagte: „Du bist sehr höflich. Wir werden einen guten Platz für dich bereithalten."

Tatsächlich kam ich neben dem Lama vorne im Wagen an der Außenseite zu sitzen, so daß ich meine Beine über den Wagenrand herunterhängen lassen konnte. Ich wußte damals noch nicht, wie wichtig es ist, am ersten Tag der Reise einen guten Platz zu bekommen. So wild und rücksichtslos da auch gekämpft wird, hat man erst einmal seinen Platz, so behält man ihn während der ganzen Fahrt nach einem stillschweigenden Übereinkommen. Manchmal versucht zwar jemand, sich darüber hinwegzusetzen, aber die Mehrzahl der Fahrgäste stellt sich gegen ihn, und er kehrt beschämt auf seinen alten Platz zurück.

Es war zwölf Uhr und wir fuhren los. Zuerst über die asphaltierte Hauptstraße, dann an einem Marktplatz vorbei, der so dicht voll Menschen war, daß ich nicht erkennen konnte, was verkauft wurde. Dann kamen wir in die Gassen der Tischler und Sargmacher. Sie hatten ihre Ware vor den Geschäften auf der Straße stehen, grobe, ungefüge Möbel, ohne die strengen Linien und den matten Glanz chinesischer Erzeugnisse, und wuchtige Holzsärge, ohne kunstvolle Schnitzereien und Bemalung. Aber die Menschen aus der baumlosen Steppe umdrängten die wunderbaren Holzgegenstände, und ihre Finger glitten voll Genuß darüber hinweg. Da stand ein Sarg, größer als irgendein Sarg, den ich gesehen hatte, so groß, daß eine Familie darin Platz finden konnte. Sicherlich war er auf Bestellung gemacht für einen reichen Mann der Steppe, und die Menge staute sich neidvoll vor diesem Wunder.

Am Stadttor wurden wir nochmals aufgehalten. Aber es war Mittag und die Soldaten aßen gerade. So konnten wir nach wenigen Minuten weiterfahren.

„Wohin fährst du, Lama?“ fragte ich den Mann mit der Buddha-Statue.

„Nach Lhasa.“

„Um dort zu beten?“

„Um zu beten und zu studieren.“

„Eine weite Reise.“

„Nicht so weit.“

„Deine Freunde, die anderen Lamas, auch sie reisen nach Lhasa?“

„Nein, sie gehen nach Kumbum, wo sie zu Hause sind.“

„Warst du schon in Lhasa?“

„Vor vielen, vielen Jahren. Und wohin reist du?“

„Nach Wuhsien.“

„Geschäfte machen?“

„Arbeiten, Geld verdienen.“

„Du siehst reich aus und glücklich.“

„Ich bin sehr arm, sonst würde ich nicht Arbeit suchen.“

„Aber du bist glücklich.“

„Oft, aber nicht immer.“

„Wir alle sind nur manchmal glücklich. Der Weg zum Glück ist sehr schmal.“

„Das ist so, Lama. Vielleicht gibt es verschiedene Wege zum Glück. Vielleicht gehen wir auf anderen Wegen und dein Glück ist nicht mein Glück.“

„Alle Wege führen in dieselbe Richtung und es gibt nur ein wahres Glück.“

Er war ein kleiner, schmächtiger Mann. Seine Füße steckten in derben Filzstiefeln, über die seine rotbraune Mönchsrobe in schweren Falten fiel. Er hatte ein gutmütiges, listiges Gesicht, mit vielen Runzeln und klugen Augen. Unter dem breitrandigen Hut, der an einen aufregenden Wildwestfilm erinnerte, wirkte er wie ein sanfter Professor, der einen Maskenball besucht.

Seine Gefährten waren mehr aus einem Stück. Sie trugen die gleiche Kleidung und Kopfbedeckung, aber ihre derben mongolischen Gesichter paßten dazu. Sie hatten volle, sinnliche Lippen und ein rasches Lächeln, das ihr Gesicht jung und ausgelassen erscheinen ließ. Drei waren jung, kaum mehr als dreißig Jahre. Der vierte war älter und von ihnen verschieden. Sein Gesicht war lang, mit einer vorstehenden Hakennase. Sein struppiges Haar war von blauem Schwarz, aber seine scharfen Augen von einem durchdringenden Blau.

Wir rollten eine Stunde gegen Norden, bis die Berge, die die Ebene einschlossen, dicht und hoch vor uns standen, dann bogen wir nach Westen und die Berge begleiteten uns zur rechten Hand; kahle Berge, ohne Bäume und ohne Gras, nur manchmal eine kleine, weiße Stupa, die das einförmige Grau unterbrach. Zur linken Hand war die Ebene, die in sanften Wellen zum Gelben Fluß abfiel, der weit am Horizont wie ein leuchtendes Silberband im Dunst schwebte. Ein frisch geweißtes Lamakloster hob sich aus der Ebene, und die Gebäude waren trotz ihrer hellen, freundlichen Farbe kalt und abweisend. Zwei Mönche standen unbeweglich und ohne Lächeln, als das Auto an ihnen vorbeifuhr, und für einen Augenblick roch es nach Weihrauch und modrigen Hallen, dann umfing uns wieder die frische Luft der Steppe.

Ich saß an der Kante, ziemlich weit vorne im Wagen. Es war gut, daß ich nicht hinten saß. Die Passagiere spuckten in kurzen Abständen auf die Straße hinunter, und der Fahrtwind trieb das feuchte Gesprüh ihrer Anstrengungen den hinten Sitzenden ins Gesicht. Die verloren darüber kein Wort, und nur, wenn sie sehr naß geworden waren, fuhren sie sich mit der flachen Hand oder einem Taschentuch über das Gesicht und schauten dann voll Neugier, wieviel Feuchtigkeit sie abgewischt hatten. Ich war froh, daß ich vorne saß. Ich hätte mehr Ärger als Neugier gezeigt und die Harmonie der Reisegesellschaft gestört.

Die Gegend war eintönig und es gab nicht viel zu sehen. Langsam wurde ich müde. Der alte Lama neben mir hatte seinen abenteuerlichen Hut abgenommen und schlief auf meiner Schulter. Sein Kopf wurde hin- und hergeschüttelt, fiel aber immer wieder auf mich zurück. So fühlte ich mich für ihn verantwortlich und legte meinen Arm um seine Schulter, damit er nicht herunterfalle. Die anderen Lamas lachten gutmütig dazu. Dann wachte der Alte auf und sagte sehr förmlich:

„Mein Name ist Jen Sang. Wollen Sie heute abend mit uns essen, bitte?"

Ich nannte meinen Namen und sagte, ich würde das mit Vergnügen tun.

Es wurde dunkel, ein blauer Dunst umhüllte die Berge und feuchte Nebelschwaden lagen über der Straße. Wir fuhren an einigen Häusern vorbei. Aus manchen stieg grauer Rauch und breitete sich flach aus, aber durch die Papierfenster schimmerte kein warmes Licht, und die Häuser lagen wie verlassen zwischen der Straße und der Steppe.

Wir hielten in einer kleinen Stadt, und die Fahrgäste stürmten in die Herberge, um einen warmen K'ang und eine Schale Nudeln zu bekommen. Nachdem wir uns einen Schlafplatz gesichert hatten, bat mich Jen Sang, ihn auf seinem Abendspaziergang zu begleiten. In ein blaues Tuch eingeschlagen trug er einen Teetopf, kaum größer als eine Männerfaust, und eine kleine Schale.

Vor einem Haustor kauerte ein alter Mann. Sein langes weißes Haar fiel ihm bis auf die Schultern, und sein Gesicht war ebenmäßig und zufrieden.

„Alter Herr, habt Ihr Wasser?" fragte Jen Sang.

„Ja, Lama", erwiderte der Alte und ging ins Haus.

Jen Sang folgte ihm, roch an dem klaren Wasser, das in einem Tontopf stand, und schüttelte dann den Kopf.

„Es ist sehr gewöhnliches Wasser", sagte er.

„Ja, es ist gewöhnliches Wasser", bestätigte der Alte gleichmütig.

„Auf Wiedersehen, Alter Herr."

„Auf Wiedersehen, Lama."

Und wir gingen weiter ins nächste Haus. Aber überall gab es nur gewöhnliches Wasser. Tatsächlich gab es in der kleinen Stadt nur einen Brunnen mit Trinkwasser. Es war eine sehr kleine Stadt. Jen Sang schüttelte traurig den Kopf: „Seit Peking habe ich nur totes, schweres Wasser getrunken. In Peking kochte ich meinen Tee mit dem Wasser der Jadequelle. Das ist leicht und duftend, fast so wie das von Hangchow. Aber hier!"

Er seufzte tief und öffnete sein kleines Bündel. Er stellte die Teekanne neben die Feuerstelle und füllte sie mit heißem Wasser. Als die Kanne sich auch außen heiß anfühlte, schüttete er das Wasser aus, warf zwei Fingerspitzen grüner Teeblätter in den noch dampfenden Topf und schloß ihn rasch. Dann nahm er kaltes Wasser, brachte es über dem offenen Feuer zum Kochen und goß es, gerade als die ersten Blasen aufstiegen, auf den Tee. Dann preßte er den Deckel mit beiden Händen fest gegen den Topf und bewegte ihn zärtlich schwenkend vor der Brust.

„Andere trinken Wein", sagte er zu mir, „und glauben, es sei ein großer Genuß. Auch ich trank früher, als ich noch sehr jung und unerfahren war. Ich glaubte an die Träume, die der Wein schenkt. Aber wenn man aufwacht, ist die Welt grau und traurig. Nach den Träumen des Tees gibt es kein unfreundliches Erwachen."

Er schenkte sich eine winzige Schale voll und nippte davon. Ein herber, bezaubernder Duft stieg daraus auf. Er füllte auch mir eine Schale. Ich trank davon in kleinen Schlucken. Der Tee schmeckte eigenartig bitter und würzig, und ich fühlte mich glücklich und wäre gerne viele Stunden mit dem Lama auf dem K'ang gekauert und hätte die herbe Flüssigkeit zwischen Gaumen und Zunge zerdrückt und dann brennend heiß die Kehle hinunterfließen lassen. Meine Gedanken waren friedlich und ruhig.

„Teeblätter aus Wuyi", sagte Jen Sang. „Heute finden sie

wenige Liebhaber. Aber die Mongolenkaiser schätzten sie. Die Mingkaiser verwendeten sie nur, um ihre Teetöpfe zu reinigen, und die Mandschu bevorzugten Tee aus Kiangsu. Ich habe alle versucht, keine reichen an die Blätter von Wuyi heran."

Es war Nacht geworden. Die Stadt war still und schweigend, kaum ein Laut unterbrach die nächtliche Ruhe. Von Zeit zu Zeit legte der Bauer Heu und trockene Kräuter auf das Feuer, sein Gesicht und das des Lamas schienen dann für einige Sekunden wild und rötlich auf, verschwammen aber wieder rasch mit dem Grau des Zimmers.

„Und Wasser! Es ist genau so wichtig wie die Blätter. Es muß frisch sein und leicht. Nicht müde und tot wie das Wasser in den Städten, das aus langen Leitungen kommt. Wie können die Menschen in Shanghai glücklich sein, wenn sie es verlernt haben, Tee zu bereiten. Eines führt zum anderen. Chien Lung war ein großer Kaiser und China war unter ihm ein mächtiges Reich. Wenn er über Land reiste, führte er hundert Urnen mit Wasser der Jadequelle mit sich. Heute trinken sie eine Brühe, und wie ist China geworden: ohne Ordnung und ohne Zucht. Ah, Chien Lung hätte dieses Zeug nie getrunken."

Er seufzte und goß die letzten Tropfen der grünlichen Flüssigkeit in seine Schale.

„Er war ein Kaiser und du bist ein Mönch", sagte ich.

Der Bauer, der während unserer Unterhaltung den Mund nicht geöffnet hatte, nickte bedächtig mit dem Kopf.

„Der Kaiser trinkt anderes Wasser als wir Bauern", sagte er.

Wir gingen durch die stille Gasse zu unserer Herberge zurück. Das Auto stand groß und dunkel wie ein Ungetüm aus einer anderen Welt vor uns. Die anderen Lamas warteten auf uns und wir gingen in ein Restaurant. Jen Sang stellte mich vor. Der Blauäugige hieß Yang Samuda und kam aus der Gegend nördlich des Kukunor. Er hatte ein scharfes, markantes Gesicht, lachte aber oft und fröhlich. Wir schüttelten uns die Hand und er hielt die meine sehr lange zwischen seinen beiden und sah mich prüfend und durchdringend an, dann sagte er: „Wir können Freunde sein.“ Und ich sagte, ich sei froh darüber, und wirklich: ich war sehr froh.

Der kleine Lama war Lobsan, ein Mongole aus der Umgebung des Klosters Kumbum. Er hatte das fröhliche Gesicht eines Clowns und war ständig zu Späßen aufgelegt. Auch er schüttelte meine Hand fest. Die anderen zwei Lamas waren schweigsam und höflich. Ich verstand ihre Namen nicht. Wir setzten uns an einen runden Tisch und aßen. Lobsan bestellte eine Flasche heißen Wein, aber Jen Sang und Yang Samuda tranken nicht; so leerten Lobsan, die beiden Schweigsamen und ich die Flasche. Wir tranken aus kleinen Porzellanschalen, die gerade einen Schluck faßten.

Lobsan war früher betrunken als ich. Aber er blieb höflich und freundlich, nur seine Aufforderung, weiterzutrinken, wurde laut und seine Stimme heiser.

„Er trinkt, weil er Heimweh hat“, erklärte Yang Samuda. „In Kumbum trinkt er viel weniger. Manchmal eine Woche überhaupt nichts.“

„Kumbum?“ fragte Lobsan. „Wann sind wir wieder in Kumbum? Was für eine lange Reise! So viele Menschen und so viel Lärm und eine so große Eile. Für die nächsten fünf Jahre bleibe ich in Kumbum.“

„Als er in Kumbum war“, sagte Yang Samuda, „klagte er jeden Tag: wie langweilig, immer dasselbe, ich möchte reisen. So nahm ich ihn mit nach Peking. Wir machten dort Geschäfte für das Kloster. Er ist noch ein rechtes Kind.“

„Nein“, sagte Lobsan, „ich bin kein Kind.“ Er hatte genug getrunken und schlief, den Kopf auf den verschränkten Armen, ein.

Yang Samuda sagte: „Vielleicht besuchst du uns einmal in Kumbum. Wir würden uns sehr freuen.“

Ich sagte: „Ich werde gerne kommen. Sobald ich Geld habe.“

„In Kumbum brauchst du kein Geld. Du bist unser Freund.“

Jen Sang sagte: „Als ich zum letztenmal in Kumbum war, lebten dort nur fünfhundert Mönche. Jetzt sind es dreitausend."

„Wann war das?"

„Vor vielen, vielen Jahren. Ich wurde inzwischen fünfmal wiedergeboren."

„Oh!"

„Damals war Kumbum ein kleines Kloster. Nicht viel größer als das, an dem wir heute vorüberfuhren. Heute ist es so groß wie eine kleine Stadt, nicht wahr, Yang Samuda?"

„Wie ein großes Dorf", sagte Yang Samuda bescheiden.

„Ich kam damals von Lhasa", sagte Jen Sang. „Eine lange Reise, drei Monate über die Yang-Thang. Lhasa war eine schöne, fröhliche Stadt. Aber auch lasterhaft. Selbst der Dalai Lama zeigte mehr Verständnis für hübsche Mädchen als für seine religiösen Übungen. Aber er war ein großer Dichter, der..."

„Wer war ein großer Dichter?"

„Der Dalai Lama. Jeder Hirte sang seine Lieder. Und die Augen der Mädchen leuchteten, wenn sie diese Lieder hörten. Niemand hatte sie so schön besungen. Hört:

Wenn die eine, an die ich mein Herz verlor,
zur Gefährtin meines Lebens würde,
das wäre wie ein kostbares Juwel,
vom Grunde des Meeres geborgen.

Wenn man ein Juwel besitzt,
so erkennt man es nicht als Juwel.
Ist es aber in anderen Händen,
so zerreißt das Herz vor Kummer.

Ah-ya, es war eine verdorbene Zeit, aber eine schöne Zeit."

„Und was geschah mit dem liebesfrohen Dalai Lama?"

„Natürlich hatte er viele Schwierigkeiten. Der chinesische

Kaiser wollte ihn nicht als die richtige Wiedergeburt anerkennen, aber wir blieben ihm treu. Es fehlte ihm zwar der Geist der Erleuchtung, aber er war doch der Dalai Lama. Dann kam ein Abgesandter des Kaisers, ein mongolischer Prinz, und er überredete den Dalai Lama, nach Peking zu kommen. Wir alle fürchteten für seine Sicherheit, er aber kannte keine Furcht. Sie begannen die Reise, und bei Nag-chu-ka ließ der Prinz den Dalai Lama umbringen. Ah-ya, das waren schlimme Zeiten."

„Du hast viel erlebt, Jen Sang."

„Das meiste ist hinter den Nebeln der Vergangenheit verschwunden. Ich sehe es nur unklar und ich erinnere mich an wenig. Aber in Lhasa glaubten wir damals nicht daran, daß unser Dalai Lama tot sei. Und wirklich: bald kam Nachricht, daß er in einer Höhle am Wu-tai-shan lebe. Später ging er in Verkleidung zu den Alashan-Mongolen und lebte dort als Hirte."

„Wußten die Mongolen, wer ihr Hirte war?"

„Nein, die Mongolen wußten das nicht, und als einmal ein paar Schafe von Wölfen gerissen wurden, nannten sie ihn einen dummen Hirten und einen Tölpel. Der Dalai Lama rief daraufhin die Wölfe, und sie kamen, viele hundert an der Zahl, und folgten ihm sanft wie Hunde. Der Dalai Lama sagte zu den Fürsten der Mongolen: ‚Nicht ich habe eure Schafe getötet, sondern diese Wölfe. Regelt die Angelegenheit mit ihnen.' Da merkten die Mongolen natürlich, daß sie es mit einem großen Heiligen zu tun hatten, und sie schämten sich sehr. Seitdem schicken sie jedes Jahr zehntausend Silberstücke als Buße nach Lhasa."

Lobsan wachte auf und sagte: „Ah-ya, es ist spät, ich gehe schlafen."

„Wir gehen auch", sagte Jen Sang. Er bezahlte unsere Zeche und gab ein gutes Trinkgeld. Der Kellner, der uns bedient hatte, schrie mit lautkreischender Stimme die Höhe des Trinkgelds, so daß der Koch und die anderen genau wußten, wieviel sie als ihren Anteil zu erwarten hatten, und als wir auf die Straße hinausgingen, verbeugten sich alle tief und riefen: „Auf Wiedersehen! Auf Wiedersehen!“ Die Lamas besaßen viel Würde und Gesicht.

Die Straße war jetzt völlig menschenleer, und nur durch wenige Papierfenster schimmerte ein gelber Lichtschein. Die meisten Häuser waren dunkle Schatten ohne Leben, aber einige Händler hatten ihren Stand auf der Straße aufgeschlagen und verkauften Schweinefleisch, gebratene Hühner, Eier und Erdnüsse. Ihre jähen Rufe durchschnitten die Nacht wie ein scharfes Messer. Die Öllampen über ihren Waren verbreiteten einen matten Schein, und in kleinen Inseln eines sanften Lichts schwebten die Händler in dem dunklen See der Nacht.

Vor der Herberge saß der Fahrer des Wagens mit seinen beiden Helfern und zerlegte beim Schein einer elektrischen Taschenlampe den Vergaser. Er war ein junger Mann mit weichem, verdorbenem Gesicht und übergroßer Höflichkeit. Er sprach ein paar Worte Englisch und bestand darauf, sich mit mir in dieser Sprache zu unterhalten.

„Du schlafen gehen?“ fragte er mich.

Ich sagte, ja, ich ginge schlafen.

„Zu früh. Wir gehen. Ich zeige Stadt.“

Ich sei müde.

„Du nicht müde. Stadt sehr schön. Gutes Theater.“

So gingen wir wieder durch die menschenleeren Straßen. Das Theater war schon geschlossen, als wir hinkamen, aber wir gingen weiter und blieben vor einem Haus stehen, dessen Fenster noch erleuchtet waren. Der Fahrer klopfte und ein alter Mann machte uns auf und führte uns in ein Zimmer mit häßlichen Bildern, einigen Stühlen und einem Tisch. Wir setzten uns und der alte Mann brachte uns Tee. Der Fahrer fragte mich: „Chinesische Frauen, sind sie schön?“

„Manche, nicht alle.“

„Die schönen, sind sie schöner als die Frauen in Amerika?“

„Die Frauen in Amerika sind oft sehr schön."

„Aber wo sind die schönen Frauen schöner, in China, in Amerika?"

Bevor ich antworten konnte, ging die Tür auf und zwei Mädchen kamen herein. Sie verbeugten sich höflich und auch wir standen auf und verbeugten uns. Sie schenkten uns Tee nach, setzten sich zu uns und hielten den Blick zu Boden gesenkt.

„Sie sind sehr schön", sagte der Fahrer. „Welche gefällt dir besser?"

Es waren Kinder mit ausdruckslosen, unentwickelten Bauerngesichtern, die Wangen grellrot bemalt, die Brauen und Wimpern tiefschwarz, das übrige Gesicht weiß gepudert.

„Wie heißt du?" fragte ich das Mädchen neben mir.

„Goldener Pfirsich", antwortete sie.

„Ein schöner Name."

„Meine Schwester heißt ‚Blühende Chrysantheme' ", und sie deutete auf das andere Mädchen.

„Mir gefällt ‚Goldener Pfirsich' besser. Die Haut eines Pfirsichs ist glatt und sanft, und der Flaum ist wie von Gold."

Sie lächelte nicht und errötete auch nicht. Sie sah zu Boden, und ich dachte nach, was ich nun sagen sollte. Der Fahrer lachte und wisperte mit der Blühenden Chrysantheme.

„Du bist mein Gast hier", sagte er zu mir. „Wir fahren morgen nicht vor acht Uhr."

„Wie alt bist du?" fragte ich Goldenen Pfirsich.

„Fünfzehn Jahre."

„Und wo bist du zu Hause?"

„In Lung-hsien. Zweihundert Li nach Norden."

„Eine große Stadt?"

Sie lachte zum erstenmal: „Nein, lange nicht so groß und schön wie hier. Nur dreihundert Familien. Es ist eine arme Stadt. Der Wind treibt den Sand aus der Wüste über die Felder, und das Getreide und die Hirse ersticken darin. Auch der Mais ist klein und trocken. Ein schlechter Boden."

Der Fahrer und die Blühende Chrysantheme waren verschwunden. Der alte Mann, der das Tor geöffnet hatte, brachte frischen Tee und Goldener Pfirsich schenkte die Schalen voll.

„Wie lange wirst du hier bleiben?"

„Morgen früh fahren wir weiter", sagte ich. „Wir sind heute aus Paotow gekommen. Die Straße war sehr schlecht, und ich bin müde von der Reise."

„Ja, das Fahren auf dem Auto macht müde." Sie sah mich kurz an, ihre Augen waren dunkel und ausdruckslos.

„Ich bin sehr froh, daß ich dich kennengelernt habe, Goldener Pfirsich. Wenn ich wieder hier vorbeikomme, werde ich dich besuchen."

„Du bist sehr höflich." Sie sah mich nicht an und hielt den Blick zu Boden gesenkt.

Ich wollte einige Geldscheine auf den Tisch legen, aber der alte Mann sagte, mein Freund hätte für alles gezahlt und ich sei sein Gast. So nahm ich das Geld wieder, und Goldener Pfirsich verbeugte sich vor mir und ich verbeugte mich vor ihr. Der alte Mann brachte mich zum Tor und schloß es geräuschvoll hinter mir.

Die Händler waren verschwunden, und ich ging durch eine tote Straße, die an beiden Seiten von hohen Lehmmauern eingeschlossen war. Meine Schritte waren der einzige Laut, der die Stille durchbrach, und ich hatte das Gefühl, als wäre ich auf viele Meilen im Umkreis das einzige Lebewesen. Vor der Herberge aber umfing mich der Geruch von Menschen, Benzin und Pferden.

Der Fahrer begrüßte mich am nächsten Morgen mit einem vertrauten Lächeln, und auch die Passagiere sahen mich an, als teilten sie ein Geheimnis mit mir. Sie warfen mir wohlwollende und auch spöttische Blicke zu. Ich wußte nicht, ob sie sich darüber amüsierten, daß ich mit dem Fahrer gegangen war, oder darüber, daß ich so früh zurückgekommen war. Bald aber war ich nicht mehr der Mittelpunkt ihrer Aufmerksamkeit.

Wir hatten die Stadt verlassen und fuhren auf der freien Landstraße, als ein Junge von etwa acht Jahren, der zwischen den Passagieren in der Mitte des Wagens saß, wie am Spieß zu brüllen begann, über die Köpfe und Schultern der Umsitzenden hinwegturnte, bis er an den Rand kam, wo er sich gewaltsam Platz schaffte. Der Fahrer glaubte, der Junge habe einen sehr eiligen Grund, rasch festen Boden zu gewinnen, und blieb stehen. Als aber der Wagen hielt, machte der Junge keine Anstalten herunterzuklettern.

„Rasch, wir wollen weiter", rief ihm ein Fahrgast zu.

„Ich will nicht hinunter", sagte der Junge. „Ich will am Rand sitzen und Aussicht haben."

„Hier ist kein Platz für dich", riefen die beiden Männer, zwischen die er sich geklemmt hatte und die sich nur mit Mühe am Wagen festhalten konnten.

Der Junge sagte nichts und schaute gelangweilt vor sich hin.

„So können wir nicht fahren", sagte der Fahrer, „sonst fallen alle drei herunter."

„Er saß gestern in der Mitte, er muß auch heute dort sitzen", beriefen sich die beiden Leidtragenden auf das ungeschriebene Gesetz der einzuhaltenden Sitzordnung.

„Wo ist dein Vater?" fragte der Fahrer.

„In Paotow", erwiderte der Junge.

„Und deine Mutter?"

„Auch in Paotow."

„Wer hat dich mitgenommen?"

„Dieser Onkel da." Er zeigte auf einen alten Mann, der vor sich hinsah, als ginge ihn die ganze Angelegenheit nichts an.

„Hol deinen Neffen zurück!"

„Schlag ihm eine hinter die Ohren!"

„Der Bengel hat keine Erziehung, früher hätte es so etwas nicht gegeben."

Die meisten Fahrgäste hatten eine Aufforderung oder eine Bemerkung bereit. Der Onkel aber blieb unbewegt und sagte:

„Ich bin gar nicht sein richtiger Onkel. Ich soll nur aufpassen, daß er nach Wuhsien kommt. Ich habe kein Recht, ihn zu schlagen."

Der Fahrer setzte sich an den Straßenrand und zündete sich eine Zigarette an. Einige Fahrgäste suchten den Jungen ins Innere zu ziehen, aber er brüllte und hielt sich geschickt fest. Die Fahrgäste gaben ihre Bemühungen auf. Der Junge stellte das Schreien ein und schaute in die Steppe.

Der Fahrer wiederholte: „So können wir nicht fahren, sonst fallen alle drei herunter und ich habe die Schwierigkeiten."

Dann wurde es still. Von Zeit zu Zeit sagte jemand, wenn sein eigener Sohn ein so schlechtes Benehmen hätte, er würde es ihm schon zeigen. Da es aber nicht sein eigener Sohn war, ließ er es bei dieser Feststellung bewenden. Der Junge hatte inzwischen die beiden Männer auseinandergedrängt und saß bequem zwischen ihnen. Der Fahrer hatte zwei Zigaretten ausgeraucht und zündete sich die dritte an.

Da sagte Jen Sang: „Entschuldigt, bitte", und beugte sich über einige Köpfe, bis er in Reichweite des Jungen war. Sein Gesicht war sehr freundlich und er lächelte das Kind an: „Deine Verwandten in Wuhsien werden sich Sorge machen, wenn wir zu spät ankommen. Geh doch besser auf deinen alten Platz zurück."

Der Junge sagte: „Nein", und heulte demonstrativ los.

Jen Sang gab ihm eine kräftige Ohrfeige. Das Schreien verstummte, und das Kind kletterte still und geschmeidig auf seinen alten Platz zurück.

Jen Sang sagte zu mir: „Der Junge würde einen guten Lama abgeben. Er hat einen starken Charakter. Und er lernt auch rasch."

Das Land war jetzt fruchtbar und flach. Obwohl der Gelbe Fluß weit entfernt war, brachten viele Kanäle sein träges, lehmiges Wasser zu den Feldern. Der Fluß war hoch und sein Wasserspiegel und damit der Grundwasserspiegel der ganzen Gegend lagen nur einen Fuß unter der Oberfläche der Straße. Sie gab unter jedem Schritt nach wie ein weicher Brei, der von einer dünnen Haut gegen die Luft abgeschlossen ist. Es war angenehm und beschwingend, auf ihr zu gehen. Die Reifen des Autos drückten die Straße tief ein, aber wenn wir rasch genug fuhren, konnten wir über die dünne, zähe Haut weggleiten, bevor sie riß. Der Fahrer mußte an einer sicheren Stelle, die mit Steinen unterbaut war, halten. Dann gingen seine beiden Helfer voraus, um die Beschaffenheit der Straße zu prüfen. Hier mußten wir uns an die rechte Seite halten, hier einen weiten Bogen nach rechts machen, und dort war wieder eine sichere Insel. Die beiden Helfer dirigierten mit anschaulichen Gesten, und wir glitten über das schwankende Land von einer Insel zur nächsten.

Einige Male ging das gut, dann brachen wir mit dem Vorderrad durch die dünne Schicht trockener Erde und steckten im grundlosen Schlamm. „Shia lai, shia lai — absteigen, absteigen!“ befahl der Fahrer, und wir stiegen ab. Sie versuchten, das Rad auszugraben, aber der zähe Schlamm floß nach und schloß sich fest um die Achse. Wir luden das Gepäck ab und stellten es — weit voneinander entfernt — auf den schwankenden Grund. Der Wagen rührte sich nicht von der Stelle. Auch das zweite Vorderrad sank ein, und der Wagen sah aus wie ein aufstehendes Kamel, das die Vorderbeine noch nicht gestreckt hat.

Inzwischen waren Bauern aus den umliegenden Feldern gekommen. Wortlos standen sie um uns herum und boten uns weder Ratschlag noch Hilfe an. Der Fahrer begann mit ihnen zu verhandeln.

„Zehn Ochsen könnten den Wagen herausziehen“, sagte er.

„Ja, zehn Ochsen könnten den Wagen herausziehen“, sagten sie.

„Habt ihr Ochsen?“

„Wir haben Ochsen.“

„Bringt zehn Ochsen. Ihr bekommt dafür Geld.“

„Zehn Ochsen?“

„Ja, zehn Ochsen."
„Wieviel Geld bekommen wir für einen Ochsen?"
„Fünftausend."
„Und für die zehn Ochsen?"
„Fünfzigtausend."
„Das geht nicht. Neunzigtausend."
„Das ist zu viel."
„Ah-ya, unsere Ochsen sind müde. Wir sind auch müde."
„Sechzigtausend."
„Achtzigtausend."
„Siebzigtausend."
„Gut, siebzigtausend."
Die Ochsen waren tatsächlich müde und machten keinen Versuch, ihre Müdigkeit zu verbergen. Aber nach zwei Stunden voll lautem Geschrei hatten sie den Wagen klar, und der Fahrer wagte nicht stehenzubleiben und fuhr weiter zur nächsten sicheren Insel, die weit entfernt war. Wir mußten unser Gepäck nachtragen, und manche Leute, die mehr hatten, als sie auf einmal tragen konnten, mußten die Strecke öfters zurücklegen, und es war später Nachmittag, als wir weiterfuhren. Wir sahen noch immer die kümmerliche Mauer der Stadt, in der wir die Nacht verbracht hatten.

XVIII.

Dann fuhren wir durch Felder, graubraune, leblose Rechtecke, auf denen die Bauern mit ihren Pferden, Eseln und Ochsen arbeiteten, die Erde ebneten und zerkleinerten und Saat zwischen die Furchen warfen. Dann wurden die Felder seltener und die Häuser ärmlicher. Es waren Lehmbauten mit winzigen Fenstern und kleinen Türen, von derselben graubraunen Farbe wie der Boden. Und die Bauern, die auf den Feldern in blaue

Ishangs gekleidet gewesen waren, trugen hier auf der Steppe graue, staubige Pelze, manchmal auch Hosen aus Schaffell, und sahen aus wie langsame, schwerfällige Tiere aus einer seltsamen, farblosen Welt. Auch die Kinder waren in dicke Pelze gekleidet, aber wenn die Sonne warm schien und sie Schutz vor dem Wind fanden, dann warfen sie die Pelze von sich und spielten wie traurige Faune im Staub. Sie waren mager, aber ihr Bauch war prall und aufgedunsen, und ihre Haut war von demselben leblosen Graubraun wie die Welt um uns.

Dann wurden auch die Lehmhäuser selten, für eine Stunde oder zwei sahen wir nur rollende flache Hügel, ohne Gras und ohne Bäume, selbst ohne die vielen winzigen Pfade, die Ziegen und Schafe auch in den steinigsten Boden treten.

Einmal sahen wir im Norden eine lange Kamelkarawane. Sie zog wie wir nach Westen, viele hundert Tiere, eines hinter dem anderen, würdevoll und langsam schreitend. Die Treiber waren nicht sichtbar, vielleicht saßen sie auf den Kamelen und verschmolzen mit den Warenballen zu einer graubraunen Einheit. Führerlos und einsam bewegte sich die Karawane, und ich konnte mir vorstellen, daß sie seit undenklichen Zeiten so marschiert war und bis in alle Ewigkeit weitermarschieren würde. Sie schien sehr fern und wie von einer anderen Welt. Manchmal flimmerte der sonnerhitzte Boden, und die Kamele wurden zu wundersamen Schwänen, die einer hinter dem anderen über einen gleißenden See von Silber schwammen.

Dann entfernten wir uns von der Karawane und sie tauchte unter den Horizont, aber wir hatten ihren Anfang noch nicht gesehen. Die Straße führte gerade durch die Steppe, und es gab nichts als das Band der Straße, die Steppe und den Himmel. Doch dann sahen wir plötzlich einen Menschen auf der Straße, er stand dort und wartete auf das Auto. Der Fahrer, immer bereit, neue Passagiere zwischen uns zu drängen, hielt an, und wir sprangen zur Erde, um unsere steifen Beine zu strecken. Das Land war weit und flach, ohne jedes Anzeichen einer menschlichen Behausung. Der neue Fahrgast mußte viele Meilen gelaufen sein, um die Straße zu erreichen. Obwohl es jetzt am späten Nachmittag sehr heiß war, hatte er einen dicken, wattegefütterten Soldatenmantel an, der bis an den Boden reichte. Um die Hüfte hatte er ihn mit einem derben Strick zusammengegürtet, und seine Taille war trotz des unförmigen Kleidungsstückes schmal und graziös. Er trug eine alte Soldatenkappe ohne Abzeichen, aber mit breitem Schirm, der sein braungebranntes Gesicht vor der Sonne schützte. Seine Backenknochen waren hervorstechend und stark mongolisch; die Augen waren schmale, schräggestellte Schlitze, aber die Pupillen waren groß und dunkel und träumerisch. Unter der kleinen, unbedeutenden Nase wirkte der Mund voll und weibisch. Starke rote Lippen, voll Lebensgier und Hingabe, gleichzeitig aber von harter, sadistischer Grausamkeit. Es war eine Grausamkeit, die nicht abstieß, sondern verspielt und lockend war. Neben der Grausamkeit zeigten die Lippen auch sehr viel Wissen und Erfahrung um Dinge, die zwischen dem Heiligen und Obszönen liegen. Ich hatte niemals ein Gesicht gesehen, das mich gleichzeitig so anzog und so abstieß. Es war zu weich und weibisch und verdorben für einen Mann, denn wenn ein Mann verdorben ist, soll sein Gesicht das in harten Konturen zeigen und nicht in einem weichen Zittern der Mundwinkel. Und es war zu überlegen und wissend für eine Frau, denn wenn eine Frau um diese Dinge weiß, so soll sie nicht hart und grausam, sondern weich und demütig werden. Es war zu viel in diesem Gesicht.

Wir rückten noch enger zusammen und der Fremde kam neben mich zu sitzen, aber ich konnte sein Gesicht nicht mehr sehen, nur die schmutzige Soldatenkappe, die er weit über die Ohren gezogen hatte, und die tiefschwarzen Haare, die darunter hervorquollen.

Nach einiger Zeit hielten wir in einem kleinen Dorf, aber wir konnten nichts kaufen als heißes Wasser, denn die Leute waren arm und hungerten. Selbst ihr Wasser war schmutzig und brackig, und ich trank es in kleinen, zögernden Zügen, wie man eine unangenehme Medizin trinkt. Ein blinder Bettler tastete sich mit seinem Stock um das Auto. Den Kopf in den Nacken geworfen und die leeren Augen nach oben gerichtet, heulte er von seiner Blindheit und seiner Armut und der Großmut der Passagiere. Wir saßen alle im Schatten der Häuser, nur drei Kinder lagen schlafend auf dem Wagen, und es war unheimlich, zu sehen, wie der Bettler auf die Gepäckstücke starrte und ihnen von seinem Elend erzählte.

Dann stiegen wir wieder auf den Wagen, und der Bettler merkte seinen Irrtum und verfluchte die lachenden Passagiere. Ich gab ihm ein Stück altes, gedämpftes Brot, von dem auch ich gegessen hatte, und er steckte es zwischen seine Lumpen und fuhr fort, die Passagiere zu verfluchen.

Noch herrschte die windstille, sterile Hitze der Wüste. Aber vor uns wuchsen wilde, schwarze Wolken aus der Ebene, und mit einem Schlag war es kalt und stürmisch, und die ersten großen Tropfen fielen. Zuerst waren sie kühl und angenehm auf der brennenden Haut, aber bald drückten wir uns frierend und fröstelnd gegeneinander. Der Fahrer hielt nicht an, sondern fuhr wie von Teufeln gehetzt über die schlechte, holprige Straße, wahrscheinlich wollte er eine Ortschaft erreichen, bevor die Straße unpassierbar geworden war. Der Staub verwandelte sich in einen klebrigen Brei, und das Auto glitt wie betrunken von einer Seite zur anderen. Dann drehten sich die Räder in dem grundlosen Brei und wir saßen fest.

Da war nichts als der graue Regen, das graue Land und wir. Der Fahrer zog eine große Plache aus den Gepäckstücken hervor und wir breiteten sie über unsere Köpfe. Es war ein altes Stück Tuch mit vielen Löchern, und wo sich das Wasser in Vertiefungen ansammelte, floß es wie durch die Brause einer Gießkanne. Jeder bemühte sich, die Plache mit ausgestreckten Armen so hoch wie möglich über seinen Kopf zu halten, aber bald waren unsere Arme müde. Das schwere, feuchte Tuch lag über den fünfzig Menschen, der Regen prasselte darauf, und es war dämmrig und kalt. Die körperliche Nähe meiner Nachbarn war mir jetzt nicht mehr unangenehm. Wir rückten näher aneinander, nicht nur weil wir froren, sondern auch weil wir einsam und elend waren. Kaum einer sprach.

Es gab alle Arten körperlicher Berührungen. Ich stieß gegen Knie, Arme, Beine und Schultern. Wie es nur die Asiaten verstehen, hatten die Passagiere es sich auf dem winzigen Raum bequem gemacht und schliefen und dösten in den unglaublichsten und unbequemsten Stellungen. Ich lehnte meinen Kopf gegen die Schulter von Yang Samuda und sein Kopf ruhte auf meinem. Er betete und schlief und betete wieder.

Dann spürte ich eine Hand auf der meinen. Es war ein warme Hand mit langen Fingern. Sie lag einen Augenblick bewegungslos und wie unabsichtlich auf meiner Faust, dann preßte sie sich dagegen, öffnete meine Finger und ich spürte ihre Berührung auf der weichen Handfläche. Es war eine leichte und sanfte Bewegung, unpersönlich und sehr erregend. Ich fühlte, wie die einzelnen Finger liebkosend über meine Haut glitten. Ich schloß meine Hand und die Finger lagen lang und schmal und heiß unbeweglich in ihr. Dann machten sie sich frei und wiederholten ihr zartes Streichen.

Ich war ein wenig beschämt. Ich konnte mir nicht einreden, daß es ein freundlicher Händedruck war, wie er zwischen Freunden Sympathie und Herzlichkeit vermittelt. Ich versuchte mich zu überreden, daß die Müdigkeit und der einförmige graue Regen mich für menschliche Berührungen empfindlicher gemacht hätten, aber ich fühlte mehr als nur menschliche Wärme. Ich hatte die körperliche Anziehung zwischen Männern nie verstanden. Ich verstand sie auch jetzt nicht, aber sie war in meinem Blut.

Ich konnte die Hand nicht sehen, ich konnte nicht einmal die Gesichter um mich sehen, denn es war fast dunkel unter der Plache. Für einen Augenblick hoffte ich, es sei einer der Lamas, denn sie liebten freundliche, unschuldsvolle Berührungen und saßen oft abends Hand in Hand und träumten von Kumbum. Aber ihre Hände waren grob und derb, man konnte sie nicht verwechseln. Ich griff nach dem Handgelenk, es war zart und ich konnte den Puls fühlen. Dann fühlte ich auch den Stoff des Ärmels. Es war speckige, mit Watte gefüllte Baumwolle, und ich wußte, daß ich den arroganten weibischen Soldaten berührte. Für einen Augenblick durchflutete mich tiefer Abscheu, aber gleich darauf war ich glücklich und froh. Ich fühlte keine Scham mehr und war meiner so sicher, daß es nicht nötig gewesen wäre, mich zu überzeugen. Aber meine Hand strich den Arm entlang, erreichte die Schulter, die sich mir entgegenpreßte, öffnete den Mantel und umschloß die junge Brust eines Mädchens. Sie zitterte unter meiner Berührung und wurde prall und fest. Dann strich ich über den Hals, die Lippen und die Augen und spürte die langen Wimpern und die Feuchtigkeit des Regens auf der glatten Haut.

Der Regen endete und wir fuhren langsam ein Stück weiter. Bald aber begann es wieder zu regnen und wurde dunkel. Noch immer hatten wir keine Ortschaft erreicht. Dann aber sahen wir ein kleines Lehmhaus und der Fahrer beschloß, hier über die Nacht zu halten. Die Fahrgäste sprangen rasch vom Wagen und wateten durch den tiefen Schlamm und den eintönigen Regen auf das Haus zu, um sich einen trockenen Platz zu sichern. Das Haus war so klein, daß seine Bewohner, ein altes Ehepaar mit seinen Töpfen und Geräten, gerade genug Platz hatten. Aber irgendwie preßten sich die fünfzig Passagiere in den kleinen Raum. Zuerst standen die meisten, aber schließlich kauerten und lehnten wir alle ziemlich bequem. Ich war spät gekommen und saß nahe der Tür, die nach innen aufging und sich nicht schließen ließ, weil die Menschen gegen sie gepreßt waren. Der Wind trieb den Regen von Zeit zu Zeit auf mich, und die Männer, die ihr Wasser ablassen mußten, scheuten sich, vor das Haus in den Regen zu treten. Sie erledigten ihr Geschäft von der Türschwelle aus, und wenn der Wind gerade heftig blies, sprühte auch ihr Wasser ins Haus zurück. Einmal trug eine Mutter ihr schreiendes Kind vors Haus, damit es dort ein wichtiges Geschäft erledige, aber es protestierte brüllend gegen den Regen und die Mutter hielt es über die Türschwelle ins Freie hinaus und der Wind blies besonders stark. Wir hatten kein Feuer und kein Licht. Es war sehr finster und ich konnte das Soldatenmädchen nicht sehen.

Am nächsten Morgen schien wieder die Sonne. Unsere feuchten Kleider dampften in der klaren, kristallenen Luft. Die Straße war bald trocken und wir konnten rasch fahren. Mit kurzen Unterbrechungen waren wir den ganzen Tag unterwegs, und ich war müde, als wir nachmittags in einem kleinen Dorf hielten, und froh, daß wir hier übernachten sollten.

Es war ein sehr schönes Dorf. Es lag am Fuße eines steilen Hügels, auf dessen Höhe ein alter Tempel stand, von zwei riesigen, uralten Kiefern überschattet. Wo der Hügel in die Ebene überging, lagen die Häuser, und an sie schlossen sich Felder von frischem Grün. Ein Bach mit klarem Wasser floß durch die Dorfstraße zu den Feldern. Die Menschen waren freundlich und aufgeweckt.

Ich sprach mit einem Bauern und er sagte: „Du sprichst gut chinesisch. Der Weißbart spricht es aber noch viel besser. Er spricht es wie wir."

„Wer ist der Weißbart?" fragte ich.

„Der alte Priester, der am Ostende des Dorfes lebt."

„Ein Amerikaner?"

„Ein Amerikaner oder ein Engländer, ein Ausländer."

Es war ein großes Gebäude mit vielen Höfen, und über dem Haupttor hing ein Kreuz. Es wimmelte von Soldaten, die damals viele große Häuser in der Provinz besetzt hielten, und sie waren nicht sehr freundlich und sagten: „Ich weiß nicht", als ich sie nach dem Weißbart fragte. Erst als ich sagte, ich wolle den ausländischen Priester besuchen, wiesen sie mich nach einem niedrigen Gebäude im letzten Hof. Das Tor und die Fenster waren verschlossen, und ich mußte einige Male fest klopfen, bevor mir geöffnet wurde. Ein etwa vierzigjähriger Chinese in schwarzem Ishang und mit hochmütigem Gesicht stand vor mir und fragte, was ich wolle. Ich sagte, ich wolle den ausländischen Priester sprechen.

„Ihr werter Name?" fragte er in der unpersönlichen chinesischen Phrase. Wahrscheinlich waren der Priester und ich die einzigen Ausländer auf hundert Meilen Umkreis, und diese kalte Formalität verdroß mich. Ich wiederholte, daß ich den Priester zu sehen wünsche. Sein Gesicht blieb unverändert maskenhaft und er sagte:

„Der Priester ist krank. Wie ist Ihr werter Name?"

Ich gab ihm meine Visitenkarte, er las sie und ließ mich eintreten.

Es war ein sehr düsterer Raum, und es dauerte einige Sekunden, bevor ich mich in der Dämmerung zurechtfand: ein Schreibtisch mit einigen Büchern darauf, ein gekreuzigter Christus an der Wand, zwei alte Männer und zwei alte Frauen, ohne jeden Ausdruck der Überraschung oder der Begrüßung. In der Ecke stand ein Bett und auf ihm, bis zum Hals zugedeckt, lag der fremde Priester.

„Guten Abend, Vater", sagte ich, „ich bin auf der Durchreise und kam, Sie zu sehen."

„Guten Abend, mein Sohn." Es war eine müde, alte Stimme, die ein sehr reines, wohlklingendes, aber rostiges Englisch sprach. Sein Gesicht war ungepflegt, ein langer, weißer Vollbart verdeckte die Wangen und das Kinn. Die Augen waren klar und gut.

„Woher und wohin, mein Sohn?"

Ich sagte es ihm.

„Eine lange Reise hinter dir und eine lange Reise vor dir. und ich wünsche dir, daß sie gut sei. Eine sehr lange Reise. Aber du bist jung. Ich bin am Ende meiner Reise angelangt.

Noch zwei Tage oder drei, und meine Pilgerfahrt ist zu Ende."

Ich sagte: „Sie sehen stark aus und gesund. Sicherlich werden Sie sich bald erholen."

Er schüttelte lächelnd den Kopf: „Nein, höchstens noch zwei Tage oder drei. Ich weiß es."

Die Chinesen sahen mich unfreundlich und feindselig an, wie einen Eindringling, der hier nichts zu suchen hatte. Sie warteten sichtlich darauf, daß ich wieder ginge.

„Kann ich etwas für Sie tun?" fragte ich. „Die Missionäre in Wuhsien verständigen, daß Sie krank sind? Ich werde bald dort sein. Oder brauchen Sie Medizin?"

„Nein, meine Freunde hier", er deutete mit den Augen nach der bewegungslosen Gruppe der Chinesen, „werden für alles sorgen. Und Medizin hilft nicht. Es ist das Herz. Alt und müde."

Ich wußte nicht, was ich noch sagen sollte. Ich kam mir sehr überflüssig vor und wünschte, ich hätte den alten Mann ungestört sterben lassen. Gleichzeitig aber fühlte ich eine große Wärme für den einsamen Mann, der irgendwo in Amerika oder Europa geboren worden war, der mein Vater sein konnte und der jetzt hier in diesem dunklen, traurigen Zimmer, von seinen wortlos wartenden Konvertiten umgeben, starb, ohne daß ein anderer weißer Mann davon wußte.

Aber da war nichts, was ich tun konnte. Ich wartete eine Minute, dann sagte ich:

„Gott segne Sie, Vater."

Er sagte: „Gott segne dich, mein Sohn, und gute Reise", und streckte mir seine zittrige Hand entgegen.

Dann ging ich langsam zur Tür, die mir der Chinese mit dem schwarzen Ishang bereitwillig öffnete. Da hörte ich die alte Stimme wieder hinter mir und blieb stehen.

„Noch eine Kleinigkeit, mein Sohn: Hast du Kaffee?"

Ich drehte mich um: „Ja, ich habe eine Dose Pulverkaffee mit mir."

Er wurde lebhaft: „Da müssen wir einen Tausch machen. Ich habe seit fünfunddreißig Jahren keinen Kaffee getrunken, und zu Hause tranken wir jeden Tag mindestens dreimal Kaffee. Aber als ich zuerst hierher kam, war ich so arm, daß ich mir keinen Kaffee kaufen konnte. Und es war harte Arbeit hier. Ich lebte wie sie —" wieder wiesen seine Augen nach den Chinesen —, „ich wollte nur das essen und trinken, was auch sie hatten. Dann kam der Krieg. Einmal waren amerikanische Soldaten hier, sie versprachen mir Kaffee, aber die Japaner kamen, und sie mußten sich zurückziehen. Nach dem Krieg kamen zwei oder drei Reisende wie du, aber sie hatten keinen Kaffee."

Ich sagte, ich würde rasch gehen und die Dose aus der Herberge bringen.

„Ja, wir werden tauschen. Ich bin ein sehr reicher Mann", er lachte gutmütig. „Einmal schlug ein General hier eine Schlacht. Er gewann sie und konnte die Steuern der ganzen Provinz einheben. So war er guter Laune und schenkte mir eine Kiste Zigarren. Er versprach, mir eine schöne Kirche zu bauen, wenn er auch die nächste Schlacht gewinnen würde. Aber er verlor sie, es war seine letzte Schlacht. Aber die Zigarren sind noch hier. Wir werden tauschen."

Er sagte etwas zu dem Chinesen mit dem schwarzen Ishang, der wortlos einen Schrank öffnete und mir die Kiste Zigarren gab. Ich nahm sie und ging den Kaffee holen. Als ich zurückkam, war die Tür schon wieder verschlossen und es wurde mir erst nach langem Klopfen geöffnet. Der Chinese war so feindselig und abweisend, daß ich nicht erstaunt gewesen wäre, wenn er nochmals nach meinem werten Namen gefragt hätte. Aber er sah mich nur fragend an und sagte:

„Sie haben den Kaffee gebracht."

„Ich werde ihn dem Vater selbst geben", sagte ich.

„Er schläft jetzt und kann nicht geweckt werden."

Ich gab ihm die Dose; er schloß ohne jedes weitere Wort

die Tür, und ich hörte, wie er den Schlüssel umdrehte. Ich ging langsam durch die Dorfstraße zurück, und ein junger Bengel, redelustig und begierig, einen fremden Teufel aus der Nähe zu betrachten, begleitete mich. Aus welchem Lande der Priester gekommen sei, fragte ich. Das wisse er nicht, aber er sei über das Meer gekommen. Ob er ein guter Mensch sei? Ja, ein guter Mann, aber sehr arm. Wie lange er hier schon lebe? Oh, er sei immer hier gewesen. Wieviel Christen es hier gäbe? Er zählte an den Fingern und murmelte die Namen: vierundzwanzig, sagte er.

Es war dämmrig und Essenszeit, als ich zur Herberge kam, aber ich war traurig und einsam und wollte nicht in den fröhlichen Lärm des Gastzimmers, wo der Wirt einen hohen Berg von Nudeln vorbereitet hatte. Ich ging an der Gaststätte vorbei nach den Feldern. Auch hier standen Bäume, sie waren nicht so hoch und mächtig wie die auf dem Hügel, aber ihre Äste hingen bis an den Boden und bildeten so einen grünen Vorhang zwischen dem Dorf und der Ebene, die hier bei den Feldern begann. Die Bauern waren von ihrer Arbeit zurückgekehrt, und ich hörte sie, wie sie in den Höfen das Vieh festbanden und ihren Frauen zuriefen, das Essen aufzutragen. Aber unter den Bäumen waren diese Laute undeutlich und sanft und zerflossen in die weite Ebene.

Ich legte mich auf den trockenen Boden und sah durch die Äste, wie auf dem noch blauen Himmel die ersten Sterne sichtbar wurden. Allmählich wurde der Himmel samten und die Sterne heller und zahlreicher. Dann hörte ich jemanden auf mich zukommen. Es war jetzt dunkel, und ich konnte die Gestalt nur undeutlich erkennen, aber ich wußte gleich, daß es das Soldatenmädchen war. Sie trug noch immer den schweren Soldatenmantel, aber sie hatte die Kappe abgelegt, und ihr kurzes Haar fiel in dunklen, glatten Strähnen bis zu den Schultern und glänzte matt vom Schein des Himmels. Sie kam und setzte sich neben mich. Sie saß lange Zeit, ohne zu sprechen oder sich zu bewegen, und auch ich lag still, aber ich war sehr froh und nicht mehr einsam. Ich wußte nicht, wer sie war, und hatte ihre Stimme nicht gehört, aber es war, als hätte ich sie seit Ewigkeiten in einer unpersönlichen und doch engen Art gekannt. Ich weiß nicht, was sie für mich bedeutete, vielleicht war sie nur eine Frau, vielleicht war sie China, aber sie gehörte in mein Leben, und es war gut, sie neben mir zu wissen. Wir legten unsere Hände wieder ineinander und lagen so nebeneinander, und ich hörte ihren tiefen, regelmäßigen Atem. Dann beugte ich mich über ihr Gesicht und ihre Lippen öffneten sich.

Als ich wieder gegen den Himmel blickte, war der Mond über die Berge gekommen. Eine dünne Sichel, die den Glanz der Sterne, die jetzt groß und strahlend waren, nicht schmälerte, aber die Landschaft aus dem Dunkel der Nacht hervorhob. Die Hügel und die Ebene waren von mattdunklem Blei, in das die Felder tiefschwarze Rechtecke zeichneten. Es war windstill und von weitem hörte man das Singen einer Zikade. Dann antwortete aus den Ästen über uns eine zweite Zikade, und zögernd fielen andere in das Konzert ein, bis die Nacht um uns vibrierte und sang.

Ich wollte etwas sagen, aber sie lag so still, daß ich nicht wußte, ob sie schlief. Ihr Kopf lag neben dem meinen auf dem sandigen Boden und ich fühlte ihr Haar gegen meine Wange. Als ich sie ansah, merkte ich, daß ihre Augen offen waren, aber ich konnte nicht erkennen, ob sie mich ansah oder den Himmel. Ihr Gesicht war schön und dunkel und wild. Ihre Augen und Zähne schimmerten feucht und weiß. Sie zog meinen Kopf zu sich hinunter, ich fühlte, wie ihre Lippen sich bewegten, und wollte hören, ob sie etwas sagte. Aber da war nur das Singen der Zikaden und das Singen des Blutes.

Nach langer Zeit stand sie auf, band den Mantel enge um sich und ging mit zögernden kleinen Schritten zwischen den Bäumen durch zum Bach. Ich sah, wie das Wasser silbern von ihren Händen floß, als sie es gegen ihr Gesicht hob. Ich wartete mit großer, tiefer Zärtlichkeit, daß sie zurückkäme und wieder neben mir säße. Ich wollte ihre Stimme hören und wissen, wer sie war und wohin sie unterwegs war. Aber sie kam nicht zurück.

Ich lag noch lange dort. Die Zikaden waren verstummt, für einen Augenblick war das Bellen eines Hundes aus dem Dorf hörbar, und dann senkte sich wieder die märchenhafte Stille über mich.

Am nächsten Morgen war das Auto früh fahrbereit, und als ich zur Herberge kam, saßen die meisten Fahrgäste schon oben. Ich lief rasch durch die Dorfstraße, um zu sehen, wie es dem alten Priester ginge, aber die Soldaten ließen mich nicht durch das Haupttor. Sie sagten, ein General sei angekommen und hielte gerade Kriegsrat. Ich sagte, ich wolle den Priester sehen und nicht den General, aber sie wiederholten, der General dürfe nicht gestört werden. Da wurde ich ärgerlich und sagte, die Hölle möge den General holen, niemand wolle seinen Kriegsrat stören. Sie wurden böse und drohten mir mit den Gewehren, und in der Dorfstraße hupte das Auto ungeduldig nach mir. So ging ich zurück und wir fuhren los. Als wir einige Kilometer gefahren waren, erinnerte ich mich, daß ich die Kiste mit den Zigarren unter den Bäumen am Dorfrand hatte liegenlassen.

Sie saß wieder neben mir, die Mütze tief über die Ohren gezogen und die Haare darunter versteckt. Sie hatte die Knie hoch gegen die Brust gedrückt und die Arme darüber verschränkt, die Hände tief in die Ärmel geschoben wie in einen Muff. Manchmal stießen wir gegeneinander, aber ihr Gesicht blieb unbewegt.

Ich hatte fast vierundzwanzig Stunden nichts gegessen und war hungrig. In der nächsten Ortschaft rasteten wir, und ein Bauer, dem ich während der Fahrt einige Zigaretten gegeben hatte, lud mich ein, mit ihm zu frühstücken. Wir gingen in ein kleines, freundliches Restaurant. Er bestellte und ich war so müde, daß ich fast einschlief. Der Wirt brachte einen großen Teller feingeschnittenes Schweinefleisch und eine ebenfalls feingeschnittene eingelegte Rübe. Wir tranken heißen Hirseschnaps, und der Bauer erzählte mir von seinen Feldern und seinen Schafen und seinen Kindern, und ich sagte höflich ja, ja, und er sei zu beneiden. Er strahlte über das ganze Gesicht und war sicher zu beneiden. Die Dorfstraße lag im hellen Licht des Morgens, und die Frauen standen in Gruppen beisammen und schwatzten, und die Männer gingen würdevoll mit ihren Hacken und Schaufeln auf der Schulter in die Felder. Wir aßen einen zweiten Teller Fleisch, und der heiße Schnaps brannte angenehm durch meinen Körper.

Die Passagiere standen um das Auto herum und warteten. Es war eine alltägliche Gruppe. Einige Bauern, die Verwandte besuchen fuhren; einige Beamte, die ins Innere versetzt worden waren; einige Kaufleute, die zweitausend Kilometer weit reisten, um Felle und Häute in der Mongolei zu kaufen. Sie waren alltäglich und geschwätzig. Es gab auch einige Schweigsame, aber sie waren nur schweigsam und ohne Bedeutung.

In der Gruppe war auch ein Mann, den ich bisher nicht gesehen hatte. Der Morgen war kalt, und die Bauern trugen noch ihre dicken Schafpelze, aber der Mann hatte nur eine dünne Hose und einen ebensolchen Rock an. Er sah aus, als wäre er nur für eine Minute vor die Haustüre getreten, um zu sehen, wie das Wetter sei. An seinem Gürtel hatte er einen Trinknapf aus weißer Emaille hängen. Sein Gesicht war hart und energisch.

Nach der Ortschaft kamen wir nahe an den Gelben Fluß. Vom Norden schob sich die Wüste in sanften Dünen über die Straße, und wir blieben im Sand stecken. Wir stiegen vom Wagen, rissen trockene Sträucher aus und legten sie vor die Räder, dann schoben wir den Wagen einige mühsame Meter weiter, holten die festgepreßten Sträucher und legten sie von neuem auf die Spur. Nur langsam kamen wir so vorwärts.

Ich ging voraus, um hinter den Dünen auf den Wagen zu warten. Die Sonne stieg rasch höher und die Landschaft, die noch vor einer halben Stunde farbenprächtig und zerfurcht war, wurde in ein eintönig grelles Gelb getaucht. Die Wüste war gelb, die sandigen Felder waren gelb, der Fluß war gelb und selbst in der Luft hing ein gelber Schleier. Ich legte mich auf den Sand und ließ mich von der Sonne wärmen.

Ich schloß meine Augen, und als ich sie wieder öffnete, saß der Mann mit dem Trinknapf neben mir. Er sah über mich hinweg nach dem Fluß, und ich hatte Muße, sein Gesicht zu betrachten. Es war ein seltsames Gesicht. Es war nicht gezeichnet von der dumpfen Gier hungriger Kulis und es besaß auch nicht die zufriedene Ausgeglichenheit der Bauern oder die schlaue Sattheit erfolgreicher Kaufleute. Sein Kopf war lang und schmal, die Stirne und die hagere Nase wirkten asketisch, aber seine Lippen waren voll und lebensfroh. Die Augen waren dunkel und hart, und als er mich ansah, spürte ich ihre Gewalt. Bauern und Kulis, die nur selten Ausländer zu Gesicht bekommen, starrten meine Haare, meine Augen und meine Nase an, und ich sah über sie weg, als bemerkte ich ihre Aufmerksamkeit nicht. Aber seinen Blick konnte ich nicht übersehen, er war nicht staunend, sondern klar und nachdenklich.

„Was hast du in China gefunden?" Er sprach ein sehr gepflegtes Chinesisch und ich konnte ihn gut verstehen.

Ich sagte: „Glück und auch Armut."

„Mehr Armut oder mehr Glück?"

„Manchmal war ich glücklich, wenn ich arm war, und manchmal..."

Er unterbrach mich ungeduldig: „Ich will nicht wissen, was du für dich gefunden hast, sondern was du bei uns gefunden hast. Mehr Elend oder mehr Glück?"

Ich dachte einen Augenblick nach: „Es waren keine Gegensätze. Die Armen schienen oft sehr glücklich, und die Reichen hatten ihre Sorgen."

„Und die Hungrigen, die Frierenden und die Sterbenden? Waren sie auch glücklich?“

„Einige waren guter Dinge, wenn sie eine Schale Nudeln erbettelt hatten oder wenn die Sonne warm schien. Aber die meisten waren elend.“

„Waren es viele, in Shanghai, in Peking und in Paotow?“

„In Shanghai waren es sehr viele. Jeden Morgen lagen die Toten auf der Straße wie die Blätter unter einem herbstlichen Baum. In Peking waren es wenige. In Paotow kaum welche.“

„In Honan sind es viele Zehntausende. In Hunan auch. Am Gelben Fluß und am Jangtse nach jeder Überschwemmung Millionen. Sie sind nicht glücklich, selbst wenn die Sonne warm scheint.“

Ich sagte nichts. In der Ferne hörten wir das Aufbrüllen des Motors, aber nach wenigen Sekunden erstarb es wieder.

„Und die Reichen? Sehen sie glücklich aus?“

Ich erinnerte mich der Reichen, die ich kennengelernt hatte.

„Manche“, sagte ich, „waren glücklich. Sie hatten alles, was sie sich wünschen konnten: ein schönes Haus, ein einträgliches Geschäft, eine gute Frau und hübsche Konkubinen. Manche hatten auch Bücher und Bilder. Andere wieder hatten Sorgen, sie schienen mir weniger glücklich als du.“

„Ah, ich bin ein reicher Mann!“ Und er lächelte.

„Reich an Geschäften und Konkubinen? Oder an Bildern und Büchern?“

„Ich habe kein Geschäft und keine Frauen. Auch keine Bilder und nur wenige Bücher. Aber ich bin trotzdem reich. Ich habe viele Bücher gelesen.“

Wir schwiegen für einige Minuten. Der Sand war trocken und warm, wir lagen darauf wie auf einem einladenden K'ang. Ein großes Floß trieb den Gelben Fluß herunter, und die Ruderer bemühten sich, es in der Strömung zu halten. Wir konnten ihren keuchenden Gesang hören, und das Wasser leuchtete hell, wenn es über die Ruder floß.

„Ist es für euch Fremdländer sehr wichtig, daß ihr glücklich seid?"

„Ja", sagte ich, „das ist für uns sehr wichtig."

„Und seid ihr glücklicher als wir in China?"

„Nein, ihr in China seid glücklicher."

„Nicht alle, viele von uns sind arm und elend."

„Auch wir haben Arme."

„Aber eure Armen sind nicht so elend wie die in China. Ihr habt immer etwas anzuziehen. Ihr eßt nie Baumrinde oder Lehm. Viele von euch haben Radio und Auto."

„Ja", sagte ich, „viele haben Auto und Radio."

„Sind sie glücklicher als die Armen?"

„Ich weiß es nicht."

„Ich glaube schon. Große Armut ist eine schwere Last. Sie erdrückt das Herz und wischt das Lächeln vom Gesicht. Aber auch großer Reichtum ist eine Last, die nur wenige würdevoll zu tragen vermögen. Wäre es nicht gut, den ganz Armen und den ganz Reichen ihre Last zu nehmen und sie gleichmäßig zu verteilen? Die Armen verhungern und die Reichen prassen, das ist nicht gut für China."

„Man hat das bei uns im Westen schon einige Male versucht. Man hat die Lasten gleichmäßig verteilt. Aber bald hatten die ganz Tüchtigen und die ganz Unfähigen, die Gauner und die Ehrlichen wieder ihre schwere Lasten zu tragen, die einen die des Reichtums, die anderen die der Armut."

„Man muß es immer wieder versuchen. Man muß den Armen sagen, daß sie ein Recht haben, satt zu sein. Vielleicht wird es hier besser glücken, was ihr im Westen schon versucht habt."

„Warum kümmerst du dich so viel um anderer Leute Schicksal? Du bist doch glücklich!"

Er sah mich lange an. Ein Lächeln huschte über sein Gesicht und bannte daraus die Härte und Entschlossenheit.

Er sagte: „Vielleicht bin ich gerade deshalb glücklich."

Ich fühlte mich diesem Mann sehr nahe, aber ich wußte nicht, wie ich es ihm sagen sollte. Er sah wieder über mich hinweg nach dem Fluß. Aber er sah auch nicht nach dem Fluß, seine Augen waren nur in die Ferne gerichtet, und er dachte über etwas nach. Sicher hatte es mit unserem Gespräch zu tun, und er würde neue Fragen an mich richten. Ich dachte daran, ob die Armen Asiens wirklich glücklicher sind als die Armen Europas, und ob die Reichen jemals wirklich unglücklich sind, oder ob wir uns das nur einreden, um sie nicht gar zu sehr zu beneiden, und dann hörte ich wieder den Motor, der langsam näherkam.

Das Soldatenmädchen saß mit hochgezogenen Beinen und verschränkten Armen auf seinem alten Platz, und es schien mir, als sähe sie den Mann mit dem Trinknapf fragend an. Aber als ich mich nach ihm umwandte, turnte er schon auf den Wagen hinauf. Zuerst fuhren wir ein Stück eben über den trockenen Wüstenboden, dann ging es in ein steiles Bachbett hinunter, und der Fahrer schaltete zu spät und wir blieben auf der Gegensteigung stecken. Wir mußten ein Stück zurückfahren und Schwung holen, so meisterten wir die Höhe und kamen auf einen Hang, auf dem hunderte Schafe weideten, dann fuhren wir an zwei Lehmhütten vorbei, und einige nackte Kinder liefen uns schreiend nach. Nachmittags hielten wir an einer Herberge und tranken heißes Wasser. Später füllten wir den Kühler aus einem Wasserloch.

Zwei Stunden vor Sonnenuntergang erreichten wir wieder ein Dorf. Soldaten, ihre Gewehre schußbereit in den Händen, umringten das Auto. Sie waren schweigsam und riefen kein einziges drohendes Wort, aber gerade ihre Ruhe war bedrückend. Wir blieben auf dem Wagen sitzen und sahen auf die Soldaten hinunter, und sie hielten ihre Gewehre und sahen zu uns herauf. Dann sagte ihr Anführer, wir sollten absteigen. Wir stiegen mit steifen Beinen vom Wagen und mußten uns in einer langen Reihe auf der Straße aufstellen. Ich war durstig und sonnverbrannt, und die Sonne schien mir flach ins Gesicht.

Drei Soldaten standen hinter uns, die anderen vor uns, und drei gingen langsam die Reihe entlang und verlangten die Ausweispapiere zu sehen. Während ein Soldat sie sorgsam prüfte, hoben die beiden anderen die Arme des Passagiers, tasteten seinen Körper ab, griffen ihm zwischen die Beine und in die Schuhe. Sie holten hier ein Stück Brot, dort einen Kamm oder ein Messer hervor und warfen diese Armseligkeiten verächtlich vor dem Besitzer auf die Straße. Ein Soldat tastete mir gerade den Rücken ab, als der vor mir stehende Offizier plötzlich rief: „Halt! Stehenbleiben!" Ich wollte ihm antworten, daß ich sowieso unbeweglich vor ihm stünde, da sagte hinter mir eine Stimme: „Ich muß nur Wasser lassen." Der Offizier schüttelte unwillig den Kopf: „Später, wenn alle durchsucht sind." Ich drehte mich um. Der Mann mit dem Trinknapf stand einige Schritte hinter mir. Er lachte den Offizier verlegen und höflich an: „Ich bin ja gleich wieder da", und er fingerte mit seiner Hand unschlüssig an der halbgeöffneten Hose. Mir fiel auf, daß er in hartem Dialekt gesprochen hatte. Der Offizier sagte etwas, was ich nicht verstand, aber es mußte ein guter derber Witz gewesen sein, denn die Soldaten brachen in schallendes Gelächter aus, und die Passagiere, die bisher verschüchtert und wortlos dagestanden waren, lächelten. Der Mann, die Hand noch immer an der Hose, lachte laut mit. Dann drehte er sich langsam um und ging zu einer niedrigen Steinmauer, die ein Feld einschloß. Lang und hager, den Rücken gegen uns und mit gebeugtem Kopf, stand er vor der Mauer. Wir hörten sein Wasser gegen die Steine schlagen, und der Wind zerrte an seinen dünnen Kleidern. Dann brachte er seine Hose mit der typischen Bewegung des Gesäßes nach rückwärts wieder in Ordnung. Im nächsten Augenblick war er mit einem Sprung über der Mauer und rannte hinter ihr davon. Er hatte sich gebeugt, aber die Mauer war nicht hoch und sein Rücken und sein Kopf blieben sichtbar. Die Soldaten schrien und brachten ihre Gewehre in Anschlag, aber die Passagiere standen zwischen ihnen und ihrem Ziel, und nur die drei, die hinter uns waren, hatten ungehinderten Blick. Einige Schüsse fielen, aber der gebeugte Rücken blieb sichtbar und bewegte sich rasch wie eine Schlange gegen das Ende des Feldes, wo es von einem tiefen Bachbett begrenzt wurde. Wieder setzte der Gejagte mit einem weiten Sprung über die Mauer — für den Bruchteil einer Sekunde war die langgestreckte, schmale Silhouette gegen den blauen Himmel sichtbar — und war in dem schützenden Bachbett verschwunden. Der Offizier gab einige schrille, aufgeregte Befehle, aber die Soldaten hörten sie nicht mehr, sie liefen wie eifrige Hunde hinter dem Flüchtling her. Ich war froh und glücklich und wußte, daß sie ihn nie erreichen würden.

Es fielen auch keine Schüsse mehr. Ich folgte den Soldaten zum Bach und sah sie dort im Kreis stehen. In ihrer Mitte, lang hingestreckt, einen dünnen Blutstrich auf der Stirn und die Augen weit offen, lag der Mann. Sie brachten aus seinen Kleidern Papiere hervor, die der Offizier begierig durchsah. Die Passagiere kauerten sich neben dem Auto auf die Straße und rauchten. Es war sehr still, selbst die Kinder spielten lautlos im Staub. Jen Sang fingerte neben mir an seiner Gebetskette, und ein langer Zug Krähen flog schwatzend und scheltend über uns nach dem Gelben Fluß. Dann war es wieder still und wurde kühl und dämmrig. Aber erst, als die Schatten schon sehr lang waren, durften wir weiterfahren. Zwei Soldaten sollten das Auto in die nächste Ortschaft begleiten. Als wir aufstiegen, merkte ich, daß das Soldatenmädchen nicht mehr mit uns war. Ich hatte sie noch gesehen, als uns die Soldaten auf die Straße beorderten. Niemand erwähnte sie, und ich war froh darüber, ich erinnerte mich des Blicks, den sie auf den Mann mit dem Trinknapf geworfen hatte. Als wir über die Brücke fuhren, lag der hagere Mann einsam zwischen den großen Geröllblöcken und sah mit weit aufgerissenen Augen gegen den Himmel, der jetzt rasch dunkel wurde.

Wir kamen in eine kleine Ortschaft, winzige, armselige Lehmbauten, die sich um die verfallene rote Mauer eines Tempels drängten. Es gab keine Herberge, und wir fragten in den Bauernhäusern, wo wir die Nacht verbringen dürften. Die fünf Lamas und ich fanden Unterkunft in einem sauberen Gehöft, dessen Besitzer bereitwillig und geschäftseifrig eine reine Filzmatte über den K'ang breitete und uns gebackenes Brot verkaufte.

Jen Sang saß neben mir, und wir schwiegen und sahen, wie der weiße Rauch gegen den dunklen Himmel stieg. Wir hörten einen Gong aus dem verfallenen Tempel, ohne Rhythmus, in pathetischen, traurigen Tönen, als ob eine sehr alte und müde Hand den Klöppel führte. Dann starb auch der Klang des Gongs, und es gab kein Geräusch außer unserem leisen Atem.

„Warum mußte er sterben?" fragte ich.

„Vielleicht war er ein Verschwörer. Die Soldaten sagen, er plante einen Aufruhr gegen den Gouverneur. Seine Papiere waren sehr wichtig."

„Hast du sein Gesicht gesehen?"

„Ja, es war ein gutes Gesicht und es war glücklich."

„Für dich als Lama: ist es wichtig, daß Menschen glücklich sind?"

„Nein, das ist ziemlich nebensächlich."

„Was ist dann wichtig?"

„Dem Weg zu folgen, der aus der endlosen Kette der Wiedergeburten führt."

„Sind die glücklich, die dem Weg folgen?"

„Manche, manche nicht."

„Die ihm nicht folgen: können sie glücklich sein?"

„Sie glauben, es manchmal zu sein."

„Und du?"

„Glück ist, wunschlos zu sein. Ich bin nicht immer wunschlos."

„Er war glücklich, weil er vieles wünschte, nicht für sich, sondern für die anderen."

„Ah, dieses Leben ist eine Illusion. Glück und Unglück, was sind sie anderes als Worte und Täuschungen des Herzens!"

Ein kalter Wind kam von den Bergen herunter und brach die Stille. Der Staub stach uns in das Gesicht, so gingen wir ins Haus und schlossen die Tür. Lobsan, Yang Samuda und die anderen Lamas schliefen schon und sahen aus wie überraschte, staunende Kinder, die vor dem Einschlafen einem Märchen gelauscht haben.

XIX.

Am nächsten Tag kamen wir nach San Chen Kung, einem kleinen, armen Dorf, das irgendwo in den Alpen, Pyrenäen oder einem anderen katholischen Gebirge liegen könnte. Die Kirche stand stolz und beherrschend mit einem großen Garten und vielräumigen Gebäuden auf einem Hügel, und die kleinen Lehmhäuser drängten sich schutzsuchend um sie. Nur zwangen sie hier nicht gewaltige Berge, sondern sanfte, aber tödliche Sanddünen zur engen Nachbarschaft. Die Bauern waren schlecht gekleidet und hatten unfrohe Gesichter.

Wir tranken in einer Herberge Tee und Yang Samuda fragte einen Bauern: „Wie kommt es, daß ihr so finster ausseht? Ihr solltet frohe Gesichter haben. Gutes, fettes Land und viel Wasser vom Gelben Fluß. Wo liegt euer Kummer?"

„Ah-ya, ah-ya", seufzte der Bauer. „Du hast zu rasch geurteilt, Lama. Der Gelbe Fluß bringt nicht nur Wasser, er nimmt auch Land. Jedes Jahr frißt er sich zehn oder zwanzig Meter näher an uns heran. Ich habe schon die Hälfte meiner Felder verloren, sie sind den Gelben Fluß hinuntergeschwommen. In fünfzehn Jahren wird der Fluß die ersten Häuser erreicht haben. Und von der anderen Seite kommt die Wüste. Manchmal ist sie rascher als der Fluß, manchmal langsamer, aber sie steht nie still. Eines Tages werden sie sich im Dorf treffen. Lama, sollen wir wirklich fröhlich sein?"

Nach San Chen Kung fuhren wir an den Gelben Fluß heran und übersetzten ihn. Der Fluß war weit und sein Wasser von einem bräunlichen Gelb. Eine schwere Fähre aus ungefügem Holz stand bereit. Es war alles, wie es seit Jahrtausenden gewesen war.

Der Fluß: mächtig und still und ohne Eile. Seit undenklichen Zeiten hatte er die Geschichte Chinas bestimmt. Er war der Segen und die Sorge Chinas. In seinem Tal nahm vor vielen Jahrtausenden eine Kultur ihren Anfang, der heute ein Viertel der Menschheit angehört. Dynastien erstanden und fielen, der Name eines Kaisers erstrahlte hell über dem Himmlischen Reich und erlosch wieder, Eroberer ritten über die gute Erde und verschwanden wieder — der Gelbe Fluß aber war immer.

Die Fähre: sie mögen Brücken haben aus Holz, aus Stein und aus Stahl, aber vor ihnen war das Boot aus Holz. Ungefüg und primitiv, aber Holz, das schwimmt und Menschen trägt. Auch hier stand die Zeit still. Es war kein kunstvolles Boot, es war Holz, in Form gebracht und zusammengefügt, um Lasten und Menschen von einem Ufer ans andere zu tragen.

Und die Menschen: sie sind gelb und hart wie der Fluß. Sie sind an seinen Ufern aufgewachsen. Sein Silt hat ihre Felder fruchtbar gemacht und sein Wasser hat ihre Saaten ertränkt. Leben oder Tod, Sattsein oder Hungern, der Gelbe Fluß bestimmt ihr Schicksal und mit ihm sind sie seit jeher verbunden.

Zwanzig von ihnen waren bemüht, die Fähre ans andere Ufer zu bringen. Vielleicht hatten sie einen Kapitän, aber er trat nicht in Erscheinung, und jeder rief seine eigenen Kommandos und hörte nicht auf die der anderen. Fünf Mann arbeiteten an einem gewaltigen Ruder und bewegten mit mächtigen Schlägen die gelbe Brühe. Andere stachen mit langen Stangen nach dem seichten Grund und legten sich mit der Schulter dagegen, bis sie fast waagrecht in der Luft lagen. Mühsam, Schritt für Schritt, schoben sie das Boot gegen die Strömung. Und als wir das andere Ufer erreicht hatten, sprangen sie nackt ins Wasser und wateten ans Ufer, wo ihre Füße einen schmalen Pfad ausgetreten hatten, und weit vornübergebeugt in den Seilen hängend zogen sie das Boot in singendem Gleichtakt wieder stromauf. Die Bewegungen, die Menschen, die Geräte und der Fluß waren zeitlos. Sie waren seit jeher so und würden immer sein. Die Zeit stand still. Nur der Fluß bewegte sich, aber es war eine Bewegung ohne Anfang und Ende.

Am anderen Ufer waren noch einige Lehmhäuser, die sich dicht an die steilen Sandhänge schmiegten, und dann begann die Ordos. Ein Land unzähliger welliger Hügel, dazwischen einige steile Berge mit flachen Gipfeln, die wie große Burgen aussahen, mit trockenem, steinigem Boden, auf dem nur wenig Gras wuchs, der aber mit den üppigen runden Ballen einer Steppenpflanze und leuchtend gelben, duftenden Blüten bedeckt war.

Wir folgten zuerst dem trockenen Bett eines Flusses, dann verließen wir seinen tiefen Sand und fuhren über den harten Boden der Hügel. Wir sahen keine Menschen und keine Spuren menschlicher Tätigkeit, nur die schmale Piste, der wir folgten, und die blühenden Hügel. Einmal fuhren wir an einem Kamel vorbei. Es stand starr und unbeweglich, aber sein Kopf folgte langsam und neugierig dem fahrenden Wagen.

So fuhren wir lange Zeit. Die Eintönigkeit der Landschaft machte mich müde und schläfrig. Die Sonne brannte heiß und scharf durch die trockene Luft, und der Wind blies uns den Staub des Wagens nach, der uns wie eine wandernde dichte Wolke umhüllte.

Dann hielten wir vor einigen weißen Gebäuden, die plötzlich hinter einem Hügel aufgetaucht waren. Weiße, mehrstöckige Tempel, von deren Dach das goldene Rad des Lebens und die goldenen Rehe Buddhas leuchteten. Die schweren Holztore waren geschlossen, und die weißen Kuben standen ohne Anzeichen eines Lebens in der stillen Landschaft. Vor dem Tempel war ein Brunnen, und wir tranken kaltes, brackiges Wasser.

Während wir um den Brunnen saßen und der Fahrer seine Kanister für den immer durstigen Motor füllte, hörten wir den fernen Ton eines Horns. Auf einem Hügel hinter dem Tempel erschien ein kleiner, in ein rotes Mönchsgewand gekleideter Junge und kam langsam auf uns und den Tempel zu. Er blies auf einem etwa armlangen Horn ausdauernd und monoton und durchaus nicht im Takte seiner Schritte. Ein zweiter Junge tauchte hinter ihm auf und dann noch einer und noch einer. Hinter ihnen kamen die erwachsenen Mönche, einer hinter dem anderen, mit in Tüchern geschlagenen heiligen Büchern auf der Schulter. Sie schritten ohne Hast und würdevoll wie in einer Prozession, eine leuchtend rote Kette in dem Grau der Berge.

Sie gingen an uns vorbei, ohne uns anzusehen. Ein Junge öffnete das Tor des größten Tempels und sie verschwanden darin. Die Landschaft war wieder tot und leer, nur die Hörner klangen jetzt gedämpft und leise aus dem Tempel.

Ich ging mit Jen Sang in das Innere des Heiligtums. Die Mönche saßen mit gekreuzten Beinen in einer düsteren Halle. Durch den Rauch der Opferstäbchen schimmerte mattgolden die übergroße Statue eines Buddha, und die Lamas beteten mit eintöniger Stimme und zu Boden gesenkten Augen. Jen Sang warf sich vor dem Buddha dreimal zu Boden und setzte sich dann in die Reihe der Betenden. Als das Gebet zu Ende war, unterhielt er sich flüsternd mit seinen Nachbarn.

Nach der düsteren Halle war die Sonne blendend hell.

„Es hat zwei Monate nicht geregnet“, erklärte Jen Sang. „Die Nomaden fürchten für ihr Vieh, so beten die Lamas jetzt um Regen.“

Auch die anderen Passagiere waren neugierig gekommen, und wir hörten sie aus dem Tempel lachen und das Geräusch der Hörner nachahmen. Dann kamen sie plötzlich herausgelaufen, ängstlich und doch lachend, und hinter ihnen kamen die Priester mit drohend erhobenen Fäusten. „Geht fort von hier, geht fort von hier!“ riefen sie. Die Passagiere flüchteten zum Auto und drückten die Hupe und äfften die Prozession um Regen nach, indem sie ernst und würdevoll im Gänsemarsch auf- und abstolzierten. Die Priester kehrten in den Tempel zurück und verschlossen das schwere Holztor. Das Kloster lag jetzt wieder so einsam und abweisend zwischen den kahlen Hügeln wie bei unserer Ankunft, aber man konnte das gedämpfte Beten vieler Stimmen hören, manchmal unterbrochen von dem klagenden Ruf der Hörner. Der Motor war inzwischen abgekühlt und der Kühler mit kaltem Wasser gefüllt. So fuhren wir weiter unter einem wolkenlosen, glasigen Himmel, der das Gebet der Lamas nicht erhört hatte..

Nachmittags schob sich eine schwere, dunkle Wolke langsam aus dem Tal des Gelben Flusses über die Ordos, und der Regen fiel in breiten grauen Bändern auf das trockene Land. Die Berge, an deren Fuß der Tempel lag, verschwanden für lange Zeit im Regen, und als die Abendsonne die Wolken wieder vertrieb und die Landschaft in ein rötliches Licht tauchte, glänzten sie feucht und frischgewaschen über den Nebeln der niedrigen Hügel.

Wir hatten die Zone des Regens verlassen und fuhren gerade in die untergehende Sonne hinein. Der rote Ball berührte den Rand der Steppe, und für eine kurze Minute waren die Hügel und die Berge purpurrot, und die Straße vor uns war ein mattrotes Band und der Staub hinter uns eine rosige Wolke, die in der Luft stand wie der feurige Rauch eines Brandes. Dann fraßen sich dunkle Schatten in die roten Hügel. Die Täler wurden Seen aus Tusche, die alle Einzelheiten überschwemmten und aus denen sich nur einige rote Inseln emporhoben. Dann fuhren auch wir durch den dunklen See und nur noch die höchsten Spitzen schimmerten rot. Auch sie wurden dunkel und es war Nacht.

Wir hielten an einer Paßhöhe und breiteten unsere Schlafsachen auf die Straße. Der trockene Sandboden der Steppe war weich und einladend, aber die Passagiere drängten sich enge um das Auto und lagen in dichten Klumpen darum herum. Nur die Lamas gingen ein paar Schritte in die Steppe und machten ihr eigenes Lager. Während die drei jungen Lamas die Bündel aufschnürten und die Pelze ausbreiteten, kauerten Jen Sang und Yang Samuda mit dem Rücken gegen die Vorbereitungen der Nacht, und die Kugeln der Gebetsketten glitten durch ihre Finger und ich konnte das sanfte Murmeln der Gebete hören.

Am nächsten Tag erreichten wir wieder den Gelben Fluß. Nach der menschenleeren Eintönigkeit der Ordos war er mit seinen Fährleuten, den Lehmhütten, den nackten Kindern und den Hühnern voll ungewohnten Lebens. Die chinesischen Passagiere fühlten sich hier wieder wohl und zu Hause, sie schwatzten und lachten, die Mongolen aber waren still und zurückhaltend. Sie sahen voll Sehnsucht zurück nach der Ordos, wo die Menschen in großen Abständen voneinander leben und man einen Tag über die Steppe reiten kann, ohne auch nur einen Menschen zu treffen. Die Söhne der Han und die Söhne Dschingis Khans hatten wenig gemeinsam.

Wir übersetzten den Fluß und kamen nach Shih Tsui Shan. Es war ein niederdrückender Ort: eine Hauptstraße mit einigen armseligen Geschäften, dahinter ein Winkelwerk kleiner Gassen, von hohen Mauern umgeben und leblos. Der Staub lag fußhoch und ein kräftiger Wind blies ihn in Schwaden vor sich her.

Die Fahrtpapiere unseres Wagens waren nicht in Ordnung, und die Soldaten ließen uns nicht weiterfahren. Wir saßen in einer Herberge und warteten. Der Wind war stärker geworden, der rote Papierkranz des Gasthofs hing waagrecht in der Luft, und der Strick war wie eine Saite gespannt. Kinder und Müßiggänger waren von der Straße verschwunden, nur einige Köter lagen draußen, den Kopf tief zwischen den Pfoten, und ihr struppiges Fell war wie eine Bürste.

Ich saß mit den Lamas in der Gaststube. Wir hatten nichts zu tun als zu warten. Wir tranken heißen Hirseschnaps aus winzigen Bechern und sahen durch das kleine Glasfenster auf die

Straße. Manchmal war der Staub so dicht, daß die gegenüberliegenden Häuser hinter einem grauen Vorhang verschwanden. Dann wurden sie wie durch einen Nebel in unklaren Formen sichtbar und verschwanden wieder. Als der Vorhang sich einmal für einige Sekunden hob, sah ich auf der anderen Straßenseite, mit den Hunden in eine Ecke gedrückt, den alten Bettler liegen, der bei unserer Ankunft monoton und eindringlich immer wieder gerufen hatte: „Großer Alter Herr, Großer Alter Herr, ich habe nichts zu essen, ich habe kein Haus, ich habe kein Geld, Großer Alter Herr, ich bin hungrig.“ Er sah so elend aus, daß man ihm diese professionellen Rufe seines Gewerbes glauben konnte: ein fleischloses Skelett, die Haut von Aussatz zerrissen, und so kraftlos, daß er sich auf allen vieren weiterschleppte.

Ich wollte hinaus, ihm eine Schale Reis geben, aber dann blies der Wind besonders stark und ich nahm mir vor, nach dem nächsten Glas zu gehen. Ich trank es und dann noch eines, und Yang Samuda erzählte, wie der verstorbene Panchen Lama in Pracht und Glanz durch die Mongolei gereist war, mit einem mittelalterlichen Troß von Anhängern und einer Stadt von Zelten, und wie die Leute aus der Steppe von weither gekommen waren, um ihre Schätze und Reichtümer dem großen Heiligen zu opfern: vielköpfige Yakherden, riesige Butterklumpen, die schnellsten und ausdauerndsten Pferde, Schmuck aus Silber und Gold, und viele, viele schöne runde Silberdollars, hohe Berge davon. Yang Samuda schilderte begeistert und anschaulich: ich sah den Prunkzug des Großen Lamas vor mir, den brutalen Glanz einer brutalen und gleichzeitig esoterischen Welt. Ich hörte andächtig zu, aber ich mußte immer wieder an den Bettler denken. Ich erinnerte mich ganz klar seines Gesichts. Ich habe immer ein gewisses Mißtrauen gegen Bettler gehabt: ich glaubte ihren Beteuerungen der großen Armut, aber war nicht ein sardonisches, zufriedenes Lächeln auf ihrem Gesicht, wenn sie beteuerten, wie elend und unglücklich sie selbst seien, während der Große Alte Herr, von dem sie bloß ein paar Kupfermünzen erbäten, reich und gesund sei. Beneideten sie den Großen Alten Herrn tatsächlich? Oder belächelten sie ihn?

Mit einer Schale Reis und einer Schale Schnaps ging ich über die Straße. Er sah aus wie ein großer Klumpen staubiger, grauer Erde, tot, aber doch voll geheimnisvollen Lebens und zeitlos.

Als er meine Schritte hörte, begann er automatisch und ohne aufzusehen: „Großer Alter Herr..."

Er trank den Schnaps in tiefen, genießerischen Zügen und aß den Reis gierig und mit beiden Händen. Er lehnte sich bequem in seine Ecke zurück.

„Ihr seid sehr gütig, Großer Alter Herr, der Himmel wird Euch dafür danken."

„Würdest du an meiner Stelle sein wollen?"

„Ich verstehe Euch nicht, Großer Alter Herr."

„Möchtest du vierzig Jahre jünger sein, gesund und stark, Geld haben, Pläne machen..."

„Wie kann ich alter Mann..."

„Pläne machen, einen Acker bebauen, Kinder zeugen, sie aufziehen? Willst du nochmals leben?"

„Ich kann mir all diese Dinge kaum mehr vorstellen. So viele Jahre sind vergangen."

„Aber du mußt dich doch manchmal erinnern. Hast du keine Kinder gehabt?"

„Sie sind alle tot."

„Und dein Haus? Wo stand es?"

„In Pingliang. Ein schönes Haus, Herr. Zwei Pfirsichbäume im Hof. Sie trugen im Frühjahr zarte, weiße Blüten und im Herbst große, saftige Früchte. Und ich hatte Felder, eine gute Erde, Herr."

„Möchtest du nochmals als Bauer anfangen?"

„Natürlich, Herr. Ich hatte ein schönes Haus und gute Felder. Es war ein schönes Leben. Es war aber auch ein hartes Leben. Ich weiß nicht, Herr, ob es nicht genug ist, einmal zu leben und alt zu werden."

„Jetzt aber bist du arm und elend."

„Ja, Herr, ich bin arm. Aber da ist ein großer Friede und es ist schön, friedlich zu leben. Wenn man jung ist, hat man noch viele Jahre vor sich, aber die Tage sind unruhig. Man wünscht so viel, immer ein wenig mehr, als man hat. Man glaubt, es sei schön, Wünsche zu haben. Aber, Herr, das glaubt man nur, weil man nicht weiß, wie schön es ist, ohne Wünsche zu leben. Wenn man reich ist und Schuhe und Kleider und ein Haus hat, ist man damit glücklich? Immer ist etwas nicht in Ordnung. Man will bessere Schuhe und wärmere Kleider und ein größeres Haus. Nein, Herr, es ist nicht so schlimm, ohne Schuhe und ohne Kleider und ohne Haus zu sein. Es ist nicht schlimm, so arm zu sein wie ich."

„Aber du bist nicht arm. Du hast ein langes Leben, von dem du träumen kannst. Du bist reich an Erinnerungen, sie machen dein Leben schön."

„Ja, ich bin reich. Aber nicht, wenn ich an die Vergangenheit zurückdenke. Ich bin zufrieden mit meiner Gegenwart, auch wenn ich sie mit der Vergangenheit vergleiche. Wie viele Wünsche, welche Unruhe, und wie häufig die Enttäuschungen. Ich lächle heute, wenn ich daran zurückdenke. Und wenn mich die Leute lächeln sehen, sagen sie: ‚Der alte Chang träumt schon wieder von seinem Haus in Pingliang.' Aber ich träume nicht davon, ich lächle darüber."

Der Sturm hatte nicht nachgelassen, aber in unserer Ecke saßen wir geschützt. Aus der Herberge drang ein müder Lichtschein, und manchmal huschte eine Gestalt schräg gegen den Sturm gelehnt über die Gasse. Der Staub auf dem Boden war so dicht, daß man die Beine nicht sehen und die Schritte nicht hören konnte. Die geheimnisvoll schwebenden Gestalten, das milde Licht und die Geräusche des Windes waren von schwermütiger Schönheit.

„Wenn das Auto hier durchkommt, Herr, bin ich sehr zufrieden. Ich bekomme immer ein paar Zigaretten und auch Geld.

Ich bin der einzige Bettler, den die Soldaten nicht wegjagen. Aber nicht deshalb bin ich zufrieden. Da steigt ein junger Mann aus, wichtig bestellt er sich zu essen. Er ist so selbstsicher und energisch. Mich aber täuscht er nicht, ich weiß, wie es in den Herzen junger Menschen aussieht: Unklarheiten, Zweifel, Wünsche. Dann kommt ein fetter, reicher Mann. Ich sehe, wie er um seine Gesundheit bangt. Herr, es ist schön, ohne Furcht zu leben und ohne große Wünsche. Was soll ich fürchten, Herr? Den Hunger, die Kälte? Ich spüre sie kaum. Oder gar den Tod? Aber, Herr, was ist schrecklich am Tod, wenn man einmal gelebt hat?"

Aus der Herberge war lauter Lärm hörbar. Einige Gäste hatten reichlich Wein getrunken und vergnügten sich mit dem Fingerspiel. Mit kreischender, schriller Stimme riefen sie die Zahlen und lustiges Gejohle belohnte den Sieger.

„Du möchtest nicht an meiner Stelle sein?" fragte ich wieder.

„Herr, ich weiß, du bist reich und mächtig und wirst tausend Söhne haben. Aber der Reiche denkt an die Zukunft, der Arme nur an die Gegenwart. Die Zukunft ist weit und ungewiß und voll von Wünschen und Sorgen. Die Gegenwart ist so klein, daß Sorgen in ihr keinen Platz finden. Der Reis hat meinen Bauch gefüllt, der Schnaps hat meine Gedanken beschwingt und die Nacht ist warm. Was könnte ich sonst wünschen? Natürlich, ihr Reichen seid auch oft glücklich. Aber Glück ergibt sich aus Unglück, und Unglück ist bereits im Glück geborgen. Es ist ein Rad, das sich ewig dreht. Es ist schön, nicht mehr an dieses Rad gekettet zu sein. Aber vielleicht spreche ich unklar, Großer Alter Herr. Ich bin es nicht mehr gewöhnt, Schnaps zu trinken. Wenn wir morgen weiterplaudern könnten? Ihr könnt mich den ganzen Tag hier finden. Ich habe immer Zeit."

Er rollte sich in seiner Ecke zusammen, und die Hunde rückten näher an ihn heran. Der Staub strich wie feiner, schmutziger Schnee durch die Luft und stach auf der Haut. Ich ging in die Herberge zurück. Die Spieler waren zur Ruhe gegangen, und der Wirt saß müde neben dem Herd. Die Lamas kauerten auf ihren K'ang, und Yang Samuda erzählte noch immer vom Panchen Lama.

Während des nächsten Tages änderte sich der Eindruck der Landschaft: die Felder waren fruchtbarer und sorgfältiger bestellt, die Bauernhäuser wohlhabender und reiner, und die nächste Ortschaft war ein Schmuckkästchen mit einer gepflegten, ordentlichen Hauptstraße. Die Hausfronten standen in kerzengeraden Linien, die Geschäfte waren alle gleich groß, von der gleichen Bauart und mit den gleichen Waren. Die Straße war mit Wasser besprengt und von Pappeln gesäumt.

Dann kamen wir wieder durch eine Ortschaft, und sie war genau so wie die vorige: die gleichen Geschäfte, die gleichen schattenspendenden Pappeln, derselbe Eifer, die Straße zu besprengen, die genau so kerzengerade und breit angelegt war. Es waren zwei verschiedene Ortschaften, aber man konnte sie nicht unterscheiden.

Die Straße war breiter und in einem besseren Zustand. Es war nicht mehr nötig, daß die beiden Mechaniker vorausliefen und wie Piloten den sichersten Weg erkundeten. Wiederholt sahen wir Gruppen von Männern, die die Straße ausbesserten. Sie trugen die blauen Kittel der Bauern, aber ihre Gesichter ließen die Zufriedenheit der Bauern vermissen. Einige begossen die jungen Pappeln, die beidseitig die Straße säumten. Wir fuhren jetzt durch eine lange Allee, die Bäume waren noch jung und gaben nicht viel Schatten, aber es waren nach vielen hundert Kilometern die ersten Bäume, mit Ausnahme der alten, ehrwürdigen Föhren, die im Schutze der Klöster wachsen.

Dann erreichten wir die Hauptstadt der Provinz. Sie war von einer gewaltigen Lehmmauer umwallt, deren Befestigungen an den Toren sich hoch gegen den Himmel hoben. Die Mauer war vielleicht nicht so mächtig und stark wie die von Peking, aber sie wirkte — ich konnte mir den Grund nicht erklären — drohender. Das Land um die Stadt war vollkommen flach, nur im

Westen war die langgestreckte Kette des Alashan sichtbar, die höchsten Gipfel im letzten Frühlingsschnee.

Wir hielten außerhalb des Stadttors. Hier herrschte nicht die gemütliche und manchmal grobe Stimmung der Soldateska in kleinen Dörfern. Die Formalitäten waren organisiert und unpersönlich. In einem Büro mußten wir unsere Reisepässe vorweisen, alle Einzelheiten wurden genau in ein dickes Buch eingetragen. Dann durften wir wieder auf den Wagen steigen. Aber noch war uns die Einfahrt in die Stadt nicht erlaubt. Aus dem Büro hörten wir den Soldaten mit der Stadtpolizei telephonieren: „Zweiundfünfzig Passagiere, ja, zweiundfünfzig. Ein Fremder, er hat Reiseerlaubnis der Polizei in Peking, fünf Lamas nach Kumbum, kommen auch aus Peking..." Das Telephon war anscheinend nicht sehr gut und diese Mitteilungen nahmen eine lange Zeit in Anspruch. Wir saßen auf dem Auto und warteten. Ich spürte wieder das panikartige Gefühl, das ich während des Verhörs bei der Polizei in Shanghai kennengelernt hatte, als mein Name telephonisch immer wieder genannt wurde. Einige Soldaten bewachten das Auto. Vielleicht oder sogar wahrscheinlich bewachten sie das Tor, aber sie gingen mit eiligen, nervösen, raubtierhaften Schritten um das Auto herum. Sie sahen einander nicht an und sprachen auch nicht miteinander, ihre Gesichter waren unpersönliche kriegerische Masken der Pflichterfüllung ohne menschliches Interesse oder Neugier. Am Gürtel trugen sie einen Revolver, auf dem Rücken einen kleinen Tornister mit festgerollter Decke, und darangeschnallt, so daß die Scheide über ihren Kopf ragte, ein kleines Schwert. Es war ein Zwischending von einem gewöhnlichen Schwert und einem seltsamen Messer, ähnlich dem furchtbaren Kukri, mit dem die Gurkha Hälse durchschneiden und Feuerholz spalten, und es wirkte über den wachsamen Soldatenmasken furchteinflößend.

Endlich kam von der Polizei die Weisung, daß wir weiter durften. Ein Soldat stellte sich auf das Trittbrett des Wagens und wies den Fahrer an, wohin er zu fahren hatte. Die Stadt war sehr sauber und ordentlich. Es war eine alte Stadt, deren Name in der Geschichte Chinas oft auftaucht, aber sie sah nicht alt aus. Enge Straßen wurden niedergerissen und verbreitert, und die neuen Straßen waren ohne das emsige Leben und Treiben anderer Städte.

Wir kamen zu einem Hotel. Ein ebenerdiges Gebäude um einen großen quadratischen Hof gebaut, jedes Zimmer mit einem Fenster und der Tür gegen den Hof. Jen Sang sagte: „Wir nehmen ein großes Zimmer für uns alle, das kommt billiger." Aber der Wirt sagte ihm, daß wir erst in die Zimmer dürften, wenn die Polizei unser Gepäck untersucht habe. Wir mußten unser Gepäck in langen Reihen auf dem Hof aufstellen und warten. Nach einer Stunde kamen zwei Polizisten und durchsuchten die einzelnen Bündel genau und ohne Hast. Dann waren wir endlich in unserem Zimmer.

„Wie gefällt dir Wuhsien?" fragte Jen Sang.

„Eine sehr ordentliche Stadt", sagte ich.

Er wandte sich an Yang Samuda: „Wir müssen uns umsehen, wann das nächste Auto nach Lanchow fährt."

„Hier wird viel gebaut", sagte ich. „Hier werde ich viel Arbeit finden."

„Ja", sagte Jen Sang, „es ist eine Stadt für Straßenbauer."

„Das ist nichts Schlechtes."

„Nein, nein, sicher nicht", beteuerte er eifrig. Und dann: „Hast du die Menschen auf der Straße gesehen?"

„Es waren nicht viele Menschen auf der Straße."

„Ihre Gesichter gefallen mir nicht. Sie sind nicht froh."

„Du hast selbst gesagt, daß der Weg zum Glück sehr schmal ist."

„Hier scheint er besonders schmal."

Ich fragte den Wirt, ob er mir sagen könne, wo Herr Lo wohne.

„Lo Fang-shin, der Schwiegersohn des Gouverneurs?"

„Lo Fang-shin.“

„Sie wünschen ihn zu sehen?“

Ich sagte, das sei der Zweck meiner Reise nach Wuhsien gewesen.

„Ich werde Sie zu seinem Hause führen, wann immer Sie wünschen. Ist das Zimmer, das Sie gewählt haben, nicht zu dürftig? Im Hinterhof hätte ich ein besseres Zimmer für Sie bereit.“

So schickte ich meine Visitenkarte an Herrn Lo. Eine halbe Stunde später stürzte der Wirt in mein Zimmer und sagte, Herr Lo sei persönlich gekommen, um mich zu begrüßen. Und schon polterte Herr Lo herein. Er war ein junger Mann mit klugen Augen. Die übrigen Einzelheiten seines Gesichtes waren kaum erkenntlich, sie waren von einer dicken Fettschicht überdeckt und bildeten eine pralle, schwitzende Halbkugel. Aber die Augen waren wachsam und klug.

„Willkommen in Wuhsien, herzlich willkommen in unserer Hauptstadt!“ rief er und streckte mir beide Hände entgegen. „Wie war die Reise? Sehr anstrengend? Ich bin Herrn Wu sehr dankbar, daß er Sie gebeten hat, uns zu besuchen. Hoffentlich bleiben Sie recht lange. Herr Wu hat geschrieben, daß Sie Brücken bauen können; wir brauchen Brücken so dringend.“

Wir hatten uns gesetzt, und der Wirt brachte Tee und stand wie ein Soldat stramm neben uns, den Blick auf die gegenüberliegende Wand fixiert. Ich hatte die Lamas vorgestellt, und sie waren nach einigen freundlichen Worten gegangen, um sich die Stadt anzusehen.

„Exzellenz wird Sie bald sehen wollen. Exzellenz begrüßt es, daß ausländische Techniker unseren Fortschritt unterstützen. Wir haben noch viel zu schaffen, aber wir haben schon viel geleistet. Exzellenz hat achthunderttausend Pappeln pflanzen lassen, und viele neue Straßen sind gebaut worden.“

Ich sagte, ich hätte die jungen Pappeln und die guten Straßen bewundert.

„Bitte, sagen Sie das Exzellenz. Er hört das gern."

Wir verabredeten, daß ich abends in seinem Hause essen würde.

Er hatte eine junge Frau, die trotz ihrer ausgesprochenen Häßlichkeit sehr charmant und liebenswürdig war, und sieben Kinder. Er war genau sieben Jahre verheiratet: „Jedes Jahr ein Kind. Wir brauchen Menschen hier in unserer Provinz. Exzellenz sieht es gern, wenn wir viele Kinder haben."

Das Abendessen war ausgezeichnet. Ich hatte seit Wochen nicht so gut gegessen, und Lo strahlte über sein Vollmondgesicht, als ich ihm das sagte. Nach der unhöflich geringschätzigen Bedienung in den Herbergen waren Los Diener verblüffend behende. Wenn sie nicht damit beschäftigt waren, neue Schüsseln auf den Tisch zu stellen oder halbgeleerte zu entfernen, standen sie, wie der Wirt wenige Stunden früher, stramm und die Hände an der Hosennaht und sahen nach der gegenüberliegenden Wand.

„Wann können wir gehen und den Gouverneur sehen?" fragte ich. „Ich würde ihm gern meine Aufwartung machen."

„Exzellenz ist bereits informiert, daß Sie angekommen sind."

Es war ein angenehmer Abend mit viel Wein und viel Gelächter. Nur die automatenhafte Dienstbarkeit der Angestellten war störend.

Lo brachte mich zur Herberge zurück, und ich fand die Lamas in angeregter Unterhaltung. Jen Sang bereitete über einem kleinen Feuer von Holzkohlen Tee.

„Das Wasser in Wuhsien ist leidlich", sagte er anerkennend.

„Der Wein ist schlecht, aber billig", sagte Lobsan.

„Ich erzählte Jen Sang gerade die Geschichte von der Gründung Kumbums", sagte Yang Samuda. Er sprach nicht oft, aber wenn er sprach, hatte er es nicht gern, daß man ihn unterbrach.

„Ich würde sie auch gern hören", sagte ich.

„Ich will nochmals vom Anfang beginnen", sagte Yang Samuda.

Er erzählte:

„Vor vielen, vielen Jahren gab es dort, wo heute Kumbum steht, nicht ein einziges Haus. Tibet war damals ein mächtiges Reich, und die chinesischen Bauern wagten sich nicht nach Chinghai. Die Weiden reichten bis weit nach Kansu, und die Hirten lebten frei und glücklich.

Ein armer Hirte hatte sein Zelt im Zwiebeltal aufgeschlagen, dort, wo heute die acht Pagoden von Kumbum stehen. Er hatte nur wenige Yaks, aber er war ein guter Mensch. Auch seine Frau hatte ein sehr gutes Herz.

Eines Tages ging sie zum Brunnen Wasser holen und sah darin das Spiegelbild eines sehr schönen Mannes. Sie fiel in Ohnmacht, und als sie erwachte, fühlte sie, daß sie empfangen hatte. Sie war sehr glücklich darüber.

Als ihre Zeit um war, wurde Tsongkapa geboren. Er war ein sehr kluges Kind, und bald war er auch weit und breit berühmt wegen seiner Gelehrsamkeit und seines guten Benehmens.

Er hatte einen Lehrer, der aus dem Westen gekommen war und eine große Nase hatte. Manche fremde Priester glauben, daß er einer von ihnen gewesen und aus fernen Ländern gekommen sei, und sie sagen, daß ihre katholische Messe der lamaistischen in vielen Zeremonien gleiche. Das mag so sein. Denn wer immer zu den Göttern betet, befleißigt sich ähnlicher Arten der Verehrung. Ich glaube nicht, daß der Lehrer Tsongkapas aus den westlichen Ländern kam.

Als Tsongkapa alt genug war, ging er nach Lhasa, um dort zu lernen und zu lehren. Seine Mutter sorgte sich sehr um ihn, und so schickte er ihr sein Bild, das er selbst mit Blut gezeichnet hatte. Die Mutter sah es an und es teilte ihr mit, daß ihr Sohn wohlauf sei.

Inzwischen war dort, wo die Mutter die ersten Haare ihres Sohnes vergraben hatte, ein Baum gewachsen. Es war ein Baum der Wunder: auf seinen Blättern und auf seiner Rinde standen heilige tibetische Worte, und das Bild Buddhas erschien auf ihnen. Seitdem heißt das Kloster nach diesem Baum der Wunder Kumbum oder Hunderttausend Bilder.

Tsongkapa aber fand in Lhasa viel Laster und Sünde. Und er predigte dagegen und gewann viele Jünger. So gründete er die Sekte der Gelbmützen, und die Rotmützen fürchteten ihn sehr.

Eines Tages kamen zwei Mönche der Rotmützen zum Zelte Tsongkapas. Sie hatten untereinander besprochen, daß sie ihm nicht die gebührende Ehrfurcht bezeugen wollten. Der erste trat frech ins Zelt, aber als er Tsongkapa fromm betend sah, verlor er den Mut und drehte sich nach seinem Begleiter um. Der hatte keine Mütze auf dem Kopf und beugte sich eben tief. Er war mit der hohen Kopfbedeckung gegen den Eingang gestoßen und hatte sie verloren. Jetzt bückte er sich, um sie aufzuheben. Aber das wußte der erste natürlich nicht, er dachte, sein Freund hätte hinter seinem Rücken gegrüßt, und so verbeugte auch er sich tief. Als der zweite seinen Gefährten so ehrfürchtig sah, machte er rasch noch einige weitere Verbeugungen.

Die anderen Mönche, die gewußt hatten, daß die beiden gekommen waren, um Tsongkapa herauszufordern, sahen, daß die roten Mützen sich vor ihm zur Erde senkten und rasch verbreitete sich das Gerücht, daß die Sekte der Rotmützen sich der neuen Lehre gebeugt habe.

Es gibt andere, die erzählen, daß über dem Zelteingang ein Schüler Tsongkapas verborgen war, der die Mütze herunterstieß. Aber ich glaube nicht, daß menschliche Hilfe nötig war, um der rechten Lehre zum Sieg zu verhelfen. So sind die Menschen: geschieht etwas Natürliches, so machen sie ein Wunder daraus; geschieht aber ein Wunder, so wollen sie es natürlich erklären.

Der höchste Priester der Rotmützen gab sich aber nicht so rasch geschlagen und forderte Tsongkapa zu einer religiösen Diskussion heraus. Tsongkapa nahm die Herausforderung an, und der Oberpriester suchte ihm nach den Dogmen zu beweisen, daß die neue Lehre irrig sei. Tsongkapa saß lange schweigend, und der Oberpriester erhitzte sich mit seinen Argumenten. In seiner Aufregung zerdrückte er eine Laus, die über seinen Körper lief und ihn störte. Da wies Tsongkapa sehr ruhig auf das Unbuddhistische dieser Handlung hin, und der Oberpriester bekannte sich geschlagen.

Heute ruht der Körper Tsongkapas in dem großen Kloster Galden. Er schwebt frei in der Luft. Wo aber Tsongkapa geboren wurde, steht das Kloster Kumbum.

Viele Wunder und Heldentaten hat das Kloster erlebt.

Einmal lag es mit der Provinzregierung in Streit wegen eines fraglichen Grundbesitzes. Die Lamas wußten sich im Recht und gaben nicht nach. Das Recht war auf ihrer Seite, aber die Macht auf der des Gouverneurs. Er fragte sie spöttisch: „Ihr, die ihr alles wißt — was war, was ist und was sein wird —, könnt ihr die Stunde eures Todes voraussagen?“ Es war spät am Nachmittag und die Lamas erwarteten das Schlimmste. „Morgen früh“, sagten sie. „Diesmal habt ihr unrecht, ihr Immerweisen“, sagte der Gouverneur, „ihr werdet noch heute sterben“, und er ließ sie hinrichten. Zu ihrer Erinnerung baute das Kloster die acht Pagoden.

Und später einmal umzingelten die Mohammedaner das Kloster, und viele kleine Gompa waren schon in Rauch und Feuer aufgegangen. Es gab keine Rettung für Kumbum, es würde zerstört werden. Aber da zeigte Buddha seine Macht in der Frömmigkeit des Oberpriesters. Der Mut der Verteidiger war gesunken, sie sahen keine Hoffnung, gegen die Überzahl der Angreifer standzuhalten. Da gab der Oberlama das Kommando an den nächsten Lama weiter und verschluckte zwanzig Nadeln. Natürlich starb er unter großen Schmerzen, und die Verteidiger waren mutloser als zuvor. Aber plötzlich entstand Unruhe und Verwirrung im Lager der Mohammedaner. Sie liefen aufgeregt durcheinander und ergriffen schließlich die

Flucht. Da sahen die Mönche das große Wunder: die zwanzig Nadeln, die der Oberlama geschluckt hatte, waren Kanonen geworden, und ohne daß sie jemand bediente, schossen sie gegen die Feinde. So wurde das große Kloster gerettet. Ehre und Preis sei dem Buddha."

Niemand hatte Yang Samuda unterbrochen. Jetzt sagte Jen Sang:

„Schade, daß du nicht mit uns reist."

„Er muß Brücken bauen", sagte Yang Samuda.

„Bevor wir schlafen gehen", sagte Jen Sang, „trinken wir jeder noch eine Tasse Tee. Das Wasser in Wuhsien ist leidlich."

Die Leute von Wuhsien waren vorsichtig, aber sie waren auch geschwätzig, bald wußte ich manches über den Gouverneur.

Er war ein Mann von fünfzig Jahren. Es war unmöglich, sein Alter zu schätzen. Vielleicht hatte er vor zwanzig Jahren genau so ausgesehen, und wahrscheinlich würde er in zwanzig Jahren nur wenig verändert sein. Er war so dick, daß er nur mit Schwierigkeiten gehen konnte. Wenn er aber die paar Schritte von seinem großen amerikanischen Wagen zum Sedansessel ging — er ließ sich auch innerhalb des Palastes in einer Sänfte tragen —, so machte sein unbeholfener, wiegender Gang nicht den Eindruck der Hilflosigkeit, sondern den einer ungeheuren elementaren Kraft. Er war sich bewußt, daß Fett Würde und Reichtum bedeutete. Kann man einen dicken Bauch haben, wenn man nicht genug Geld besitzt, um die besten Leckerbissen zu kaufen? Kann das Kinn bis auf die Brust herunterhängen, wenn man täglich hunderte Male „jawohl" zu den Befehlen eines Vorgesetzten nicken muß? Kann man überhaupt dick sein, wenn man Sorgen hat, die einen nachts nicht schlafen lassen?

Der Gouverneur wußte all dies. Er trug sein Fett nicht mit dem gutmütigen, Entschuldigung suchenden Lächeln westlicher dicker Männer, für ihn war es das Symbol seiner Macht und Unantastbarkeit. Man war dem Zittern näher als dem Lächeln, wenn er unbeholfen heranwatschelte. Er selbst lächelte oft, aber es war ein oberflächliches Verziehen seiner Gesichtsmuskeln ohne innere Herzlichkeit. Er blieb immer wachsam.

Die ganze Provinz, von seinem engsten Berater bis zum letzten Kuli, fürchtete sein Temperament. Bei einer Truppenparade hatte er seinen einzigen Sohn nach einem schlecht ausgeführten Kommando vor den Soldaten und versammelten Würdenträgern geohrfeigt, und der Sohn, ein erwachsener Mann von dreißig Jahren, war dagestanden wie ein Schuljunge.

Der Gouverneur hatte fünf Konkubinen, nicht mehr junge Frauen, die mit ihm alt geworden waren und denen er eine rührende Anhänglichkeit zeigte. Obwohl die Frauen ihn als Mann sicher nicht mehr fesselten, sorgte er dafür, daß sie bequem und sorglos leben konnten. Die vielen Jahre in der Hauptstadt mit ihren Intrigen und gewagten Geschäften hatten aus den jungen, unerfahrenen Mädchen, die noch als Kinder in das Schlafzimmer des Gouverneurs gebracht worden waren, geübte Geschäftsfrauen gemacht. Sie hatten ihr Geld geschickt investiert und brauchten nicht zu fürchten, betrogen zu werden, denn kein Kaufmann wagte auch nur gewöhnliche Geschäftspraktiken gegen die Konkubinen des Gouverneurs anzuwenden.

Über den Konkubinen schwebte überlegen und alle ihre Fähigkeiten bei weitem übertreffend die Hauptfrau. Sie war fast so alt wie der Gouverneur. Sie waren verheiratet worden, als beide noch Kinder waren, sie hatte ihm seinen ersten und einzigen Sohn geboren und war mit ihm alt geworden. Waren die Konkubinen nicht mehr reizvoll, so war sie abstoßend. Ein Koloß aus Fett und Fleisch, unfähig und nicht willens, ihre nicht zu sättigende Eßgier zu beherrschen. In dem trotz reichlicher Anwendung von Puder immer glänzenden Gesicht waren die Augen überraschend. Sie waren nicht nur groß und schön, von der dunklen Tiefe, die man nur im Osten findet, sondern auch wachsam, klug und nachdenklich. Erstarrten die Leute vor den kalten Augen des Gouverneurs, so wurden sie vor den klaren Blicken seiner Frau zu kriechenden Sklaven. Sie behaupteten, wahrscheinlich mit Recht, daß sie die Provinz beherrsche. Tatsächlich unternahm der Gouverneur nichts, ohne sich vorher genau mit ihr besprochen zu haben, und mußte er gelegentlich nach Nanking oder Peking, um an Besprechungen von überprovinzieller Wichtigkeit teilzunehmen — er verließ nur ungern seine Hauptstadt, mißtrauisch und knurrend, wie ein alter Löwe aus seiner sicheren Höhle kriecht —, dann mußte sie mit ihm, und er faßte keinen Entschluß und band sich an keine Entscheidung, bevor er nicht ihre Zustimmung hatte. „Er ist der Mund, aber sie ist das Hirn", sagten die Leute, aber sie sagten es leise und nur zu guten Freunden, denn der Mund konnte gefährlich brüllen, und Polizei und Militär waren nur zu bereit, auch die grausamsten Befehle dieses Mundes auszuführen.

Ich hatte all diese Geschichten über den Gouverneur schon gehört, als mich Lo am Abend in den Palast mitnahm. Als er mich vorstellte, stotterte er ein wenig und stand stramm wie ein junger Soldat vor dem General.

„Ich freue mich, daß Sie nach Wuhsien gekommen sind. Wir begrüßen es, wenn Fremde unsere Provinz besuchen."

„Ich bin sehr glücklich, daß ich Ihre Provinz besuchen durfte, Exzellenz." Dann erinnerte ich mich an Los Ratschlag und sagte der Wahrheit gemäß: „In ganz China habe ich nicht so viele junge Bäume gesehen wie während der letzten Tage in Ihrer Provinz. Überall sonst herrscht Raubbau, die letzten armseligen Bäume werden abgeholzt. Hier aber wird aufgebaut."

„Ich tue für mein Volk, was ich kann. Ich tue es mit großen Opfern. Ich bin ein alter Mann, aber ich arbeite viele Stunden täglich. Es ist ja für mein Volk."

„Ihr Volk wird das zu schätzen wissen und dankbar sein, Exzellenz."

„Es liebt mich wie seinen Vater. Ich bin sein Vater. Aber ein Vater muß auch strenge sein können, und manche Zeitungen in Peking und Shanghai haben mich einen Diktator genannt. Das ist ein bedauerliches Mißverständnis. Ich war traurig darüber, wirklich sehr traurig. Es schmerzt, wenn ein langes Leben der Aufopferung und Liebe so beurteilt wird. Es schmerzt wahrhaftig."

Sein mächtiger Körper, der auf einem besonders breiten Stuhl saß, schüttelte sich in Selbstmitleid und, tatsächlich, seine Augen wurden feucht und eine Träne lief über die pralle Wange. Ich sah verlegen zu Boden und sagte:

„Es sind immer die Großen und Mächtigen, die angegriffen werden. Aber die Geschichte wird ein wahres Urteil sprechen und die Verleumdungen zum Schweigen bringen."

„Das wird so sein", sagte er und blieb weiterhin mit den Gedanken über den Undank seiner Kinder beschäftigt.

Ich erinnere mich einer anderen Geschichte, die ich gehört hatte. Die Regierung in Nanking hatte dem Gouverneur Waffen und Geld für den Bürgerkrieg geschickt. Er hatte das Geld genommen und die Waffen verkauft. Dann hatte er seine Truppen antreten lassen.

„Meine Kinder", hatte er zu ihnen gesagt, „ihr wißt, daß ich euch wie meine Kinder liebe. Wir haben zusammen gekämpft und haben zusammen gesiegt. Ich wache wie ein Vater über euer Wohl. Die gegnerischen Banditen rücken immer näher, unsere Heimat ist in Gefahr. Ich habe die Dringlichkeit der Lage nach Nanking gemeldet, aber Nanking ist schwerhörig und schickt keine Hilfe. Ich bin ein armer Mann, ich habe mein letztes Goldstück geopfert. Meine Kraft allein reicht nicht, auch ihr müßt helfen. Ihr müßt euch selbst bekleiden, die Bauern und Kaufleute werden euch Waffen kaufen. Wir sind wie eine große Familie, wir helfen alle zusammen. Ah, es ist nicht leicht, der Vater so vieler Kinder zu sein."

Und er war auf der Tribüne in Tränen ausgebrochen, sein mächtiger Körper hatte gebebt und die Tränen waren frei und reichlich, auch dem letzten Soldaten sichtbar, geflossen.

Jetzt war es nur eine Träne, aber ich war nur ein unwichtiger

Gast und keine versammelte Truppe. Ich konnte nicht anders, als den alten Mann bewundern. Ich sagte:

„Ich habe noch nie eine so überragende und vielseitige Persönlichkeit gesehen wie Exzellenz."

Er sagte: „Ich bin überzeugt, daß Ihre Arbeit unserem armen Volk helfen wird. Sie haben selbst gesehen, wie arm wir alle sind, wir können Ihnen vielleicht nicht das bieten, was Sie verdienen. Aber wir arbeiten hier alle wie eine Familie. Ich hoffe, Sie werden sich anschließen."

Lo brachte mich ins Hotel zurück. Er verwandelte sich wieder in einen normalen Menschen, der auch sprach, ohne wie zur Säule erstarrt darauf zu warten, daß er gefragt werde. Seine beiden Diener, die uns durch die abendlichen Gassen begleiteten, hatten jetzt diese Rolle übernommen. Wenn wir stehenblieben, weil Lo mir ein neues Bauwerk zeigte oder sich ausrastete, erstarrten sie zu militärischen Säulen, die nicht sprachen, nichts hörten und nur vorhanden waren.

Der Wirt erwartete mich und verbeugte sich tief:

„Ich habe für Sie und Ihre Freunde frischen Tee gekocht. Ich werde ihn gleich bringen."

Jen Sang fragte: „Wie ist der Gouverneur? Ein interessanter Mann?"

„Sehr interessant und sehr stark."

„Zweifellos, sonst könnte er die Provinz nicht so regieren wie er es tut."

Die Lamas hatten Schwierigkeiten, ein Auto nach Lanchow zu finden. Der Wirt war gleichzeitig der Manager der lokalen Garage und hatte natürlich wenig Interesse, daß zahlende Gäste sein Haus zu rasch verließen. Die Lamas baten mich, bei dem einflußreichen Herrn Lo für sie ein gutes Wort einzulegen. Lo aber zeigte keine Neigung, dem Wirt nahezulegen, doch bald ein Auto losfahren zu lassen. Wir verstanden Los mangelnde Hilfsbereitschaft, als wir erfuhren, daß das Hotel Eigentum der Frau des Gouverneurs und der Wirt nur ihr Angestellter sei. Das Restaurant, in dem wir täglich aßen, gehörte der dritten Konkubine, und die Weberei, in der Yang Samuda einen Teppich für Kumbum kaufen wollte, war von der zweiten Konkubine finanziert. Es schien schwierig, Geld auszugeben, das nicht in den Taschen der Gouverneursgattinnen landete.

Natürlich gab es viele andere Geschäfte, aber sie machten keinen sehr wohlhabenden Eindruck. Wie Jen Sang gesagt hatte, der Weg zum Glück schien hier besonders schmal zu sein, denn für den Kaufmann ist gutes Geschäft und reicher Gewinn dieser Weg. Vor jedem Geschäft stand ein brauner Lehmtopf mit Wasser, auf dem mit ordentlichen Zeichen geschrieben stand: „Wasser zur Besprengung der Straße." Dreimal am Tage zu bestimmter Stunde mußten die Kaufleute daraus Wasser schöpfen und auf die Straße spritzen, bis das Stück vor ihrem Haus nicht mehr staubig war. Fuhr der Gouverneur durch die Stadt, so wurden die Kaufleute verständigt und mußten einmal außertourlich sprengen. So waren sie ziemlich beschäftigt, auch wenn ihr Geschäft nicht gut ging.

Abends ging ich mit Jen Sang und Yang Samuda durch die Stadt. Die Straßen verloren in der Dunkelheit ihre barbarische Neuheit, die Öllichter waren matt und anheimelnd, und auf dem Marktplatz stand die Menge dicht um den Märchenerzähler. Zum erstenmal fühlte ich mich in Wuhsien wohl. Wir setzten uns in ein kleines Teehaus.

Unser Gespräch war träge wie das alter Freunde, die gerne beisammensitzen, ohne zu viele Worte zu wechseln. Die klangreiche Stimme des Märchenerzählers drang gedämpft herüber, und manchmal riefen die Zuhörer begeistert: gut, gut. Dann hörten wir vom Ende der Straße einen vielstimmigen Gesang. Zuerst war er fern und sanft und störte den Frieden der Nacht nicht. Allmählich wurde er laut und kriegerisch. Eine marschierende Kolonne kam auf uns zu. Ihr Anführer schrie mit heiserer Stimme: i, ör, san, sse — eins, zwei, drei, vier, und ein neues brutales Lied begann. Es waren junge Burschen, kaum einer älter als zwanzig Jahre, alle in blaugraue, schmucklose Uniformen gekleidet. Sie hatten Spaten wie Gewehre geschultert und ihre Gesichter waren voll ausdrucksloser Energie. Es war der Arbeitsdienst, der außerhalb der Stadt Pappeln gepflanzt hatte.

Es dauerte viele Minuten, bis der lange Zug vorüber war. Der Erzähler hatte seine Märchen unterbrochen, aber die Zuhörer sahen noch immer zu ihm und wandten sich nicht nach der Straße um. Dann wurde der Gesang leiser und verklang im Dunkel. Aber der Staub der Kolonne lag noch lange in der Luft, und die Nacht hatte ihre Harmonie verloren. Wir gingen schweigend in die Herberge zurück.

Jen Sang sagte: „Wir haben endlich Fahrscheine bekommen. Morgen fahren wir weiter."

Ich sagte: „Ich werde euch vermissen. Wenn ich genug Geld verdient habe, werde ich euch in Kumbum besuchen."

Yang Samuda sagte: „Du kannst unser Gehöft nicht verfehlen. Wir wohnen neben dem Panchen Lama. Jeder Mönch kann dir Auskunft geben."

Lobsan sagte: „Komm bald. Hier ist der Sommer heiß und staubig. In Kumbum ist es immer kühl."

Jen Sang sagte: „Sie haben hier doch schon so viele Brücken und Pappeln und Straßen. Ist es sehr wichtig, daß du noch eine Brücke baust?"

Ich sagte: „Nicht die Brücke ist wichtig, sondern das Geld, das ich dafür bekomme."

Jen Sang sagte: „Wenn du hier Geld verdienen willst, mußt du lernen, stramm zu stehen. Kannst du das schon?"

Ich sagte: „Die halbe Menschheit steht vor der anderen Hälfte stramm, um leben zu können."

Jen Sang sagte: „Das mag so sein. Aber es ist kein Grund, diesen Fehler selbst zu machen. Ich dachte, du seist unterwegs, um glücklich zu sein. Wie Yang Samuda gesagt hat: in Kumbum brauchst du kein Geld. Du bist unser Freund."

Ich sagte: „Wo kann ich einen Fahrschein nach Lanchow kaufen?“

Jen Sang sagte: „Wir haben ihn schon für dich gekauft. Morgen um sieben Uhr früh fährt das Auto.“

So verfertigte ich rasch einen höflichen Brief an den Gouverneur und teilte ihm mit, daß ich nach Lanchow fahren würde, um dort die berühmte Eisenbrücke über den Gelben Fluß anzusehen. Das würde mich in die Lage versetzen, ihm eine bei weitem schönere Konstruktion zu bauen. Die Leute würden bald nicht mehr von der Brücke in Lanchow, sondern von denen um Wuhsien sprechen.

Am nächsten Morgen fuhren wir weiter nach Westen.

XX.

Das Land hinter Wuhsien war fruchtbar. Den ganzen Tag fuhren wir durch Felder, auf denen die Pflanzen saftig und grün standen. Wir hatten die kärgliche Mongolei hinter uns gelassen. Erst gegen Abend wurde die Gegend wieder trockener. Schwere, dunkle Wolken senkten sich auf das flache Land und das Grau des Himmels verschmolz mit dem der Erde zu einer eintönigen Trostlosigkeit. Es regnete nicht, aber der Nebel war dicht und feucht und auf der Straße bildeten sich kleine Pfützen.

Wir kamen zu einer Ortschaft. Es waren zwei Häuserreihen, die sich zu beiden Seiten der Straße auf etwa zweihundert Meter ausstreckten, gerade und seelenlos wie die Hauptstraße einer amerikanischen Kleinstadt. Ein Haus war wie das andere: ein großer Würfel aus Lehm mit Tür und Fenster als dunkle Öffnungen, ohne jeden Schmuck und ohne Zierde. Hinter den Häusern lag das flache graue Land und darüber der graue Himmel.

Eine Gruppe Soldaten hielt das Auto an. Sie sahen unordentlich und schmutzig aus. Ihre Gesichter waren mißmutig und ohne

Lächeln. Sie sagten, wir könnten heute nicht mehr weiterfahren, denn zwischen hier und der nächsten Ortschaft seien Räuber. Der Fahrer suchte sie zu überreden, aber sie blieben hart und sagten, sie könnten die Verantwortung nicht übernehmen.

Es war schwierig, Unterkunft zu finden. Die Dorfleute hatten bereits für die Soldaten Platz machen müssen und jeder K'ang war belegt. Schließlich fanden Lobsan und ich eine winzige Hütte, kaum größer als zwei Tische, und wir breiteten trockenes Heu über den K'ang und machten ein Feuer davor. Bald war es angenehm warm und unsere feuchten Kleider dampften. Aber das trostlose Dorf hatte uns traurig gemacht und wir sprachen wenig. Ich hatte Sehnsucht, wußte aber nicht wonach. Ein Offizier kam und stellte mir viele Fragen: ob amerikanische Soldaten tapferer seien als russische, wieviel Atombomben die Amerikaner hätten und wieviel Li man mit einer guten Atombombe schießen könne. Ich antwortete, so gut ich konnte, und er sagte, er hätte auch vor Atombomben keine Angst, er hätte vierundzwanzig Japaner getötet und würde bald General sein.

Dann brachte er uns ein schönes, fettes Huhn und weigerte sich, dafür Geld zu nehmen. Wir brieten es über dem offenen Feuer, und er fragte, ob wir müde seien und lieber allein sein wollten. Wir antworteten höflich, daß wir nicht müde seien und gerne Gesellschaft hätten. Er lachte und sagte, er würde für Gesellschaft sorgen, und ließ uns allein.

Ich brachte das halbe Huhn zu Jen Sang, der mit den anderen Lamas in einem größeren Haus eine trockene Ecke gefunden hatte. Er war froh über das gute Fleisch, aber die Bauern machten verdrießliche Gesichter, und es war klar, daß sie auf die Soldaten nicht gut zu sprechen waren.

Als ich zu Lobsan zurückging, begann es zu regnen. Das Dorf sah trostloser aus als zuvor, aber es wurde dunkel und die langen Schatten verdeckten die armseligen Einzelheiten und gaben der Phantasie mehr Raum als dem Auge. Aber selbst so war es ein trostloses Dorf.

Ich hörte Stimmen aus unserer Hütte. Zwei Frauen halfen Lobsan das Feuer nähren. Sie trugen die schweren, wattegefütterten Hosen und Jacken der Landleute, aber ihr Haar war sorgfältig geölt und gebürstet, und an den Ohren trugen sie billigen, hellglänzenden Schmuck. Ihre Hände waren rein und gepflegt und die Fingernägel grellrot bemalt.

Die Ältere war etwa vierzig Jahre alt, und ihre Züge ließen erkennen, daß sie seit vielen Jahren ihren Lebensunterhalt nächtlicherweise verdient hatte. Aber sie sah gleichzeitig mütterlich und froh aus, als ob sie sich niemals nach einem anderen Beruf gesehnt hätte. Die zweite Frau war noch ein Kind, wie alle Kinder mit einem schlanken, jungenhaften Körper und einem unschuldigen, eifrigen Gesicht.

Sie waren sehr freundlich zu uns. Sie hatten Nadel und Zwirn mitgebracht und besserten unsere zerrissenen Röcke aus. Sie lachten viel und gern, und als Lobsan fragte, ob man in dem Dorf Wein bekommen könne, brachten sie einen Krug und wärmten ihn über dem Feuer.

Lobsan trank rasch und viel und bald hatte er seinen Arm um das Mädchen. Es war alles sehr einfach und natürlich. Unsere armselige Höhle war plötzlich nicht mehr einsam und traurig, und ich dachte, wie primitiv doch unsere Sehnsüchte seien und wie leicht zu erfüllen. Die ältere Frau sah mich an, aber ich schüttelte den Kopf. Ich fürchtete, ich hätte sie beleidigt, aber sie lachte gutmütig und ging. Sie war alt genug, um die leicht gekränkte Eitelkeit der Anfänger vergessen zu haben. Lobsan sprach gedämpft mit dem Mädchen. Sein weingerötetes Gesicht war nicht gierig, sondern hatte den fernen Ausdruck, den ich oft an ihm bemerkt hatte, wenn er von Kumbum sprach oder über ein weites Land schaute. Und ich wußte, daß ich unrecht gehabt hatte, als ich dachte, die trübe, sehnsüchtige Stimmung des Abends könne durch ein wenig frauliche Wärme erfüllt werden.

Ich ging auf die Straße, die ein Stück der Steppe zu sein

schien, und hinüber zu Jen Sang, der langsam seinen Tee schlürfte.

Er sagte: „Wenn der Himmel einen Menschen liebt, läßt er ihn einem Freund begegnen. Wenn der Himmel einen Menschen geringschätzt, läßt er ihn einer schönen Frau begegnen."

„Sie sind nicht schön", sagte ich.

„Ah", lachte Jen Sang, „an solch einem Abend ist jede Frau schön."

Er schlürfte von seinem Tee und sagte: „Sie haben schlechtes Wasser hier."

„Hast du in diesem Ort eine Jadequelle erwartet?"

Er antwortete nicht und sah mißmutig vor sich hin. Die Luft war schwer von den Ausdünstungen vieler Menschen und dem süßen Rauch des Opiums. Auf dem langen K'ang lagen die Schläfer dicht nebeneinander. Einige schnarchten und stöhnten im Schlaf, andere unterhielten sich laut und ungestört, einer saß mit gekreuzten Beinen, den Kopf gegen die Wand gelehnt, und sang mit rauher Stimme. Ein alter Mann mit schneeweißem Haar und gelbem, pergamentenem Gesicht knetete über einer kleinen Flamme voll Hingabe seine Opiumkügelchen. Obwohl alle von einem Dach gegen den Regen und die Nacht geschützt waren, lebte jeder in seiner eigenen Welt, und sie waren weit voneinander.

„Jen Sang", sagte ich, „kannst du mir eine Frage beantworten?"

„Ich kann es versuchen."

„Du bist viele Male geboren worden und hast viele Leben gelebt?"

„Ah-ya, das ist so. Wir alle werden geboren und sterben und werden wieder geboren."

„So sind wir unsterblich?"

„Ah-ya, in einer Art sind wir unsterblich."

„Aber welcher Teil von dir ist unsterblich? Doch sicher nicht dein Körper. Du weißt, daß Haut und Knochen vergänglich sind. Die Knochen halten etwas länger aus, aber schließlich bleibt nur Staub zurück."

„Haut und Knochen zerfallen. Die Seele ist unsterblich."

„Aber wo beginnt, was du Seele nennst? Kannst du sie von den Zellen deines Gehirns trennen oder von dem Schlagen deines Herzens?"

„Ja, es ist nur eine kurz währende, oberflächliche Verbindung, die immer wieder getrennt und immer wieder neu geschaffen wird."

„Aber wie kannst du wissen, daß die Seele nicht nur eine Äußerung unseres Körpers ist? Eine Fata Morgana, die nicht existiert, sondern nur in unseren Wünschen lebt?"

„Man muß es glauben. Denen, die nicht glauben, kann man es nicht beweisen."

Niemand hörte unserem Gespräch zu. Der Sänger war müde geworden und in seiner sitzenden Stellung eingeschlafen. Der Opiumraucher hatte die Pfeife zwischen den Lippen und sog den Rauch gierig ein.

Jen Sang sagte nachdenklich: „Ich habe oft darüber diskutiert. Mit den Äbten in unseren Klöstern und einmal auch mit einem gelehrten Mann aus dem Westen. Ah, dieser Mann aus dem Westen! Er glaubte nicht an die Unsterblichkeit der Seele, aber er glaubte natürlich doch daran, nur wußte er es nicht. Er erklärte mir, daß auf dieser Erde nichts verschwinden könne, alles sei ewig. Die brennende Flamme, sie besteht weiter, und selbst der Schall meiner Stimme, in irgendeiner Form ist er ewig. Und nur die Seele sollte verschwinden? Ah, dieser gelehrte Mann aus dem Westen, wie gelehrt war er und wie dumm! Aber was er über den Körper sagte, war sehr klug. Natürlich besteht auch unser Körper weiter. Er wird Erde und Pflanze und Tier. Er teilt sich in viele, viele tausend Bestandteile, und jedes Teilchen führt sein eigenes Leben weiter. Der Lehm dieses K'angs, dieses Holz hier und auch dieser süße Rauch, sie bestehen aus winzigen Teilchen, die vielleicht einmal

Tier, vielleicht einmal Mensch waren, die ununterbrochen in neuen Verbindungen, aber doch unverändert ihr eigenes Leben führen."

Ich versuchte seinen Worten zu folgen. Der kleine Raum, in dem wir saßen, änderte sein nebensächliches Aussehen. Die leblosen Dinge wurden zu vorübergehenden Formen einer ewigen Substanz und gewannen eine beruhigende Bedeutung, die die letzte große Einsamkeit bannte. Die Menschen selbst wurden einerseits unwichtiger: sie waren nicht so verschieden von den leblosen Dingen. Anderseits aber waren sie gleichzeitig bedeutender und unvergänglicher, als sie mit all ihrer Anmaßung annehmen durften: selbst ihr Körper war unsterblich.

Jen Sang hatte die Augen fast geschlossen, und seine Stimme war gleichmäßig und ohne Betonung, als erkläre er mir nur Gedanken, die mühelos und selbstverständlich durch seinen Kopf gingen. Er sagte:

„Ihr Menschen aus dem Westen wehrt euch, an die Seele zu glauben, weil ihr sie mit euren Spiegeln und Gläsern nicht sehen könnt und weil ihr sie mit euren komplizierten Apparaten nicht messen könnt. Ihr habt erst geglaubt, daß die Dinge, die wir sehen und berühren, unendlich klein und ewig sind, als ihr die kleinsten Teilchen nachweisen konntet. Und ihr habt erst geglaubt, daß das Weltall unendlich groß und ohne Grenzen ist, als ihr mit euren Fernrohren die fernsten Sterne sehen konntet. Und die Seele könnt ihr nicht messen und nicht sehen. Aber glaubst du wirklich, daß mein Hirn allein diese Gedanken denken kann? Fühlst du nicht etwas Großes, Starkes, wenn du die Worte Buddhas hörst? Glaubst du wirklich, nur eine Anhäufung kleinster Teile von Wasser, Blut und Erde habe diese Worte gesprochen? Nein, da ist noch der Geist in uns und in den Tieren und Pflanzen und überall im Weltraum. Seine Wege sind verschlungen und vielfältig, aber er ist überall. Ah, Gott ist überall: er schläft in den Steinen, er träumt in den Pflanzen, er bewegt sich in den Tieren und er erwacht in den

Menschen. Ah, wir sind alle Pilger. Durch unzählbare Leben und Inkarnationen ziehen wir über einen Ozean voll Sünde und Kummer, bis wir endlich die Küste erreicht haben.“

Sein Gesicht war friedlich und schön. Wie unbedeutend mußte diese Nacht für ihn sein, der Bruchteil einer Sekunde von einer unendlich langen Pilgerfahrt, die durch Äonen führt. Und wie bedeutend gleichzeitig, denn auch in diesem Bruchteil einer Sekunde würden seine Handlungen Einfluß darauf nehmen, wann er das Ziel, die Küste des von Versuchungen befreiten ewigen Geistes erreichen würde.

„Ich würde dir gerne oft zuhören, Jen Sang“, sagte ich.

„Ich würde gerne oft mit dir sprechen“, sagte Jen Sang, „aber ich weiß nicht viel und bin ein unwürdiger Lehrer.“

Es war spät geworden und wir tranken eine letzte Schale Tee. Dann ging ich wieder durch die leere Dorfstraße. Es regnete noch, aber ein leichter Wind hatte den Nebel gehoben und die Wolken waren in klaren, dunklen Formen sichtbar. Morgen würde ein schöner Tag sein.

Unsere Hütte war ohne Licht, und als ich das Tor öffnete, hörte ich tiefes, gleichmäßiges Atmen. Lobsans nackter Oberkörper schimmerte bronzen und feucht auf dem hellen Heu. Er schlief, aber sein Gesicht hatte noch immer den suchenden, sehnsüchtigen Ausdruck. Er hatte mein Schlafzeug ausgebreitet und ich kroch, ohne ihn zu wecken, in den Schlafsack. Ich ließ die Tür offen, und die würzige, feuchte Nachtluft füllte den Raum.

Wieder waren wir einen Tag lang unterwegs. Gegen Mittag wurden die Felder seltener, und die Hügel waren kahl und ohne Grün. Die Straße war schlecht, und wir wurden durcheinandergeworfen und der Staub folgte uns in dichten Wolken.

Wir blieben bei einigen Häusern stehen und der Fahrer nahm den Motor auseinander. Wir machten uns auf eine lange Rast gefaßt, aber unsere Suche nach heißem Wasser oder Brot oder Früchten blieb vergeblich. Die Bauern waren arm und unfreundlich, sie konnten oder wollten uns nichts verkaufen.

Ich ging in ein abgelegenes Haus und traf dort eine sehr alte Frau. Sie starrte mich prüfend an und sagte:

„Du bist der erste fremde Teufel, den ich sehe."

„Du erschrickst nicht vor mir?"

„Nein. Soll ich erschrecken, nur weil du häßlich bist?"

Ich sagte, nein, das sei kein Grund zu erschrecken. Ob sie mir etwas Eßbares verkaufen könne? Gerne, sagte sie und brachte mir ein paar Handvoll getrockneter Aprikosen.

Yang Samuda lachte, als ich die Aprikosen mit den Lamas teilte: „Wenn wir mit unserem Witz zu Ende sind, hilft er uns weiter. Ohne ihn wären wir verhungert."

„Er hat unser Leben gerettet", lachte Lobsan.

„Vielleicht wirst du einmal ein so wertvoller Reisegefährte wie der berühmte Affe", sagte Jen Sang.

„Welcher Affe?" fragte ich.

„Oh, er hatte viele Namen. Und Affe war er nur zu Beginn seiner Laufbahn. Damals hieß er einfach Sun. Später nannte er sich ‚Der über das Geheimnisvolle Grübelnde'. Und als sein Grübeln zu Erkenntnissen und Taten führte, wurde er der ‚Praktische'. Aber als er gelernt hatte, nur gute Taten auszuführen, wurde er ein Gott, der ‚Erobernde Buddha'. Jedes Kind kennt seine Geschichte."

„Nicht die Kinder in meinem Land."

„Eure Kinder kennen sie wahrscheinlich auch. Es ist nicht nur die Geschichte des Affen Sun, sondern die aller Menschen. Wir alle leben sie, aber wir dürfen uns noch nicht die ‚Grübelnden' nennen. Wir sind noch dort, wo Sun zu Beginn seiner Reise stand. Es ist eine lange, weite Reise."

„Wo begann Sun seine Reise?"

Jen Sang war der geborene Erzähler. Sicher hatte er oft gepredigt und gelernt, die Aufmerksamkeit seiner Zuhörer zu fesseln. Er sprach mit sanfter Stimme und ohne viel Gesten. Man konnte die Augen schließen und sah die Geschichte wie einen Film abrollen.

„Wo die Reise begann? Dort, wo alle Reisen beginnen — am Anfang. Sun war wie die meisten Affen von einem Felsen geboren worden, und sie alle hatten noch viel von der Felsnatur in sich. Sie lebten an einem großen Fluß, und eines Tages beschlossen sie, die Quelle des Flusses zu suchen. Sie wanderten stromauf und kamen zu einem Wasserfall, der ihnen den Weg sperrte. Sun aber entdeckte eine vom Wasserstaub übersprühte und verborgene Brücke und führte die anderen Affen in die ‚himmlische Höhle, verschleiert von Vorhängen fließenden Wassers'.

So wurde er ihr König. Eine Zeitlang lebten sie glücklich und froh, dann aber merkten sie, daß ihr König nachdenklich und traurig war. Sie fragten ihn nach dem Grund seines Kummers und Sun antwortete: ‚Ich habe Angst, wenn ich an die Zukunft denke.' Die Affen wollten Sun beruhigen, aber er erklärte: ‚Freilich, jetzt haben wir nichts zu fürchten, aber wenn wir alt und schwach sind, werden wir vor dem großen Richter des Todes zittern, der uns von dem Land der Lebenden trennen wird.'

Sie grübelten lange Zeit über diese Worte. Einer sagte: ‚Von allen Wundern der Erde sind die drei wunderbarsten: die Buddhas, die taoistischen Unsterblichen und die konfuzianischen Götter. Sie haben alle Wechsel überwunden und werden für keinen neuen Tod mehr geboren, sie leben, so lange Himmel und Erde bestehen.' Sun wollte wissen, wo die Unsterblichen leben. ‚Sie leben über dem Tod, in dem tiefen Tal zwischen den Bergen der Geister.'

Sun beschloß sogleich, nach dem Tal zwischen den Bergen der Geister zu reisen. Die Affen gaben ihm ein großes Abschiedsfest und er bestieg sein Boot. Nach vielen Tagen landete er in dem Land Shenpu, dort verwandelte er sich in einen Menschen und lernte die menschliche Sprache und die menschlichen Gewohnheiten. Durch neun Jahre suchte er nach den Unsterblichen, aber niemand konnte ihm den Weg weisen. Auf seiner Wanderschaft kam er an die Ufer des großen westlichen Ozeans, überquerte ihn mit seinem Boote und kam in das Land der Einhorne. Auf dem Gipfel eines hohen Berges traf er Hsue-Puti, den Lieblingsschüler Buddhas, der bereit war, sein Lehrer zu werden.

Nach vielen Jahren schweren Studiums beherrschte er die Geheimnisse der leiblichen und seelischen Welt. Er wurde ein so machtvoller Zauberer, daß Hsue-Puti ihn wieder zurückschickte. Sein Volk war gerade von mächtigen Feinden angegriffen und Sun schlug sie in die Flucht und es gab ein großes Fest. Nach diesem Sieg wurde er herrschsüchtig und unternahm viele Expeditionen. Eine brachte ihn in die Unterwelt, und dort fand er in den Büchern, daß seine Lebensspanne dreihundertzweiundvierzig Jahre betragen sollte. Er zerstörte diese Eintragung und war damit unsterblich geworden. Die Geister der Unterwelt aber fühlten sich über den frechen Eindringling beunruhigt und sandten ein Gesuch an den Allmächtigen. Der Allmächtige wollte Sun noch einmal Gelegenheit geben, Buße zu tun, und lehnte es ab, ihn durch seine himmlischen Heerscharen verhaften zu lassen. Er gab ihm eine Stellung in einer der himmlischen Stallungen. Sobald aber Sun merkte, daß er den niedrigsten Rang erhalten hatte, kehrte er voll Wut zu seinen Affen zurück.

Er wurde noch arroganter und nannte sich ‚der Heilige und Mächtige, der dem Himmel gleichsteht'. Aber die Langmut des Allmächtigen war noch immer nicht erschöpft, er berief ihn wieder zu sich in den Himmel. Diesmal wurde Sun zum Aufseher des himmlischen Pfirsichgartens bestimmt. Die herrlichsten Früchte wuchsen in diesem Garten, und wer sie aß, erlangte tiefe Weisheit und unbegrenzte Unsterblichkeit. Er benutzte die erste Gelegenheit, und als er unbeobachtet war, kletterte er nach Affenart auf die Bäume und tat sich gütlich.

Gerade an diesem Tag feierte die Himmelskönigin ihren Geburtstag. Groß war die Bestürzung, als man in dem Garten nur noch unreife Pfirsiche fand. Aber Sun hatte kein schlechtes Gewissen, im Gegenteil, er war ärgerlich, daß er zu dem Fest nicht eingeladen worden war. Mit Hilfe seiner Magie versetzte er die Wächter des Festzimmers in Schlaf und tat sich an den Speisen und an dem Wein gütlich. Betrunken verließ er die Gasthalle und nahm einen falschen Weg. So kam er nach dem Schloß, in dem Laotse lebte. Dort fand er die Pillen der Unsterblichkeit und aß von ihnen. Dann kehrte er wieder zu seinen Affen zurück.

Nun mußte der Himmel endlich eingreifen. Sun wurde überwältigt und ein schwerer Berg wurde ihm auf die Brust gesetzt. So lag er und stöhnte und jammerte, während die Jahrhunderte abrollten.

Aber Kuan-yin, die Göttin der Gnade, hatte ihn nicht vergessen. Sie versprach ihm Befreiung unter der Bedingung, daß er den Mönch Hsüan-Chuang auf seiner Reise nach Indien begleite. Hsüan-Chuang war damals gerade von dem kaiserlichen Hof aufgefordert worden, heilige Schriften aus Indien zu holen.

Sun war ein treuer Reisegefährte. Während aller Hindernisse und Gefahren zeigte er sich ergeben und tapfer. Manchmal allerdings brach sein böses Temperament durch, aber die Sanftmut des Mönchs und die Güte der Kuan-yin brachten ihn rasch zur Besinnung. Er trug eine Kappe, die innen scharfe Nägel hatte. Wann immer ihm böse Gedanken durch den Kopf gingen, stachen die Nägel tief in seine Haut und seine Knochen. Es war gut, daß sie noch zwei weitere Begleiter hatten — Chu Pa-chieh, ‚das Schwein, das die acht Gebote befolgt', und Sha Ho-shang, ‚der Sandmönch' —, sonst hätten sie die vielen Schwierigkeiten kaum überwunden. Die Hölle sandte eine Prüfung nach der anderen. Noch waren sie von einem Sieg erschöpft und schon tauchten neue Gegner auf. Vierzehn Jahre waren sie so unterwegs.

Eines Tages erreichten sie den Fluß des Todes, ein reißendes, gefährliches Gewässer. Sie fanden eine morsche Brücke, wagten aber nicht, über sie zu gehen. So blieb ihnen nichts übrig, als ein ebenso morsches Boot zu benützen. Sie stießen in die Strömung, und die Wellen stiegen hoch und schlugen über ihnen zusammen. Sie fürchteten um ihr Leben, aber da bemächtigte sich ihrer ein seltsames Gefühl der Sicherheit. Sie sahen einige Leichen im Fluß schwimmen und erkannten ihre eigenen Körper. Da wußten sie, daß sie körperlose Geister geworden waren. Glücklich setzten sie ihren Weg fort.

Sie kamen nach dem Berg der Geister und waren ein Teil der himmlischen Welt. Der höchste Buddha gab ihnen die gewünschten heiligen Bücher, die sie nach der Hauptstadt Sian-fu zurückbringen sollten. Diesmal aber dauerte die Reise nur acht Tage, nicht vierzehn Jahre. Der höchste Buddha brachte sie selbst dorthin. In der Hauptstadt wurden sie mit Freude empfangen und mit Ehren überhäuft, aber sie kehrten bald wieder nach dem Berg der Geister zurück. Dort leben sie jetzt als Unsterbliche im Paradies. So wurde aus Sun, dem Affen, nach einer langen Reise mit vielen Versuchungen der ‚Erobernde Buddha'."

Jen Sang hatte langsam und mit vielen Pausen erzählt, trotzdem mußten wir noch lange warten, bevor der Motor wieder zusammengesetzt war und wir weiterfahren konnten. Die Straße führte durch eine sonnverbrannte Hügellandschaft aus Löß, und ich war müde von der Sonne und vom Staub und vom Schauen. Es gibt kaum eine grandiosere, wildere und phantastischere Landschaft als Löß, aber auch keine eintönigere. Die Kraft des fließenden Wassers schafft im porösen Löß in einer Stunde dasselbe, wozu sie in anderem Gestein einige Jahrhunderte braucht: tiefe, senkrechte Schluchten und Hunderte von Metern hohe Steilwände; trichterförmige Höhlen, nur wenige Meter im Durchmesser, aber so tief, daß man ihren Grund nicht sieht; weite Unterhöhlungen, die den plötzlichen Einbruch anscheinend festen Landes verursachen. Die Wildheit der Formen und die Unmittelbarkeit des Überganges machen die Landschaft grandios, die ständige Wiederholung und die leblose gelbe Farbe machen sie eintönig.

Wir blieben die Nacht über in einem Dorf, dessen Häuser wie

Höhlen in den Löß gegraben waren. Es waren reinliche Räume, angenehm kühl nach der Hitze des Tages. Wir saßen mit einem Bauern, der uns Eier und Nudeln verkauft hatte, und rauchten. Auf dem K'ang lag der Vater des Bauern, ein uralter Mann, der uns wenig Aufmerksamkeit schenkte und auf seinen Tod wartete. Neben sich hatte er die Geräte des Opiumrauchens liegen, eine kleine Öllampe, lange Nadeln zum Bereiten der Opiumkugeln und die Pfeife. Aber er war schon so schwach, daß er die langwierigen Vorbereitungen nicht mehr selbst ausführen konnte. In der Hand hielt er zwei große Walnüsse, die nach langjährigem Gebrauch wie poliert glänzten. Chinesen lieben es, zwei Nüsse durch die Bewegungen der Finger und der Handfläche umeinander kreisen zu lassen, ohne daß sie sich berühren. Das ist gar nicht so einfach und erfordert viel Übung, hat man diese aber einmal erworben, so ist es eine angenehme, nervenberuhigende Beschäftigung, der sie stundenlang huldigen. Aber der Alte war so müde, daß die Nüsse unbeweglich in seiner Hand ruhten.

„Er wird bald sterben", sagte der Bauer.

„Bald", nickte schwach der Alte.

Sein Sohn rauchte die Pfeife an und blies ihm den Rauch behutsam ins Gesicht. Der Alte begann darauf tiefer zu atmen und öffnete seine Augen. Wieder blies der Sohn, und ein Schein der Überraschung, in seinem Haus Fremde zu sehen, flog über das Gesicht des Alten. Er öffnete seinen Mund, und der Sohn sog die Lungen voll Rauch, legte seine Lippen auf die des Vaters, und wie in einem unendlich zärtlichen, sorgsamen Kuß blies er ihm den süßen Rauch ein. Der Vater kehrte aus dem Reich der Träume noch einmal zurück und musterte uns.

Jen Sang nickte ihm freundlich zu. Er sagte:

„Wenn man nach oben nicht vor dem Himmel und nach unten nicht vor der Erde zu erröten braucht, kann man leicht sterben."

„Wer kann das in der Stunde des Todes von sich behaupten?" fragte ich.

„Der Ehrenwerte Alte Herr wird es von sich wissen.“ Jen Sang gebrauchte dem alten Bauern gegenüber eine sehr höfliche Anrede. „Er hat ein sehr kluges Gesicht und kennt seinen eigenen Wert. Er braucht keinen unnützen Trost und kein oberflächliches Lob. Wahre Freunde sind ohne Geschmack wie Wasser, falsche Freunde haben Honig auf den Lippen.“

Er liebte es, mit einfachen Bauern in Sprichwörtern zu reden.

Der Alte war jetzt kräftig genug, um selbst zu rauchen. Er sagte:

„Der Lama spricht freundliche Worte, aber ich bin ein sehr unbedeutender Mann. Ich habe dieses armselige Haus und diese kleine Ortschaft nie verlassen, ich...“

Jen Sang unterbrach ihn: „Laotse sagt:

Ohne die Türschwelle zu überschreiten, erkenne die Welt;
Ohne aus dem Fenster zu spähen, erkenne das Gesetz des Himmels.
Je weiter du hinausgehst, desto weniger wirst du erkennen.
Deshalb geht der Weise nicht hin, und doch weiß er Bescheid;
Er schaut nicht hin, und doch ist er im Bilde;
Er handelt nicht, und doch vollendet er.“

Wieder sagte der alte Bauer:

„Der Lama spricht schöne Worte. Ich höre gerne zu.“

Jen Sang ließ die Kugeln seiner Gebetskette durch die Finger gleiten und sagte wie zu sich selbst:

„Es ist besser zu hören als zu sprechen. Jede Tat hat Folgen, es ist besser, nicht zu handeln. Nur das Passive ist dauerhaft und ewig. Daher ist der Himmel ewig und die Erde dauerhaft. Weshalb vermögen Himmel und Erde dauerhaft zu sein? Weil sie nicht aus eigenem und für sich schaffen. Deshalb können sie ewig schaffen und ewig sein.“

„Schöne Worte!“ sagte der alte Bauer. Er hatte die Augen wieder geschlossen, und sein Gesicht hatte einen ruhigen, wartenden Ausdruck.

„Schöne Worte“, sagte auch ich. „Sind es deine, Jen Sang?“

„Ich spreche sie jetzt, aber viele haben sie vor mir gefühlt und Laotse hat sie schon vor langer, langer Zeit ausgesprochen."

„Für uns aus dem Westen sind sie fremdartig und unserem Denken entgegengesetzt. Wir brauchen ein Ziel und glauben, daß Handeln besser ist als Nichthandeln."

„Die schwierigste Handlung ist das bewußte Nichthandeln. Das schwierigste Ziel ist, keine Ziele zu haben."

„Aber der Nichthandelnde wird dem Handelnden unterliegen."

„Wer zu eifrig handelt, wird scheitern. Wer hohe Ziele hat, wird sie nie erreichen. Nur die Bescheidenen und ihre Grenzen Kennenden vermögen etwas Dauerhaftes zu vollbringen. Auch hier hat Laotse schon die Worte gesprochen:

Wer berufen ist, dem Staate zu dienen, ist nicht kriegerisch.
Wer berufen ist, Krieg zu führen, ist nicht zornig.
Wer berufen ist, die Feinde zu besiegen, sucht keine Händel.
Wer berufen ist, Menschen zu führen, strebt nicht nach oben.
Darin liegt die Wirksamkeit des Nichtstreitens.
Darin liegt die Kunst der Menschenführung.
Darin liegt die Vereinigung mit dem Himmel — das höchste Ideal des Altertums."

„Es ist gut, einen weisen Lama im Hause zu haben", sagte der Alte. Seine Hände zitterten so stark, daß ihnen die Pfeife entglitt. Der Sohn nahm sie wortlos auf und rauchte sie zu Ende. Die Augen des Alten waren geschlossen und sein Gesicht war friedlich. Er sah aus, als wäre er schon tot. In der Ecke des Zimmers kauerten drei Frauen und zwei junge Burschen, aber sie schauten nach Jen Sang und mir, nicht nach dem sterbenden Bauern.

Wir gingen vor das Haus. Um die Ortschaft lagen einige Felder mit Hirse und Mais, dahinter die gelbe Trostlosigkeit des Löß. Obwohl weit und breit kein Fels und kein Stein zu sehen war, bedeckte eine dichte Schicht von Kieselsteinen die Felder. Es sah aus, als hätte ein Wildbach die Felder überschwemmt und sein Geröll gleichmäßig und eben verteilt zurückgelassen. Die Pflanzen darin sahen seltsam fremd und fehl am Platze aus.

„Ihr habt steinigen Boden!" sagte ich zu dem Bauern.

„Es kostet viel Mühe, die Steine herbeizuschaffen", erklärte er. „Der nächste Platz, wo wir Steine finden, ist sechzig Li entfernt."

„Ihr holt die Steine eigens heran?"

„Ohne diese Steine hätten wir keine Ernte. Hwang-tu, der gelbe Lehm, ist eine gute Erde. Aber er trocknet unter der heißen Sonne rasch aus. Die Steine erhalten seine Feuchtigkeit. Sie schützen auch vor Regen, der in wenigen Minuten tiefe Klüfte in den gelben Lehm reißt und die Berghänge zum Rieseln bringt. Die Steine mildern die Kraft des Regens. Ohne Steine hätten wir keinen Mais und kein Getreide. Ohne Steine könnten wir hier nicht leben."

„Bei Peking werfen die Bauern die Steine aus den Feldern."

„Ah, hier ist nicht Peking. Hier ist das Land des gelben Lehms, der voll Gefahren und Tücken ist, wenn man ihn nicht kennt."

„Deine Ernte steht gut."

„Ja, sie steht gut. Nichts kann sie mehr vernichten, der Regen nicht und die Sonne nicht, die Steine schützen sie."

„Es müßte ein gutes Geschäft sein, hier Steine zu verkaufen."

„Es gibt Leute, die Steine verkaufen", bestätigte der Bauer, „aber es ist ein schlechtes, mühsames Geschäft. Wir erneuern sie nur alle acht Jahre."

„Steine halten ewig, warum erneuert ihr sie?" fragte Jen Sang.

„Die Steine sind unverändert, aber nach acht Jahren müssen sie erneuert werden, sonst gedeiht die Ernte nicht mehr."

„Die Steine schützen nur gegen Sonne und Wasser. Wie können sie unbrauchbar werden, wenn sie nicht zerbröckeln?" fragte ich.

„Nein, sie zerbröckeln nicht, aber sie werden trotzdem unbrauchbar. Man muß sehr aufpassen, wenn man Steine kauft, daß sie nicht schon einmal auf den Feldern gelegen sind, sonst gibt es kein Getreide und keinen Mais."

„Das verstehe ich nicht!" sagte Jen Sang.

„Du bist ein Lama und ich bin ein Bauer. Es ist so wie ich sage." Der Bauer war über unseren Unglauben gekränkt. Er rief zwei Männer von der Dorfstraße und erzählte ihnen unser Gespräch.

„Er hat recht", sagten sie zu uns, „nach acht Jahren muß man die Steine auswechseln. In anderen Gegenden sind es zehn Jahre. Aber hier sind es acht Jahre. Dann muß man sie auswechseln und wegwerfen. Wir wissen das. Jedes Kind weiß das."

Sicher hatten die Leute die Wahrheit gesprochen. Ihr Leben hing von ihrer Kenntnis des gelben Lehms und der Steine ab. Sie wußten, was sie sagten. Wir widersprachen nicht mehr und gingen schlafen.

Als wir am nächsten Morgen unsere Schlafrollen zum Auto trugen, lief uns der Bauer nach.

„Es ist wegen der Steine", sagte er. „Ein alter Mann, der früher in Lao Shan gelebt hat, erzählte mir eben, daß in seinem Dorf die Steine nur alle zwanzig Jahre gewechselt werden. Ich wollte euch das noch sagen."

Wir dankten ihm für diese Mitteilung. Ich erinnerte mich des opiumrauchenden Alten und fragte:

„Wie geht es dem Alten Herrn?"

„Er ist heute nacht gestorben", sagte der Bauer. Ich schwieg ein wenig beschämt, denn wir hatten uns beim Aufbruch ziemlich lärmend verhalten. Während ich nach passenden Worten einer Entschuldigung suchte, sagte der Bauer:

„Aber das ist nur in Lao Shan so. Hier sind es acht Jahre, wie ich euch gesagt habe."

Damit drehte er sich um und ging ins Haus zurück.

Der Fahrer hupte nach den säumigen Passagieren und wir

beeilten uns, zum Wagen zu kommen, denn er war ein launenhafter junger Mann, der besonders morgens schlecht aufgelegt war.

XXI.

Lanchow war eine große Stadt mit breiten Straßen, voll von Leben und Handel und Zukunft. Ja, es war eine Stadt der Zukunft, in der sich die großen Straßen und Karawanenwege Innerasiens trafen und Güter und Menschen und Optimismus brachten. Es war unbekümmerter als Wuhsien und chinesischer als Shanghai, es war eine Stadt, in der man gut leben konnte.

Wir fanden rasch ein Auto und fuhren weiter nach der westlichsten Provinz Chinas, die Chinghai oder Blauer See heißt. Wir übersetzten den Hwangho auf einer modernen Eisenbrücke und folgten dem Fluß durch die Vororte der Stadt. Er war hier schöner als in der Mongolei, wo wir ihn mit den ungefügen Fähren gekreuzt hatten. Auf beiden Seiten von hohen Bergen eingeengt, war sein Wasser schmal, rasch und reißend. Es trug Flöße eilig vorbei und drehte gewaltige Bewässerungsräder, die das gelbe Wasser hoch in die Felder hoben. Der Gelbe Fluß besaß hier noch nicht die Mächtigkeit und über allen menschlichen Bemühungen stehende Gleichgültigkeit seines Unterlaufs.

Das Auto war schon bei der Abfahrt von der Garage ärger überfüllt gewesen als das, auf dem wir von Paotow gekommen waren. Kaum außer Sicht der Kontrolle blieb es stehen und nahm „gelbe Fische" auf. Gelbe Fische sind der private Verdienst des Fahrers, Passagiere, die keine Fahrscheine kaufen, sondern dem Fahrer einige Geldscheine in die Hand drücken. Fast an jeder Ecke standen sie, alte Männer mit weißen Bärten, junge Burschen mit großen, schweren Bündeln, aber seltsamerweise niemals eine Frau. Sie wurden auf den Wagen gepreßt und wir hatten kaum Platz zum Atmen.

Wir verloren viel Zeit damit, die gelben Fische aufzuladen, aber noch mehr bei den Kontrollstellen. Sie stiegen dann, bevor wir eine Ortschaft erreichten, vom Wagen und gingen wie Spaziergänger um den Ort herum und warteten an der anderen Seite wieder auf uns. Manchmal warteten sie vergeblich, denn der Fahrer fuhr ganz einfach weiter und hielt Ausschau nach neuen gelben Fischen. Niemand wußte, warum diese Passagiere gelbe Fische genannt wurden. Vielleicht, so erklärte mir ein Passagier, weil die Kapitäne der Küstenschiffe viel Geld mit dem Schmuggel getrockneter gelber Fische verdienten; vielleicht auch, weil die gelben Fische so schmal und glatt sind, daß sie sich überall hineindrängen können.

Landschaftlich war es sehr schön. Alle hundert Meter änderte sich der Ausblick auf den Fluß, aber so verschieden er war, er blieb immer eine Variation derselben Komponenten: gelbes Wasser, kahle Berge, in allen Farben schimmernde Gesteine, tiefgrüne Oasen zwischen dem Fluß und den Bergen mit Obstgärten, Melonenfeldern und bescheidenen Lehmhütten.

Wenige Stunden außerhalb Lanchows gabelte sich die Straße. Links führte sie nach Chinghai, rechts nach Sinkiang. Unser Wagen hatte einige Reparaturen nötig und wir blieben über Nacht. Ich wäre gerne nach Sinkiang gefahren. Es gab dort in der trockenen Wüste Tempel mit Wandgemälden, die vor tausend oder zweitausend Jahren gemalt worden waren und so frisch aussahen, als hätte der Künstler den Pinsel eben aus der Hand gelegt. Dann aber erinnerte ich mich der Polizei, die nach meinen Reiseausweisen fragen und niemals glauben würde, daß ich einige tausend Kilometer gereist war, nur um alte Bilder zu sehen, und ich dachte an die friedlichen Abende von Kumbum, von denen mir die Lamas so viel erzählt hatten. Ich würde nach Kumbum fahren.

Jen Sang erlebte seine gewöhnliche Enttäuschung, als er nach gutem Teewasser suchte. Aber wir bekamen schmackhafte Nudeln und guten Wein. Wir saßen an einem Lehmtisch vor unserer

Herberge und sahen zu, wie die Schatten das Tal mit Dunkelheit ausfüllten und die ersten Lichter hinter den Papierfenstern aufleuchteten. Es war eine stille Nacht ohne Wind, und die Sterne leuchteten hell.

Dann kamen zwei Lastautos auf der Straße aus Sinkiang. Sie waren hoch mit Fracht und Menschen beladen und mit einer grauen Staubschicht überdeckt. Im matten Licht der Sterne und der wenigen erleuchteten Fenster sahen die Ankommenden aus, als wären sie aus Sandstein gehauen. Sie kletterten langsam und müde von ihren hohen Sitzen herunter und hatten steinerne Bewegungen. Das Licht war zu schwach und ich saß zu weit entfernt, um ihre Gesichter zu erkennen. Aber ihre Gestalten und ihr Auftreten waren verschieden von dem einer chinesischen Menge. Da war kein aufgeregtes Fragen und Laufen nach dem nächsten Teehaus. Sie standen wortlos in kleinen Gruppen herum und waren unentschlossen. Ich schlenderte zu ihnen hinüber und sah, daß sie alle weiße Menschen waren, schwergebaute Riesen mit wallenden Vollbärten und derben Stiefeln. Auch ein paar Frauen waren unter ihnen, das Kopftuch eng um das blonde Haar, in altmodischen europäischen Kleidern und hohen Stiefeln. Sie paßten nicht in diesen chinesischen Ort und schienen das zu fühlen. Aber ich konnte mir keinen Ort vorstellen, in den sie gepaßt hätten, außer vielleicht vor fünfzig oder hundert Jahren nach Amerika und Rußland, als es noch Grenzen gab, die das weite, freie, leere Land von den bewohnten Gebieten trennten, und Männer und Frauen einer besonderen Art, kräftig und ungeschlacht und schwerfällig, diese leeren Gebiete eroberten. Tatsächlich, sie sahen aus wie ein Stück der menschlichen Vergangenheit.

Sie sprachen nur wenig miteinander und mit den Chinesen, die ihre Waren anboten. Ihr Chinesisch war gut, aber hart. Manchmal hörte ich ein paar russische und deutsche Worte, altmodisch und schwerfällig, wie man vor hundert Jahren gesprochen hatte.

Ich ging zurück zu den Lamas, und wir blieben bis spät in die Nacht vor unserer Herberge sitzen und tranken Tee. Die Neuankömmlinge zerstreuten sich, sie suchten Unterkunft für die Nacht und eine Mahlzeit. Dann gingen die Lamas schlafen, und ich saß allein und hörte das ferne Rauschen des Gelben Flusses und das monotone Weinen einer chinesischen Geige.

Eine der Frauen kam an meinen Tisch und fragte:

„Kommen Sie aus Lanchow?"

„Ja", sagte ich, „wollen Sie nicht eine Tasse Tee mit mir trinken?"

Als sie gekommen war, hatte ich ihre derben Stiefel und ihr schmuckloses graues Kleid gesehen. Nun saß sie mir gegenüber, und nur ihr Gesicht war im Lichtkreis der schwachen Öllampe. Ein verhärmtes, energisches Gesicht mit scharfen blaugrauen Augen, die mich ohne Wärme und Koketterie ansahen. Das blonde, sonngebleichte Haar war glatt nach rückwärts gekämmt und von einem blauen Kopftuch umschlossen.

„Kann man in Lanchow Arbeit finden?" Sie trank ihren Tee in tiefen, durstigen Zügen und ich konnte sehen, wie ihre Kehle arbeitete.

„Ich glaube, es ist schwer, in Lanchow Arbeit zu finden, besonders für Fremde."

„Ich würde jede Arbeit machen, auch solche, vor der sich sonst Fremde scheuen."

„Vielleicht finden Sie dann etwas. Noch Tee?"

Sie hielt ihre Tasse unter die Kanne: „Ist es weit nach Shanghai?"

„Einige Stunden im Flugzeug, einige Wochen über Land."

„Ah, nur einige Wochen. Ich glaube, ich werde nach Shanghai gehen.'

„Shanghai ist eine große Stadt. Mit vielen Möglichkeiten. Dort können Sie leicht Arbeit finden."

„Nur ein paar Wochen. Das ist gut", wiederholte sie befriedigt.

„Sie kommen aus Sinkiang?"

„Ja, aus Sinkiang, aus Ili. Und aus Kamtschatka, und aus Sibirien, und aus Alma Ata, und aus Magdeburg. Ich bin seit Ewigkeiten unterwegs."

„Trinken Sie noch Tee? Und erzählen Sie, wenn Sie nicht zu müde sind."

„Wir kommen jetzt aus Ili. Vor drei Monaten sind wir dort aufgebrochen. Wir mußten lange in Urumchi warten, bis unsere Papiere in Ordnung waren. Dann mit diesem alten Lastauto, das alle paar Kilometer zusammenbricht, durch die Wüste nach Kansu. Ili ist ein schönes Land. Guter, feuchter Boden und viel Sonne. Man kann dort als Bauer gut wirtschaften. Wir hatten einen kleinen Bauernhof, fünf Jahre lebten wir dort. Aber es war zu gefährlich. Immer gab es Kämpfe und Revolutionen. Mohammedaner, Mongolen, Kazaken, Chinesen, jeder kämpft gegen jeden. Es ist besser wegzugehen, besonders wenn es so viele Möglichkeiten in Shanghai gibt."

„Kommen die anderen auch aus Ili?" fragte ich und deutete mit der Hand nach den nachtschlafenden Häusern, in denen die anderen Gäste Unterkunft gefunden hatten.

„Ja, wir alle kommen aus Ili. Viele sind schon vor uns gereist und viele werden noch nachkommen. Ili ist zu gefährlich. Kamtschatka war besser. Mein Mann und ich lebten dort sieben Jahre. Er machte gute Geschäfte als Schmied — er ist gelernter Schmied —, aber sonst war es nicht schön. Zum Frühstück, zu Mittag und zu Abend Fisch und immer wieder Fisch. Das Land stinkt nach Fisch. Und der Sommer ist so kurz, nur drei Monate. Dann schneit es schon wieder, und der Schnee liegt ein paar Meter hoch und es ist so kalt, daß die Rinde der Bäume aufspringt. Ah, es war nicht schön."

Sie schwieg und ich goß ihr neuen Tee ein. Sie sah aus wie eine alte, abgearbeitete Frau, und auch ihre Stimme klang wie die alter Leute, aber sie erzählte ihre Geschichte mit der Unbekümmertheit und Kindlichkeit eines jungen Mädchens.

„Mein Mann wollte noch dort bleiben, Geld verdienen und dann nach Amerika. Vielleicht wäre es das beste gewesen. Aber ich hielt es nicht aus wegen der Fische. Heute tut mir das leid. Aber ich hielt es wirklich nicht aus. So beschlossen wir, nach Alma Ata zurückzugehen. Dort hatten wir schon gelebt, bevor wir nach Kamtschatka gingen. Oh, Alma Ata ist eine schöne Stadt. Es liegt zwischen hohen Bergen und das Klima ist gut. Ich war sehr glücklich in Alma Ata. Als wir von Magdeburg ausgewandert waren, hatten wir uns gleich in Alma Ata niedergelassen. Mein Sohn ist dort geboren, er spricht besser Turki als Deutsch. Ein großer, starker Kerl."

„Ihr Mann und Ihr Sohn werden sicher irgendwo als Mechaniker Arbeit finden. Hier im Nordwesten sind viele Lastautos unterwegs, und es gibt nur wenige gute Mechaniker."

„Sie sind nicht mit mir. Seit fünf Jahren habe ich nichts mehr von ihnen gehört. Eines Tages, es war Ostersonntag, gingen sie nach dem nächsten Dorf. Das war in Ili und damals verschwanden viele Leute spurlos. Sie kamen nie zurück und ich habe nichts mehr von ihnen gehört. Manchmal glaube ich, sie leben noch, aber oft bin ich nicht sicher. Fünf Jahre ist sehr lange."

„Sie sind ganz allein?"

„Nein, ich bin mit den anderen. Wir sind schon drei Monate zusammen. Wir werden weiter zusammenbleiben, es ist besser so. Ich wollte nach Amerika, ich habe reiche Verwandte dort, aber ich weiß nicht, wo sie wohnen."

„Das können Sie aber herausfinden."

„Aber ich weiß auch ihren Namen nicht. Eine Kusine meines Mannes hat einen Amerikaner geheiratet. Sie schrieb vor einigen Jahren, wir sollten hinüberkommen. Ihr Mann hat eine große Fabrik. Als mein Mann verschwunden war, wollte ich an sie schreiben. Aber da wurde in unser Haus eingebrochen und das Notizbuch, in dem ihr Name und ihre Adresse standen, wurde gestohlen. Ich weiß nicht einmal ihren Mädchennamen. Sie hat uns eingeladen zu kommen, sie ist sehr reich."

„Vielleicht können Sie Anzeigen in amerikanischen Zeitungen aufgeben und sie so finden."

„Ah, das kostet alles viel Geld und ich habe keines. Ich erzählte einem amerikanischen Journalisten, der nach Urumchi gekommen war, davon. Er hat meine Geschichte in seiner Zeitung veröffentlicht, aber niemand hat sich darauf gemeldet. Ich werde jetzt einmal nach Shanghai gehen und sehen, ob ich dort Arbeit finde. Sie sagen, es sei leicht?"

Ich schrieb ein paar Zeilen an chinesische Freunde in Shanghai mit der Bitte, der Frau zu helfen.

„Danke", sagte sie, „das ist sehr nett von Ihnen. Ich werde einige Monate in Shanghai arbeiten und dann nach Kanada oder Australien fahren. Ich will nicht mehr in Asien leben. Ich lebe jetzt schon fast dreißig Jahre in Asien. Ich habe Angst davor. Es ist so groß und so anders. Nein, sagen Sie mir nicht, daß die Asiaten so denken und fühlen wie wir. Sie sind andere Menschen. Sie sind stärker und härter als wir, und wir können uns hier nicht durchsetzen. Alles ist hier anders: die Erde ist anders, die Luft ist anders, selbst die Sonne ist anders, heiß und tötend."

„Ich habe während der letzten Tage oft gefroren. Ich wünschte, die Sonne wäre etwas heißer."

„Sie wollen mich nicht verstehen. Ich meine nicht, daß es hier immer heiß ist. In Sinkiang haben wir eisige Winter. Aber sehen Sie nur diese Nacht. Alles ist fremd, nichts ist vertraut. Diese Bündel dort vor den Häusern, die Chinesen, die dort in ihren Lumpen schlafen: was wissen Sie von ihnen? Nichts, gar nichts. Wie können sie ihr ganzes Leben hungern und frieren? Was gibt ihnen die Kraft, auszuharren? Und wenn Sie die reichen Asiaten nehmen: was wollen die vom Leben? Mehr Reichtum, mehr Macht, mehr Vergnügen? Wir können es nicht ahnen. Hunderte Millionen Menschen mit ihren eigenen Sehnsüchten und Kräften, von denen wir nichts wissen. Es ist ein unheimlicher Kontinent. Ich habe hier alles verloren, meine Jugend, meinen

Mann, meinen Sohn. Ich hasse dieses Land nicht, nein, aber ich fürchte mich. Ich fürchte mich wirklich. Es ist eine ständige Angst, die mich nie verläßt. Ich will weg von hier, weit, weit weg, und niemals mehr diese gelbe Erde sehen und diese gelben Menschen. Ah, ich will weg."

Ihre aufgeregte Stimme klang wie ein schmerzvoller Seufzer durch die leere Dorfstraße, und für einen Augenblick griff die Angst auf mich über: die Bündel, die sie erwähnt hatte, bewegten sich, und Menschen schälten sich langsam und geheimnisvoll aus ihren Lumpen, und bleiche, ausdruckslose Gesichter starrten wie Masken des Schreckens nach uns. Die Nacht war plötzlich gespensterhaft mit ihrer lähmenden Stille, die den aufgeregten Worten gefolgt war.

„Es ist Zeit, schlafen zu gehen", sagte ich. Wir wünschten uns eine gute Nacht, und sie ging mit ihren schweren Stiefeln laut und ungelenk durch die Straße nach der nächsten Herberge, und die bleichen Masken sahen sie aufmerksam und tot an.

XXII.

Die Lamas und ich schliefen in einer Herberge, die abseits der Hauptstraße lag. So weckte uns der Lärm der Autos nicht, mit denen die Flüchtlinge aus Sinkiang frühmorgens weiterführen. Wir tranken Tee in dem Restaurant, in dem ich während der Nacht mit der Frau aus Magdeburg gesessen war. Die grauenhaften nächtlichen Masken, die sie so erschreckt hatten, waren zu zerlumpten Bettlern geworden, die sich wohlig in der Sonne streckten. Der Wirt und die Händler, die Eier und Melonen verkauften, schimpften auf die Flüchtlinge und nannten sie ein geiziges Pack, das von trockenem Brot und heißem Wasser lebe.

Wir folgten jetzt dem engen Tal des Sining-Flusses. Die

Straße nach Sinkiang, der großen Wüstenprovinz, voll von großen Möglichkeiten und noch größeren Gefahren, ließen wir rechts liegen. Der Sining-Fluß war schmal und reißend, und die Flöße, die geschmeidig durch seine Schnellen glitten, waren nicht mehr die gewaltigen Fahrzeuge des Gelben Flusses, sondern nur winzige Rechtecke aus aufgeblasenen Schafhäuten, auf denen gerade zwei Mann Platz fanden. Wir sahen viele Flöße, die mit Schweinen beladen waren. Die Tiere lagen, die Füße verschnürt, seitlich nebeneinander, und jede höhere Welle lief über sie weg und ließ sie in Todesangst aufgrunzen.

Die Berge fielen hier sehr steil zum Fluß ab. Die Straße folgte manchmal dem Fluß so nahe, daß wir durch das Geräusch des Motors und das Toben des Flusses das klägliche Schreien der Schweine hören konnten. Dann führte sie so hoch auf die Bergflanke, daß der Fluß ein silberner Streifen und die Flöße winzige Punkte wurden.

Das Auto war dichter besetzt, als ich es je erlebt hatte, und ich hatte mir keinen Platz neben den Lamas auf der Außenseite erobern können. Ich saß zuerst neben einer Mutter, die einem etwa sechsjährigen Jungen überraschend häufig die Brust reichte. War der Junge durstig, so sagte er höflich: „Ma, bitte gib mir Milch", und sie kam bereitwillig seiner Bitte nach. Nach der nächsten Rast wechselte ich meinen Platz und kam zwischen zwei Lamas zu sitzen, die in Lanchow zugestiegen waren. Sie sprachen nur mongolisch miteinander und ihr Chinesisch war mangelhaft und hart. Der ältere war in einen weiten Filzmantel von schmerzhaftem Rot gehüllt. Sein Gesicht war rund und gutmütig. Auch der jüngere war schon ein erwachsener Mann. Er war kleiner und ebenfalls in einen roten Mantel gekleidet, aber sein Rot war bescheiden und weniger brutal. Er war rührend bemüht, dem älteren, der robuster und stärker war, die Mühseligkeiten der Reise zu erleichtern. Bei jeder Rast lief er um Brot und Eier und füllte die Thermosflasche mit heißem Tee. „Sein Mund ist stets feucht von Tee", sagte Yang Samuda zu mir und deutete damit an, daß der Mongole ein reicher, mächtiger Mann sein müsse. Der Umsorgte ließ sich die Bemutterung würdevoll gefallen. Ihr Verhältnis hatte aber nichts Überhebliches oder Erniedrigendes, es war von einem selbstverständlichen feudalistischen Standesunterschied getragen.

„Wohin reist du?" fragte mich der ältere.

„Nach Kumbum."

„Wir fahren auch nach Kumbum", sagte er, „und dann reisen wir weiter nach Lhasa. Willst du nicht mit uns nach Lhasa kommen? Wir haben Platz für einen dritten in unserem Zelt."

„Ja", sagte ich, „gerne würde ich mit euch nach Lhasa reisen."

Der ältere Lama erklärte seinem Gefährten unser Gespräch. „Ah", nickte der befriedigt und sagte auf chinesisch: „Das ist gut, das ist gut." Er nahm meine Hand und hielt sie lang in der seinen. Und der würdevolle Lama nahm meine andere Hand, und so saßen wir wie drei alte, vertraute Freunde, und der Wagen rumpelte mühsam bergauf.

Abends überraschte uns ein Sandsturm. Die jungen Pappeln längs der Straße bogen sich wie Grashalme und der rasende Staub erfüllte die Luft so dicht, daß wir bei einer armseligen Herberge halten und dort die Nacht verbringen mußten.

Erst am nächsten Tag erreichten wir Sining, eine nette kleine Stadt mit vielen Geschäften, in denen die Nomaden nach Herzenslust einkaufen konnten, bevor sie wieder in die Steppe zurückkehrten. Die Nomaden waren anscheinend schlechte Händler, denn die Kaufleute sahen wohlgenährt und selbstzufrieden aus ihren Geschäften auf die kauflustige Menge.

Wir kauften nichts, aber die Lamas mieteten einen großen Pferdewagen, auf dem sie und ich und auch die beiden Männer aus der Mongolei Platz hatten. Vor uns waren verschneite Berge, aber auf den Äckern stand die Saat schon hoch und saftig. Wir fuhren an einem riesigen Baum vorbei, und der Fuhrmann erzählte uns, dies sei ein besonderer Baum und an bestimmten Tagen würden ihm Opfer dargebracht. Vor vielen

Jahren hätten die Mohammedaner die Stadt angegriffen und, da sie in der Überzahl waren, sicher auch erobert. Aber da habe der Baum plötzlich die Farbe seiner Blätter geändert. Eben seien sie grün gewesen, im nächsten Augenblick aber von einem seltsamen, schreckenerregenden Rot, ähnlich dem Rot dieses Mantels, und er zeigte nach dem alten Lama aus der Mongolei. Die Mohammedaner hätten darin ein böses Zeichen gesehen und die Belagerung aufgegeben. So hatte der Baum Sining gerettet.

Während der langatmigen Erzählung hatten wir das offene Land erreicht. Unser Wagen rollte auf dicken Gummirädern lautlos und gemächlich über die gute Straße. Auf einem Feld sangen ein paar Bauern, aber sie waren zu weit, wir konnten die Worte nicht verstehen. Lobsan stand auf und sang mit lauter, schriller Stimme:

„He, ihr Bauern auf den Feldern,
Hört, was ein Lama singt:
Mein Herz ist schon in Lhasa,
Ich selbst bin noch in Sining.
Kann doch nicht weg von hier,
Wo mein Herzlieb wohnt.
So wie der Frühling in den Bergen,
So sind die Frauen ferner Länder,
Besonders süß."

Alle lachten, nur die beiden Lamas aus der Mongolei blieben ernst. Ein Bauer war näher herangekommen und legte seine Hände wie einen Trichter vor den Mund:

„He, ihr Lamas auf dem Wagen,
Hört, was ein Bauer singt.
Der Bauer singt:
Ich stehe auf zur Arbeit, wenn die Sonne kommt,

Und raste friedlich, wenn sie wieder sinkt.
Ich trinke das Wasser des eigenen Brunnens,
Und esse die Früchte des eigenen Feldes.
Was kümmert mich die Macht des Kaisers?"

Jen Sang sagte entschuldigend: „Heute sind sie alle sehr glücklich, weil sie bald zu Hause sind."

Und Yang Samuda fragte: „Soll ich ein Lied aus Peking singen?" Wir nickten und er begann:

„Die Sonne sinkt, doch morgen geht sie wieder auf,
Die Blume welkt, doch blüht sie nächsten Sommer.
Der schöne, bunte Vogel fliegt für immer außer Sicht:
Meine Jugend ist vorbei und niemals kehrt sie wieder."

Der alte Lama aus der Mongolei sagte rügend: „In Peking mißt man der Jugend eine zu große Bedeutung zu. Bei uns in der Steppe schätzt man das Alter."

„Es ist ein Lied, das die jungen Mädchen singen", sagte Yang Samuda.

„Ah, dann", sagte der Alte.

Mittags hielten wir in einer schönen Herberge. Die Pferde wurden getränkt und gefüttert, so mußten wir lange rasten. Draußen flimmerte die Straße in der Mittagshitze, aber in der Herberge war es dunkel und kühl. Wir aßen kalte Nudeln mit Essig und Lauch, jeder von uns drei oder vier Schalen, und der alte Lama ließ es sich nicht nehmen, für uns alle zu bezahlen. Er mußte ein reicher und mächtiger Mann sein.

„Zuerst reisten wir mit einem Flugzeug", erzählte er. „Von Peking flogen wir nach Shanghai, von dort wollten wir weiter nach dem Lande der Hindu fliegen. Aber es ist häßlich, in einem Flugzeug zu reisen. Sie binden dich wie einen Gefangenen fest und der Lärm ist so stark, daß du nicht sprechen kannst. Und dann kommt der Inhalt deines Magens herauf.

Es ist eine sehr häßliche Art des Reisens. Jetzt wollen wir über die Große Nordsteppe reiten. Und du wirst mit uns reiten!"

Er nahm mich wieder bei der Hand und sein Begleiter lächelte gütig und liebevoll. Auch Jen Sang und Yang Samuda und die anderen Lamas lächelten und waren guter Dinge: „Noch zwanzig Li und die wochenlange Reise ist zu Ende", summten sie vor sich hin.

Abends, als die Sonne schon tief stand, erreichten wir Kumbum. Ich war froh, daß wir so spät ankamen, sonst wäre der erste Eindruck des großen Klosters sicherlich enttäuschend gewesen. Kumbum ist keine stolz-abweisende Klosterburg, die eine Bergspitze krönt, und auch kein in seiner harmonischen Schönheit atemberaubender Tempel, der den weiten Blick über eine Ebene beherrscht. Es ist nicht ein Tempel, sondern ein Dorf von Tempeln und weißgetünchten, flachdächrigen Mönchswohnungen, die sich halbkreisförmig an drei Hügel anschmiegen. Die schönen Bauwerke, wie Chin T'ing T'ang, der Tempel mit dem goldenen Dach, sind von anderen Häusern umgeben und es ist schwer, einen umfassenden Blick zu gewinnen. Statt einer Götterburg sieht man ein Dorf.

Am Abend aber war alles anders. In der späten Sonne hoben sich die weißen Vorderfronten der Häuser wie helle Segel von den dunkelgrünen Wellen der Hügel ab, das goldene Dach glänzte wie ein riesiges Juwel, und die rotgekleideten Mönche kauerten wie welke Blüten des leuchtenden Mohns vor ihren Gehöften. Sanfte Tempelgongs durchbrachen die friedliche Stille. So hielten wir unseren Einzug in Kumbum.

Wir lebten in einem Gehöft, das hoch auf dem westlichen Hügel lag.

„Hier sind wir zu Hause und auch du bist hier zu Hause", sagte Yang Samuda, als unser schwerbeladener Karren hielt. Junge Lamas stürzten sich auf unser Gepäck und ließen nicht zu, daß wir auch nur ein Stück selbst trugen. Ältere kamen würdevoll und begrüßten die Heimkehrer. Der oberste Lama unseres Gehöfts war ein noch junger Mann mit sanftem Gesicht und sanften Bewegungen. Er umarmte Yang Samuda und kam dann auf mich zu. Ich wollte mich verbeugen, aber er nahm mich in seine Arme und drückte mich gegen sich.

„Hier ist dein Haus", sagte er. „Du sollst hier viele Monate leben. Immer, wenn du müde bist, sollst du hierher zurückkehren."

„Ich bin viele tausend Li gereist", sagte ich, „aber ich war selten so froh wie jetzt."

„So soll es bleiben", sagte er und wir gingen in den Hof.

Nach der Dürftigkeit der Herbergen zwischen Peking und Kumbum waren die Klosterräume prächtig. Mit Yang Samuda lebte ich in einem großen, hellen Raum. Über den K'ang waren schwere Teppiche aus Sinkiang gebreitet, darauf stand ein blitzblank geputzter niedriger Tisch aus hellem Holz. Berge von gedämpftem Brot und gekochtem Fleisch wurden aufgefahren. Heißer Tee stand Tag und Nacht bereit.

Tee spielte eine besondere Rolle im Leben der Mönche. Er wird in übergroßen, festgepreßten Ziegeln aus Szechuan eingeführt. Sie sind so hart, daß man sie in kleinere Stücke zersägt, die man dann noch mit der Axt oder einem starken Messer zerkleinert. Mitunter findet man fingerdicke Äste darin und ein kultivierter Teetrinker aus Peking würde sich mit Entsetzen abwenden. Doch die Lamas sind keine kultivierten, wohl aber ausdauernde und begeisterte Teetrinker. Daher auch die Kanne mit ständig heißem Tee. Sie stand über einer kugelförmigen Schale aus Messing, die mit einer trockenen Mischung von Dung und Sägemehl gefüllt war. Einmal angezündet, glimmte diese Mischung langsam und gleichmäßig vierundzwanzig Stunden hindurch. Die Hitze war gerade stark genug, um den Tee ständig sehr heiß zu halten. Zu welcher Tages- oder Nachtstunde immer man trinken wollte, Tee stand ohne besondere Vorbereitung zur Verfügung. Er wurde nicht nur als Tee getrunken, sondern bildete auch den Grundstock für verschiedene Gerichte. Butter, Tsamba, getrocknete Milch und Käse wurden hineingemischt und getrunken oder gegessen, je nach dem Grad der Mischung.

Jen Sang, der von den Klöstern des Ostens winzige Kannen eines ständig frischgebrühten Tees gewohnt war, eines Tees, der durch Beimischung getrockneter Blüten einen besonderen Wohlgeschmack erhält, trank die graubraune Brühe Kumbums in zögernden Schlucken. Er litt.

Am nächsten Tag aber war er aufgeräumt und guter Dinge. Er war in ein nagelneues rotes Priestergewand gehüllt, und von seinem frischrasierten Kopf strahlten violett und glänzend die zwölf Zeichen Buddhas. Wir sollten dem Panchen Lama, dem höchsten Würdenträger der Gelben Kirche nach dem Dalai Lama, unsere Aufwartung machen.

Nun hat es mit dem Panchen Lama eine besondere Bewandtnis, und er lebt nicht ohne Grund in Kumbum, so weit von seiner eigentlichen Residenz in Shigatse. Sein Vorgänger, dessen Wiedergeburt er ist, mußte aus Tibet fliehen und fand in China gastfreie Aufnahme. Nach vielen Jahren des Exils, in denen er mit prunkvollem Hofstaat durch China und die Mongolei reiste, schienen die Schwierigkeiten endlich beseitigt, und er sollte nach Tibet zurückkehren. Da starb er in der kleinen Stadt Yushu im Süden des Chinghai. Drei Knäblein kamen als mögliche Wiedergeburt des Kirchenfürsten in Frage, eines aus Chinghai, eines aus Kham, eines aus Zentraltibet. Die Seher in Lhasa entschieden sich für die Wiedergeburt aus Chinghai. Aber als diese gute Nachricht nach Chinghai kam — sie wurde durch eine langsame Karawane überbracht —, war der ausgewählte Knabe gestorben. Ein anderer soll an seiner Stelle unterschoben worden sein, und es war fraglich, ob die Behörden in Lhasa ihn als den rechtskräftigen Nachfolger anerkennen würden. Die Chinesen jedoch behandelten ihn mit größter Ehrfurcht, und auch die Frommen, die nach Kumbum kamen, beteten den Lebendigen Gott mit Gläubigkeit an.

Wir waren sozusagen Nachbarn des Panchen Fo-jeh, er lebte in dem rotgetünchten Haus neben uns. Vor dem Tore standen zwei Soldaten mit Revolvern im Gürtel, der einzige weltliche Ton in der harmonischen Einheit der Lamahäuser, gegen deren Weiß sich das Purpur der Lamatoga scharf abhob.

Wir — nur Jen Sang und ich waren zur Audienz geladen, Yang Samuda und die anderen in Kumbum ansässigen Lamas würden später erscheinen — gaben unsere Visitenkarte ab und wurden in den Hof geführt, wo uns ein tibetischer Offizier aus Shigatse in Empfang nahm. Über eine steile Holzstiege wurden wir in den Audienzraum geführt. Die Lehrer und Berater des Panchen waren schon versammelt, groß gewachsene, prunkvoll gekleidete, ältere Tibeter. Viele von ihnen hatten den letzten Panchen auf seiner Flucht durch China begleitet; gleichaltrige Freunde eines alternden Mannes. Jetzt waren sie würdevolle Lehrer seiner Reinkarnation: alte Männer um ein Kind. Fast alle sprachen Chinesisch, und einige höfliche Phrasen und viele tiefe Verbeugungen wurden ausgetauscht. Während wir noch sprachen, kam Bewegung unter die Umstehenden, und als wir uns umblickten, saß der Panchen Lama schon auf seinem erhöhten Thronstuhl.

Wir verbeugen uns tief und überreichen ihm hellblaue seidene Kattas. Er nimmt die hauchdünnen Stoffstreifen entgegen, hält sie einen Augenblick in beiden Händen und legt sie uns dann — geweiht durch seine Berührung — als Gegengeschenk um den Hals.

Unkindlich ernst und forschend sieht er uns an. Woher wir kämen?

„Ich komme vom Tempel, der im Garten des Nordsees in Peking steht“, erwidert Jen Sang. „Ich will hier die heiligen Skripten studieren und die tibetische Sprache erlernen. Dann will ich die Pilgerfahrt nach Lhasa durchführen.“

„Ah“, sagt er, „das ist gut.“

Und ich? Woher ich käme?

Ich sei viele zehntausende Li gereist, mit dem Schiff, mit der Eisenbahn, mit dem Auto und mit Pferdekarren, um nach Kumbum zu kommen.

Das Gesicht des Knaben bleibt unbewegt, eine würdevolle, freundliche Maske. Und sei die Reise gut gewesen?

Ja, ich hätte eine gute Reise gehabt. Und ich sei froh, in Kumbum zu sein.

Würde ich weiterreisen? Oder würde ich in Kumbum bleiben?

Vielleicht würde ich eines Tages weiterreisen. Vielleicht zurück nach dem Westen.

Sei es wahr, daß ein großer Krieg im Westen viele Menschen getötet und viele Häuser zerstört hätte?

Das sei wahr. Habe der Panchen Fo-jeh eine Botschaft für den Westen?

Der Lebende Gott denkt einen Augenblick nach. Dann schluckt er ein-, zweimal mit rührend kindlicher Geste und antwortet:

„Ja, ich habe etwas zu sagen: Keine Kriege mehr, keine brutale Gewalt. Alle Völker, Franzosen, Amerikaner, Engländer, Deutsche, alle Völker sollen Freunde sein."

Während er dies sagt, hält er die Hände gefaltet vor seinem roten Jäckchen. Der Daumen und der kleine Finger sind weit weggespreizt, und die Hände sind unbeweglich, wie die einer betenden Buddha-Statue.

Die Audienz ist zu Ende. Jen Sang wirft sich vor dem Thronsessel zu Boden, und auch ich beuge mich tief. Mit einer geübten Bewegung berührt der Panchen Fo-jeh unsere Stirn segnend mit dem Finger und verläßt das Zimmer. Die mächtigen Gestalten seiner Gefolgschaft schieben sich wuchtig durch die schmale Tür, hinter der er, geschmeidig und froh wie ein Kind, das eine unangenehme Pflicht erledigt hat, verschwunden ist. Wir sind mit dem Offizier allein. Jen Sang liegt noch immer hingeworfen vor dem leeren Thronstuhl.

„Jen Sang", sage ich leise und berühre ihn an der Schulter, „wir müssen gehen."

Er steht langsam auf, und seine Augen glänzen aus einem bleichen Gesicht. „Ah", sagt er, „ich bin sehr glücklich. Er hat dir eine wunderbare Botschaft gegeben."

Ich blieb viele Wochen in Kumbum. Wenn mich heute jemand fragen würde, wie lange ich dort gelebt habe, ich wüßte keine genaue Antwort. Aber es waren viele Wochen.

Schuld daran waren vielleicht die Uhren. Meine eigene Uhr hatte ich schon in Peking verkauft, aber an den Wänden unseres Zimmers hingen drei Uhren, und wenn ich andere Lamas besuchte, immer waren Uhren zu sehen. Es waren altertümliche, prunkvolle Uhren, die sicherlich schon zur Zeit der Königin Viktoria alt gewesen waren. Jetzt waren sie veritable Museumsstücke, entsprechend bewundert und sich ihres Wertes voll bewußt. Wie Symbole der Zeitlosigkeit standen sie unbeweglich still. Unter ihren starren Zeigern floß das Leben wie ein träger Strom. Die Mönche standen zwar schon vor Morgengrauen auf, aber nichts Eiliges oder Unvorhergesehenes unterbrach den friedlichen Ablauf der Stunden. Ein Tag war wie der andere. So kommt es, daß ich nicht weiß, wie viele Tage oder Wochen ich in Kumbum lebte.

Manchmal natürlich geschah schon etwas. So sagte Yang Samuda eines Tages, im Nebengehöft würde ein Lebender Buddha erwartet. Nun sind Lebende Buddhas in Kumbum keine Seltenheit, und ich kannte viele und plauderte oft mit ihnen. Aber dieser Lebende Buddha kam aus einem entlegenen Kloster im Gebirge, er hatte noch nie einen Menschen aus den westlichen Ländern gesehen. Ob ich die Freundlichkeit haben würde, ihn am Abend zu besuchen?

So ging ich in das Gehöft, in dem der Lebende Buddha absteigen sollte. Es war viel ärmlicher als unser Gehöft, aber im Hof standen viele prachtvolle Pferde. Ich konnte den Lebenden Buddha nicht sehen und auch niemanden seines sicherlich prunkvollen Gefolges. Nur im Hofe bei den Pferden war ein Lama.

Er war klein und sah aus wie ein Gnom. Er trug einen Teil seines roten Mönchsgewandes über den Kopf geschlagen, so wie Inderinnen ihr Sari zu winden pflegen, aber ohne deren Würde und Grazie. Man sah nur die unförmigen roten Falten, aus denen seine derben Hände gelegentlich herauskamen, um einem Pferd sanft über die Schnauze zu streicheln, und sein Gesicht, vom Alter gezeichnet, aber nicht von dem Kummer und der Resignation, die häufig dem Alter folgen. Seine dunklen Augen strahlten voll Freude aus dem zufrieden gefurchten Gesicht auf die Pferde, die er mit väterlichem Stolz betrachtete.

Da waren vielleicht zwanzig Pferde und Maulesel. Sie waren mit dem Kopf gegen die beiden gegenüberliegenden Längswände des Hofes gebunden, ihre Hinterteile engten den Hof zu einer schmalen Gasse ein, durch die man vorsichtig gehen mußte, um nicht mit ihren Hufen oder ihrem Mist in Berührung zu kommen. Der kleine Lama schien ein Teil der Pferde zu sein. Er kraute ihre Ohren, küßte ihre Nüstern und berührte ihre straffen Muskeln mit lüsterner Freude.

Die Pferde waren gut ausgeruht und gut gefüttert. Die Stuten tänzelten nervös und zerrten an ihren Ketten und drängten nach den Hengsten. Die zitterten und schnaubten und schlugen mit ihren Hufen aus. Und der Mönch huschte zwischen den aufgeregten Pferden hin und her, berührte sie mit seinen Händen und Lippen und flüsterte in ihre Ohren. Dann band er einen schwarzen Hengst los, dem der Schaum vom Maule floß, und mit ein paar wilden Sprüngen war das Tier bei einer Stute. Für ein paar Minuten war die Luft dick und wie elektrisch geladen, dann beruhigten sich die Pferde und wandten sich wieder ihrer Krippe zu.

Ein kühler Wind blies von den Hügeln in den Hof, und die vom Geruch schwitzenden Tierleiber schwere Luft, in der der Staub unbeweglich schwebte, drehte sich zu hohen Wirbeln weit in den Himmel hinauf. Die Wände strahlten noch Sonnenhitze aus, aber der Abend war plötzlich kalt und unfreundlich.

Der Gnom kam herüber zu der Mauer, auf der ich saß, und lachte befriedigt vor sich hin.

„Jetzt sind sie ruhig und können schön fressen und rasten", sagte er und deutete auf die Pferde. „An heißen Abenden sind sie wild und gierig, die Hengste wollen zu den Stuten und die Stuten zu den Hengsten. Und sie zerren an ihren Riemen und schlagen sich gegenseitig mit den Hufen. Oft verwunden sie einander dabei. Jetzt lasse ich immer einen Hengst los, dann ist wieder Ruhe. Wenigstens für einen Tag."

„Hast du die Pferde unter dir?" fragte ich ihn.

„Ja, seit zwanzig Jahren. Ich habe ein Pferd gehabt, das in einem Tag dreihundert Li laufen konnte, und eines, das in drei Wochen von Lhasa hieher kam. Ich habe viele wunderbare Pferde gekannt. Ich habe das Pferd gesehen, auf dem der alte Panchen Lama ritt. Der junge Panchen Lama reist im Auto. Die Zeiten haben sich geändert."

Er murmelte verärgert, daß die guten alten Zeiten, wo es noch Pferde gegeben habe, Pferde, die tatsächlich Entfernungen zurücklegen konnten, endgültig vorbei seien.

„Heute bauen sie Straßen durch die Steppe", klagte er, „tausende Kulis müssen daran arbeiten, und sie sterben, weil sie die Steppe nicht gewöhnt sind. Aber Straßen müssen gebaut werden, weil die Autos rascher sind und bequemer für die feinen Herren aus Sining. Ah-ya, ich hoffe, das ist mein letztes Leben in diesem Teil der Welt."

Ich wagte nicht, ihn zu fragen, wo er seine früheren Leben verbracht hatte. Nach seinem Mißfallen zu schließen sicherlich in erfreulicheren Gegenden. Er schien die Art Mann zu sein, dem ein Abend kaum ausreicht, um eine kurze Frage zu beantworten.

Er hatte wohl meine Gedanken erraten, denn er sagte:

„Ich spreche heute zuviel, weil ich Wein getrunken habe. Trinkst du auch?"

Ich sagte, daß ich tränke, nicht jeden Tag, aber manchmal.

„Dann bist du ein guter Mensch, komm mit mir, ich habe noch einen Krug voll Wein."

Wir gingen durch den Hof. Die Pferde standen jetzt still und friedlich, sie kauten an ihren trockenen Erbsen und man hörte, wie die starken Zähne die harten Früchte zermalmten. Es war ein angenehmes, häusliches Geräusch, und der Lama wollte, daß ich es ganz besonders höre:

„Hörst du, wie sie alle fressen? Wenn ich den Hengst nicht freigelassen hätte, wären sie zu unruhig. Sie würden nichts fressen. Sie sind nicht viel anders als die Menschen. Man muß wissen, welcher Trieb sie am ärgsten plagt, und ihn dann befriedigen. Dann kommt der nächste Trieb daran. So kann man sie zufrieden halten. Fängt man es verkehrt an, so gibt es Unruhe. Genau wie bei den Menschen."

Er lächelte selbstzufrieden vor sich hin, und die Welt war für ihn ein offenes Buch, in dem alle Lebewesen nach einem vorgezeichneten Schema handelten. Man muß nur die Stärke und Reihenfolge der Triebe kennen und sie befriedigen oder unbefriedigt lassen, um sie zu beherrschen. Es war ein häßlicher Gedanke, der mich traurig machte, aber vielleicht hatte der Lama recht. Er hatte ein weltkluges Gesicht, voll der Weisheit, die man nicht in Klosterzellen und Büchern, sondern auf den Landstraßen, in den Bordellen und in den Amtszimmern lernt.

Wir setzten uns auf seinen K'ang, und er brachte einen mit Silber und Türkisen geschmückten Holzkrug und zwei kleine silberne Becher. Wir tranken, und der Wein wärmte mein Inneres und ich fühlte mich glücklich und froh und redselig.

„Ich habe schon von dir gehört. Du bist der weiße Lama, der mit Yang Samuda aus Peking gekommen ist."

Ich sagte, ich sei mit Yang Samuda gekommen, aber ich sei kein Lama.

„Aber du glaubst an den Buddha Matreya, der kommen und die Welt erlösen wird?"

„Ich glaube an ihn und ich glaube auch an die anderen vierundzwanzig Buddhas, die kamen und wieder verschwanden. Aber ich glaube auch an einen Buddha der westlichen Religion, der vor zweitausend Jahren kam, um die Welt zu erlösen."

„Ah-ya, es bedarf vieler Buddhas aus allen Völkern, um das große Werk zu vollbringen. Ich war in Lanchow und in Chengtu und ich habe mit den Priestern deines Buddha gesprochen, und ich habe seine Statue gesehen. Und ich war in den Kirchen und habe gesehen, wie deine Priester Weihrauch verbrennen und beten. Es ist wenig Unterschied zwischen unserem Gottesdienst und eurem..."

„Doch, wir glauben..."

„Das Wesentliche ist, daß wir wissen, daß wir alle Pilger sind, die auf demselben Pfad wandern, ein langer Pfad, von einem All in das andere, von einer Auflösung in die andere, eine langsam ansteigende Kurve, auf der wir alle Platz haben, die Menschen, die Tiere und die Pflanzen, und auf der wir nebeneinander wandern wie Brüder mit demselben Ziel."

„Und bist du sicher, daß wir alle das Ziel erreichen werden?"

„Die Zeit ist unendlich und die Güte des kommenden Buddha ist auch unendlich. Ich habe keinen Zweifel, trotz all unserer Fehler werden wir das Ziel erreichen."

Ich wußte nicht, was ich antworten sollte. Es muß ein schönes Gefühl sein, sich mit allen anderen belebten und unbelebten Wesen der Natur auf einer aufsteigenden Kurve zu wissen, die durch die zerfallenden und sich wieder bildenden Universa schließlich ins Nirwana führt. Ich war nachdenklich.

„Mach dir keine Sorgen, du bist ein guter Mensch", sagte der Lama.

Er füllte die Becher wieder und wir tranken. Es war angenehm warm in seinem kleinen Zimmer, und es roch nach Leder und Pferden. Er brachte aus einer Truhe ein Paket Zigaretten und wir rauchten. Ein junger Lama, den ich nicht kannte, kam und kauerte sich zu uns auf den K'ang. Ich war ein wenig betrunken und ich war gleichzeitig sehr froh.

„Wie kannst du sagen, daß ich ein guter Mensch bin? Ich glaube nicht an deine vierundzwanzig Buddhas und ich lebe nicht so, wie unser Buddha gelehrt hat. Ich bin sicherlich ein schlechter Mensch."

„Nein, du bist kein schlechter Mensch."

„Warum nicht?"

„Weil du trinkst, weil du sehr viel trinkst."

„Gerade schlechte Menschen trinken."

Er lächelte schlau: „Schlechte Menschen trinken nur, wenn sie dumm sind. Du aber bist klug, du würdest nicht trinken, wenn du schlecht wärest. Denn wenn du trinkst, dann vergißt du, was dich Buddha und die Priester gelehrt haben. Wenn du betrunken bist, dann machst du, was du wirklich machen willst. Ich kann noch so viel trinken, ich bleibe doch immer ein guter Lama und betreue die Pferde sorgfältig. Wir beide sind sehr gute Leute und so wollen wir trinken."

Er taumelte ein wenig, füllte die Becher aber ohne Ungeschick. Der junge Lama sah uns lächelnd zu, lehnte aber ab, als ich ihm meinen Becher gab.

„Aus welchem Land kommst du?" fragte er.

Ich sagte es ihm.

„Ich habe nie davon gehört."

„Ah, es ist ein kleines Land, ein unwichtiges Land. Man hört nur selten davon."

„Ist es auf der Landkarte eingezeichnet?"

„Ja", sagte ich stolz, „es ist auf allen Landkarten eingezeichnet."

Der Pferdelama räumte in einer Lade und brachte eine Landkarte hervor. „Hier ist China, hier ist Tibet und hier Indien. Wo ist dein Land?"

Ich war sehr beschämt. Ich konnte Griechenland erkennen und Italien, Frankreich, Spanien und England, aber mein Land war nicht eingezeichnet. „Wo ist dein Land?" drängte der junge Mönch.

„Das ist eine sehr gute Landkarte. Du kannst Yushu darauf finden und auch Nag-chu-ka, eine sehr gute Landkarte“, sagte der Pferdelama stolz.

„Wo ist dein Land?“ fragte der junge Mönch wieder.

„Es ist hier sehr weit im Westen, aber es ist nicht in diese Karte gezeichnet“, sagte ich.

„Aber du sagtest, es sei auf allen Landkarten eingezeichnet.“

„Ich meinte, auf allen ausländischen Karten.“

„Ah-ya, ah-ya“, meinte er und blieb mißtrauisch.

Ich fühlte mich sehr unglücklich. Sie alle hatten ihr Land und ihre Dörfer, aus denen sie kamen, und wenn sie sie nur nannten, so wußte jeder sofort, ah, aus Tatsienlu, wo die großen Teekarawanen durchziehen, oder aus Gyangtse, wo die Straßen nach Indien durchführt, und ich saß da wie ein Mensch ohne Vergangenheit und ohne Herkunft.

Der Pferdelama fragte: „Trinken die Leute in deinem Land Wein?“

Ich sagte froh: „Ja, sie trinken. Besonders im Herbst, wenn die Trauben reif sind und sie frischen Wein gemacht haben. Dann trinken sie sehr viel. Manche jeden Tag einige Stunden.“

„Siehst du“, wandte sich der Pferdelama an den jungen Lama, „wenn auch sein Land nicht auf dieser Karte ist, es muß ein gutes Land sein, mit sehr guten Menschen.“

Der junge Lama war nicht vollständig überzeugt. Ich fragte den Pferdelama: „Wann wird der Lebende Buddha aus Gursha Gompa kommen?“

„Der ist schon angekommen.“

„Ich möchte ihn gerne sehen.“

„Du siehst ihn doch schon seit einer Stunde! Er sitzt hier neben dir.“

Es tat mir leid, dem Lebenden Buddha, der noch niemals einen Menschen aus den westlichen Ländern gesehen hatte, mein Land nicht zeigen zu können. Sicherlich würde er voll Zweifel in sein Bergkloster zurückkehren. Aber er war freundlich und ließ sich seine Enttäuschung nicht anmerken, und so blieben wir bis spät beisammen.

Nach einer Nacht, während der ein großer, voller Mond Kumbum in ein Märchengebilde aus mattem Marmor verwandelte, weckte mich Lobsan, noch bevor der Morgen dämmerte.

„Wir reiten heute nach einer Bergspitze. Beeil dich!“

Wir ritten durch die reifen Felder, dann höher durch die Wiesen, auf denen Yakherden weideten, und schließlich erreichten wir einen Paß. Dort banden wir unsere Pferde fest und stiegen über einen sanften Grat zum Gipfel.

Lobsan wollte mir nicht sagen, was wir oben zu tun hatten. Er blieb geheimnisvoll: „Morgen ist der fünfzehnte Tag des Monats. Bald werden viele Pilger unterwegs sein. Die Zeit des Reisens hat begonnen. Wir müssen uns der Reisenden annehmen. Sie bringen oft kostbare Geschenke.“ Und er lächelte vergnügt.

Vom Gipfel hatten wir einen weiten Blick. Kumbum lag versteckt hinter seinen Hügeln, aber das weite Tal des Sining-Flusses war zu sehen und im Norden die Schneegipfel des Nan Shan. Ein frischer, kühler Wind zerrte an unseren Kleidern und trug das Wiehern unserer Pferde vom Paß herauf.

Lobsan öffnete einen Lederbeutel, den er mit heraufgetragen hatte. Er griff hinein, gab mir eine Handvoll Papier und sagte:

„Wirf sie hoch in die Luft, daß der Wind sie weit fortträgt.“

Es waren kleine, aus Papier geschnittene Pferde. Ihr Kopf war weit vorgestreckt und die vier Beine schnitten eifrig durch die Luft. Man konnte gut erkennen, daß sie in Eile waren.

„Wirf sie hoch in die Luft. Müde Reisende werden dir dankbar sein.“

Er schleuderte ein Bündel von sich und ich tat es ihm nach. Wie eine Schar glänzender Vögel flogen die Papierpferdchen davon. Der Berg fiel steil ab, und sie glitten in einer sanften Kurve weit hinaus gegen die niedrigen Hügel. Zwei oder drei Pferdchen stiegen hoch in den Himmel. Sie verschwanden gegen sein helles Blau, und nur wenn die Sonne im richtigen Winkel darauffiel, leuchteten sie kurz auf.

Wir warteten auf besonders heftige Windstöße, dann ließen wir neue Herden von Pferden los, und sie begannen mit wilden, weiten Sprüngen ihre luftige Reise.

„Wenn ein Pilger müde ist oder seinen Weg verliert, wird er eines dieser Pferdchen finden, und es wird ein großes, starkes Pferd sein und ihn in Sicherheit bringen. Du hast heute viel Gutes für die Pilger getan. Der Panchen Fo-jeh selbst hat die Pferde geweiht."

Als wir nach Kumbum zurückkamen, waren die Vorbereitungen für das Tempelfest im Gange. Die weite Wiese unterhalb des Klosterdorfs war voll von Zelten, Schafen, Kühen und Yaks. Die Nomaden spazierten breitbeinig und des Gehens ungewohnt daher. Chinesische Händler verkauften Süßigkeiten und Gemüse. Vor den Tempeln staute sich die Menge, und alle Lamas schienen auf den Gassen unterwegs zu sein. Außer bei den großen Gottesdiensten hatte ich noch niemals so viele von ihnen gleichzeitig gesehen.

Abends machte ich mit Yang Samuda und den beiden Lamas aus der Mongolei den Rundgang um Kumbum. Die schmale, schön angelegte Straße, die weit auf die Hügel hinaufführt und auch die höchstgelegenen Lamawohnungen einkreist, war von Pilgern überfüllt. Manche spazierten durch den kühlen Abend und nahmen es mit den religiösen Vorschriften nicht zu genau. Andere wieder vollführten an bestimmten Stellen sieben Kotaus, erhoben sich und eilten zum nächsten Platz, der diese Übung erforderte. Sie schienen zu fürchten, daß ihnen jemand zuvorkommen könnte. Mit ihrer Eile störten sie die Ruhe des Abends. Die ganz Frommen paßten harmonisch in die aufkommende Dämmerung und zu den rötlichen Wolken, die langsam über die Hügel zogen. Sie krochen nämlich um den

Tempel. Sie hatten schwere Lederschürzen umgebunden, um ihre Kleidung zu schonen. Staubig, schwitzend und langsam, bildeten sie einen seltsamen Kontrast zu den eifrigen Kotaumachern.

Ein Paar, seiner Tracht nach zu schließen vom Kukunor, erregte allgemeine Fröhlichkeit. Er war ein kleiner Mann mit winzigem Oberkörper und langen Beinen, die in dünnen Stiefeln und in einer eng anliegenden Hose steckten. Er ging mit kleinen und zappelnden Schritten vor seiner Frau, die ihn etwa um drei Kopflängen überragte und mit einem ihrer wiegenden Schritte eine größere Strecke überspannte als er mit dreien. Trotzdem blieb sie ständig unterwürfig hinter ihm, und er hielt seinen Kopf stolz und aufgerichtet, als wäre er ein großer Herr und Gebieter. Vielleicht war er das tatsächlich.

Die Trachten der Frauen waren brutal und farbenprächtig. Mongolinnen trugen hohe, spitze Zuckerhüte, von deren Krempen rote Quasten herunterbaumelten, durch die ihre großen Augen blitzten. Andere hatten auf dem Rücken ein riesiges Ornament aus Muscheln, Steinen, farbigen Stoffen und Silber, das einem großen Schmetterling ähnlich sah. Aber, so erklärte mir ein Lama, dieser Zierat sollte keinen Schmetterling darstellen, sondern einen auf dem Rücken getragenen Wasserbottich, und daran erinnern, daß Tsongkapa von seiner Mutter empfangen wurde, als sie Wasser holen ging.

Der alte, würdige Lama aus der Mongolei traf vier Leute von seinem Stamm, ein altes Ehepaar mit zwei hübschen Töchtern, und er hatte viel mit ihnen zu sprechen und wir verloren ihn aus den Augen.

Am nächsten Morgen begann das eigentliche Fest. Sehr früh ging ich mit Yang Samuda zum Tempel mit dem goldenen Dach und opferte dort drei Butterlämpchen vor dem Standbild Tsongkapas. Wir mußten lange warten, denn die Gläubigen waren in langen Reihen angestellt, und die Mönche hatten Mühe, genügend Butterlämpchen herbeizuschaffen. Das schwere Silbergeld häufte sich zu Bergen und viele hunderte kleine Flammen leuchteten.

Vor dem Tempel warfen sich die Betenden immer wieder zu Boden und glitten mit nach vorne gestreckten Händen in eine liegende Stellung. Hunderte, vielleicht tausende Male wiederholten sie diese Übung. Und die ungezählten Bußübungen ungezählter Betender durch viele Jahre hatten in den schweren Holzboden fausttiefe Rillen gescheuert, und die Hände der Pilger glitten darin wie auf den Gleisen sicherer Tradition. Sie taten, was seit Jahrhunderten hier getan wurde: sie suchten das Schicksal dieses Lebens und der kommenden Leben günstig zu gestalten. Mit solchem Eifer waren sie dabei, daß der Schweiß von ihren Gesichtern tropfte.

Dann brachte mich Yang Samuda nach einem anderen Tempel, und wir kamen gerade zurecht, um die Prozession zu sehen, die den Tempel verließ. Zuerst kamen Mönche mit den kurzen weißen Muschelhörnern, dann solche mit den langen Trompeten, die so schwer waren, daß ihre Öffnung auf der Schulter eines Knaben ruhte. Dann kamen die Würdenträger mit ihren prachtvollen roten und gelben Prunkgewändern und Mützen, die wie der Kamm eines phantastischen Vogels hoch in die Luft ragten. Dann kamen die Priester, die das Bild trugen.

Das Bild war auf Stoff gemalt und zusammengerollt, eine körperdicke Rolle auf den Schultern der Priester. Sie kamen einer nach dem anderen aus dem Tor des Tempels, und das gerollte Bild glitt aus dem Dunkel des Heiligtums wie eine riesige Schlange. Zwanzig oder dreißig Mönche trugen daran, es waren kräftige junge Burschen, aber sie stöhnten unter der Last.

„Das Bild, das Bild!“ rief die Menge. „Der große Buddha ist an die Sonne gekommen, das große Bild ist da.“

Sie trugen das Bild auf einen Hügel, der in gerader Fläche zum Tempel abfiel. Dort befestigten sie seinen oberen Rand an starken Holzpflöcken, die tief in die Erde gerammt waren.

Dann öffneten sie das Bild, und es rollte sich, zuerst langsam, dann immer rascher, den steilen Hügel hinunter auf. Über dem Bild war noch ein Vorhang aus dünner Seide, aber man konnte jetzt schon die Gestalt eines riesigen Buddha erkennen, matt und sanft, die grellen Farben gedämpft durch die Seide. Der Vorhang wurde wie der eines Theaters nach beiden Seiten weggezogen, und das Buddha-Bild wurde hell und leuchtete in der morgendlichen Sonne.

Es war sehr groß. Die Menschen, die den Rand des Bildes küßten, waren kleiner als die Ohren des Buddha, und wenn sie sich niederwarfen, waren sie nicht größer als seine Augen. Auch wenn man weit auf den Hügeln nach Westen ging, so weit, daß die Mönche und Pilger ein undeutliches Gewimmel kleiner Ameisen wurden, war das Bild noch immer groß und deutlich. Es war ein gewaltiges Bild.

Ein paar Lausbuben — wie Buben selbst in der Würde eines Geschehens nur nach der Möglichkeit eines Streiches suchen — krochen unter das Bild und veranstalteten zwischen Tuch und Erde Wettrennen. Das Bild wölbte sich unter den eiligen Gestalten, und es sah aus, als ob der große Buddha sein Gesicht verziehe und lächle. Ob über die Buben oder auf die betende Menge herab, wer kann das sagen?

Ein alter, würdevoller Abt zelebrierte zu Füßen des Buddha-Bildes den Gottesdienst. Der harte Ton der Muschelhörner und Trompeten klang durch die Stille, unterbrochen von dem sanften Gemurmel der Gebete.

Das Tal war erfüllt von Menschen. Sie hatten vier Farben. Rot: das waren die Mönche; wichtig und würdevoll, immer in Gruppen beisammen, betend und mit ernsten Gesichtern. Blau: das waren die Chinesen; Bauern aus der Umgebung, Kaufleute und Beamte aus Sining, bereit, sich von dem großartigen Schauspiel beeindrucken zu lassen, aber doch ein wenig überheblich, denn sie waren keine Lamaisten. Bunt: das waren die Nomaden; ihre Kleidung vereinigte viele Farben und Muster, so brutal und farbenprächtig, daß nicht die einzelne Farbe, sondern die grelle Buntheit bestimmend wurde. Kindliche, gläubige Menschen, aus dem Nichts der Steppe in eine Welt der Wunder gekommen, mit großen, glänzenden Augen, die für Wunder noch offen sind. Grau: das waren die Bettler; auch sie hatten große, glänzende Augen, aber sie sahen keine Wunder. Es waren die toten, starren Augen der Blinden. Viele Dutzende von ihnen hatten sich eingefunden. Sie hielten sich an der Hand, lange Ketten von zehn und zwanzig Leuten, Männer, Frauen und Kinder, und einer führte die blinde Schlange und tastete für alle folgenden mit dem Stock den Weg ab. So krochen sie durch die festliche Menge während eines Schauspiels der Farben und Formen und sahen nichts als ihr eigenes Dunkel und wußten nichts als ihr eigenes Elend und hörten nichts als ihre eigene Klage: Füllt unsere Schalen, gebt uns Almosen, füllt unsere leeren Schalen. Die Fetzen ihrer Kleidung waren grau von Alter und Sonne, ihre Haut war grau von Staub und Hunger, und ihre Augen waren grau und leer.

Ich ging noch zum Baum der Zehntausend Bilder. Das ist ein Baum, der dort gewachsen sein soll, wo die Mutter Tsongkapas einmal sein geschorenes Haar vergrub, und dessen Rinde und Blätter an bestimmten Tagen tibetische heilige Inschriften und Buddha-Bilder zeigen. Aber die Rinde war wie die Rinde anderer Bäume, und die Blätter waren grün und saftig und unbeschrieben. Ich sah kein Wunder. Die Nomaden opferten trotzdem auf einem butterübergossenen, phallusartigen Stein vor dem Baum viele Silberstücke.

Wahrscheinlich gab es an diesem Tag noch vieles zu sehen. Aber die Sonne brannte heiß vom Himmel, und die vielen Menschen, ihre festliche Kleidung und Stimmung, die klagenden Rufe der Bettler und die selbstbewußten Gongschläge der Mönche, all das machte mich müde, und ich ging zurück zu unserem Gehöft. Der Panchen Lama wurde gerade vom Tempel mit dem goldenen Dach in seine Residenz zurückgetragen. Er saß in einer prächtigen, goldstrotzenden Sänfte, ein prunkvoller Schirm wurde über ihn gehalten, um ihn vor der Sonne zu schützen. Einige seiner Lehrer gingen breitbeinig und wichtig hinter der Sänfte, und die Nomaden starrten mit großen Augen den jungen Lebenden Gott an. Er selbst saß wieder starr und unbeweglich, als gingen ihn all der Festeslärm, der Prunk und das Staunen der Menge nichts an.

Es war Abend, als ich wieder aufwachte. Wenn ich an Kumbum zurückdenke, werde ich es immer so sehen, wie es an diesem Abend war. Es war der fünfzehnte Tag des chinesischen Monats, der Mond war also voll und ging früh auf, aber er stand noch hinter den Hügeln, als ich vor das Haus kam. Die Menge der Besucher war zu ihren Zelten oder in die Stadt zurückgekehrt, und die Mönche waren nach dem anstrengenden Tag in ihren Gehöften. Die winkeligen, steilen Gäßchen der Klosterstadt waren menschenleer. Es war eine windstille Nacht, angenehm kühl nach der Hitze des Tages. Auf den flachen Dachkanten der Mönchswohnungen und auch auf denen mancher Tempel standen die Butterlämpchen in langen Reihen. Ihre Flamme war matt und ruhig und zeichnete einen hellen Kreis in die Nacht. In diesem Kreis schimmerten weiß und sanft das gekalkte Dach und hellglänzend das Zinn der Lämpchen. Diese kleinen Lichtkreise, jeder für sich winzig und schwach und nur in einer windstillen Nacht wie dieser überhaupt möglich, vereinten sich zu langen, leuchtenden Linien, die den Konturen der Häuser folgten. Und die Linien wieder vereinigten sich zu einer gewaltigen Zeichnung des Lichtes, die sich über alle drei Hügel erstreckte und ein umrißhaftes, unwirkliches Kumbum in die Nacht zauberte.

Die Butterlämpchen waren kleine Becher, und die Flamme hatte die Butter bald verbrannt. Die langen Linien wurden hie und da unterbrochen, dann wurden die dunklen Stücke länger, die großartige, klare Zeichnung der Dächer verlor ihren Zusammenhang, es waren nur noch einzelne Lichter, von denen jedes für sich im dunklen Raum schwebte. Dann kam der Mond groß und strahlend und nahm auch den letzten Lämpchen ihre Helligkeit. Das große Fest des fünfzehnten Tages war zu Ende.

Die Tage vergingen rasch und unbemerkt. Jen Sang erklärte mir die Schriften, Yang Samuda erzählte von seinen Handelsfahrten, die ihn bis Peking und bis Lhasa geführt hatten, befreundete Lamas kamen und gingen, die Zeiger der Uhren blieben unbewegt und die Zeit stand still.

Ich ging oft nach Lussar, dem kleinen Handelsort unterhalb des Klosters. Auf einer breiten Straße hatten die chinesischen Händler ihre Kaufbuden errichtet und vollgefüllt mit dem billigen Ramsch ihrer Zivilisation. Die Nomaden, wild und mißtrauisch, brachten Felle und Wolle und die Pelze erlegter Tiere zum Verkauf und zum Tausch, und die Händler ereiferten sich über den Schmutz der Wolle und die schlechte Beschaffenheit der Pelze. Die Nomaden wieder prüften jeden Stoff und jedes Messer, das sie kaufen wollten, so eingehend, als erwarteten sie nichts anderes, als betrogen zu werden. Englische Zigaretten, Seife aus Indien, Stoffe aus Lancashire lagen zum Verkauf. Sie waren von Indien über den Himalaya nach Lhasa und von dort in monatelanger Karawanenreise nach Lussar gebracht worden. Sie konnten die Konkurrenz mit den Gütern aus Shanghai aufnehmen, denn die Yakkarawanen sind ein billiges Transportmittel und ihre Hirten genügsame Leute.

Zwei Welten prallten hier hart aufeinander: die freie, große, wilde Welt der Steppe, mißtrauisch und doch begierig zu sehen, stark und doch zum Untergang verurteilt, und die zivilisierte, geschäftstüchtige Welt Chinas, die hier an den Grenzen alle Feinheiten und Werte verloren hatte, brutal und betrügerisch ihren Vorteil suchte und den Barbaren gegenüber selbstüberheblich und siegesbewußt war. Beide Welten zeigten sich nicht von ihrer besten Seite.

Aber wahrscheinlich sind nicht die menschlichen und wertvollen Eigenschaften wichtig und entscheidend, wenn zwei Welten zusammenstoßen und gegeneinander kämpfen, sondern die niedrigen und unmenschlichen. Nur sieht man es sonst selten so klar und auf wenige Quadratmeter Raum zusammengepreßt wie in der Hauptstraße von Lussar.

Mein Geld war zu Ende gegangen und ich sah mich nach einem Verdienst um. Jen Sang brachte mir eine Holzschale, wie man sie zum Anrühren des Tsamba-Breis verwendet. Ein Lama sei bereit, sie zu verkaufen, und ich könnte sie sicherlich mit großem Gewinn später an einen Amerikaner weitergeben. Es sei eine Wunderschale: fülle man sie mit einer vergifteten Speise, so brause diese auf. Der Besitzer dieser Schale könne beruhigt alle Speisen essen. Wir rührten einen großen Napf Tsamba an und gaben etwas von dem Gift hinein, das die Bauern gegen die kleinen Raubtiere der Steppe verwenden. Dann verteilten wir den Brei in verschiedene Schalen. In den gewöhnlichen Näpfen blieb er unbeweglich und zum Essen einladend, in der Wunderschale warf er träge Blasen. Ich gab mehr Gift dazu und das Aufwallen verstärkte sich.

Der Lama wollte siebzig Silbermünzen für diese Kostbarkeit. Ich schrieb an amerikanische Freunde in Peking, aber sie antworteten, ich solle mein Geld nicht für solche Schwindeleien ausgeben, sie hätten kein Interesse daran. Da ich selbst nur noch zehn Silberstücke hatte, behielt der Lama seine Schale.

Dann aber lernte ich einen unternehmungslustigen Kaufmann in Lussar kennen. Er hieß Wu und war bereit, mir Geld vorzustrecken, falls ich Geschäfte machen wollte. Ich hätte Jen Sang, Yang Samuda und den vielen anderen befreundeten Lamas gerne kleine Geschenke gemacht, wie sie in Kumbum unter Freunden üblich waren: eine Handvoll Rosinen oder ein Häufchen Zucker, liebevoll auf einem quadratischen roten Papier zu einem kleinen Kegel aufgebaut, oder gar eine elektrische Taschenlampe oder eine Füllfeder. So borgte ich mir von Wu zweihundert Silberstücke aus, um damit von den Mongolen und Tibetern silbernen Schmuck zu kaufen. In Peking würde er bei amerikanischen Touristen gute Preise erzielen. Um billig kaufen zu können, wollte ich entlegene Gegenden aufsuchen. Ich wollte von Kumbum nach Norden in das Richthofen-Gebirge. Vielleicht würde ich gute Geschäfte machen und über das Gebirge weiter in die Wüste gehen und dort nach dem Jade-Tor fahren. Ich hätte das Jade-Tor gerne gesehen, das schicksalhafte Tor am westlichen Ende der Großen Mauer, durch das so viele Flüchtlinge, Verbannte und Soldaten einem ungewissen Schicksal fern der Heimat entgegengegangen waren, das Tor, in dessen Stein ein Mann geschrieben hatte:

Weiter, durch das Jade-Tor!
Die Augen blind von Tränen,
Vor uns nichts als Sand,
Hinter uns das große Tor geschlossen.
Weib und Mutter fern von uns.
Die Gedanken an sie und die Tränen,
Sie hören nimmer auf.

XXIII.

Zwei Tage wanderte ich durch die sommerliche Lößlandschaft. Die Bauern waren wenig freundlich und mißtrauisch. Wenn ich sie fragte, wo das Grasland beginne, auf dem die Mongolen und Tibeter ihre Herden weiden, deuteten sie gegen Norden und waren froh, wenn ich weiterging. Einmal begegnete ich auf der Höhe eines staubigen Lößpasses einem jungen Bauernmädchen, das auf seinen gebundenen Füßen graziös daherstolzierte. Wir hatten beide einen steilen Aufstieg hinter uns und setzten uns keuchend in den Schatten der Paßmauer. Sie war zutraulich und freundlich und gab mir bereitwilliger Auskunft als die mürrischen Bauern. Sie hatte ein fröhliches, unbekümmertes Lachen, und durch die geöffnete Bluse waren ihre jungen, festen Brüste sichtbar.

Am Tage des Drachenbootfestes kam ich nach Huchu, einem kleinen Dorf, das durch seine fetten Schweine und seinen guten Wein bekannt ist. Die Leute hatten tüchtig gefeiert, und die Betrunkenen, die über die Straße torkelten, waren guter Dinge. Selbst wenn sie beim Hinfallen ihr Gesicht blutig schlugen, schienen sie das für einen großen Spaß zu halten und sie lachten, bis sie Tränen in den Augen hatten. Nur in den Städten des Westens hatte ich so viele Betrunkene auf einmal gesehen, Chinesen sind fast nie berauscht, zumindest nicht von Alkohol, höchstens von Opium. Huchu war eine bemerkenswerte Ausnahme.

Dann kam ich nach dem Kloster Erh Ku Lung Sse, wo mich der Lebende Buddha freundlich aufnahm. Er wollte mir aber keine silbernen Geräte verkaufen, und ich stieg höher in die Berge hinauf, nach dem Tien Men Sse, dem Himmelstor-Tempel, der unter einem felsigen Berggipfel liegt und tatsächlich in den Himmel zu führen scheint. Dort schlief ich bei einem alten tibetischen Lama, der seltsam wißbegierig war und mich fragte, ob eine Atombombe das ganze Kloster auf einmal zerstören könne. Es war ein kleines Kloster und ich sagte, das sei zu befürchten. „Ah", murmelte er verzweifelt, „das ganze Kloster." Ich konnte aus ihm nicht herausbekommen, ob er das Himmelstor-Kloster für ein besonders dankbares Ziel der Atombombe hielt oder ob die Wirksamkeit menschlichen Zerstörungswillens ihn so beeindruckte. Er schüttelte immer wieder sorgenvoll den Kopf und seufzte: „Ah, das ganze Kloster." Auch er wollte mir weder Schmuck noch silberne Tempelgeräte verkaufen.

Zwei Tage lang wanderte ich über hohe Hügel, manchmal durch Felder, manchmal durch Weideland. Auf den Feldern jäteten schwatzend und lachend die Frauen. Es mußte eine Räubergegend sein, denn sie wagten sich niemals allein aus den Dörfern, sondern gingen immer in streitbaren Gruppen. Runde Holzreifen, mit weißer Leinwand bespannt, dienten ihnen als Hüte. Waren sie mit dem Kopf über ihre Arbeit gebeugt, so leuchteten die weißen Kreise hell gegen das Grün. Hoben sie den Kopf, so verschwanden die weißen Kleckse wie durch ein plötzliches Wunder.

An einem späten Nachmittag erreichte ich ein kleines Dorf, in dem nur Tibeter lebten. Die Männer waren irgendwo auf den Weideplätzen oder auf einem kleinen Raubzug, und die Frauen luden mich nicht ein, in ein Haus zu kommen. Ich war hungrig und deutete ihnen, daß mein Magen leer sei und ich noch viele Li gehen müsse, bevor ich irgendwo etwas Eßbares kaufen könne. Sie brachten mir einige Schalen Nudeln mit vielen Fleischstücken und Knoblauch darin. Ich saß auf der Dorfstraße und aß mit großem Vergnügen, und sie standen herum und brachten immer neue Schalen mit Nudeln. Sie waren gutherzig und schmutzig und hatten herrlichen Silberschmuck im Haar, aber sie machten entsetzte, abweisende Gesichter, als ich ihnen dafür Geld anbot. Ich war seit Sonnenaufgang unterwegs gewesen und hoffte, sie würden mir eine Schlafstelle geben. Sie standen jedoch schwatzend und neugierig um mich herum und warteten auf meinen Aufbruch. Eine große, schlanke Tibeterin in farbenprächtigerer Tracht als die anderen und dem köstlichsten Silberschmuck im Haar führte ein gesatteltes Pferd einige Male durch die Dorfstraße an mir vorbei. Sie war nicht mehr jung, hatte aber ein königliches, stolzes Gesicht. Ich hoffte, sie würde die Scheu der anderen Frauen vor einem Fremdling nicht teilen, und fragte sie, ob in ihrem Haus ein K'angplatz für mich frei sei. Sie sagte höflich und gemessen, ihre beiden Gatten seien unterwegs und sie würde ihren K'ang während der Abwesenheit der Gatten mit keinem anderen Mann teilen. Es seien nur noch dreißig Li bis zur nächsten chinesischen Ortschaft, dort würde ich sicher einen Schlafplatz finden.

Ich ging nach der chinesischen Ortschaft, aber bei Sonnenuntergang war ich noch immer im Weideland. Der Mond war groß, und ich konnte meinen Weg auch während der Nacht gut finden. Kanpp vor dem Dorf mußte ich über einen schmalen Bach springen und verlor auf dem glatten Ufer das Gleichgewicht. Ich fiel mit dem Rücken und dem Kopf zurück ins Wasser, die Hunde begannen wie auf Geheiß loszukläffen und auf mich loszustürzen, und ich konnte sie nur mit Mühe abwehren. Die Tore der Häuser waren fest verschlossen, und als ich heftig an eines klopfte, schrie eine Männerstimme: „Geh weiter oder ich schieße auf dich, geh weiter." So ging ich weiter durch die Dorfstraße mit ihren abweisenden Häusern, und die Hunde liefen hinter mir her und bellten. Dann sah ich über einem Haus ein großes Kreuz aus Holz im Mondlicht schimmern. Ich klopfte und das Tor wurde ohne Frage geöffnet. Eine Frau stand dahinter und warf sich, als sie sah, daß ich ein Fremder sei, zu Boden und schlug das Zeichen des Kreuzes. Ich fragte, ob hier ein Priester wohne, ein Chinese oder ein Fremder. Nein, sagte sie, Priester lebe hier keiner, aber würde ich jetzt eine Messe lesen? Ich sagte, ich sei kein Priester, aber ich würde gerne hier schlafen. Sie führte mich in einen kleinen, schmutzigen Hof, und ich fand eine alte Tür, die ich auf zwei Bänke legte. So hatte ich eine Schlafstelle. Zwei kleine Kinder hatten sich zu der Frau gesellt, sie waren arm und in Lumpen. Wenn ich die Frau ansah, eine Frage oder ein Anliegen stellte, warfen sich alle drei zu Boden und sahen erwartungsvoll zu mir auf. Ich wußte nicht, was tun, und legte mich auf die Tür. Aber die Frau nahm mich bei der Hand und zog mich in das Haus. Darin war eine kleine Kapelle mit einem Altar und einigen Bänken. Sie zündete die Kerzen an und bekreuzigte sich und drängte mich gegen den Altar. Ich sagte ihr wieder, daß ich kein Priester sei, aber sie verstand mein Chinesisch nicht und zeigte nach dem Altar.

Ich kniete nieder und versuchte zu beten. Aber die Frau und die Kinder knieten neben mir und sahen mich erwartungsvoll an. So stand ich wieder auf und ging in den Hof. Die Hunde bellten noch immer, aber das Tor gegen die Straße war verschlossen, und sie konnten nicht herein. In der Kapelle begannen die Frau und die Kinder in singendem, unverständlichem Chinesisch zu beten, die Stimmen der Kinder immer ein wenig hinter der der Frau. Alle paar Minuten kam sie, ohne ihre Litanei zu unterbrechen, auf den Hof heraus und trat ganz nahe an mich heran. Ich tat, als ob ich schliefe. Sie zupfte an meinem Ärmel und berührte mein Gesicht. „Priester, Priester", sagte sie dringlich. Aber ich rührte mich nicht, und sie ging wieder in die Kapelle. Die Stimmen der Kinder, die auf Abwege geraten waren, folgten jetzt wieder ihrer Führung. Ich war sehr müde und schlief für kurze Zeit.

Als ich aufwachte, war der Mond hinter dem Haus verschwunden, und der Hof lag im Dunkel. Die Kerzen in der Kapelle brannten noch. Ich konnte die Frau selbst nicht sehen, ihr Schatten wurde jedoch gegen die Wand geworfen. Drei gespenstige Schattenprofile, die ihre Lippen im gleichen Rhythmus bewegten und über die manchmal eine riesige Schattenklaue das Zeichen des Kreuzes zog. Das Beten war zu einem gleichmäßigen, jammernden Weinen geworden.

Plötzlich war ich völlig wach und voll Grauen. Ich schämte mich dieser sinnlosen Angst, aber ich zitterte am ganzen Körper. So zog ich mir rasch und lautlos die Schuhe an, packte meine Habseligkeiten zusammen und schlich mich zum Tor hinaus.

Diesmal schlugen die Hunde nicht an. Ich kam ungehindert durch das Dorf, und der Weg zum nächsten Kloster war im Mondlicht gut sichtbar. Erst als der Morgen graute, legte ich mich ins Gras und schlief bis in tief in den Mittag.

Mein Weg führte über einen steilen Berg, und ich traf einen alten Lama, der ein schweres Bündel auf dem Rücken trug und mir erzählte, er käme aus Lhasa. Ich glaubte ihm das nicht, er sah zu gebrechlich für eine so lange Reise aus, aber ich trug seine

Last ein paar Stunden lang, und er ging mit seinen hohen Filzstiefeln schwerfällig neben mir her und schwatzte. Er schlug mir vor, ich solle sein Bündel bis zum Kukunor tragen, er würde mich dafür verpflegen. Nun hatte es mir bisher keine Mühe bereitet, täglich ein paar Schalen Nudeln und eine Handvoll Tsamba zu bekommen, ohne dafür zahlen zu müssen, aber sein faltiges, verschmitztes Gesicht machte mir Spaß, auch wußte ich den Weg zum Kukunor nicht, und so sagte ich zu.

Wir gingen westwärts. Abends und morgens tranken wir eine Unmenge Tee, und der Lama verstand es, selbst bei Regen auf einer baumlosen Wiese aus ein paar Brocken Yakdung ein heißes Feuer zu machen, über dem wir Tee und Nudeln kochen konnten. Wenn das Feuer einmal brannte, war es schwer, den Alten weiterzubringen. Er kam ins Fabulieren, vom Hundertsten ins Tausendste, die Stunden vergingen angenehm, und ich lag auf dem Rücken und sah in den Himmel und hörte die leiernde Stimme des Alten:

„Jeden Pfad kenne ich hier. Bevor ich nach Lhasa ging, wanderte ich oft um den See. Jeder Stamm hier ist mir bekannt. Die Mongolen verehren mich sehr, auch die Tunguten bezeigen mir ihre Ehrfurcht. Sie sind keine guten Menschen. Geizig und hartherzig. Man kann von ihnen auch nichts Besseres erwarten, von den Söhnen eines Hundes. Was? Du weißt nicht, daß sie von einem Hund abstammen? Es ist aber so! Vor vielen tausend Jahren mußte die Tochter eines chinesischen Kaisers aus der Hauptstadt fliehen. Sie nahm ihren Hund mit sich, und sie kamen bis in die Gegend des Kukunor. Sie rasteten unter einem Baum, und die Prinzessin zog ihren Rock aus und machte daraus ein Zelt. Den Bund befestigte sie an einem Ast, den unteren Rand am Boden. Ja, es war ein Zelt aus einem Weiberrock. Darin lebten sie und sie gebar dem Hund sechs Söhne und sieben Töchter. Die Söhne waren die Stammväter der Tunguten. Ah, Söhne von einem Hund und einer Chinesin."

Er spuckte verächtlich grunzend einige Teeblätter von sich.

Dann füllte er sich eine neue Tasse Tee und erzählte Wunderdinge aus Lhasa: die Pferde liefen dort vierhundert Li am Tag; manche Lamas flogen über die Berge, wenn sie es eilig hatten; es gab Licht, das, in kleine Glasbälle gefangen, heller leuchtete als hundert Butterlampen. Ah, es war eine wundervolle Stadt.

Schon lange, bevor wir nach dem Kukunor kamen, wußten wir, wo er lag. Der Lama deutete gegen die Wolken, die sich wild und gewaltig von der Steppe aufbäumten: „Die Wolken, die aussehen wie die hohen Schneeberge auf dem Wege nach Lhasa, wachsen aus der Steppe. Die flachen Wolken aber, die aussehen wie ein gefrorener See, lagern über dem Kukunor."

Dann sahen wir den See selbst. Ein Meer von schmerzend tiefem, klarem Blau. Grüne Weiden säumten ihn ein, und an der Stelle, wo wir ihn erreichten, schoben sich helle, fast weiße Dünen an sein Ufer. Es gab nur drei Farben: das Grün der Steppe, das Weiß der Wolken und der Dünen, und — tiefster und sattester Farbton — das Blau des Blauen Sees. Chinesen, Mongolen und Tibeter nennen ihn, jeder in seiner Sprache, ganz einfach Blauer See, und er gibt der Provinz ihren Namen.

Wir lagerten in der Nähe des Ufers, und während der Lama ein paar Nomaden besuchen ging, um, wie er sagte, für sie zu beten, war ich mit dem Blauen See allein. Ich dachte: Vergib mir, wenn ich den Himmel über Peking jemals für blau hielt; wenn ich dachte, das Meer um Spanien sei blau; wenn ich von einem Smaragd sagte, sein Glanz könne nicht übertroffen werden. Vergib mir, ich kannte dich nicht.

Ich war froh, daß der redelustige Lama einen Tag verschwunden blieb. Ich sah auf den See, und wenn mich die Augen schmerzten, schloß ich sie und hörte alle Vögel der Welt singen und zwitschern und zirpen und jubeln. Ihr tausendstimmiges Singen tönte wie ein gleichmäßiges, melodisches Konzert von Morgengrauen bis Sonnenuntergang. Ich wußte nicht, wo diese Vögel steckten. Nur gelegentlich sah ich einige Wasservögel in langen Zügen über den See fliegen oder eine Lerche hoch und winzig am Himmel schweben. Aber ihr Gesang war da und füllte alle Stunden des Tages mit harmonischem Glück.

Am Abend kam der Lama und brachte saure Milch, Butter und Käse. Er mußte fleißig und erfolgreich gebetet haben, und wir lebten zwei Tage wie die Fürsten. Ich machte keinen Versuch mehr, Silberschmuck zu erhandeln, die Nomaden waren zu reich, um durch ein paar Silberstücke beeindruckt zu werden. Hier war kein Platz zum Handeln.

Als wir die Geschenke aufgegessen hatten, wanderten wir an die Südseite des Blauen Sees. Dort schnitt ein breites weißes Band durch das Grün der Weiden, und viele kleine Zelte standen militärisch geordnet beisammen. Wir kamen näher und sahen, daß das weiße Band eine Straße war, die dem Seeufer folgte, und in den Zelten lebten die Arbeiter. Die Straße war noch nicht fertig, und riesige Steinwalzen wurden von zwölf Pferden auf und ab geschleppt. Auch eine Dampfwalze stand auf der Straße, aber sie war ohne Dampf, und ich war froh darüber.

Wir schliefen im Zelt eines Ingenieurs, eines jungen Chinesen aus Tientsin. Er hatte fingerlange Bartstoppeln im Gesicht, war sonnverbrannt und verwahrlost, aber er hatte fröhliche, energische Züge und seine Zähne leuchteten weiß, wenn er lachte.

„Ah, Peking!“ sagte er. „Ist der Nordsee noch immer so schön? Und waren Sie jemals bei Morgengrauen im Tai Miao?“

Ich erzählte ihm von Peking und fragte, ob er großes Heimweh habe.

„Nur manchmal. Ich habe wenig Zeit dazu. Als die Japaner nach Nordchina kamen, floh ich. Vorher baute ich die Straße von Peking nach Tientsin. Jetzt arbeite ich schon seit ein paar Jahren im Nordwesten. Sehen Sie diese Straße“, er deutete auf das weiße Band. „Tausend Kilometer nach Sinkiang. Wir bauen alles aus eigener Kraft, wir haben zwar amerikanische Maschinen, aber es fehlt uns das nötige Benzin. Es ist wie eine Schlacht. Wenn zweihundert Mann an der Front gegen die Kommunisten in Kansu fallen, dann fallen hier vierhundert. Es ist wie eine Schlacht — Hitze, Durst, Krankheiten, kazakische und tibetische Räuber. Für je sechs Arbeiter brauchen wir einen Soldaten als Schutz, und wir haben viele tausende Arbeiter. Die Steppe wehrt sich gegen diese Straße. In den Trockengebieten braucht jeder Arbeiter drei Kamele, die ihm Nahrung und Wasser bringen, und von hundert Transportpferden gehen dreißig zugrunde. Es ist wirklich eine Schlacht. Aber diesen Herbst wird die Straße fertig — tausend Kilometer. China ist groß."

„Und die Straße nach Tibet?"

„Die zweigt dort hinter diesen Hügeln ab. Achthundert Kilometer nach Yushu. Durch fast unerforschtes Gebiet. Am Amne Machin vorbei. China ist ein herrliches Land für Ingenieure."

Er wußte sicher genau so gut wie ich und der Lama, daß die Straße nach Yushu kurze Zeit nach ihrer Fertigstellung schon wieder unbrauchbar geworden war und daß die Autos, die die Pionierfahrt nach dem Süden angetreten hatten, durch Erdrutsche und Überschwemmungen wie in einer Falle gefangen wurden und jetzt, von Nomaden bestaunt und belächelt, ihrem rostigen Ende entgegengingen. Es wäre häßlich gewesen, angesichts dieser Begeisterung davon zu sprechen, und selbst der geschwätzige Lama lächelte nur hämisch vor sich hin. Aber er blieb taktvoll und fragte nur:

„Wissen Sie, wie der Kukunor entstanden ist?"

„Ja", sagte der Ingenieur, „in einer Zeit, die wir Geologen..."

„Ich dachte mir, daß Sie das nicht wissen", unterbrach der Lama. „Das hat gar nichts mit Geologen zu tun. Aber Sie waren ja auch nicht in Lhasa. Ich komme eben von dort. Also das war so: Die frommen Leute, die in der Umgebung von Lhasa, im Königreich Wei, lebten, wollten vor langer, langer Zeit einen neuen Tempel bauen. Sie verwendeten den besten Stein und das härteste Holz, aber als sie fertig waren, stürzte der Tempel ein. Sie waren sehr fromm und begannen sofort von neuem zu bauen. Aber wieder stürzte der Tempel ein. Da gingen sie zum Wahrsager und fragten ihn um Rat. Der sagte: ‚Im Osten lebt ein großer Weiser. Der kennt das Geheimnis. Ich selbst weiß nichts darüber.' So zog ein Lama aus, um den Weisen zu suchen. Er ritt viele Jahre und besuchte Städte, Tempel und Zelte. Vergeblich, er fand den Weisen nicht. Da war er traurig und machte sich auf den Rückweg. Etwa hier, wo wir jetzt sind, riß der Riemen von seinem Sattel. Er ging zu einem Zelt und fand dort einen blinden, alten Mann. Der war sehr freundlich und gab dem Lama einen neuen Riemen und Milch und Tee und Tsamba. Sie sprachen viel und der Blinde sagte: ‚Die Leute in Wei können ihren Tempel nicht bauen, weil darunter ein unterirdischer See liegt. Sobald ein Mann aus Wei von diesem See weiß, wird sein Wasser hieherwandern und das Land überschwemmen, in Wei aber können sie dann ihren Tempel bauen.' Der Lama sattelte sein Pferd und rief im Wegreiten: ‚Ich bin ein Lama aus Wei.' Der Blinde war verzweifelt, und als sein Sohn heimkam, befahl er ihm: ‚Reite sofort dem Lama nach, der mein Geheimnis gestohlen hat, und töte ihn.' Nun müßt Ihr wissen, daß das mongolische Wort für Geheimnis und Riemen gleich lautet. Der Sohn ritt also los und holte den Lama bald ein. ‚Habt Ihr meines Vaters Riemen?' fragte er. ‚Ja', erwiderte der Lama, ‚hier ist er.' ‚Gebt ihn mir zurück und reist in Frieden.' Der Lama war froh, so leichten Kaufes davongekommen zu sein, und ritt rasch weiter. Der Sohn aber gab seinem Vater den Riemen. ‚Hast du ihn getötet?' fragte der. ‚Nein', sagte der Sohn und erzählte die Wahrheit. Da jammerte und weinte der Blinde: ‚Zieht rasch weg von hier und treibt eure Herden mit euch. Eine große Flut wird kommen und das Land überschwemmen. Eilt, eilt. Es ist keine Zeit zu verlieren.' Er selbst aber betete. Und das Wasser brach mit großem Brausen aus der Erde und so entstand der Kukunor."

Der Lama sah sich stolz um: „Ja, so entstand der Kukunor. Ich habe es selbst in Lhasa gehört."

Der Ingenieur hatte ernst zugehört, jetzt fragte er: „Du bist Mongole oder Tibeter, Lama?“

„Ich bin Mongole.“

„Oh, dann erzähle ich meine Geschichte besser nicht.“

„Erzählen Sie nur, was Sie zu erzählen haben!“ drängte der Lama.

„Also: hier wissen die Leute noch eine andere Geschichte, wie der Kukunor entstanden ist. Wo heute der See ist, war vor vielen Jahren ein Tal mit zwei Teichen, und nur Mongolen lebten in diesem Tal. Sie waren sehr schmutzig, sehr, sehr schmutzig. Sie verunreinigten die Teiche und verrichteten sogar ihre Notdurft in das Wasser. Da ließ der Wassergott die Teiche anschwellen, bis sie die Umgebung überschwemmten. Die Mongolen bekamen es natürlich mit der Angst zu tun und baten den Gott des festen Landes um Hilfe. Der nahm zwei Körbe voll Erde und befahl ihnen, sich zu vermehren. Als sie zu einem großen Berg geworden waren, nahm er den Kampf mit dem Wassergott auf, und dieser mußte fliehen. Der Erdgott verstopfte das Loch, durch das der Wassergott geflüchtet war, mit einer Insel. Seitdem ist der Kukunor ein großer See mit einer Insel in der Mitte.“

Der Ingenieur schwieg einen Augenblick, dann sagte er:

„Und so entstand der Kukunor. Ich habe es selbst hier gehört.“

Der Lama sagte: „Es gibt viele Erzählungen. Man darf nicht alle glauben.“

„Nein, nicht alle“, sagte der Ingenieur.

Als der Lama nach der Tsaidam aufbrach, wo er einen großen Opferdienst für einen Mongolenfürsten halten sollte, gab ich ihm sein Bündel zurück und ging nach Süden. Ich folgte der neuen Straße und kam nach einem Ort, der Charikuto hieß. Es regnete und war kalt, aber es gab keine Herberge und ich mußte längere Zeit suchen, bevor ein Bauer mich einlud, in sein Haus zu kommen.

„Du bist schon der zweite", sagte er.

„Der zweite Gast?" fragte ich und fürchtete einen überfüllten K'ang.

„Der zweite Fremde", sagte der Bauer.

Im Haus traf ich einen langen, dürren Ausländer mit magerem, asketischem Gesicht. Hätte er noch Haare gehabt, so wären sie zweifellos hellblond gewesen, aber er hatte einen kahlen Kopf, den die Sonne in eine blutrot leuchtende Kugel verwandelt hatte.

Ich begrüßte ihn auf chinesisch, und er antwortete im reinsten Oxford-Englisch. Er erzählte mir, daß er Arzt sei und ein halbes Jahr auf einer Missionsstation gearbeitet habe. „Aber", fügte er rasch hinzu, „ich selbst bin kein Missionar." Jetzt wolle er sich hier ein wenig umsehen, dann nach Amerika, sich wieder ein wenig umsehen, denn er habe fünf Jahre seines Lebens auf der verdammten Royal British Navy verloren und den Krieg gewinnen geholfen.

„Und Sie?" fragte er.

„Ich habe gerade fünf Tage meines Lebens verloren. Als Kuli eines Lamas, der aus Lhasa kam."

„Ein gebildeter Lama?"

„Ein gebildeter Lama!" lobte ich den Alten gegen meine bessere Überzeugung.

„Sie konnten sich mit ihm unterhalten?"

„Unterhalten ist vielleicht zuviel gesagt. Ich hörte ihm stundenlang zu."

„Sprach er vom Bardo Thödol?"

Tatsächlich hatte der Alte ein paarmal von dem tibetischen Buch der Toten gesprochen, und ich sagte das.

„Sie kennen Freud?"

„Ich weiß, wer er ist und was er lehrte."

„Die beiden ergänzen sich so herrlich."

„Freud und der alte Lama?"

Der Doktor wurde etwas ärgerlich: „Nein, Freud und das

tibetische Totenbuch. Das Buch ist eine Art Wegweiser für die Seele während der symbolischen neunundvierzig Tage zwischen Tod und Wiedergeburt. Auf ihrer Wanderschaft begegnet die Seele den verschiedensten Gottheiten. Sie sind natürlich keine realen Götter, sondern nur Projektionen der Seele. Da aber die Seele nur ein Teil der Gesamtgottheit ist, sind ihre Projektionen doch wirkliche Gottheiten. Und sie sind es auch wieder nicht. Das ist alles sehr schwierig, aber Sie verstehen es?"

Er hatte mit soviel Begeisterung gesprochen, daß ich überzeugend nickte. Der Bauer saß andächtig neben uns auf dem K'ang und räusperte sich häufig und tief und beförderte das Ergebnis an unseren Köpfen vorbei in die Stube. Er griff sich mit ängstlicher Miene an den Hals, und es war leicht erkennbar, daß er von der Gegenwart eines fremden Arztes profitieren wollte. Aber der fremde Arzt sagte:

„Es gibt drei Stufen dieser Wanderung der Seele. Im ersten Zustand, der gleich nach dem Tode eintritt, hat die Seele ihre größten Möglichkeiten. Sie könnte sogar einer neuen Wiedergeburt entgehen. Dann sinkt sie tiefer und tiefer, oder vielmehr ihre Projektionen greifen in tiefere Sphären und befassen sich mit sexuellen Phantasien und sich umarmenden Paaren. Das spielt sich knapp vor der Wiedergeburt ab, also schon im Leib der Mutter. Und hier kommt Freud. Er spricht doch von intrauterinen Erlebnissen. Was heute im Westen die letzte, noch angezweifelte Erkenntnis ist, war hier seit Jahrhunderten bekannt. Mit der Last dieser neunundvierzig Tage des Bardo oder, wissenschaftlich ausgedrückt, mit unseren prä- und intrauterinen Erlebnissen beginnen wir unser Leben. Wir werden nicht weiß und unschuldsvoll geboren, unsere früheren Leben und der Schatten des Bardo begleiten uns. Welch neue, unerforschte Welten der Psychoanalyse sind hier noch zu erforschen. Und Lhasa weiß darüber besser Bescheid als Wien und Zürich. Glauben Sie, daß wir hier etwas zu essen bekommen könnten?"

Ich unterbrach den Bauern bei seinem Spucken. Er war jetzt tatsächlich heiser und krächzte, daß er uns heiße Nudeln bringen würde. Bevor ich dem Doktor diese erfreuliche Antwort übersetzen konnte, fragte er mich: „Glauben Sie an die Kontinentaltheorie von Wegener?"

Ich sagte, ich hätte vor einiger Zeit ein Gerücht gehört, sie sei nicht mehr stichhältig.

Er schüttelte verzweifelt den Kopf:

„Wie traurig, wie traurig. In der Navy habe ich von solchen Dingen natürlich nichts gehört. Ich war in diese Theorie wirklich verliebt: schwimmende Kontinente, die wie die Stücke eines Geduldspiels zusammenpassen. Hier sitzen wir oben auf dem hohen Deck des Schiffes ‚Asien' und segeln durch das Lavameer. Und jetzt stimmt es am Ende nicht."

Er vergrub seinen sonnverbrannten Kopf zwischen den Händen, und ich wußte nicht, wie ich ihn trösten sollte. Ich hatte ein schlechtes Gewissen, denn vielleicht bestand die Theorie noch mehr oder weniger zu Recht, aber da kam der Bauer mit zwei dampfenden Schalen, und der Doktor zeigte einen überraschenden Appetit für einen Menschen, dessen Glück derartig vom Bestehen oder Fallen wissenschaftlicher Theorien abhängt.

Nach einiger Zeit wandte er sich wieder an mich:

„Es ist schwer zu glauben: dieses schmutzige Bauernhaus ist sozusagen das Vorzimmer der letzten Erkenntnis. Von hier dehnt sich nach Westen und Süden ein riesiger, fast menschenleerer Raum. Steppen und Wüsten und Berge, dazwischen einige Klöster mit einigen Mönchen. Sie scheinen uns barbarisch mit ihren wilden Götterbildern, die töten und quälen und sich begatten. Sie scheinen uns rückständig in ihrer Unkenntnis der Technik und der Wissenschaft. Sie wissen wahrscheinlich noch gar nicht, daß die Welt einen großen Krieg gewonnen und einen großen Frieden verloren hat. Sie leben in einem zeitlosen Bewußtsein, das die Tatsachen und Wahrheiten des Universums schon lange erfaßt hat, während wir im Westen uns erst langsam herantasten. Nur die östliche Art, Dinge zu umschreiben und sie symbolisch auszudrücken, sie in Gleichnisse und religiöse Gedanken zu kleiden, hat uns nicht erkennen lassen, daß sie bereits wissen und fühlen, wovor wir erst jetzt erzittern."

Sein roter, hagerer Kopf war plötzlich schön. Seine Augen leuchteten, die Augen eines Besessenen oder eines Sehers.

„Hat nicht der Buddhismus als Philosophie und selbst als Religion schon längst erkannt, was Einstein erst jetzt klärt? Die buddhistischen Auffassungen von Raum und Zeit sind so gewaltig, für das menschliche Hirn so unvorstellbar wie die letzten Erkenntnisse der Astronomie. Und unsere großen Wissenschaftler, die in diesen unvorstellbaren Raum blicken wie Sir James Jeans, wie können sie anders, als am Ende ihrer sachlichen Erkenntnisse wieder vor einem letzten unerklärbaren Rätsel stehen! Sie mögen diese letzte große Unbekannte Gott nennen oder ein allbeherrschendes Gesetz der Mathematik, aber sie beugen sich gläubig und fromm vor ihr. Im Buddhismus war der Gläubige seit jeher in die endlosen Weiten des Universums geschleudert. Aber er verliert sich darin nicht: Zeit und Raum fließen ineinander über, und der Gedanke, der auf seine geheimnisvolle Reise ins Weltall geschickt wurde, kehrt schließlich wieder an seinen Ursprung zurück. Dasselbe wie im Bardo: eine unendliche Welt der Phänomene und Erscheinungen und doch nur unsere Seele, die ein Teil der Weltseele ist und daher die Welt in sich einschließt."

„Chinesische Buddhisten glauben", sagte ich, „daß ‚hsin', das Herz, der treffendste Name für Gott sei."

„Ah, die Chinesen haben immer kluge Einfälle. Aber sie sind zu sachlich, um zu großen Erkenntnissen zu gelangen. Man muß mystisch und gläubig sein, um die Gesetze selbst der sachlichen Welt zu erfassen. Sonst bleibt man an der Oberfläche haften."

Er starrte gedankenverloren in die dunkle Ecke des Zimmers, und ich dachte, er würde nicht weitersprechen. Aber nach einer Weile fragte er mich:

„Wissen Sie, warum uns die Asiaten voraus sind?"

Ich sagte, daß ich das nicht wisse.

„Weil sie grausam sind. Ja, weil sie grausam sind. Sie haben ein tieferes Verlangen als wir nach dem Komplex von Emotionen, die Huxley ‚Lust' nennt. Man kann dieses Verlangen nach Lust auf verschiedene Art erfüllen: im Bett, vor dem Altar, in der Stierkampfarena, in mystischer Ekstase. Es ist ein Verlangen nach extremen Gefühlen. Wo ist der Katholizismus so mystisch und prächtig wie in den grausamen Ländern der Spanier! Mit Ausnahme der Chinesen haben alle Asiaten ein tiefes Bedürfnis nach ‚Lust', viel mehr als wir Europäer, und dadurch kommen sie Gott und seinen Gesetzen näher als wir. Wir versuchen, kühl zu errechnen, was sie fühlen. Kipling hat recht mit seinem ‚East is East and West is West', und Goethe sagt zu Unrecht: ‚Gottes ist der Orient, Gottes ist der Okzident.' Ah, es sind zwei verschiedene Welten."

Anscheinend konnte der Bauer den Gedanken, zwei Fremde eine lange Nacht aufgenommen zu haben, ohne einen gewaltigen Vorteil für seine Gesundheit daraus zu ziehen, nicht länger ertragen. Er zupfte den Doktor am Ärmel und riß seinen Mund weit auf. Der konnte wirklich gerötete Mandeln konstatieren und brachte aus seiner Tasche ein gelbes Pulver zum Vorschein, das in einer Schale heißen Wassers gelöst wurde. Der Bauer gurgelte damit pflichtbewußt und freudig. Wir kauerten auf dem K'ang und er spuckte die Flüssigkeit zwischen uns hindurch auf den Fußboden. Unsere Schuhe standen unten und ich fürchtete für sie.

„Doktor", sagte ich, „vielleicht ist es besser, wenn der Patient vor der Haustür gurgelt."

„Man darf sich an dem Lärm nicht stoßen", verwies mich der Arzt. „Wo man helfen kann, muß man helfen. Auch wenn es manchmal ein wenig unappetitlich ist."

Ich nahm meine Schuhe und ging vor das Haus. Die Ortschaft schlief, ein paar kleine Häuser in der grenzenlosen Weite der Steppe. Dann kam auch der Doktor fluchend aus dem Haus. Einer seiner Schuhe war mit der gelben Flüssigkeit vollgespuckt gewesen und er hatte ahnungslos versucht, ihn anzuziehen. Ich sagte, solche Zwischenfälle gehörten zum Samaritersein, aber er lächelte kaum, und wir gingen wieder schlafen.

Am nächsten Morgen ging er nach einem Kloster, das eine halbe Tagereise entfernt in den Bergen lag, ich aber kam mir ziemlich dumm vor, daß ich drei Wochen lang umhergewandert war, ohne auch nur ein einziges Geschäft zu machen. Wu würde enttäuscht sein, sein Kapital ohne Zinsen zurückzubekommen, und ich hätte gerne die überraschten Gesichter Jen Sangs und Yang Samudas gesehen, wenn ich ihnen wie ein reicher Pilger hohe Berge von Rosinen und Zucker verehrt hätte. Aber ich war ein schlechter Geschäftsmann.

Ich folgte der neuen Straße, die sich in vielen Windungen ins Tal senkte. Lange Züge von Pferdekarren, die Proviant für die Arbeiter brachten, kamen mir entgegen, und nachmittags erreichte ich Tangkar. Das lag wie eine ummauerte Festung auf einem kleinen Hügel, und in der Dorfstraße konnte man alles kaufen, was eines Nomaden Herz erfreut: Salz, Stoffe, Feuersteine, Gewehre, Töpfe, Pfannen, Schalen, Kannen und eine Unmenge der verschiedensten Gewürze, die überraschende Gerüche ausströmten. Ich ging weiter, und als es Nacht wurde, schlief ich in einem Feld, auf dem das Getreide hoch stand und mich gegen Wind und Sicht schützte. Anfänglich war die Nacht ruhig und still und ich glaubte, weit von einer menschlichen Behausung zu sein. Dann aber zogen einige leuchtende Fackeln durch die Nacht, vereinigten sich an einer Stelle zu einem hellen Lichtschein, in dem ich einzelne Gestalten erkennen konnte, und ich hörte das wilde Schlagen eines Gongs und das undeutliche Murmeln vieler Stimmen. Dann schlief ich ein.

Ich war früh wach, und dort, wo sich die nächtlichen Fackeln vereinigt hatten, waren einige Gräber und ein friedlicher Nadelbaum. Nachdem ich durch zwei Dörfer gegangen und müde geworden war, sah ich eine Kirche. Ich öffnete die Tür und befand mich unvermittelt bei einem Gottesdienst. Etwa fünfzig Chinesen knieten andächtig auf dem Boden, und ich folgte ihrem Beispiel. Frauen und Männer waren in dunkles Blau gekleidet, und die geöffneten Bibeln waren helle Rechtecke gegen ihre dunkle Brust. Zwei Mädchen hatten smaragdgrüne Kopftücher über dem schwarzen Haar. Ein paar Sonnenstrahlen erreichten gerade diese Kopftücher, und sie leuchteten märchenhaft und erfüllten die Kirche mit einem mystischen Licht. Der Priester hob den Kelch hoch über sein Haupt. Als er sich langsam umdrehte, freute ich mich über die Überraschung, die das Auftreten eines Fremden bei ihm hervorrufen würde. Aber er schien mich nicht zu bemerken, obwohl die Chinesen sich nach mir umdrehten. Als die Messe zu Ende war, ging er in den Hof und war dort sofort von Gläubigen umringt, die ihn anscheinend in vielen Dingen um Rat fragten. Ich wollte ihn nicht stören und wartete in der Kirche. Nach einiger Zeit kam er und schüttelte meine Hände. „Herzlich willkommen", sagte er, „sehr herzlich willkommen!"

Er sprach nicht nur die Sprache meiner Heimat, sondern auch den Dialekt eines Bergtals, in dem ich vor vielen Jahren gelebt hatte. Wir setzten uns in sein Arbeitszimmer und sprachen viele Stunden, den ganzen Tag und die ganze Nacht. Erst am nächsten Morgen legten wir uns hin und schliefen einige Stunden. Er konnte sehr gut erzählen.

Er hatte mehr Jahre in China verbracht, als ich alt war. Einmal, als die Kommunisten ihren berühmten Marsch von Südchina nach Yenan gemacht hatten, war er in Kansu von den roten Truppen eingeschlossen gewesen.

„Sie wußten, daß ich vor ihrer Ankunft noch in Minchow gewesen war, und sie wußten, daß ich nicht weit geflohen sein konnte, denn sie hatten alle Straßen in der Hand. Sie hätten mich gern gehabt, sie waren auf uns Missionäre nicht gut zu sprechen. Als sie kamen, hatte ich die schmutzigen Kleider eines

Bauern angezogen, braun und unrasiert war ich auch. Ich sah aus wie einer von vielen. Aber ohne die Hilfe meiner Nachbarn wäre ich verloren gewesen. Die Nachbarn kamen und sagten: ‚Priester, du hast uns oft geholfen. Jetzt werden wir dir helfen.' Sie versteckten mich im Wald und brachten mir Nahrung. Nein, sie waren keine Christen, nur meine Nachbarn. Ich lebte sechs Wochen im Wald. Einmal rief mich ein roter Soldat an: ‚He, Alter, wo arbeitest du?' Ich machte ein dummes Gesicht und ging weiter. Ein anderer Soldat sagte: ‚Laß den alten Narren doch gehen!' Während sie darüber stritten, ob sie mich untersuchen sollten oder nicht, ging ich langsam weiter. Es kostete mich große Mühe, langsam zu gehen, am liebsten wäre ich gelaufen. Aber ich blieb sogar stehen und richtete etwas an meinem Schuh. Ich tat es langsam und sorgfältig wie ein alter Bauer, den nichts anderes interessiert als sein Schuh. Das war sehr schwer. Manchmal hatte ich für Tage nichts anderes zu essen als ein paar rohe Kartoffeln. Dann aber zogen die Kommunisten weiter und alles war in Ordnung. Als ich nach Lanchow kam, erkannten mich die Patres nicht. ‚Ein Flüchtling', sagten sie, ‚du bekommst gleich einen Teller Suppe.'"

Er lächelte vor sich hin. Es mußten schöne, abenteuerliche Zeiten gewesen sein. Wir sprachen über die Bauern Kansus.

„Ich habe heute nachts", sagte ich, „etwa zwanzig Li von hier eine Begräbniszeremonie gesehen. Einige Leute mit Fackeln versammelten sich zwischen den Gräbern unter einem alten Baum und waren sehr aufgeregt. Ihr Gong ließ mich lange nicht schlafen."

„Wahrscheinlich", sagte der Priester, „haben sie wieder einmal Geister ausgetrieben. Mir erzählen sie von solchen Unternehmungen meist erst, wenn sie vorbei sind. Nicht, daß ich sie davon abhalten könnte, aber ich würde gerne einmal selbst dabei sein und sehen, was von den seltsamen Dingen, die sie berichten, wahr ist. Vor einiger Zeit starb hier eine noch junge Frau, und nach ihrem Tod war das Haus des Witwers von Unglück verfolgt. Er schrieb alles dem Geist seiner Frau zu, der aus irgendeinem Grund keine Ruhe finden konnte. So öffnete er eines Nachts — mit einigen mutigen Freunden und einem Priester, der fleißig den Gong schlug — das Grab. Das war zwei Jahre, nachdem man die Frau begraben hatte. Das Klima ist hier nicht so trocken, daß Leichen mumifizieren; von der Frau sollte wenig übrig sein: ein paar Knochen und Haare. Als sie aber den festen Holzsarg geöffnet hatten, lag die Frau unversehrt darin. Die Hände hatte sie über der Brust gefaltet, man hatte sie aber mit ausgestreckten Armen in den Sarg gelegt. Der Mann — er war ein rechter Grobian und auf die Frau nach ihrem zweijährigen Herumtreiben als Geist schlecht zu sprechen — riß ihre Hände auseinander, und Zuckerwerk fiel daraus hervor. Man hatte sie ohne diese Zugabe begraben. Der Mann stach ihr ein Messer tief ins Herz — so erlöst man die Seele von ihrem Geisterleben — und ein Strahl frischen Bluts quoll heraus. Seitdem hat der Witwer Ruhe, das Unglück und das Geistern hörten auf. Leider habe ich das alles nicht selbst gesehen, aber die Anwesenden beschwören die Einzelheiten."

„Und halten Sie selbst so etwas für möglich?"

„Für nicht ganz unmöglich. Hier ist, geistig gesehen, ein seltsames Gebiet. Buddhismus, Lamaismus, Taoismus, Konfuzianismus und die uralten animistischen Naturreligionen überschneiden sich. Sie wirken auf primitive Menschen, die ihr ganzes Leben nicht aus ihrem Dorf herausgekommen sind. Hier ist nicht das China der fruchtbaren Ebenen, wo Konfuzius und Laotse die Seelen formten. Hier sind die beiden nur ferne Götter, weniger zu fürchten und daher auch weniger verehrt als der Gott dieses Berges da hinten!"

Er wies nach einem kahlen Lößberg, in dessen senkrechter Vorderwand ein kleines Kloster höhlenförmig eingebaut war. Seine beiden Fronten sahen wie große Augen aus der Wand und gaben dem Berg ein überraschtes Aussehen. Auf dem Gipfel standen zwei zerzauste Bäumchen — kümmerliche Haare über einem flachen Gesicht.

„Ja, wir leben hier in einer Welt mit ihren eigenen Gesetzen. Es dauert viele Jahre, bis man sie kennt, denn die Bauern, so geschwätzig sie auch sonst sind, schweigen darüber. Ich wunderte mich immer, daß ich so selten Begräbnisse von Kindern sah, obwohl die Kindersterblichkeit erschreckend hoch ist. Dann verriet mir ein alter Freund das Geheimnis. Stirbt ein Kind, bevor es einen Monat alt ist, so wird es in dem K'ang verbrannt, auf dem es geboren wurde. Seine kleine Leiche darf das Haus nicht verlassen, sonst gibt es Unglück. Leichen von älteren Kindern werden den Hunden vorgeworfen. Wenn die Hunde sie rasch verzehren, gilt das als gutes Zeichen: die Eltern werden bald weitere Kinder haben. Dieses System bewährt sich. Die Hunde sind immer ausgehungert, und Kinder gibt es noch und noch."

Während des ganzen Tages — es war Sonntag — kamen die Bauern aus der Umgebung, einzeln oder in Gruppen oder mit ihrer Familie, um sich mit dem Priester zu unterhalten und ihn um Rat zu fragen. Der eine wollte ein entzündetes Auge behandelt haben, der andere ließ sich einen Brief übersetzen und alle klagten über die hohen Steuern.

Ich sagte, der Pater müsse stolz sein, so viele Christen hier zu haben.

„Die meisten, die Sie sehen", sagte er, „sind gar keine Christen. Sie kommen nur, weil sie mich gut leiden können und weil ich ihnen in vielen Angelegenheiten helfen kann."

„Und wenn Sie ihnen von Jesus, von Liebe und Vergebung erzählen, können Sie dann ihr Leben nicht etwas fröhlicher machen und einige drohende Geister bannen?"

„Sie sind trotz ihrer Geister fröhlich genug. Sie haben sich an sie gewöhnt und wissen sich zu wehren. Haben Sie bemerkt, daß die Tore schief in die Mauer gebaut sind? Das geschieht, um den Geistern den Eintritt zu verwehren. Und haben Sie die ausgestopften Ziegenhäute gesehen, die mit Pfeil und Bogen gegen den Himmel schießen? Sie vertreiben die Geister, die Gewitter und Hagel bringen und die Ernte gefährden. Manchen Toten werden Blumen zwischen die Zehen gesteckt, wenn man sie in den Sarg legt. Sollten sie aufwachen und an schlechte Dinge denken, so werden sie durch den Anblick der Blumen umgestimmt und bleiben friedlich im Sarg liegen, statt herumzugeistern. Sie sind rechte Kinder."

Er sah voll Liebe auf die Chinesen, die draußen im Garten seine Blumen bewunderten. Einer, ein schmächtiger, kleiner Mann mit gebeugter Gestalt, war durch eine erschreckende Narbe im Gesicht verunstaltet. Seine Nase, seine Ohren und ein Teil seiner Stirn und Wangen waren blaurotes, verbranntes und schlecht geheiltes Fleisch. Die Haare waren an einigen Stellen weggebrannt und auf dem Scheitel war eine blutige Tonsur sichtbar.

„Aber auch grausam wie Kinder", sagte der Pater und winkte dem Verunstalteten freundlich zu. „Das ist der Bauer Wang aus dem Nordosttal. Vor zwei Monaten kamen abends einige Männer in sein Gehöft, schwerbewaffnet und mit Tüchern vor dem Gesicht. Sie nahmen, was sie an wertvollen Dingen fanden, aber es schien ihnen zu wenig. So begannen sie zu fragen, wo er sein Geld versteckt habe. Wang sagte, er sei ein armer Mann und habe nichts verborgen. Die Räuber ermahnten ihn, doch die Wahrheit zu sprechen, und fachten das Herdfeuer zu hoher Flamme. Wang blieb dabei, er sei arm und habe nichts verborgen. Sie machten einen Spaten glühend und drückten ihn zart und kurz gegen seine Nase. Wieder dieselbe Frage und dieselbe Antwort. Dann kamen die Ohren daran. Wieder das Frage- und Antwortspiel. Inzwischen war ein eiserner Topf auf das Feuer gestellt worden, ohne Wasser oder Suppe darin, nur der Topf. Als er richtig heiß war, wurde Wang nochmals aufgefordert, sein Geld herauszugeben, sonst müßten sie ihm den ‚heißen Hut' aufsetzen. Wang sagte zum zehntenmal, er könne nichts verraten, da er nichts versteckt habe. So bekam er den ‚heißen Hut'. Es muß ein großer Topf gewesen sein, denn er rutschte wie ein zu weiter Zylinder über Wangs Gesicht. Sonst wäre er heute nicht so verunstaltet und hätte nur einen eingebrannten Reifen auf dem Kopf. Jetzt sieht er schon wieder menschlich aus, aber Sie hätten ihn sehen sollen, als er sich von mir zum erstenmal behandeln ließ."

Der Pater schüttelte sich, als hätte er ein bitteres Getränk im Mund. Ich sagte:

„Immerhin eine gute Methode, auch das bestverborgene Geld zu bekommen. Armer Wang. Schade, daß er nichts versteckt hatte, sonst wäre er heute noch ein normaler Mensch."

„Aber natürlich hatte er sein Geld — einige tausend Silberdollar — im Haus versteckt. Auch die Familie, die der Tortur zusah, wußte das Versteck. Es ist nicht einfach, von Chinesen Geld zu bekommen."

Nach zwei Tagen nahm ich Abschied von dem Pater und kam spät abends nach Kumbum. Dort war alles unverändert. Die Fronten der Klausen und Tempel leuchteten matt aus den wachsenden Schatten. Ich hörte das eintönige Beten der Lamas und das fröhliche Lachen ihrer Lehrlinge. Wieder kauerten die Lamas wie satte rote Farbflecke vor ihren Häusern, die Hände müßig im Schoß und den Blick weit und zufrieden. Der besondere Geruch von Butter und Rauch umfing mich. Ich war froh, wieder hier zu sein.

XXIV.

„Du bist sehr müde?" fragte Yang Samuda.

Ich hatte ein gutes Abendessen hinter mir — zartes Ziegenfleisch, in Öl gebackenes Brot, viele Schalen Tee — und lag angenehm auf dem K'ang. Yang Samuda saß mir gegenüber, der

Oberlama drehte die Gebetsmühle, und Lobsan kam und ging und brachte neue Gerichte. Es kam mir vor, als hätte ich mein ganzes Leben in Kumbum verbracht, und ich dachte es mir schön, hier viele Jahre zu leben: zu sehen, wie die Nacht über die Berge kommt, wie es Tag wird, wie der erste Schnee fällt und die ersten Frühlingsblumen auf den Wiesen blühen. Sicherlich würde ich hier glücklich sein.

„Ja, ich bin müde", sagte ich, „aber es ist schön, müde zu sein, wenn man wieder zu Hause ist."

„Morgen müssen wir sehr früh aufstehen."

„Ich nicht. Ich habe eine ganze Nacht mit einem Priester aus meinem Land gesprochen, ohne zu schlafen. Morgen stehe ich erst nachmittags auf."

„In Wuhsien hast du Beschäftigung gesucht, nicht wahr?"

„Ah, Wuhsien!"

„Wir haben Arbeit für dich gefunden. In Kweiteh bei dem Kaufmann Tu. Ein sehr reicher Mann, auch du kannst dort bald reich werden."

Ich dachte daran, wie schön es sein würde, die Jahre hier in Kumbum vorbeirollen zu lassen und so zeitlos und zufrieden zu werden wie der Oberlama oder der Pilger aus Lhasa. Aber sie waren wohlhabend, der eine konnte, sooft er wollte, Zucker, Rosinen und die feinsten Kattas schenken, und der andere war so fromm, daß seine Gebete und sein Segen mehr galten als ganze Berge von Rosinen. Nur ich war arm. Ich sagte, ich würde selbstverständlich mit nach Kweiteh kommen.

Aber am nächsten Morgen konnten wir kein Pferd für mich finden. Einige Pferde waren wundgeritten, andere waren bereitgestellt, um einen schweren Wagen mit Bauholz nach Tangkar zu ziehen. Ich sagte, Yang Samuda sollte auf seinem Pferd reiten, ich würde zu Fuß gehen. Er war darüber sehr verlegen, denn es schien ihm unhöflich, mich gehen zu lassen, aber schließlich willigte er ein. Er fühlte sich nicht recht wohl und lächelte verlegen und scheu von seinem Pferd herunter. Er selbst konnte keine fünf Meilen zu Fuß gehen, er hatte den unbeholfenen, wiegenden Gang der Mongolen. Auch trug er auf der Brust eine silberne Buddha-Statue, die der Panchen Fo-jeh am Vortage geweiht hatte und die eingeladen war, in einem Tempel südlich des Hwangho zu residieren. Es wäre unschicklich gewesen, den silbernen Gott anders als reitend an seinen Bestimmungsort zu bringen.

Ich sah wieder, wie wundervoll Kumbum zwischen den Hügeln liegt. Dann verschwand es hinter einem Paß, und nach kurzer Zeit erreichten wir einen Fluß. Viele Mönche rasteten dort, es war der Hauptweg nach dem Süden. Manche schliefen im Schatten der Bäume, andere hatten ihre wundgelaufenen Füße in das kühle Wasser gesteckt. Ein dicker Lama mit einem groben, mehr als weltlichen Gesicht stand splitternackt im Fluß und schüttete sich mit einer Schale Wasser über den Kopf.

Vor uns lagen einige hohe Berge mit Schneeflecken auf den Gipfeln und langsam stiegen wir hinan. Noch waren wir zwischen Feldern, aber längs der Straße blühten Edelweiß und Enzian. Einige Wolken schwebten am Himmel, zuerst jede für sich, leichte und zarte Gebilde, deren bewegliche Schatten die Landschaft angenehm belebten. Später wurden sie dunkel und drohend und vereinigten sich zu einer schwarzen Wand, die sich über die Berge senkte. Die ersten schweren Tropfen fielen.

Wir erreichten, noch bevor wir richtig durchnäßt waren, ein kleines Dorf. Es sah aus wie ein einziges großes Bauernhaus, aber als wir durch das Haupttor kamen, sahen wir eine winzige Hauptstraße, kaum fünfzig Meter lang, von der die einzelnen Häuser erreichbar waren. Es war eine ärmliche, festungsartige Siedlung. Wir klopften an das nächste Tor, und ich merkte, wie angenehm es ist, in diesem Land als Lama zu reisen. Es gab kein unnützes Fragen, wir wurden sofort eingeladen, ins Haus zu kommen. Der winzige Hof stand schon tief unter Wasser. Eine Kuh, drei Schweine und eine Menge Geflügel drückten sich unter das vorspringende Dach. Im Haus selbst war es schön trocken und auf dem K'ang lag eine reine Filzmatte. Yang Samuda legte sein Gewehr und seinen Revolver auf den K'ang, der silberne Gott wurde an die Wand gehängt und lächelte von seinem Ehrenplatz spöttisch auf uns herunter. Wir mußten ihm dankbar sein. Der Bauer zündete einige Weihrauchstäbchen an und brachte uns heiße gekochte Kartoffeln. Der Regen prasselte gegen das Dach und es wurde abendlich dunkel, so schwer und schwarz waren die Wolken. Wir machten es uns auf dem K'ang bequem, aber wir hatten nicht sehr viel Platz. In der vom Fenster abgekehrten Ecke stand ein schwerer, schöner Holzsarg. Seine Seite war mit blauen und roten Ornamenten geschmückt, durch die sich ein wilder Drache mit erschreckenden Klauen und Rachen seinen Weg bahnte. Uns gegenüber, aber teilweise durch eine Holzwand getrennt, stand ein zweiter K'ang. Erst als der Bauer Licht brachte, sahen wir, daß auf diesem K'ang ein in Decken gehüllter Mensch lag, der von Zeit zu Zeit stöhnend hustete. Wenn das Stöhnen zu arg wurde, lief der Bauer hinüber, murmelte ein paar beruhigende Worte und half der Gestalt in eine sitzende Lage. Da sah ich auch zum erstenmal das Gesicht: über einer grellroten Wattebluse eine Maske von lebloser Schönheit. Die Frau mochte sechzig oder hundert Jahre alt sein. Die grauen Haare waren glatt aus der Stirn gestrichen, die Haut war pergamenten und gelb, die Form des Gesichtes, ein langes Oval mit zarten Backenknochen, war in ihrer harmonischen Ausgeglichenheit unübertrefflich. Unheimlich waren die Augen: sie schienen tot und blind, gleichzeitig aber konnten sie hart und prüfend starren. Ich weiß, daß diese beiden Behauptungen einander widersprechen, aber ich kann es nicht besser beschreiben. Ich kann auch nicht sagen, warum mir dieses Gesicht Furcht einflößte. Vielleicht war es das enge Nebeneinander von Schönheit, Alter und kommendem Tod. In ihrer Jugend mußte die Frau eine langköpfige Schönheit gewesen sein wie Nofretete, jetzt war sie eine Mumie, die hustete, stöhnte, spuckte und uns mißtrauisch anstarrte.

„Lama, willst du für meine Mutter beten? Sie hat heiße Luft in der Brust und wird bald sterben.“

Yang Samuda ging ins Krankenzimmer und die Maske hob sich ihm erwartungsvoll entgegen. Er betete kurz und berührte die Stirn der Kranken mit seiner flachen Hand. „Sie wird nicht sterben, sie wird wieder gesund.“

Die Alte saß ganz still und folgte dem Lama mit ihren toten Augen. Dann legte sie sich wieder zurück und wir hörten keinen Laut mehr von ihr. Ich fürchtete einen Augenblick lang, sie sei gestorben, aber Yang Samuda sagte wieder beruhigend: „Nein, sie wird wieder gesund.“

Der Bauer kam nach einigen Minuten und sagte, sie sei eingeschlafen und atme sehr ruhig.

Wir mußten es uns am nächsten Morgen gefallen lassen, einen großen Sack mit Kartoffeln aufgehalst zu bekommen, und einige Frauen und Kinder knieten auf der Dorfstraße, als wir losgezogen. Yang Samuda berührte sie segnend an der Stirn und sein sonst so spöttisches Gesicht war würdevoll und ernst.

Die Berge waren jetzt bis tief herunter mit Neuschnee bedeckt. Sobald die Sonne darauf schien, zog sich die Schneegrenze rasch nach oben zurück, aber wir waren rascher und holten sie ein. Es war ein steiler Weg, der in vielen Serpentinen über die Bergkette führte. Wir kamen an vier toten Yaks vorbei, die ihre Beine seltsam steif und ungelenk in die Luft streckten. Sie mußten am Vortag im Schneesturm umgekommen sein. Noch hatte niemand Zeit gefunden, das kostbare Fell abzuziehen, nicht einmal die Aasfresser und Raubvögel waren so früh an der Arbeit.

Auf dem Paß lag der Schnee noch hoch, aber wir kamen rasch wieder in ein geschütztes, warmes Tal. Das Gras schimmerte feucht und frisch, und an einigen Stellen stand das Edelweiß so dicht, daß es aussah wie schüttere Schneeflecken.

Auf einer kleinen, flachen Ebene, die wie eine Balustrade aus den steilen Wiesen herausragte, stand ein schwarzes Zelt.

Ein dünner, blauer Rauchfaden stieg ungestört in die morgendlich stille Luft, Pferde und Yaks grasten ums Zelt. Wir rasteten in der Nähe, aber aus einem Grund, den mir Yang Samuda nicht erklärte, blieben wir in gemessener Entfernung davon, und es kam auch niemand herüber, um uns anzusprechen. Vor dem offenen Zelt lag, lang auf einem warmen Fell ausgestreckt, ein Riese von einem Mann. Er trug einen grellroten Mantel mit weiten Ärmeln. Den Kopf hatte er in eine Hand gestützt und sah genießerisch ins Tal hinaus. Der weite Ärmel fiel in einer künstlerischen Linie zu Boden und entblößte einen fast schwarzen, kräftigen Arm. Drei andere Männer waren emsig beschäftigt, der eine machte sich an den Traglasten zu schaffen, der zweite fachte mit dem Blasbalg das Feuer an, über dem ein Teekessel hing, der dritte hatte anscheinend nichts zu tun, aber er war ständig in eifriger Bewegung. Gegen die emsige Tätigkeit der drei stach die majestätische Ruhe des Rotmantels besonders ab. Es war klar zu sehen, daß er eine bedeutende Persönlichkeit war. Der Koch brachte ihm Tee und Tsamba, und er aß langsam und nebenbei, ohne sich aus seiner liegenden Stellung zu rühren.

Auf der Rückseite des Zeltes, einige Schritte talaufwärts, war aus groben Steinen ein kleiner Altar errichtet. Der Koch nahm ein paar glühende Stücke Yakmist aus dem Teefeuer, warf sie in den Altar, der mit Brennmaterial gefüllt war, und eine schwere Rauchwolke stieg gegen Himmel. Es war weißer, träger Rauch, der sich langsam ausbreitete und mit seinem herben Aroma von Blüten und Kräutern auch zu uns herüberdrang. Die blaue Rauchsäule stieg aus dem weißen Rauch auf wie der Stamm einer Palme aus dem Bodennebel. Zwei Männer brachten aus den Gepäckstücken Trompeten zum Vorschein, stellten sich neben den Altar und bliesen mit aller Kraft ihrer Lungen einen gleichbleibenden, dissonanten Ton, der das Tal füllte. Der dritte trat mit einem kleinen Sack vor den Altar, griff mit einem Löffel hinein und warf einen kleinen Schauer von

Getreidekörnern in die Höhe. Mit einer unendlich graziösen und gleichzeitig wegwerfenden Handbewegung führte er das Opfer aus und stand wie ein brutaler Gott im Regen der in der Sonne gleißenden Körner. Der Große lag unbewegt vor dem Zelt und starrte in die Ferne, als ob ihn die ganze Angelegenheit nichts anginge. Die Schneeberge, über die wir gekommen waren, strahlten in schmerzendem Weiß, aber das satte, frische Grün der Wiesen milderte ihren Glanz und nach Süden war das Tal mit Dunstschleiern verhängt, über denen undeutlich und fern einige weiße Wolken oder Berge schwebten.

Je tiefer wir ins Tal kamen, desto schöner wurde es, und abends blieben wir in der Ortschaft Ga-jang. Sie lag an den steilen Hang geschmiegt, ein wenig über der Talsohle, und das Tosen des angeschwollenen Baches war deutlich zu hören. Es war ein seltsam toter Ort. Der Bach übertönte die Geräusche des Lebens, aber sobald man sich einmal an sein Brüllen gewöhnt hatte und es nicht mehr bewußt hörte, war der Ort totenstill und ohne den vertrauten Lärm scheltender Weiber und liebesfroher Esel. Selbst die Kinder, die auf der Straße spielten, wurden zu lautlosen Wesen. Vielleicht war es der Lärm, der jede Unterhaltung erschwerte und die einfachste Mitteilung zu einer Anstrengung machte, der das Lebenstempo von Ga-jang herabgesetzt hatte. Die Menschen bewegten sich wie in einem Zeitlupenfilm, sie kannten keine rasche Bewegung und kein spontanes Lächeln. Es war trotz seiner Schönheit ein müder, langweiliger Ort. Höher oben am Hang drohten die Ruinen einer gewaltigen Lehmfestung. Sie war stark und mächtig gebaut, und selbst in ihrem Verfall schien sie voll Leben und Kraft, verglichen mit diesem Dorf der lautlosen Schemen.

Wir saßen vor unserer Herberge und warteten auf die Nacht. Pferdekarawanen mit schweren Lasten von getrockneten Rüben und frischem Gemüse beschleunigten ihr Tempo, wenn sie die Ortschaft erreichten, und das Leittier lief selbständig, ohne sich um die Treiber zu kümmern, auf eine bestimmte Herberge zu. Sie hatten die kurze Reise von Sining nach Kweiteh viele Male gemacht, und ihre Besitzer schliefen immer in denselben Herbergen. Die Tiere bewegten sich wie Automaten auf einer genau vorgeschriebenen Bahn. Selbst Reisen war in diesem Ort zu einer seelenlosen Angelegenheit geworden. Yang Samuda sagte: „Auf diesem Ort muß irgendein Fluch liegen. Die Menschen hier sind ohne Lachen." Wir saßen still und dachten an die glücklichen Abende in Kumbum.

Plötzlich aber war der Abend von Glanz und Schönheit erfüllt. Das stille Dorf wurde zu einer unbedeutenden Kulisse, vor der sich ein prächtiges Schauspiel vollzog. Zuerst kam ein einzelner Reiter, ein Tibeter, der auf einem sattellosen Pferd saß und durch die Ortschaft talaufwärts trabte. Sein in grellen Farben leuchtender Mantel wehte weit um ihn und sein Gesicht war kühn und hart. Nach ihm kamen noch viele Menschen, alle Tibeter: junge Burschen zu Fuß, Männer und Greise zu Pferd und auch einige Mädchen und Frauen. Es waren Leute aus einer anderen Welt, so würdevoll in ihrer Haltung und ihrem Gesicht, daß sie sich die wildeste Orgie in Farben erlauben konnten, ohne lächerlich zu wirken. Die Hüte waren von schneeweißem Filz. Darunter ein dunkles Gesicht und dann eine Symphonie von grellen Farben in krassen Mustern, wie man sie manchmal auf Bildern, nicht aber im wirklichen Leben sieht: Violett, Smaragdgrün, Tizianblau, grelles, sattes Gelb, dunkles Rot. Niemals in meinem Leben hatte ich so viele Farben nebeneinander gesehen. Tokios Ginza, voll junger Mädchen in farbigen Kimonos und goldigen Obis, war gegen dieses abendliche Schauspiel verwaschen und eintönig. Sie kamen in Gruppen von dreien oder vieren, ritten, ohne sich umzusehen, an uns vorbei das abendliche Tal hinauf. Sie kamen aus dem Nichts und verschwanden wieder im Nichts, aber für einen kurzen Augenblick erfüllten sie das Dorf mit einer wilden Schönheit. Sie hatten einen manchmal vielleicht etwas gewalttätigen, aber immer harmonischen Geschmack. Da war nicht ein Mißklang in der Farbensymphonie. Die schönste Wahl hatte ein junges Mädchen getroffen, vielleicht war sie die Fürstin des Stammes oder zumindest die Favoritin des Häuptlings. Sie trug einen dünnen, seidenen Mantel von smaragdgrüner Farbe, der leicht von ihren Schultern fiel. Er sah nicht aus wie ein Kleidungsstück des wirklichen Lebens, sondern wie eines aus dem Märchen: ein Mantel aus grünen Meereswellen. Ihre Hose war blau: das tiefe Blau des Meeres, das unter den grünen Wellen sichtbar wird, wenn sie sich ebnen und einen Blick in die Tiefe gestatten. Die Jacke war von dem Rot, das man unserem Blut meist zuschreibt, aber dunkler, satter und von innen heraus leuchtend. Im schwarzen Haar trug sie schweren, hellen Silberschmuck. Ich hatte niemals etwas so Schönes gesehen wie dieses Mädchen.

„Woher kommen sie?" fragte ich Yang Samuda.

„Irgendwo aus dem Süden."

„Und wohin gehen sie?"

„Irgendwohin ins Gebirge. Wer kann das bei Nomaden sagen. Sie sind immer unterwegs und nirgends zu Hause."

Am nächsten Morgen folgten wir dem Fluß und wanderten weiter talaus. Der Pfad kreuzte das Wasser unzählige Male und ich hatte Mühe, mit Yang Samuda Schritt zu halten. Sein Pferd durchquerte das reißende Wasser sicher und rasch, ich aber mußte mir erst die Schuhe ausziehen und fand es schwierig, auf den glatten Steinen Fuß zu fassen. Bald war er weit voraus und ich verlor ihn aus den Augen. Ich holte drei Bauern ein, die wie ich zu Fuß unterwegs waren. Sie kannten den Weg genau und wußten immer, wo die beste Furt war oder gar ein Baumstamm als Brücke über den Fluß gelegt war. Es waren dünne Stämme, kaum stärker als der Schenkel eines Mannes, das Wasser schoß unter ihnen mit großer Geschwindigkeit durch, und es war kein Vergnügen, sich darüber hinwegzubalancieren.

Die drei Bauern gingen immer in derselben Reihenfolge im Gänsemarsch hintereinander. Die beiden ersten waren gewandte Burschen und tänzelten mit graziöser Leichtigkeit über die vibrierenden Stämme. Der dritte war ebenso ungeschickt wie ich und vielleicht noch furchtsamer. Vor jeder Brücke blieb er stehen, tastete mit seinem Stock den Stamm entlang, als wollte er sich überzeugen, daß das Holz nicht morsch sei. Dann hielt er den Kopf schräg gegen das Wasser gebeugt, wie auch um die Gewalt seiner Strömung zu hören. Seine Gefährten ermunterten ihn inzwischen vom anderen Ufer, und sobald er über das Wasser war, setzten sie wieder wortlos einer hinter dem anderen ihren Marsch fort. Ich konnte ohne Schwierigkeiten mit ihnen Schritt halten und kam mir nicht mehr so tölpelhaft und ungeschickt vor.

Die Landschaft hatte sich völlig verändert. Die grünen Grasberge mit ihren Schneegipfeln waren zurückgeblieben, und wir kamen wieder durch kahle Lößschluchten ohne jede Spur von Pflanzen, kahle Berge von phantastischen Formen, von denen die Sonne unbarmherzig widerstrahlte. Der Fluß, der weiter oben klar und kalt gewesen war, hatte sich in eine gelbbraune, lauwarme Brühe verwandelt.

Bevor wir in das breite Tal des Hwangho kamen, überholte ich die drei Bauern.

„Ihr seid rasch gegangen“, sagte ich, „nur mit dir könnte ich Schritt halten.“ Und ich zeigte nach dem Ungeschickten.

„Ah“, lachten die Bauern, „er ist blind.“

Es war heiß und staubig. Die Straße folgte dem Hwangho durch kahle Berge, manchmal kamen wir an kleinen Ortschaften vorbei, einige Lehmhäuser von derselben eintönigen Farbe wie der Boden, grau und tot. Selbst der Fluß war nur eine Fortsetzung der Erde, schwimmender Löß statt lagernder.

Dann sahen wir die Stadt Kweiteh auf dem anderen Ufer des Hwangho, eine große, grüne Stadt, so üppig in ihrer Vegetation, daß die Häuser von den Bäumen verdeckt waren und nur die weiße Pagode und die Stadtmauer über das Grün emporragten. Wir sahen die Stadt lange Zeit, ohne sie zu erreichen. Wir mußten, immer durch den breiten Hwangho von ihr getrennt, an ihr vorbeireiten, durch eine vor Hitze flimmernde Landschaft. Erst als wir die weiße Pagode kaum mehr erkennen konnten, erreichten wir die Bootsbrücke über den Fluß und konnten nach der Stadt übersetzen.

Bei der Brücke war eine Anzahl Menschen versammelt, hauptsächlich Frauen und Kinder, die bei unserem Näherkommen in Bewegung und Aufregung gerieten. Ich war sehr stolz auf Yang Samuda, sicherlich waren sie gekommen, um ihn und den silbernen Gott zu begrüßen. Yang Samuda machte ein erstauntes Gesicht, das aber rasch würdevoll wurde. Ich bedauerte, so armselig zu Fuß hinter ihm herzulaufen.

Dann hörten wir hinter uns Pferdegetrappel, die Frauen wurden noch aufgeregter und einige warfen sich zu Boden und hoben die gefalteten Hände. Vier Reiter schossen an uns vorbei und auf die wartende Gruppe zu. An ihrer Spitze der große Tibeter im roten Mantel, den wir am Vortag gesehen hatten. Hinter ihm, ebenfalls auf herrlichen Pferden, seine drei Begleiter, bis an die Zähne bewaffnet. Knapp vor den Frauen parierte er sein Pferd, und der Staub glitt in einer schweren Wolke über die Knienden. Er sah sie nicht an, sein Blick glitt über sie nach dem Flusse und der Stadt. Mit einer graziösen und zugleich kraftvollen Bewegung glitt er vom Pferd, warf den Zügel seinem Begleiter zu und stand breitbeinig und riesig vor den Frauen, die Gebete murmelten. Dann ging er rasch an ihnen vorbei und berührte mit einer gelangweilten Bewegung seiner Hand die zu ihm erhobenen Stirnen. Die Knienden mußten dann rasch aus dem Weg springen, um von den Pferden seiner Begleiter nicht getreten zu werden. Der rote Lama hatte uns mit keinem einzigen Blick auch nur gestreift, und die Frauen sahen ihm so verzückt und ekstatisch nach, daß auch sie uns nicht bemerkten. So hielten wir Einzug in Kweiteh.

Der Kaufmann Tu hatte seinen Laden in der Hauptstraße von Kweiteh. Tatsächlich gab es in Kweiteh nur zwei Gäßchen, in denen Geschäfte waren, alle anderen waren breit angelegte Pfade, die in die Felder hinausführten. Aber sein Laden war in der größeren und, wie es schien, reicheren Geschäftsstraße.

Tu selbst besaß das Aussehen und Benehmen eines erfolgreichen Geschäftsmannes. Er war Mohammedaner, etwa siebzig Jahre alt, und seine klugen, abschätzenden Augen flogen von Yang Samuda zu mir und wieder zurück. Hinter seinem Geschäft hatte er ein kleines K'angzimmer, in dem wir uns häuslich niederließen, aber Tu bestand darauf, daß wir den ersten Abend in Kweiteh nicht in diesem kümmerlichen Quartier verbringen dürften, sondern in sein Landhaus vor der Stadt kommen müßten.

So gingen wir, nachdem wir Tee getrunken und uns gewaschen hatten, nach dem Landhaus. Es war noch heiß, aber die hohen, schattigen Bäume, die saftig grünen Felder und die vielen kleinen Kanäle milderten die Hitze und füllten die Luft mit kühler Feuchtigkeit. Ich war enttäuscht, als ich Tus Landhaus sah. Zweifellos war er ein bedeutender und auch reicher Mann, und ich hatte erwartet, ein besonders prunkvolles Haus zu finden. Es war nur ein Lehmhaus, vielleicht etwas größer als die meisten anderen, aber durchaus nichts Außergewöhnliches. Ich sagte, höflich lügend, daß ich schon lange kein so schönes Haus gesehen hätte, denn es war ersichtlich, daß Tu sehr stolz darauf war. Als wir eingetreten waren, merkte ich, daß ich die Wahrheit gesagt hatte: das Haus war eine Orgie von weißem, duftendem Holz in einer Schale von grauem Lehm. Die Wände, der Boden, die Decke, jedes Möbelstück war aus eingemasertem weißem Holz gezimmert. In einem Land, wo oft nur ein wenig Eisen und Stroh neben dem unvermeidlichen Lehm verwendet wird, um einen bescheidenen Haushalt aufzubauen, war das Haus eine köstliche Überraschung. Wir wurden der alten Mutter vorgestellt und saßen dann auf herrlich dicken Teppichen aus Samarkand, aßen und tranken, als hätten wir eine wochenlange Reise durch die Wüste hinter uns, und Tu strahlte über das ganze Gesicht und kannte keine andere Sorge, als uns möglichst glücklich und zufrieden zu sehen. Er fragte mich, warum ich nach dem Nordwesten gekommen sei.

Ich hatte schon zu viele Chinesen in sprachloses Erstaunen versetzt, wenn ich gesagt hatte, daß ich zum Vergnügen reiste. Man reist in China, um Geschäfte oder eine Wallfahrt zu machen oder Verwandte zu besuchen. Von Vergnügen kann also bei Reisen nicht die Rede sein.

„Ich machte eine Wallfahrt nach Kumbum", sagte ich.

„Glaubst du nicht an Jesus wie die anderen Ausländer?"

„Er glaubt an Jesus, aber auch an Buddha", erklärte Yang Samuda, „der Panchen Fo-jeh hat ihn zu einer sehr langen Audienz empfangen."

„Welches Kloster willst du jetzt besuchen?"

„Wir wollten nach Labrang, dem Lebenden Buddha Yamyang-Yappa einen Besuch machen, aber wir hörten gerade, daß er gestorben sei. An Pocken", erklärte Yang Samuda großartig.

Ich mußte lächeln. Nicht nur, weil es ein wenig komisch war, daß ein großer Lebender Buddha an Pocken stirbt, sondern weil unser Gespräch diesen köstlichen Verlauf nahm. Tu wußte genau, daß ich nach Kweiteh gekommen war, um mit seiner Hilfe Geld zu verdienen, und er wußte auch, daß ich wußte, daß er es wußte. Aber es war angenehm, heißen Tee zu trinken und Freundlichkeiten zu hören.

„Wollt ihr jetzt trotzdem nach Labrang?"

Ich sagte, das hätte wenig Zweck, denn der Hauptgrund unserer Reise wäre ein Besuch bei Yamyang-Yappa gewesen.

„Vielleicht bleibst du einige Zeit in Kweiteh?"

„Das ist nicht ausgeschlossen. Eine reizende Stadt, ein gutes Klima und so gastfreundliche Menschen. Ich kann mir keinen Platz vorstellen, wo ich lieber bliebe."

„Nur haben wir wenig Abwechslung hier. Ohne Beschäftigung wird es dir vielleicht langweilig werden.“

Ich sagte, ich würde gerne eine Beschäftigung annehmen. Vielleicht wüßte Herr Tu mir einen Rat. Er wußte einen.

Kweiteh war nur selten von Fremden besucht worden. Viele Dorfbewohner hatten noch niemals einen Weißen gesehen, von den Nomaden der Umgebung wahrscheinlich noch keiner. Tu verkaufte hauptsächlich an Tibeter und Mongolen, die von weither aus der Steppe kamen, um hier ihren Bedarf an Erzeugnissen der Stadt zu decken. Die Nomaden waren würdevoll, wenn sie aber einmal in eine so große Stadt wie Kweiteh kamen, dann wollten sie alles sehen, was es an Sehenswürdigkeiten gab. Zweifellos würde ich eine sein. Falls ich in Tus Geschäft arbeitete, so würden die Nomaden dort vorbeikommen und sicherlich auch kaufen. Ich würde dafür in der Woche zehn Silberdollar und fünf Prozent von allen durch mich abgeschlossenen Verkäufen bekommen. Yang Samuda strahlte über das ganze Gesicht. Tags darauf ritt er weiter nach Süden ins Gebirge, um den silbernen Buddha abzuliefern, und ich begann meine Arbeit.

Tus Geschäft war sechs Schritte lang und vier Schritte tief. Ein breiter Ladentisch trennte es von der Straße und davor standen zwei bequeme Bänke für die Kunden. Sie waren fast niemals leer. Es war unmöglich zu sagen, ob die Männer, die sich bequem darauf räkelten, Kunden oder nur Gäste waren. Beide pflegten oft eine oder zwei Stunden wie in tiefen Gedanken darauf zu sitzen. Meist reichten wir ihnen über den Ladentisch Tee und Zigaretten, sie tranken und rauchten, und manche gingen dann wortlos weiter. Unserem Geschäft gegenüber befand sich die Konkurrenz. Ein Laden von genau den gleichen Ausmaßen, mit dem gleichen Ladentisch und den gleichen Bänken davor und den gleichen Waren zum gleichen Preis dahinter. Der einzige Unterschied war, daß die Sonne mittags in unseren Laden schien und die Konkurrenz dann eine dunkle

Höhle wurde, in der man nichts erkennen konnte. Auf dem Ladentisch lag meist ein kleines Kind, gerade alt genug, daß es herumkriechen konnte. Mit Vorliebe balancierte es entlang der Kante, und ich beobachtete es fasziniert durch viele Stunden. Es fiel nie herunter.

Der erste Tag meiner Tätigkeit begann nicht vielversprechend. Wir öffneten den Laden um sechs Uhr früh und es waren schon viele Leute zu dieser Zeit unterwegs. Ich war weit davon entfernt, eine Sehenswürdigkeit zu sein. Tu erklärte mir die Waren und die Preise immer wieder, aber es ergab sich keine Gelegenheit, meine Kenntnisse zu zeigen.

Gegen Mittag kam der erste Kunde, ein alter Tibeter mit wetterdurchfurchtem Gesicht. Er ritt an den Laden, bis sein Pferd mit den Vorderfüßen gegen den Ladentisch stieß, beugte sich über den Hals seines Pferdes und begann wortlos und ernst unseren Ziegeltee, der zu einem großen Stapel aufgetürmt war, zu prüfen. Er kratzte mit dem Daumen in den festgepreßten Klumpen, roch daran, zerkaute kleine Stückchen und spuckte sie wieder von sich. Er schien unentschlossen. Dann sah er mich.

Er war sicher einer von jenen Nomaden, die, wie Tu gesagt hatte, noch keinen Fremden gesehen hatten. Er starrte mich lange und schweigend an, dann wandte er sein Pferd und ritt, ohne auch nur ein Wort gesagt zu haben, davon. Tu war ratlos und ich mußte ihn trösten: falls das Geschäft in zwei Tagen nicht besser ginge, würde ich zu Yang Samuda ins Bergkloster gehen, und es könne natürlich keine Rede davon sein, daß ich auch nur einen Silberdollar von ihm annähme. Er protestierte, aber mit wenig Feuer.

Dann kam der Tibeter zurück. Nicht allein, sondern mit einem Dutzend Männer. Sie stiegen von ihren Pferden und drängten sich um den Ladentisch. Tu stellte mich als neuen Kompagnon vor, erklärte, daß ich aus einem Lande käme, das westlich von Lhasa liege. Nein, nicht Ladak, noch westlicher.

Ja, auch in meinem Lande sei es im Winter sehr kalt und man trinke Tee. Er sei nicht so billig wie hier, denn er müsse weit transportiert werden. Nach drei Stunden zogen die Tibeter wieder ab, wir hatten um vierhundert Silberdollar verkauft.

Über Mittag hatten wir eine kurze tote Zeit, aber dann nahm das Geschäft wieder zu. Hauptsächlich verkaufte ich Teeziegel, das Stück zu vier Silberdollar. Manche wollten einen halben Ziegel haben, und es kostete große Mühe, mit einer Säge das hartgepreßte Zeug, das mehr Zweige als Blätter enthielt, zu zerschneiden. Kattas hatten wir in drei verschiedenen Qualitäten, die billigsten zu fünf Dollar per Dutzend. Zigaretten und Pfeifentabak wurden auch viel gefragt. Räucherstäbchen waren nicht sehr verlangt. Und von dem graubraunen Zucker konnte ich nicht ein einziges Pfund verkaufen. Am frühen Nachmittag hatte ich das Gefühl, daß alle in Kweiteh befindlichen Nomaden mich angestarrt und teilweise betastet hatten. Manche kamen ein zweites Mal, und sie gingen mit ihrem Starren und Tasten und mit ausführlichen Fragen ins Detail: ob der Lebende Buddha meines heimatlichen Klosters schon eine Pilgerfahrt nach Lhasa unternommen habe, wieviel ein Yak in meinem Lande koste, wie viele Tage ich reisen müßte, um wieder nach Hause zu kommen?

Um fünf Uhr war die Schule aus und die schmale Straße vor dem Laden wurde unpassierbar. Da mich nur vierzig oder fünfzig Leute gleichzeitig sehen konnten, die Schule aber fünfhundert Schüler hatte, entstand ein gefährliches Gedränge und eine Prügelei. Die Pferde der Tibeter wurden scheu und schlugen aus, es gab Blut und Tränen. Tu versuchte die Kinder zuerst mit Drohungen und dann mit Versprechungen zu vertreiben, aber sie blieben am Platze. Erst ein starker abendlicher Regen räumte die Straße. Ich war todmüde und lag auf dem K'ang, während Tu glücklich auf seinem Rechenbrett klapperte. Ich hatte an dem einen Tag mehr verdient als in den letzten zwölf Monaten.

Unser großes Problem waren die Kinder. Sie standen so dicht um den Laden, daß die Pferde unserer Kunden — und fast alle waren beritten — scheu wurden und diese ärgerlich und auf die Kinder fluchend davonritten. Wir fluchten auch, aber das half nichts. Schließlich machte Tu einen Besuch bei dem Direktor der Schule und am nächsten Tag blieb kein einziges Kind mehr vor dem Laden stehen. Es gingen noch viele vorbei — ich hatte niemals vorher so viele Kinder unterwegs gesehen —, sie verdrehten sich die Hälse nach mir, aber ohne stehen zu bleiben. Der Direktor hatte gedroht, daß jeder Schüler, der Herrn Tu oder mir lästig falle, von ihm eigenhändig gemaßregelt würde. Der Direktor sah aus wie ein Schlächter, und eine Maßregelung durch ihn war sicher kein Honiglecken.

Für eine Woche ging alles gut. Solange ich im Laden war, fühlte ich mich wohl, besonders abends, wenn wir unsere Abrechnung machten, aber wenn ich durch die Straßen ging, hatte ich ein unangenehmes Gefühl. Außer der schwarzen Höhle gegenüber unserem Laden gab es noch ein Dutzend Geschäfte, die genau die gleichen Artikel verkauften wie wir, oder, richtiger gesagt, die die gleichen Artikel verkauft hatten. Jetzt standen sie leer und ohne Kunden. Ihre Besitzer hatten die Geschäfte sicher nicht ererbt, sondern sich langsam heraufgearbeitet. Bei den meisten stand es außer Frage, daß sie längere Zeit als Räuber tätig gewesen und bereit waren, jederzeit auf diese Beschäftigung zurückzugreifen oder zumindest ihre Kenntnisse aus dieser Zeit zu verwerten, um ihr respektables Geschäft aufrechtzuerhalten. Ich war froh, daß wir auch sonntags und feiertags offen hatten; Tu hatte mir abgeraten, Ausflüge in die Umgebung zu machen.

Aus einem uns unbekannten Grund aber unternahmen die Kaufleute nichts gegen mich. Sie wurden eines Tages sogar freundlich und begannen, mich auf der Straße anzusprechen und Höflichkeiten über das Wetter auszutauschen. Tu war ernstlich alarmiert; seine Besorgnis war nicht unbegründet: die Nomaden kamen zwar noch und stellten die üblichen Fragen an mich, aber sie blieben kurz und besorgten ihre Einkäufe bei der Konkurrenz. Die anderen Kaufleute hatten — wie das in China häufig und überraschend geschieht — angesichts der gemeinsamen Bedrohung ihre gemeinsamen Interessen entdeckt, ihr Lager und ihr Kapital zusammengeworfen, ernstlich kalkuliert und dann die Preise um dreißig Prozent herabgesetzt.

Tu wußte, daß er gegen diesen Schachzug hilflos war, aber aus Gesichtsgründen konnte er nicht sofort klein beigeben und ersuchte mich, noch mindestens zwei Wochen bei ihm zu bleiben; gleichzeitig aber verbreitete er das Gerücht, daß ich vom Panchen Lama eingeladen worden sei, ihn auf einer Reise ins Gebirge zu begleiten und mit ihm Heilpflanzen zu sammeln. Aber ich sollte zwei Wochen länger bleiben, um zu zeigen, daß der Panchen Lama und nicht die Kaufleute der Grund meiner Abreise seien.

Als ich von Tu Abschied nahm, war er sichtlich traurig. Er hatte große Pläne, die wir später gemeinsam ausführen wollten: ich sollte mir einen Geleitbrief vom Panchen Lama geben lassen, und wir würden die Nomaden in der Steppe besuchen und dort große Geschäfte machen. Das klang alles sehr schön, aber ich hatte wenig Hoffnung, daß wir uns gegen die Konkurrenz würden durchsetzen können.

Ich hatte gut verdient und Tu war bei der Abrechnung großzügig. Er gab mir die Hälfte meines Verdienstes in bar — einen kleinen, aber schweren Sack voll Silbergeld —, den Rest sollte ich bei seinem Partner in Sining beheben. Er sagte: „Jetzt mußt du nur noch warten, bis jemand nach Kumbum reitet, dann leihe ich dir ein Pferd und du kannst losreiten. Allah sei mit dir."

„Ich kenne den Weg und kann allein reiten."

„Es gibt viele Räuber."

„Das habe ich schon oft gehört, sie aber nie gesehen. Wer soll mich berauben?"

„Wer? Tibeter, Chinesen, Mohammedaner, Tu-jen, Lamas. Jeder hier ist Räuber, wenn du Geld hast. Bisher warst du arm."

Ich wartete drei Tage, aber niemand ging nach Kumbum; so ritt ich allein los. Ich war sehr froh: ich hatte nur einen Monat gearbeitet, aber jetzt konnte ich in Kumbum endlich standesgemäße Geschenke machen und von dem Rest wenigstens ein Jahr lang leben. Ich erreichte Ga-jang spätabends und hoffte, die farbenprächtigen Tibeter würden wieder auftauchen. Jetzt war ich reich und unabhängig und konnte mich ihnen anschließen. Der Ort blieb tot und traurig und niemand wußte, wo die Tibeter jetzt waren.

Der Weg nach dem Paß, der, als ich mit Yang Samuda gekommen, tief verschneit gewesen war, dehnte sich heiß und steil. Ich führte mein Pferd. Weit und breit war kein Mensch zu sehen, und die Lagerstätte, wo damals der rote Lama vor seinem Zelt gelegen war, zeigte nicht einmal mehr die Spur eines Feuers. Das Gras stand hoch und hatte die glänzende Frische des Frühlings verloren.

Als ich den Paß erreichte, sah ich mich vier Männern gegenüber. Sie rasteten am Wegrand und waren ihrem Aussehen nach Mohammedaner. Sie rauchten teure Zigaretten und hielten ihre Gewehre zwischen den Knien. Ich wollte an ihnen vorbei, aber sie sprachen mich an: „Bist du nicht müde?"

„Nein", sagte ich, „ich bin nicht müde."

„Dein Pferd ist müde. Es ist besser, wenn du rastest."

„Nein", sagte ich, „ich raste jetzt noch nicht."

Der Wortführer stand auf und stellte sich mir in den Weg. Er hielt das Gewehr in der einen Hand, mit der anderen nahm er mein Pferd beim Zügel: „Willst du nicht eine Zigarette mit uns rauchen?"

Ich nahm eine und sagte: „Ich kann auch hier auf meine Freunde warten. Sie müssen gleich kommen. Hier ist es kühler."

„Ja", sagte er, „hier ist es kühl, hier ist es angenehm zu warten. Deine Freunde werden bald kommen."

Ich erkannte, daß ich eine Dummheit gemacht hatte. Man konnte den Pfad nach beiden Seiten bis tief ins Tal sehen. Er war leer und ohne Menschen. Ich rauchte die Zigarette — es war eine Camel — und wir machten weiter keinen Versuch, eine Konversation aufrechtzuerhalten. Nach der Hitze des Tals war es hier angenehm kühl. Der Wind roch nach Blüten und trockenem Gras.

Ich wußte, daß ich nichts tun konnte als warten. Ich hatte keine Waffe bei mir, selbst wenn ich eine gehabt hätte, wäre es nutzlos gewesen, sie verwenden zu wollen.

„Wir sind vier Männer", sagte der Wortführer, „und haben kein Pferd. Es ist sehr unhöflich, daß ich so frage: würdest du uns dein Pferd leihen?"

Ich sagte, das würde ich nur zu gerne tun, aber ich müßte rasch nach Kumbum, wo der Panchen Lama mich erwarte. Auch gehöre das Pferd nicht mir, sondern dem Kaufmann Tu aus Kweiteh.

„Ich muß leider sehr unhöflich sein: wir möchten trotzdem das Pferd leihen. Wir haben sehr wenig Zeit." Er war trotz der höflichen Phrasen jetzt drohend.

„Ich werde viel Gesicht verlieren, wenn ich Tu das Pferd nicht zurückgeben kann."

„Wir verstehen, wir bitten um Entschuldigung."

Seine Begleiter hatten inzwischen das Gepäck durchsucht und mein Geld gefunden.

„Dürfen wir auch Geld borgen? Wir haben eine lange Reise vor uns."

„Ich habe auch eine lange Reise vor mir. Ich bin hier fremd und es ist nicht schön, ohne Geld zu reisen."

„Wir werden es teilen."

Seine Begleiter legten die Silberstücke in fünf gleich hohe Häufchen, aber der Wortführer wandte keinen Blick von mir und ließ sein Gewehr nicht aus der Hand. Sie gaben mir meinen Teil.

„Zweiundsiebzig Dollar", sagte einer, „wir nehmen jeder nur einundsiebzig. Du bekommst den größten Teil."

„Danke", sagte ich, „ihr seid sehr höflich."

„Du bist ein Fremder und wir müssen dir helfen."

„Habt ihr eine weite Reise vor euch?"

„Wir würden dir raten, nicht mehr allein zu reisen. Du kannst Räubern begegnen. Besser, du läßt deine Freunde nicht so weit zurück."

Wir lachten. Sie sahen ständig nach beiden Seiten ins Tal und schienen zu wünschen, daß ich weiterginge. Ich setzte mich nieder und fragte:

„Kann ich noch eine Zigarette haben? Ich möchte jetzt wirklich rasten, ich habe einen weiten Weg zu Fuß vor mir."

Nachdem wir geraucht hatten, sagte der Wortführer: „Jetzt mußt du aber wirklich gehen. Sonst kommst du in die Dunkelheit und dann können wir für deine Sicherheit nicht garantieren. Es würde uns schmerzen, wenn dir ein Unglück zustieße."

Ich sagte: „Auf Wiedersehen. Vielen Dank für die Zigaretten."

„Auf Wiedersehen. Gute Reise!"

Jen Sang und Yang Samuda waren ärgerlich, als sie meine Geschichte hörten.

„Wenn du ein paar Tage länger gewartet hättest, wärst du heute ein reicher Mann. Warum hast du es so eilig?"

Ich sagte: „Ich habe euch vermißt. Ich bin noch immer ein reicher Mann, zweiundsiebzig Dollar habe ich hier bei mir und dreihundert bei Tus Vertreter in Sining."

„Das wird gerade reichen, um Tu ein neues Pferd zu kaufen. Wenn du Glück hast, hast du einen Monat umsonst gearbeitet, wenn nicht, dann hast du Schulden."

Nachdem alles in Ordnung gebracht war, schuldete ich Tu fünf Dollar.

XXV.

Die beiden Lamas aus der Mongolei hatten ihre Reise nach Lhasa noch nicht angetreten. Wu, der mein zweimaliges geschäftliches Versagen als eigenen Gesichtsverlust zu empfinden schien, hatte einen neuen Plan. Die beiden mongolischen Lamas seien hohe Würdenträger, sie würden ungehindert und unberaubt durch das Gebiet der gefürchteten Ngoloks kommen. Falls sie mich mitnähmen, sei auch ich sicher. Er würde mir fünf gute Pferde kaufen, erstklassige Tiere um je dreihundert Silberdollar, in Lhasa könnte ich sie um sechshundert verkaufen. Den Gewinn würden wir teilen, sein Partner in Lhasa würde mir beim Verkauf behilflich sein. Es gäbe kein Risiko für mich, er biete mir aber die Möglichkeit, in Lhasa als reicher Mann aufzutreten. „Es ist nicht schön, in einer fremden Stadt arm zu sein", fügte er hinzu.

So ging ich und besuchte die beiden Lamas aus der Mongolei. Sie hatten ihr eigenes schönes Haus in der Nähe der Halle, in der die jungen Studenten ihre religiösen Disputationen abhalten.

Der Jüngere begrüßte mich herzlich. Er schüttelte immer wieder meine Hand und sagte:

„Ah, du bist zurückgekommen. Du bist zurückgekommen."

Der Würdige lag auf seinem K'ang und hatte ein schmerzvolles Gesicht. Er erhob sich nicht, aber auch er schüttelte meine Hand oft.

Wir tranken Tee und aßen Tsamba. Dann sagte ich:

„Reist ihr bald nach Lhasa? Das Wetter ist jetzt gut zum Reiten."

Der Würdige stöhnte vor sich hin und der Jüngere sagte:

„Wir reisen nicht. Wir reisen nächstes Jahr. Oder vielleicht in zwei Jahren. Jetzt reisen wir nicht."

„Ihr reiset nicht?" Ich war sehr traurig.

„Nein, wir reisen nicht", stöhnte der Würdige.

„Der Große Lama ist krank", sagte der Jüngere.

„Was fehlt dir?" fragte ich den Großen Lama.

„Eine sehr böse Krankheit", sagte er und stöhnte wieder.

„Welche Krankheit?" fragte ich.

„Erinnerst du dich an das Fest des Fünfzehnten Tages des Vierten Monats?" fragte der Jüngere.

„Ja", sagte ich, „ich erinnere mich gut."

„Wie wir am Abend um das Kloster gingen?"

„Ja. Es war ein schöner Abend und viele Pilger gingen um das Kloster."

„Auch zwei Mädchen, die die Sprache unseres Stammes sprachen. Von ihnen ist der Große Lama krank. Er ist sehr krank und es wird lange dauern, bevor er wieder reiten kann."

„Oh", sagte ich, „das tut mir leid. Wirklich leid."

„Wir müssen warten. Nächstes Jahr wird der Große Lama wieder reiten können. Dann kommst du mit uns, wir haben noch einen Platz in unserem Zelt."

„So lange kann ich nicht warten."

„Es ist nur ein Jahr", sagte der Jüngere. „Du kannst hier bei uns wohnen. Wir haben noch einen K'ang frei. Und ich werde für dich kochen. Ich werde dich auch unsere Sprache lehren. Wir bleiben nur ein Jahr in Lhasa, dann gehen wir zurück in die Mongolei. Da kannst du mit uns kommen. Wir werden dir ein großes, schönes Zelt geben und auch ein paar Pferde. Du kannst auch bei uns heiraten."

Ich sagte, die Ehe sei eine schwierige Angelegenheit, die man sich wohl überlegen müsse.

„Das schon, das schon. Überleg es dir. Wir werden dir ein schönes Mädchen finden. Besonders wenn du gerade aus Lhasa kommst, wird das keine Schwierigkeit bereiten."

Aber so lange wollte ich nicht warten. Ich wollte weiter. Ein paar Tage später ritt Yang Samuda nach Labrang. Er sagte, Labrang sei noch schöner und größer als Kumbum. So wollte ich mit ihm reiten.

Jen Sang kam, um Abschied zu nehmen.

„Wirst du wiederkommen?“ fragte er.

„Ich weiß es nicht. Vielleicht.“

„Ah, wer kann das sagen! Wenn man reist, weiß man nie wohin.“

„Und du?“

„Ich werde lange Zeit hier bleiben. Ich habe viel zu studieren. Ich bin ein sehr ungebildeter Lama, und ich habe hier einen sehr gelehrten Lehrer gefunden. Wenn er sagt, daß ich würdig genug bin, werde ich nach Lhasa gehen.“

„Und dann?“

„Und dann? Wer kann das sagen? Ich bin ein alter Mann.“

Ich wollte ihn unterbrechen und sagen, daß er jung sei, jung, aber schon sehr gelehrt und sehr fromm. Aber er sagte:

„Mein Lehrer wartet. Ich muß mich beeilen.“

Er nahm meine Hand zwischen seine beiden. „Friedliche Reise“, sagte er, „friedliche Reise.“

Dann ging er. Obwohl er nie auf einem Pferd gesessen war, hatte er sich den wiegenden Gang der mongolischen und tibetischen Lamas angewöhnt. Er war eine würdevolle Erscheinung.

Yang Samuda und ich ritten bei Morgengrauen fort. Alle Lamas unseres Gehöfts waren im Hof versammelt.

„Hast du deine Reisehose an?“ fragten sie Yang Samuda.

„Natürlich“, sagte er stolz und wies auf eine verschlissene Hose. Sonst nämlich dürfen die Lamas keine Hosen tragen, unterhalb ihrer schweren Mönchskleidung sind sie nackt. Nur wenn sie reiten, ist ihnen eine Hose erlaubt. Sie bedeutet Reise, ferne Zelte und Abenteuer. Die Lamas bestaunten die Hose.

„Friedliche Reise“, sagten sie. „Komm wieder.“

Der Oberlama kam und drückte mich an seine Brust.

„Du warst glücklich hier?“ fragte er.

„Ihr wart mein Vater und meine Mutter“, sagte ich.

„Du weißt noch, was ich sagte, als du kamst?"

„Ich weiß es noch."

„Du darfst es nie vergessen. Und wenn du müde bist, komm wieder."

„Komm wieder", sagten die Lamas, „komm wieder, wenn du müde bist."

Wir führten unsere Pferde durchs Tor auf die Straße, und die Lamas gingen ins Gehöft zurück. Jen Sang und Lobsan waren nicht gekommen.

Es ist gut, die Pferde bei Antritt eines langen Rittes zuerst zu führen. Wir gingen am Hause des Panchen Lama vorbei durch enge Gassen hinunter zu der Wiese, auf der die Zeremonie unter dem großen Buddha-Bild abgehalten worden war. Nur wenige Lamas waren außerhalb der Häuser, und aus den Höfen hörte man gleichförmige Gebete. Dann gingen wir den steilen Weg zum Paß hinauf, der nach Süden führt. Oben würden wir aufsitzen und den Ritt beginnen.

Als wir auf den Paß kamen, erhoben sich Jen Sang und Lobsan aus dem Gras. Sie waren in ihren besten Gewändern, wie für eine Feierlichkeit. Jeder hängte mir eine Katta um den Hals, und sie verstauten Bündel mit Rosinen und Zucker und getrocknetem Fleisch in den Satteltaschen meines Pferdes.

„Komm wieder", sagte Jen Sang.

„Komm wieder", sagte Lobsan.

Wir umarmten einander und sie wandten sich rasch um und gingen den Weg ins Kloster zurück. Wir saßen auf und ritten nach Süden.

Wir waren zehn Tage unterwegs. Wir hätten rascher in Labrang sein können, aber Yang Samuda wollte Silberschmuck und Korallenketten, die er in Peking erstanden hatte, verkaufen. So machten wir oft große Umwege, um die Lager der Nomaden zu erreichen.

Zuerst war das Land gebirgig und wir ritten durch tiefe Täler. Nach einigen Tagen wurde es wellenförmig, die Berge waren nicht mehr so hoch und so steil und wir ritten über große Weidegründe. Hier trafen wir auch viele Nomaden. Meist waren es Gruppen von fünfzig oder hundert Menschen, Männer, Frauen und Kinder, mit großen Yakherden und reichen Zelten. Sie stellten ihre Zelte immer in einem großen Kreis auf und nachts trieben sie die Herden hinein und wachten wegen der Raubtiere und Räuber.

Es waren große, wilde Gestalten. Selbst die Frauen und Kinder trugen Gewehre. Sie waren stolz und selbstbewußt und ohne Neugier, wenn wir uns ihnen näherten. Es war gut, mit ihnen Freund zu sein. Yang Samuda sprach ihre Sprache und verstand es, sie freundlich zu stimmen.

„Arro, Arro — Freund, Freund!" rief er bei jeder Begegnung. Das ist der Gruß der Steppe. Es ist eine Beteuerung und zugleich eine Frage, ob Freundschaft oder Mißtrauen zwischen den Begegnenden herrschen soll. Bleibt das beantwortende „Arro, Arro" aus, so hat man nichts Gutes zu erwarten.

Yang Samuda machte gute Geschäfte. Die großen, wilden Frauen liebten seinen Schmuck, und auch die Männer hatten seine Korallenketten gerne. Wenn wir am Morgen von ihrem Lager fortritten, bewirteten sie uns mit riesigen Stücken Fleisch und mischten große Mengen Butter in unseren Tee. Wir wurden dick und faul und fürchteten ihre gewaltsame Gastfreundschaft. Wenn wir schon auf dem Pferd saßen, reichten sie uns oft noch die ganze Keule eines Schafes herauf, und dann hörten wir noch lange ihr lustiges „Arro, Arro". Manchmal, wenn sie besonders höflich sein wollten, riefen sie „Appa, Appa — Vater Vater", und auch sie sagten: „Kommt wieder!"

Es war eine schöne, sorglose Reise. Einmal erreichten wir an einem sehr heißen Tag eine Gruppe von Mongolen und die Männer, hünenhafte Gestalten mit bronzenen Körpern, saßen splitternackt auf ihren Pferden. Aber auf der Brust trugen sie wuchtige Amulette aus schwerem Silber, die hell gegen die dunkle Haut leuchteten.

Da waren nur diese Menschen, Menschen aus einer anderen Welt und einer anderen Zeit, und die Steppe und der weite Himmel. Es war eine Welt für sich, die nichts anerkannte als ihre eigenen Gesetze. Die Steppe ist grenzenlos und verführerisch. Yang Samuda fragte ein Kind, wer sein Vater sei. „Ich bin ein Kind der Steppe", antwortete es stolz. Es ist keine Schande, nur die Steppe als Vater nennen zu können. Sie ist zu schön, zu mächtig, als daß auf ihr etwas Schlechtes geschehen könnte. Sie nährt die Herden, die Reittiere und die Menschen. Sie gibt ihre eigenen Gesetze. Und sie gibt Leben.

An einem Bach, an dessen Ufer das Edelweiß so dicht blühte, daß es aussah, als würde er durch Schnee fließen, trafen wir mit Leuten vom Stamme der Ngolok zusammen. Sie sahen noch wilder und freier aus als die anderen Nomaden. Ihre Frauen waren von einer überwältigenden, brutalen Schönheit.

„Sie gehen zum Amne Machin", sagte Yang Samuda.

Ich hatte oft von diesem sagenhaften Berg gehört. Nur ein paar Westländer haben ihn gesehen, und von ihnen sind nur noch drei oder vier am Leben. Sie erzählen von einem märchenhaften, sanften Doppelgipfel, der sich wie die Brüste eines jungen Mädchens in sanften Kurven emporhebt. Die Ngolok, die um den Berg leben, lassen Fremde nur ungern in seine Nähe. Für sie ist er ein Heiligtum und sie pilgern in wochenlangen Märschen um den Berg, und einmal im Jahr soll ihre Königin dem Berg das große Opfer darbringen. Allein und nackt soll sie gegen den jungfräulich weißen Schneegipfel gehen und die Zeremonie durchführen. Vielleicht gibt es kein anderes Geschehnis auf dieser Welt, das sich mit diesem messen kann: eine wilde, unberührte Landschaft, in der nur die schmalen Pfade der Yaks daran erinnern, daß sie sich manchmal Menschen unterordnet. Und diese Landschaft beherrscht von einem Berg, der vielleicht der höchste der Welt ist, und eine nackte Frau, die stolz und zugleich demütig zwischen den wildesten Göttern und den freiesten Menschen dieser Welt vermittelt.

Aber vielleicht stelle ich mir das alles viel zu romantisch vor. Vielleicht ist die Königin eine alte, runzlige Frau, die nur ein paar Schritte gegen den Berg humpelt und die schützenden Zelte kaum verläßt, und vielleicht ist der Berg nicht so märchenhaft schön. Vielleicht auch hat der amerikanische Pilot, der während des Krieges zwischen Indien und China flog, geträumt, als er plötzlich in achttausend Meter Höhe einen Schneegipfel vor sich sah, der so hoch war, daß er ihn mit seiner starken Maschine nicht überfliegen konnte, sondern ihm ausweichen mußte.

Wir blieben mit den Ngolok über Nacht. Wie die anderen Nomaden waren sie gastfreundlich und geschwätzig, aber trotzdem blieben sie fern und überlegen.

„Frag sie", bat ich Yang Samuda, „frag sie, ob sie mich zum Berg mitnehmen."

Die Ngolok lachten nur. „Nein", sagten sie, „wir werden den Fremden nicht mitnehmen."

„Und wenn ich ihnen folge?" fragte ich Yang Samuda.

„Dann werden sie dich töten", sagte er.

So ritten wir weiter und kamen nach Labrang.

Labrang hatte nur eines mit Kumbum gemeinsam: den Geruch von Rauch, ranziger Butter und Urin. Es ist an und für sich kein schöner Geruch, aber er ist oft gemischt mit dem Duft würzigen Weihrauchs und der modrigen, kalten Luft großer, dunkler Hallen, voll von kostbaren Teppichen, Brokaten und Götterbildern. Wenn man diese Luft oft eingeatmet hat, und man atmet sie nur in dieser eigenen Welt der Mystik, der Gläubigkeit und vielleicht der letzten Erkenntnis, dann verliert sie die Charakteristika ihrer Bestandteile und wird dem Wanderer der erste Gruß einer Welt der Gedanken und Überlegungen, die so verwirrend und den unseren so fremd sind. Staub aufwirbelnde Yakherden und eilig dahintrabende Tibeter brachten uns diesen Geruch entgegen.

„Jetzt sind wir gleich da“, sagte Yang Samuda.

Dann lag Labrang vor uns. Es besitzt nicht die ruhige, harmonische Würde Kumbums. Es ist barbarisch, wild, ungezähmt, ein Stück einer anderen Welt. Kumbum ist sanft, so sanft, als hätte der enge Kontakt mit China seine tibetischen Sonderheiten abgeschliffen und ihm eine typisch chinesische Rundung gegeben. Labrang liegt politisch auch im Chinesischen, aber seine Umwelt ist tibetisch, und es ist der Mittelpunkt dieser Welt. Das Innere der Tempel in Kumbum stimmt andächtig durch die Schönheit seiner Idole und die Harmonie der Maße. Die Tempel von Labrang unterstellen die sanfte Harmonie einer atemberaubenden barbarischen Schönheit. Die Linien sind strenger und die goldenen Dächer flammen wilder gegen den Himmel. Im Rundgang eines Tempels hängen ausgestopfte Tiger, Yaks, Eber und Enten in wirrem Durcheinander von der Decke, starke Pfeile sind in ihre Körper gestoßen und verkörpern die Überlegenheit des Jägers. Und stolz kommen diese Jäger und legen ihre Gewehre vor dem Eingang des Tempels zu Boden und verbrennen in rohen weißen Tonöfen Butter, Tsamba und wohlriechende Steppenpflanzen. Weißer, dichter Rauch steigt träge zum Himmel, und die Jäger fallen demütig in die Knie. Zu welchen Göttern beten sie? Welche Gnade erflehen sie? Das ist ein anderes Opfern und Beten als in Kumbum. Dort konnte ich mitfühlen. Buddhas Wort, auch mir verständlich, war dort fühlbar. Aber hier ist die Welt der hohen Steppe und der einsamen Gletscherberge mit ihren eigenen Gesetzen, ihrem eigenen Glauben und ihren eigenen Menschen. Auf der Steppe sind sie frei, nur die Götter sind über ihnen. Vor ihnen beugen sie sich hier in Labrang. Die Mischung zwischen stolzem Selbstbewußtsein und Demut ist hier ausgeprägter als in Kumbum, wo die Andächtigen weniger herrisch blicken, aber auch weniger andächtig opfern.

Yang Samuda und ich lebten mit zwei mongolischen Lamas in einem netten kleinen Gehöft in der Nähe des Goldenen

Tempels des Buddha Matreya. Die Mönche, alte Freunde Yang Samudas, waren herzlich und gastfreundlich, die Tempel waren schön, und ich saß oft stundenlang in ihrem mystischen Halbdunkel. Trotzdem, ich könnte nicht sagen warum, war ich nicht so glücklich wie in Kumbum, und ich kam nicht in Versuchung, zeitlos zu werden. Vielleicht hätte ich Labrang besser verstanden, wenn ich zuerst einige Monate auf der Steppe gelebt hätte, denn man kann Labrang nicht verstehen, wenn man die Steppe nicht kennt.

Vielleicht hätte ich Labrang auch besser verstanden und tiefer gefühlt, wenn ich mich von Yang Samuda getrennt hätte, der ja kein gläubiger Mystiker, sondern hauptsächlich Kaufmann war, und einige Wochen mit den Priestern Labrangs gelebt hätte. In einem Tempel lebten die Priester der alten Bon-Religion. Sie sahen anders aus als die Anhänger der Gelben Kirche. Es war nicht nur ihre Kleidung, eine lange Tracht von grellen roten, grünen und blütenweißen Farben, und ihr langes, auf dem Kopf zu hohen Ballen gekämmtes Haar, die sie von den gewöhnlichen Mönchen unterschied, sondern ihre tief intelligenten, fanatischen und manchmal gefährlichen Gesichter. Aber sie sprachen nicht Chinesisch, und ich hatte keine Möglichkeit, ihnen nahezukommen. Sicherlich gab es neben der wilden Schönheit auch sehr viele tiefe Weisheit in Labrang, war es doch von einem Mann gegründet worden, der hieß: „Allwissender, der selbst dem Gott der Weisheit ein gütiges Lächeln abzwingt." Aber ich war von dieser Weisheit ausgeschlossen.

Yang Samuda hatte seine Geschäfte erledigt und wollte nach Kumbum zurück. Ich hatte vor, nach dem Süden zu gehen.

Am Tag, bevor wir abreisten, sahen wir die Bekehrung Tibets zum Buddhismus. Es war ein prächtiges Schauspiel, das viele Stunden dauerte und auf einem großen Platz zwischen den Tempeln aufgeführt wurde. Die beiden buddhistischen Missionare aus Indien, stimmgewaltig und überzeugend, bekehrten zuerst zwei Rehe, die die Tierwelt symbolisierten. Mit zwei

Hunden hatten sie größere Mühe, aber auch bei ihnen gelang das Werk. Nur die beiden wilden Jäger — voll menschlicher Hartnäckigkeit und Finsternis — widersetzten sich standhaft. Durch viele Stunden wogte in Gesängen und Worten der Kampf. Eine festliche Menge umgab die Bühne. Sie harrte vom Morgen bis spät abends aus. Auf einer Balustrade saßen die Würdenträger; ein alter Lebender Buddha mit einem unvergeßlich schönen, friedlichen Gesicht, neben ihm zwei Beamte aus Lhasa, die aus Nanking nach Labrang gekommen waren. Sie trugen moderne europäische Kleidung, machten Notizen mit Füllfedern und hatten teure Armbanduhren aus der Schweiz. Trotzdem wirkten auch sie würdevoll.

Schließlich beugten sich auch die beiden wilden Jäger vor den überzeugenden Argumenten der Missionare, und die Menschen und Tiere Tibets bildeten eine harmonische Gruppe, geeint und geadelt durch die Lehre Buddhas. Die Nomaden der Steppe starrten mit großen Augen das prunkvolle Schauspiel an, die Mönche verfolgten es mit der Freude des Kenners. Es war ein klassisches Theaterstück des großen Dichters Milaraspa, und manche von ihnen wußten jede Zeile und jede vorgeschriebene Geste und Bewegung auswendig.

Yang Samuda und ich ließen uns von der Menge durch die Klostergassen schieben. Er hatte bei einer Karawane, die am nächsten Morgen nach Lanchow gehen sollte, ein Pferd für mich gemietet und sagte:

„Wir sind weit miteinander gereist. Morgen reist du allein."

„Wir sind viele tausende Li miteinander gereist", sagte ich.

„Erinnerst du dich noch an Paotow? Als wir auf das Auto kletterten, dachte ich: Ah, ein fremder Teufel. Er wird uns sicher Ungelegenheiten bringen. Jetzt bist du ein Freund."

„Du bist auch mein Freund, Yang Samuda."

„Wenn du wiederkommst, frag in den großen Klöstern nach mir."

„Ich werde nach dir fragen."

XXVI.

Es war noch dunkel, als ich in die Karawanserei kam. Die Maultiere standen vor ihren Krippen, und die harten Erbsen knirschten zwischen ihren Zähnen. Die Männer saßen und lagen auf den K'angs. Helles, heißes Feuer von trockenem Holz, über dem sie in großen Töpfen ihren Tee kochten, färbte ihre Gesichter rot und wild. Sie bissen große Stücke von harten Brotfladen und kauten mit denselben ausdauernden Bewegungen wie die Maultiere. Es gab keine Hast und keine Eile.

Man konnte nicht erkennen, wann das Frühstück zu Ende war. Ein Mann würde aufstehen und den Packsattel und das Zaumzeug über ein Maultier werfen. Dann würde er zum K'ang zurückkommen und eine neue Schale Tee trinken und seinen Brotfladen von neuem in Angriff nehmen. Eine Tätigkeit floß ohne Begrenzung in die andere über. Immer mehr Tiere standen marschbereit. Auch sie schienen eine Abneigung gegen jede hastige Änderung des bestehenden Zustandes zu haben. Langsam und mit spielerischen Schritten stolperten sie aus dem dunklen Stall in den Hof, über dem die Sterne verblaßten. Auf der Terrasse eines angrenzenden Hauses entzündete ein Tibeter in einem weißen Lehmofen ein Opferfeuer, und eine schwere Rauchwolke stieg wie eine Säule in den Himmel. Die höchsten Bergspitzen schimmerten rötlich, und auch im Tal verflüchtigten die Schatten. Fast alle Tiere standen jetzt im Hof, und die ersten gingen auf dieselbe spielerische, langsame Art, in der sie den Stall verlassen hatten, auf die Straße. Zwei Treiber tranken noch immer Tee. Es war unmöglich zu sagen, wann die Karawane aufgebrochen war. Da war kein Anfang und keine Ende in den Dingen, die sie taten. Sie flossen ohne Begrenzung ineinander über wie die Bilder einer halbgeträumten Erinnerung. Aber wir waren tatsächlich unterwegs.

Es dauerte lange, bis die Sonne über die Berge kam. Der Tau lag glänzend auf den goldgelben Getreidefeldern, und die

Hufe der Maultiere klangen dumpf im feuchten Staub. Die letzten Häuser von Labrang, kleine Hütten an den steilen Berghängen, verschwanden hinter einer Biegung des Tals, und wir folgten dem klaren, raschen Fluß. In kurzen Abständen begegneten wir Yakkarawanen, die Holz und Heu nach dem Kloster brachten: mächtige, wandernde Heuschober, die herb und frisch dufteten. Die schweren, langen Baumstämme waren in der Form eines V auf den Tieren befestigt, und die beiden Enden schleiften weit hinten im Sand und sperrten die schmale Straße wie ein Schneepflug. Es waren meist Frauen, die diese Karawanen führten. Große, stolze Gestalten mit klassisch schönen Gesichtern, reich behängt mit dem barbarischen Schmuck der Steppe. Sie dirigierten die Tiere mit grellen Pfiffen und wohlgezielten Steinen, die selten kleiner waren als ein Kinderkopf. Sie waren streitbare Amazonen, und die sonst mit zweideutigen Wortspielen und eindeutigen Einladungen nicht faulen Männer unserer Karawane gingen zaghaft an ihnen vorbei und wagten erst zu scherzen, wenn wir außer Wurfweite waren.

Wir waren acht Stunden ohne Rast unterwegs. Dann kamen wir in eine Ortschaft mit vielen Herbergen, und die Tiere wurden abgesattelt und gefüttert. Alle Karawanen brachen früh auf und legten den Marsch ohne Mittagspause zurück. Der späte Nachmittag und der Abend gehörten der Rast, und das Herbergsdorf war voll vom Leben und Treiben der ankommenden Tiere. Auf der anderen Seite des Flusses, mystisch und abgeschlossen gegen die üppigen Wiesen, stand ein Lamakloster. Nach Labrang schien es klein und armselig, aber es hatte seine eigene Würde. Ich fand einen alten Lama, der zwei Gebetsmühlen gleichzeitig betrieb: eine mächtige, grellbemalte Holztrommel durch ein kompliziertes Drehwerk, das er wie ein Radfahrer mit beiden Füßen antrieb, und ein kleines Gebetsrad in seiner rechten Hand. Er war ein alter Mann und lächelte einfältig und zufrieden vor sich hin. Er schien mit seinen Gedanken weit fort zu sein und machte trotz seiner emsigen Tätigkeit den Eindruck tiefer Ruhe. Seine unbeschäftigte Hand lag entspannt und lässig in seinem Schoß, es war diese Hand, die den Lama besser kennzeichnete als seine eifrige Tätigkeit.

Dann traf ich fünf Mönche, die von Kumbum gekommen waren; ich kannte einen vom Sehen. Er lud mich ein, mit ihnen zu essen, und wir aßen auf der weiten, sonnenüberfluteten Terrasse und kochten Tee und mischten Tsamba hinein. Die Sonne war stark und warm und füllte das Tal mit einem strahlenden Glanz. Der Fluß schnitt wie ein silbernes Band durch die grünen Weiden, und eine späte Karawane zog klein und fern in das Dorf ein. Wir hörten den sanften Ton ihrer Glocken und das aufgeregte Durcheinander der Treiber, die eine Herberge suchten. Dann war es wieder still, und nur das eintönige Knarren des Gebetsrades war zu hören.

Ich ging zum Fluß, sein Wasser war kalt und eisig auf meiner Haut. Ich schwamm und lag nackt auf einem sonndurchwärmten Felsbrocken, und so verging der Nachmittag.

Nach Sonnenuntergang wurde es sehr kalt. Ich ging in die Herberge und lag mit den Karawanenleuten um das Feuer, das sie auf dem K'ang entzündet hatten. Der Herbergsvater servierte das Feuer, wie man in anderen Gaststätten Tee oder Brot bekommt. Tatsächlich war das Feuer das einzige, was wir außer den Erbsen für die Maultiere kaufen konnten. Es gab weder Tee noch Nudeln. Der Wirt brachte eine große, runde Platte aus Eisen, auf der glühende Kohlen lagen und daneben einigeScheiter trockenes Holz. In wenigen Sekunden hatten die Männer mit geübten Handgriffen ein helles Feuer zustande gebracht. Darüber hing in einem schweren eisernen Dreifuß ein plumper Teekessel; ein zweiter Teekessel, mit Wasser gefüllt, wurde neben das Feuer gestellt, daß die Flammen die Außenwand wärmten. So war immer heißes Wasser vorhanden und wurde in den kochenden Teekessel nachgegossen. Es gab keine andere Beleuchtung als dieses Feuer und die kurzglimmenden Pfeifen der Treiber.

Die Herberge war ein langer, hoher Raum. Auf der einen Seite waren die K'angs, durch niedrige Bretterwände in einzelne Abteilungen geteilt, auf der anderen Seite standen die Pferde vor ihren Krippen. Es war angenehm warm, die Luft war schwer von Rauch und Schweiß von Menschen und Tieren.

Ein junger Bursche kam und setzte sich neben mich.

„Du kommst aus Labrang?“ fragte er. Er sprach im Dialekt Pekings, und ich war froh, ihn zu hören.

Wir sprachen ein wenig über Labrang und das Leben im Nordwesten. Er war gekommen, um hier sein Glück zu versuchen. Er sagte, Peking sei ein schwieriger Platz, um reich zu werden. Ich nickte und fragte, was er dort versucht hätte.

„Was habe ich nicht angefangen? Alles, alles habe ich versucht. Die komischesten Sachen. Einmal habe ich mit Streichhölzern gehandelt. Ich kaufte die prallgefüllten Streichholzschachteln und nahm aus jeder ein paar Streichhölzer heraus. Das merkte kaum ein Mensch, aber der Verdienst war schlecht.“

„Ah-ya“, sagte ich, „es ist nicht einfach, mit Streichhölzern reich zu werden.“

„Ich habe das auch nur kurze Zeit gemacht“, entschuldigte er sich. „Als die Japaner noch in Peking waren, habe ich manchmal viel verdient. Erinnerst du dich an die Choleraepidemie, als jeder einen Impfschein haben mußte und die Leute an den Stadttoren geimpft wurden, wenn sie keinen vorweisen konnten? Und viele Leute hatten Angst, sich impfen zu lassen. Ich verkaufte ihnen Impfscheine, das Stück für vier Kattie Mehl. An manchen Tagen ließ ich mich zwanzigmal impfen. Ich mußte von einer Station zur anderen laufen, sonst hätten mich die Sanitäter erkannt. Es war eine harte Arbeit.“

„Aber du mußt viele Säcke Mehl verdient haben. Die Epidemie dauerte ein paar Wochen.“

„Aber ich konnte nicht die ganze Zeit arbeiten. Nach einer Woche bekam ich einen bösen Ausschlag und die Haare fielen mir aus. Das beweist, daß die Impfungen nichts wert waren.“

Er zeigte mir seinen kahlen Kopf, auf dem nur ein paar Büschel Haare standen. Eine Zeitlang waren wir still und hörten den Karawanenleuten zu, die ein aufregendes Glücksspiel spielten.

„Hast du große Angst vor Ratten?“ fragte er mich.

„Ich habe sie nicht gern. Warum?“

„Manche Fremde haben sehr große Angst davor, besonders wenn es Pest gibt. Einmal war ich Kuli bei einem Ausländer, und er versprach mir fünf Dollar für jede Ratte, die ich in seinem Hause finge. Diese Ratten waren sehr schlau, aber mein Bruder verschaffte mir eine. Die brachte ich am Morgen dem Master und bekam meine fünf Dollar. Fast jeden Tag brachte ich ihm eine. Es war eine schöne Zeit.“

„Hat er schließlich aufgehört zu zahlen?“

„Ja, er wurde mißtrauisch und band einen Faden um den Fuß der Ratte, als ich nicht aufpaßte. Am nächsten Tage merkte er, daß es dieselbe Ratte war. So verlor ich meinen Posten.“

„Wie oft hast du dieselbe Ratte verkauft?“

„Ich weiß nicht genau, etwa drei Wochen. Ich legte sie immer in den Eisschrank. Es war ein guter elektrischer Eisschrank und sie hielt sich wunderbar frisch.“

„Aber du hast doch dabei gut verdient.“

„Nein. Auch der Koch verlor seinen Posten, weil er dem Master nicht erzählt hatte, daß die Ratte immer im Eisschrank lag. So mußte ich ihm meinen halben Verdienst geben. Ich habe nie Glück.“

Ich tröstete ihn, der Nordwesten sei sicher das Land für junge unternehmungslustige Leute. Er blieb aber mutlos.

„Das hat man mir schon in Peking gesagt. Aber die Leute hier sehen gefährlich und sehr tüchtig aus.“

Am nächsten Morgen wiederholte sich das Schauspiel von Labrang: die vom Feuer beleuchteten, kauenden Gesichter, das Malmen der Maultiere und der allmähliche Aufbruch.

Das Tal war jetzt fruchtbarer. Das Getreide wurde hier schon

Der junge Panchen Lama

Das große Bild des Buddha

Gebetszeremonie in Kumbum

Mönche in Festkleidung

Unterwegs zum Gottesdienst

Ziege mit Pfeil und Bogen als Schutz gegen Unwetter

Hütten am Rande der Steppe

Die drei Lamas und ich, von links: Yang Samuda, Jen Sang, ich, Lobsan

geschnitten, und die Bauern arbeiteten auf den Feldern. Es waren meist Tibeter, nicht mehr so wild und ungebändigt aussehend wie ihre Brüder von der Steppe, aber noch immer farbenfrohe, stolze Gestalten. Die Frauen trugen schwere Röcke, die fest um die Taille schlossen. Ihr Haar war in viele kleine Zöpfe geflochten und hing weit über die Schultern. Es war die einzige Bekleidung ihres Oberkörpers, und sie trugen ihre Brüste stolz und aufrecht.

Wieder waren wir den ganzen Tag unterwegs, und ich erinnere mich wenig an das, was mir bei diesem Marsch begegnete. Da war das schwarze Zelt eines Tibeters, auf dem flachen Gipfel eines steilen Hügels aufgeschlagen, von dem man wie vom Bug eines Schiffes über das Tal schauen konnte. Er lud mich ein, ins Zelt zu kommen, und ich lag ein paar Minuten mit ihm auf den weichen Fellen; seine Frauen brachten Fleisch und saure Milch und starken Wein. Es waren hübsche Frauen, freundlich und lustig, und mit Ausnahme einer verhutzelten Alten, vielleicht seiner Mutter oder Schwiegermutter, konnte ich nicht erkennen, ob die anderen seine Töchter oder Frauen waren. Er war ein zufriedener Mann und lächelte stolz vor sich hin. Als ich so mit ihm lag und mich bedienen ließ und auf das Tal hinuntersah, wußte ich, daß er allen Grund dazu hatte. Aber ich war nur ein vorübergehender Gast in dieser geregelten Häuslichkeit, ein Nutznießer seiner Mannbarkeit.

Dann war da der Kopf eines kleinen Mädchens. Ich erinnere mich nicht mehr, wo ich sie traf. Aber ich sehe noch ihr erwartungsvolles und zugleich altkluges Kindergesicht vor mir, mit einigen herrlichen Blüten im schwarzen Haar und den dunklen Augen Chinas, die niemals kindlich sind, sondern immer voll Wissen und Vergangenheit.

Am nächsten Tage kamen wir in ein breites Tal. Die Bergketten rückten zur Seite und wurden zu einem dunstigen Hintergrund, gegen den sich chinesische Tempel und Ortschaften abhoben. Die saftigen Weiden und die Nomaden waren zurückgeblieben, hier war wieder China. Die Straße war breit und staubig, und wir ritten müde in Hochow ein.

Es ist eine reiche Stadt. Die Felder waren feucht und fett, und auf dem Markt waren Berge von Gemüse und Obst aufgestapelt. Außerhalb der Stadtmauer war die mohammedanische Niederlassung: wohlhabende Kaufhöfe mit reichgekleideten Turkis und Salaren, mit arabischen Aufschriften an den Häusern und der ruhigen Würde eines arabischen Marktes. Hier war nicht China, sondern das fromme Zentralasien, nicht der Himmelsaltar, sondern die Kaaba herrschte hier über die Herzen. Tatsächlich herrschte niemand über die starken Mohammedaner dieses „Mekkas in China“. Wildes, ungezähmtes Blut rinnt durch ihre Adern, und sie sind gewohnt, selbst zu herrschen. Die mächtigsten Gouverneure des Nordwestens hatten in Hochow ihre Heimat. Sie zogen aus und eroberten und beherrschten Gebiete, so groß wie Mitteleuropa. Und wenn sie geschlagen wurden — und mit dem Leben davonkamen —, dann zogen sie sich nach Hochow zurück wie die Löwen in ihre Höhle und warteten auf ihre nächste Gelegenheit. Man konnte sie schlagen, aber nicht brechen.

Die Salaren mit ihren würdevollen Turbanen zeigten in ihren Zügen dieselbe Mischung von vitaler Brutalität und degenerierter Müdigkeit wie die alten persischen Herrscher. Ihre Heimat war bei Samarkand. Im zwölften Jahrhundert waren sie ausgewandert und hatten einen Sack der heimatlichen Erde mitgenommen. Sie waren viele Monate unterwegs, bis eines Tages das Kamel, das die heimatliche Erde trug, tot zusammenstürzte. Sie öffneten den Sack und fanden, daß die Erde aus Samarkand genau dieselbe Beschaffenheit hatte wie die, auf der sie gerade standen. So ließen sie sich dort nieder, und seitdem leben sie an der Grenze von Kansu und Tibet.

Ich fand eine gute Herberge, und es begann zu regnen. Der Himmel war von einem einförmigen, trostlosen Grau überzogen, und das Wasser fiel gleichmäßig ohne Unterlaß. Die

Straßen verwandelten sich in Schlammbrühen, in der die Fußgänger am ersten Tag bis zu den Knöcheln, nach zwei Tagen bis zum Knie einsanken. Die Stadt war wie tot.

Drei Tage saß ich in meinem Zimmer, ohne mich in den Schlamm hinauszuwagen. Es war das beste Zimmer der Herberge und mit einem K'ang, einem Tisch und einer bemalten Getreidekiste ausgestattet. Von der Wand hingen drei Rollen mit chinesischen Schriftzeichen, zwei waren mit roter Farbe gemalt, die dritte mit Tusche. Sie hingen dem K'ang gegenüber, und immer, wenn ich die Augen öffnete, mußte ich sie sehen. Ich konnte die Schriftzeichen nicht lesen, aber ich werde sie bis zu meinem letzten Tag selbst mit geschlossenen Augen nachzeichnen können. Dann gab es noch drei ausgebleichte Bildrollen: einen Phönix, eine junge Dame, die gelangweilt auf einem Stuhl saß, und eine Vase mit farblosen Blumen. Weder die Blumen noch die junge Dame wirkten aufmunternd. Die Wände waren mit alten Nummern der „Lanchower Tagesnachrichten" und der „Nordwest-Neuigkeiten" tapeziert. Ich versuchte durch lange Stunden, sie zu lesen, aber in jedem Artikel stieß ich auf viele Zeichen, die ich nicht kannte, und so konnte ich ihren Sinn nicht ergründen. Am erfreulichsten war die Photographie einer chinesischen Schauspielerin, sie war undeutlich und ließ der Phantasie Spielraum. Eine Zahnpasta „Immer weiß" und DDT waren eindrucksvoll annonciert. Es gab kaum einen geeigneteren Platz, DDT-Anpreisungen zu lesen, als der K'ang, auf dem ich drei Tage lag.

Dann hörte der Regen auf. Der Hof war ein grundloser See und die Straßen glichen schlammigen Kanälen. Ich folgte dem Beispiel der halben Stadt und ging zu dem kleinen Bach, der durch das Mohammedanerviertel floß. Die Häuser waren dicht an sein Wasser gebaut und erinnerten an die armseligen schmutzigen Abzweigungen des Canale Grande. Ich ging in ein Restaurant, dessen Veranda über das Wasser hing, und sah auf den Fluß. Die gegenüberliegenden Fenster und die Brücke, die ein paar Meter stromaufwärts den Fluß überspannte, waren voll von Menschen, die gespannt auf das Wasser blickten. Es war rotbraun und reißend, sicher einen Meter über seinem normalen Stand. Die Gesichter der Zuschauer zu betrachten war so unterhaltlich, wie bei einem Tennismatch die Köpfe der Menge dem Ball folgen zu sehen. Hier erregte kein Ball, sondern verschiedenes Getier, das vergeblich versuchte, aus den raschen Fluten ans Land zu kommen, diese Aufmerksamkeit.

Für einen Augenblick sah ich kein einziges Gesicht, nur die verschiedenen Kopfbedeckungen und schwarze Haarbüschel, alles starrte stromaufwärts. Dann hörte man an den aufgeregten Rufen der Menge, die mit der Geschwindigkeit des Flusses näher kamen, daß ein Tier im Anschwimmen war. Mit einem Ruck war die Brücke voll weißer Gesichter, und unter ihr tauchte ein quietschendes Schwein auf. An verschiedenen günstigen Plätzen saßen die möglichen Nutznießer des Hochwassers; mit Netzen und Stangen bewaffnet, suchten sie das Tier ans Land zu ziehen. Die Strömung war rasch, und die Tiere trotz ihrer angestrengten Bemühungen ungeschickt. Die meisten trieben außer Sicht. Aber die Stadt war lang, und sie würden sicher weiter unten in den gierigen Händen ihrer Retter landen.

Ich trank eine Tasse Tee und lernte die Spielregeln. Hühner und Gänse — erstaunlicherweise schienen die Gänse in ihrem aufgeregten Element genau so hilflos wie die Hühner — waren am begehrtesten. Kam ein Schwein, so zeigten die Mohammedaner wenig Interesse; die Lehren Mohammeds waren nicht vergessen. Ein ängstlich pustendes Kalb hatte den größten Heiterkeitserfolg: ein eifriger junger Mann suchte es an Land zu ziehen — aber er war nicht geübt, Kälber mit Netzen zu fangen. Das Netz blieb an den kurzen Hörnern hängen, einen Augenblick waren die Strömung und der junge Mann gleich stark, dann gewann die Strömung. Der unglückliche Fischer, der sein Netz nicht verlieren wollte, verlor dafür sein Gleichgewicht und folgte dem Kalb stromab.

Am nächsten Tag waren die Straßen nicht viel besser, aber die Maultiere hatten kleine feste Inseln in den Schlamm getreten und folgten einander genau in den Hufstapfen des Vorgängers. Wir verließen das breite Tal und zogen über einen steilen Pfad in vielen Serpentinen auf einen Bergrücken. Es war Lößland mit vielen senkrechten Schluchten und bizarren Domen, eine Szenerie, so grotesk und unwahrscheinlich, daß die surrealistischen Fabelwesen eines Dali besser hineingepaßt hätten als die biederen Maultiertreiber.

Drei Tage lang waren wir von Labrang aus in einem engen Tal unterwegs gewesen. Manchmal auf der einen Seite des Flusses, dann auf der anderen, aber, wie von einem Magnet angezogen, immer wieder zum Fluß zurückkehrend.

Jetzt folgten wir dem anderen Extrem. Die Täler waren so wirr und zerrissen, daß der einzige sichere und kurze Weg entlang dem Bergrücken führte. Wir schwankten von einer Flanke zur anderen, kehrten aber immer wieder auf den Grat zurück. Wir hatten einen weiten Blick in eine urweltliche Landschaft, und das Tal von Hochow mit seinen gewohnten Formen wirkte altmodisch und konservativ.

Das Dorf, in dem wir über Nacht blieben, lag auch auf dem Bergrücken. Ein umwalltes Fort krönte den höchsten Hügel unseres Grates, darunter lagen freundliche Holzhäuser. Wie von der Brücke eines Schiffes konnte man nach allen vier Himmelsrichtungen Ausschau halten. Es war eine sonderbare Lage für das Dorf, das So-na-bah hieß.

Für einen kurzen Augenblick wurde die Welt eine unwahrscheinliche Zusammenballung von Farben und Formen. Der Himmel war noch dicht bewölkt und manche Wolken schwebten unter uns durch die Täler, und durch die engen Schluchten floß der Nebel, aus dem einige scharfe Lößfelsen aufragten wie aus einem zähflüssigen Brei. Es war vollkommen still, die Feuchtigkeit und der Nebel erstickten die Laute des Dorfes. Wir schwebten zwischen Himmel und Erde, aber die gewohnte Ordnung der Dinge war gestört: der Himmel mit seinen Wolken war nicht nur über uns, sondern auch neben und unter uns. Die Erde in ihren unwahrscheinlichsten Formen war dazwischengemischt: tief unter uns ein Stück des Hochow-Tals, neben uns drohende Lößfelsen und über uns, majestätisch durch den Nebel segelnd, die gewaltige Mauer des Forts.

Und dann geschah das Unwahrscheinliche und Zauberhafte: der Nebel unter uns verwandelte sich in einen Strom rollender, glühender Lava. Wir konnten die Sonne dahinter nicht sehen, sondern nur das brennende Rot der Wolken. Ein Vulkan explodierte und sein Feuerschein färbte die ganze Welt. Das Fort wurde purpurn, und auf der Straße standen weite Tümpel von Blut. Über rosigen Getreidefeldern schwebten Nebel von winzigen Rubinkristallen.

Dann erlosch der Vulkan. Sein schmerzendes Rot wurde milder und seine Lava wandelte sich in einen Strom flüssigen Goldes und die zauberhafte Unordnung von Himmel und Erde wurde golden. Gleich darauf erstarrte die Goldlava und die Welt nahm ihre gewöhnlichen Farben wieder an. Die Lößfelsen wurden gelb, die Tümpel grau und die Wolken dunkel. Die Sonne war untergegangen. Es wurde Nacht.

Dieser Sonnenuntergang hatte mich sehr glücklich gemacht. Ich wollte mir seinen Glanz bewahren und kaufte Schnaps, Eier und Zucker und rührte daraus einen Brei. Während ich davon trank, verlor die Welt ihre Formen. Dichter Nebel sperrte die Sicht auch nach den umliegenden Häusern, und ich saß vor der Herberge, der einzige Mensch in einem dunklen, wallenden Universum.

Ein Mann kam aus dem Nichts auf mich zu und streckte mir seine Hand entgegen:

„Mein Name ist Sörensen“, sagte er. „Mein Diener erzählte mir gerade, daß hier noch ein Fremder übernachte. Ich bin nach Lanchow unterwegs.“

„Wollen Sie nicht Platz nehmen und eine Schale trinken?“

„Gerne", sagte er und setzte sich neben mich.

Ich goß den Rest der schmackhaften Mischung in eine Schale und gab sie ihm. Er hob sie an die Lippen und setzte sie wieder nieder, ohne getrunken zu haben.

„Was ist das?" fragte er.

„Eidotter, Kauliangschnaps und Zucker", sagte ich stolz. „Es war nicht leicht, hier Schnaps und Zucker aufzutreiben."

„Ich trinke keinen Alkohol", sagte er. „In meinem ganzen Leben habe ich keinen Tropfen getrunken. Alkohol schmeckt mir nicht."

„Wie wissen Sie dann, daß Alkohol Ihnen nicht schmeckt?"

„Ich weiß das."

Wir schwiegen einige Zeit.

Er war Missionar und unterwegs zu den Mongolen der Ordos. Er hatte viele Jahre unter ihnen gelebt und sprach fließend Mongolisch.

„Ein bewundernswertes und liebenswürdiges Volk", sagte er. „Im Anfang waren sie mißtrauisch, aber als ich einmal ihr Vertrauen gewonnen hatte, wurden sie selbstlose Freunde. Ein Volk von Gentlemen."

Er begeisterte sich an diesem Thema, und ich konnte merken, daß er die Mongolen wirklich liebte und daß auch sie ihn liebten.

„Aber sie sind auf der ganzen Linie im Rückzug. Von ihrer einstigen Größe ist nichts übriggeblieben. Die Chinesen sind bessere Kaufleute und nützen ihre Einfachheit aus. Und sie verwandeln ihr Weideland in Äcker."

„Das Grasland ist groß, und die Mongolen werden andere Weidegründe finden. Sie sehen nicht so aus, als ob sie sich bald unterkriegen lassen würden."

„Es ist nicht allein die Frage des Weidelandes. Es geht um wichtigere Dinge. Die Mongolen sind dem Untergang geweiht. Und wissen Sie, warum?"

Ich schüttelte den Kopf.

„Weil sie nicht glauben. Sie fürchten. Sie sind Heiden und leben in einer Welt böser Gottheiten und Geister. Fast jeder erstgeborene Sohn wird Lama, das Familienleben wird dadurch gestört. Aber das Wesentliche ist, daß sie in ständiger Angst leben. Sie haben keine Hoffnung und keinen Glauben. Das untergräbt ihre Widerstandskraft, und sie sterben langsam aus."

„In Kumbum und Labrang schienen mir die Lamas trotz ihrer bösen Götter recht guter Dinge zu sein. Ich kann mir kaum einen friedlicheren Ort vorstellen."

„Sie haben diese Tempel besucht? Welch ein niederdrückender Eindruck! Haben Sie die schrecklichen Statuen gesehen, zwei riesige Gestalten, die..."

Er fand das passende Wort nicht und ich schlug vor: „Kohabitieren?"

„Ja, diese Statuen. Wie schrecklich, sie in Hallen aufzustellen, in denen man beten soll."

„Vielleicht sind sie nur Symbole — zugegeben: derbe Symbole, aber die Mongolen sind ein derbes Volk — der Fruchtbarkeit, die bei allen Völkern in irgendeiner Form verehrt wird."

„Aber der Gedanke der physischen Fruchtbarkeit wird bei anderen Völkern veredelt, und das rein Fleischliche tritt völlig in den Hintergrund."

„Auch Tsongkapa wurde nach einer unbefleckten Empfängnis geboren."

„Tsongkapa war ein Heide."

Wir schwiegen eine Weile.

Ich zündete mir eine Zigarette an, und der Nebel war für einen kurzen Augenblick weiß und hell.

Ich bot Sörensen eine Zigarette an. Er schüttelte energisch den Kopf.

„Haben Sie Ihr ganzes Leben auch keine Zigarette geraucht?"

„Nein, warum sollte ich? Jesus hat auch nicht geraucht."

„Sind Sie glücklich?" fragte ich.

„Warum fragen Sie mich das?"

„Weil Sie ein gutes, konsequentes Leben führen und ich gerne wissen möchte, ob das glücklich macht."

„Ja, ich bin glücklich, sehr glücklich. Ich darf hier in dieser herrlichen Gegend leben. Sie ist Sein Werk. Haben Sie den herrlichen Sonnenuntergang gesehen? Kann Er sich in größerer Pracht offenbaren? Täglich bin ich Zeuge Seiner Größe. Natürlich bin ich glücklich."

„Aber all die Heiden in dieser schönen Natur? Wirken sie nicht störend?"

„Nein, sie stimmen mich nur manchmal traurig. Aber ich arbeite für sie. Für sie ist diese Landschaft, in der Er sich für uns so herrlich offenbart, der Spielplatz tausender Geister und Teufel. Sie leben in einer ständig beklemmenden Angst. Der Tod ist für sie keine Erlösung, sondern der Höhepunkt aller Schrecken. Es ist meine Aufgabe, die Schrecken zu mildern und Seine Gnade zu zeigen."

„Und sind die Mongolen freudige Schüler?"

„Ja, sie dürsten nach dem Licht. Aber sie fürchten die Macht der Lamas, sie wagen nicht, sich öffentlich zu bekennen. Ich hatte einen guten Freund, einen Lama. Durch viele Jahre erzählte ich ihm viele Stunden lang von Seiner Gnade. Er hörte mir zu, und ich war sicher, daß er mir glaubte. Aber er sagte nichts, durch viele Jahre. Er hörte mir zu, und ich hoffte, daß meine Worte nicht vergeblich sein würden. Als er starb, ließ er mich rufen, und ich saß während seiner letzten Stunden neben ihm und hielt seine Hand. Sein Gesicht war verklärt und schön. Er bat mich, die Götzenstatuen aus seinem Zimmer zu entfernen. Ich stellte sie in den Hof hinaus. Das machte einen ungeheuren Eindruck auf den Stamm: der kluge alte Lama hatte sich von seinen Göttern abgewendet. Er starb mit Jesus im Herzen. Das war einer meiner glücklichsten Tage."

Ich fühlte eine große Sympathie für Sörensen und eine Bewunderung für seinen gläubigen Kampf gegen die großartige

Organisation und Anziehungskraft des Lamaismus. Ich sagte ihm das.

„Ich wußte, daß wir uns gut verstehen würden", sagte er. „Darf ich Sie daher etwas bitten? Rauchen Sie nicht mehr. Es gibt ein schlechtes Beispiel, wenn ein anderer Fremder in der Gegend raucht, wo ich seit Jahren gegen diese Sünde ankämpfe. Wie können wir den Heiden als Lehrmeister begegnen, wenn wir selbst ein lasterhaftes Leben führen! Ich habe nie geraucht und keinen Tropfen Alkohol getrunken und..."

„Aber Jesus trank auf der Hochzeit zu Kanaan."

„...und niemals ein Kino besucht. Doch, einmal, als ich sechzehn Jahre alt war, aber ich fühlte schon damals, daß es eine Sünde sei, seine Zeit so zu verschwenden."

Ich stand auf und sagte, daß ich schlafen gehen würde. Ich hätte einen langen Marsch hinter mir.

„Kommen Sie morgen früh in meine Herberge", sagte er, „und trinken wir eine Tasse Kaffee zusammen. Wir können dann gemeinsam zum Tao Ho reiten und noch viel sprechen."

„Jesus trank keinen Kaffee", sagte ich und bedauerte sofort meine Unhöflichkeit, aber ich wußte, daß ich ihn nicht wirklich gekränkt hatte.

Es war nicht Tag und nicht Nacht, als wir aufbrachen. Der Nebel war dichter geworden und hing schwer in der Luft. Er war von einem leblosen Weiß, und man konnte nicht erkennen, ob seine Helligkeit von den Sternen, vom Mond oder von der Sonne kam. Er schien seine eigene armselige Leuchtkraft zu besitzen. Der Pfad war grundlos und ich traute den Pferden einen besseren Instinkt zu als mir, die schmalen gangbaren Passagen zu finden. Wir ritten lange Stunden durch einen unveränderten Kreis hellen Nebels. Ich konnte undeutlich und fern den Kopf meines Pferdes erkennen, die langen Ohren in ständiger Bewegung, als wollten sie aus den Geräuschen der vorangehenden Tiere die Beschaffenheit des Weges erraten. Seine Beine waren im weißen Nichts verloren, und ich schwebte durch die Luft, ohne den Grund zu sehen, aber immer die spottende Helligkeit um mich. Manchmal spürte ich schwere Tropfen fallen und wußte, daß wir unter einem Baum ritten. Dann verlor sich der Hufschlag meines Pferdes nicht unhörbar im Nebel, sondern wurde dumpf zurückgeworfen: wir ritten durch einen Hohlweg. Dann wieder war die Feuchtigkeit des Nebels gemischt mit dem Geruch eines rauchigen Feuers: wir ritten durch eine Ortschaft. Aber wir sahen nichts als den undurchdringlichen Nebel.

Nach vielen Stunden lichtete sich der Nebel. Zuerst wurde der schlammige Pfad sichtbar. Die anderen Karawanentiere gewannen schemenhafte Konturen gegen einen undeutlichen Hintergrund. Sie wurden voller und klarer, die ersten wäßrigen Schatten waren erkennbar. Dann war der Nebel in leuchtende weiße Wolken zerrissen. Wir waren in die Wirklichkeit zurückgekehrt.

Aber wie unwahrscheinlich war selbst die Wirklichkeit! Wir folgten noch immer dem Bergrücken von So-na-bai. Wir hatten viele Meilen zurückgelegt, und die Landschaft war verändert. Tief unter uns war eine grüne Oase, eine weite Halbinsel zwischen den steilen Bergen und dem reißenden Fluß: hohe, saftige Bäume und dazwischen flache Lehmdächer, die einzigen Zeichen menschlicher Tätigkeit in einer graubraunen, leblosen Welt. Zu unserer Linken fiel der Berg in ein enges Tal ab, das auch auf der anderen Seite von einem hohen Bergzug eingeschlossen war. Der hellgelbe Löß war von der genialen und brutalen Meisterhand des Windes und des Wassers in Formen zerrissen und zerhackt, die allen Gesetzen der Schwerkraft spotteten und in denen sich Licht und Schatten jäh und vielförmig überschnitten. Überhängende Zungen, tiefe Trichter, ragende Dome, senkrechte Wände und horizontale Flächen lagen wirr durcheinander, als ob ein wildes Beben die Erde aufgewühlt hätte und die leidende Erdkruste während ihres kataklystischen Berstens erstarrt wäre und ein Moment leidenschaftlichster Bewegung Bestand erhalten hätte. Die sich aufbäumende Erde ließ darauf warten, daß die unterbrochene Bewegung im nächsten Augenblick ihrem gesetzmäßigen Ende entgegengehen würde, und gleichzeitig vermittelte sie den gegensätzlichen Eindruck, daß sie seit Urbeginn aller Zeiten so gewesen war und ewig so sein würde.

Die Oase am Fluß war wieder eine andere Welt. Die phantastischen Berge waren eine ferne Kulisse über dem beruhigenden Grün der Bäume. Tauben gurrten sanft in den Ästen, und die Luft war würzig und träge von Fruchtbarkeit. In einer schattigen Ecke der Dorfstraße bot ein Grillenhändler seine Ware an. Wie Trauben hingen die winzigen Bambuskäfige an einem Strick, und die kleinen Gefangenen priesen sich so stimmgewaltig an, daß der Verkäufer keine Worte über ihre Fähigkeiten verschwendete und nur von Zeit zu Zeit vor sich hinrief: „Kommt näher und hört! Kommt näher und hört!"

Die Herbergen waren an dem Ufer des Flusses, und ich trank einige Schalen Tee, während die Tiere auf die Fähre verladen wurden. Dann übersetzten wir den Fluß nach dem trockenen Bergland, und die Oase war eine freundliche Erinnerung. Wir mußten noch über einen Paß, aber die Berge waren gewöhnliche Berge, weder beängstigend noch erhebend, und am nächsten Abend ritten wir durch das Stadttor von Lanchow.

XXVII.

Lanchow war eine große Stadt voll von hastigen Menschen und verwirrendem Lärm. Nach der Stille Kumbums und der Einsamkeit der Karawanenwege, wo jeder Mensch von Bedeutung ist und man aufmerksam in sein Gesicht sieht, um zu erkennen, ob er freundlich oder feindlich gesinnt sei, fühlte ich mich zuerst von großen Möglichkeiten umgeben. Ich sah manchen gebildeten Chinesen auf der Straße, mit dem ich gerne lange im Teehaus gesessen wäre, um ausführlich über viele Dinge zu sprechen. Aber sie waren abgeschlossen, jeder war nur für sich oder für seine Freunde da, und ich wagte nicht, das Wort an sie zu richten.

Doch einmal blickte mich ein alter Mann freundlich und gütig an, und ich grüßte ihn und sprach mit ihm, denn ich war sehr einsam. Er war ein großer Inder, ich glaube zwei Meter, und von jener natürlichen, graziösen Gewandtheit, die man nur bei Völkern findet, deren Frauen durch Generationen, den gefüllten Wasserkrug auf dem Kopf, allabendlich vom Dorfbrunnen nach Hause schreiten; sie lernen aufrecht und stolz gehen, den Kopf hoch erhoben, die Schultern gerade und die Beine in weiten Schritten aus den Hüften bewegend. Er war sehr alt, und über seinem dunklen Gesicht war das Haar schneeweiß. Man konnte ihn nicht übersehen, und man konnte nicht anders, als sich zu ihm hingezogen fühlen: er zeigte die Würde eines Tagore und die Demut eines Gandhi.

Wir trieben in eine leichte, oberflächliche Konversation: der Bürgerkrieg in China, die großen Konferenzen der Weltmächte, die verworrene, hoffnungslose Lage der Welt nach einem Krieg, der uns alle Freiheiten versprochen hatte.

Ich sagte: „Wahrscheinlich sind nur wir selbst daran schuld. Wir alle. Wenn wir mehr Menschen hätten wie Gandhi, die sich über Mißtrauen und Haß hinwegsetzen und Liebe nicht nur predigen, sondern auch leben, vielleicht wären die vier großen Freiheiten dann mehr als spottende Phrasen."

„Oh, Gandhi", sagte er, „ich habe ihn nie gesehen. Seit fünfzig Jahren lebe ich als Verbannter außerhalb Indiens. Ich weiß kaum mehr, wie ein indisches Dorf aussieht. Manchmal spät nachts schließe ich die Augen: dann höre ich die vielen kleinen Geräusche meiner Jugend; das Gurren der Tauben über dem Dorfteich, den sanften Tritt der Büffelherden und die schrillen Schreie ihrer Hirten. Und ich rieche Indien: die weiten sonnendurchglühten Ebenen, den Rauch der abendlichen Feuer und die Wohlgerüche der Frauen. Ah, Träume eines alten Mannes!"

„Sie sehen alt aus nur nach Jahren. Ihr Gesicht ist jung. Ich sehe darin sehr viel Würde und sehr viel Liebe."

„Was ist Würde? Ein wenig gute Erziehung und viel Resignation. Und Liebe? Nein, ich bin nicht von Liebe, ich bin von Haß gezeichnet. Wie kann man sein wie Gandhi? Jetzt, da ich alt bin, verstehe ich ihn. Aber als ich noch jung und heiß war, liebte ich mein Land. Gerade deshalb lernte ich den Haß kennen."

„Sie kommen vom Pandschab?"

„Nein, ich bin von Bengalen. Kennen Sie Bengalen? Ein heißes Land voll Leidenschaften. Eines Tages, ich war damals vielleicht sechs Jahre, kam mein Vater und sagte: ‚Wir sind arm. Die Engländer haben uns arm gemacht, sie haben unseren Besitz genommen.' Mein Vater und sein Vater vor ihm besaßen große Indigofelder. Wir waren sehr reich gewesen. Ich wuchs in einem großen Haus mit unzähligen Dienern auf. Da kamen die Engländer und machten Indigo zu einem britischen Monopol. Wir verloren unseren Besitz. Wir waren noch immer wohlhabend, aber mein Vater konnte das ihm zugefügte Unrecht nicht vergessen. Er nahm mich auf sein Knie und lehrte mich alles Britische hassen. Sie hätten uns Unrecht getan, wir dürften das niemals vergessen, sagte er. Ich verstand ihn vollkommen und widersprach ihm nicht. Aber ich konnte keinen Haß fühlen. Manchmal fühlte ich mich sogar zu den Engländern hingezogen, weil ich zu Hause nur Schlechtes über sie hörte. Aber ich ließ das meinen Vater nie wissen, es hätte ihn sehr gekränkt. Und ich war ein guter Sohn. Mein Vater mit seinem ohnmächtigen Haß tat mir leid.

Dann kam ich zur Schule nach Kalkutta. Natürlich ging ich in eine Schule für Moslem. Damals lebte in Kalkutta ein sehr guter Mann, ein Mister Bannerjee. Er lehrte uns vergessen, daß wir Moslem und Hindu und Sikh waren. Er sagte, wir seien alle Inder. Eines Nachmittags gingen die Jungen meiner Schule zu einer seiner Versammlungen. Ich ging mit. Bannerjee sprach sehr schön, mit viel Liebe und Begeisterung. Ich hatte Tränen in den Augen: Mutter Indien, Mutter Indien, wie liebe ich dich, dachte ich.

Dann kam die Polizei und verhaftete uns alle. Wir wurden nach der Polizeistation gebracht und mußten dort im engen Hof viele Stunden lang stehen und warten. Bannerjee hatte nicht über Politik gesprochen, sondern über Liebe zum eigenen Land und über Freundschaft zwischen den Religionen. Und ich dachte immer darüber nach, was Bannerjee gesagt hatte. Es war in der Monsunzeit und wir trugen nur leichte Leinenkleidung. Es regnete stark. Wir wurden bis auf die Haut naß und standen frierend in der kalten Abendluft bis zu den Knöcheln im Wasser. In Gruppen von dreien oder vieren wurden wir vor den Polizeirichter gebracht, und er ermahnte uns, nicht mehr zu politischen Versammlungen zu gehen. Ich antwortete: ‚Bannerjee hat nicht über Politik gesprochen.' Der Richter wurde ärgerlich, und ich mußte die Nacht im Gefängnis verbringen. Am Morgen holte mich mein Vater ab.

Ich war damals fünfzehn Jahre. Als ich nach Hause kam, weinte ich. Ich sagte, daß ich nicht länger in Indien leben könne. Ich haßte die Briten, aber was konnte ich tun? Ich war nur ein Kind. Mein Vater redete mir gut zu, aber ich wurde krank und wollte von Indien fort. Man schickte mich zu einem Onkel nach Rangun; später kam ich nach China. Ich war niemals mehr zu Hause, sechzig Jahre lang."

Er lächelte. Es war ein bezauberndes Lächeln, ein wenig verlegen, um Entschuldigung und Verständnis bittend: „Ich weiß, man kann mir vieles vorwerfen: Wenn ich Indien so liebte, warum kämpfte ich dann nicht, es zu befreien? Aber sehen Sie, ich bin ein friedlicher Mann. Ich möchte in Würde und Anstand leben, und das konnte ich in Indien nicht mehr. Dann kam der Krieg, und Subhas Chandra Bose schrieb mir einen Brief. Ich lebte damals an der Küste und war der angesehenste Inder Tientsins, und er wollte meine Mitarbeit. Ich antwortete ihm sehr freundlich, aber ich unterstellte mich nicht seinem Kommando. Die Japaner wollten auch meine Hilfe, und manchmal arbeitete ich mit ihnen.

Als der Krieg zu Ende war und die Amerikaner nach China kamen, rief mich ein amerikanischer Sergeant an und sagte, zwei Offiziere wollten gerne einige Fragen an mich stellen, ich sollte zu ihrem Hauptquartier kommen. Ich sagte, ich würde sie zu jeder gewünschten Zeit in meinem Hause empfangen. Ich sei ein alter Mann, der nur noch selten ausgehe. Die Amerikaner kamen und ich sagte: ‚Was möchten Sie von mir wissen?‘ ‚Wir hätten gerne Auskunft darüber, ob und wie Sie mit den Japanern zusammengearbeitet haben.‘ Es waren junge, nette Leute mit klaren, guten Gesichtern. Ich sagte: ‚Ja, ich habe den Japanern manchmal mit meinem Rat geholfen.‘ ‚Wollten Sie, daß Japan den Krieg gewinnt?‘ ‚Ich wollte, daß England verliert.‘ ‚Das heißt, Sie wünschten einen japanischen Sieg?‘ ‚Ja‘, sagte ich, ‚wenn England nur durch die Japaner aus Indien vertrieben werden konnte, so wünschte ich einen japanischen Sieg.‘ ‚Dann wäre aber Indien unter die Japaner gekommen und doch nicht frei geworden: Sie arbeiteten also weniger für die indische Freiheit als für den japanischen Sieg.‘ Ich sagte: ‚Hätten die Japaner Indien erobert, wir hätten sie leicht wieder hinauswerfen können. Sie hätten Indien niemals beherrschen können, wie England es tat.‘ ‚Wo standen Ihre Sympathien im Krieg zwischen Amerika und Japan?‘ Da wurde ich ärgerlich: ‚Gentlemen‘, sagte ich, ‚ich hatte in diesem Kriege keine Sympathien und Antipathien. Ich hatte eine große Liebe: Indien. Daher mußte ich gegen England kämpfen. Es war mir gleich, wer den Krieg gewinnt, nur die Engländer sollten aus Indien verschwinden. Ich sehe ein, daß ich von Ihrem Standpunkt aus betrachtet vielleicht etwas Strafbares getan habe. Ich habe keine Entschuldigung, nur die Erklärung, die ich Ihnen bereits gab. Wenn Sie glauben, mich verhaften zu müssen, bitte!‘ Und ich streckte ihnen meine Hände entgegen. ‚Aber ich glaube, daß Sie auch von Ihrem Standpunkt als Amerikaner mich verstehen können. Vor vielen Jahren, als junger Mann, war ich einmal in Amerika. Ich fühlte mich dort sehr wohl. Ich fand dort vieles, was ich in Indien vermißt hatte, ohne das ich nicht leben konnte und weswegen ich heimatlos wurde: das Recht zu sagen, was man denkt; eine — wenigstens theoretische — Gleichheit; all das, was Sie heute Demokratie nennen. Ich fuhr einmal nach Washington und stand dort lange unter dem Denkmal Lincolns. Er hat für all das gekämpft und das für Amerika verwirklicht, was ich für Indien wünschte. Wenn Sie mich verhaften wollen, ich bin bereit. Aber bitte, trinken Sie zuerst Ihren Tee aus.‘

Es waren zwei nette, anständige Leute. Sie wurden ein wenig verlegen und sagten: nein, sie würden keine Schritte gegen mich unternehmen, aber vielleicht würden sie noch einmal kommen, um einige Fragen an mich zu stellen. Ich sagte, ich würde mich jederzeit freuen, sie bei mir zu sehen. Sie kamen dann wirklich sehr häufig, aber sie fragten mich kaum mehr etwas. Wir spielten meist Poker — und sie spielten sehr gut.“

Er streckte langsam und ächzend seinen Arm: „Gicht und Rheuma. Ich bin ein alter Mann. Ich weiß, Sie wollen mich jetzt fragen, warum ich nicht nach Indien zurückgehe. Es ist jetzt frei. Aber sechzig Jahre sind eine lange Zeit. Meine Heimat ist jetzt China. Ich liebte Indien so sehr, daß ich mich auch ein wenig fürchte, dorthin zurückzugehen. Ich hatte den Konflikt zwischen Hindu und Moslem erwartet, ich bin darüber nicht bestürzt: wir müssen uns unsere Freiheit erst wirklich erkämpfen und auch unsere Einigkeit. Aber ich bin zu alt, um noch mitzumachen. Alte Männer sollen träumen; und nachts ist Indien sehr nahe.“

Ich dachte wieder, wie schön es sei, alten Leuten zuzuhören. Wie gut verstehen sie es, die Wünsche von den Träumen zu trennen und sich nicht von einer unerfüllbaren Sehnsucht plagen zu lassen! Vielleicht waren die Asiaten so zufrieden, weil jeder in seinem Herzen die vereitelten Wünsche von Jahrtausenden trug.

Am nächsten Tag fuhr der Inder weiter nach Sinkiang und ich blieb wieder allein.

Nur einmal sprach mich ein Mann an. Ich saß in einem Restaurant und aß Nudeln. Er kam nicht aus Freundschaft zu meinem Tisch, sondern weil kein anderer Platz frei war. So kamen wir ins Gespräch. Er war Lehrer an einer Mittelschule und sagte, Amerika und England hätten den Krieg gewonnen, und es wäre sehr vorteilhaft für die Schüler, wenn sie Englisch oder Amerikanisch könnten. Ob ich diese Sprachen spräche? Ich sagte, das seien nicht zwei, sondern nur eine Sprache, voneinander kaum mehr verschieden als der Dialekt Lanchows von dem Ninghsias. Er war darüber sehr erstaunt: könne ein Engländer einen Amerikaner verstehen und ein Amerikaner einen Engländer, wenn jeder seine eigene Sprache spräche? Er sei einmal in Hankau gewesen und hätte große Schwierigkeiten gehabt, sich dort verständlich zu machen. Ja, sagte ich wieder, Engländer und Amerikaner könnten ohne die geringsten Schwierigkeiten miteinander sprechen. Darauf trennten wir uns, und er bat mich, ihn am nächsten Tag in demselben Restaurant zu treffen.

Es war Herbst geworden und kalt. Eigentlich sollte diese Zeit im Nordwesten die schönste sein: die späten Getreidefelder goldgelb und schwer, die Bäume in bunten Farben schimmernd und die Erde gelb und ausgedörrt unter einem ewig blauen Himmel. So hätte es sein sollen. Tatsächlich aber regnete es täglich. Ein schwerer, kalter Regen aus tiefen Wolken, die unbeweglich und träge um die Berge hingen; ein Regen, der die Straßen der Stadt in tiefe Moraste verwandelte und jeden Schritt zur Qual machte.

Ich wollte weg von diesen Wolken. Ich wollte die Sonne

wieder sehen. Ich dachte, es wäre schön, nach der Provinz Yunnan zu gehen. Yunnan heißt „südlich der Wolken“, und sicherlich gab es keinen besseren Platz, den Winter zu verbringen, als südlich dieser traurigen Wolken. Aber die Straßen nach Süden waren überschwemmt und zerstört, und es war ungewiß, wann das nächste Auto fahren würde. So lebte ich weiter unter den schweren Wolken und hatte keine Pläne.

Am nächsten Tag traf ich wieder mit dem Lehrer zusammen, der es für günstig hielt, seine Schüler in Englisch und Amerikanisch zu unterrichten. Er war sehr aufgeräumt, und wir tranken einige Schalen heißen Wein.

„Sprich einige Sätze amerikanisch!“ bat er mich.

Ich sagte auf amerikanisch, was ich vom Wetter und den Wolken hielt. Kaum eine andere Sprache, nicht einmal das an verurteilenden Worten überreiche Chinesisch, eignet sich so gut, abfällige Äußerungen zu machen.

„Amerikanisch ist schön und klangreich“, sagte der Lehrer. „Du sprichst es sehr schön und überzeugend. Willst du an unserer Schule unterrichten? Du bekommst im Monat zwei Säcke Mehl und Kohle zum Heizen. Und genügend Geld, um dir gelegentlich einen Ishang und neue Schuhe zu kaufen.“

Ich hatte zu viel und zu ausführlich über das Wetter gesprochen, um von einem ständigen Aufenthalt in Lanchow begeistert zu sein. So dankte ich ihm für sein freundliches Angebot, aber, so sagte ich ihm, ich wolle weg aus Kansu nach dem Süden, wo die Sonne scheint.

„Die Straße ist unterbrochen, du kannst nicht fort“, sagte der Lehrer.

„Schlimmstenfalls werde ich zu Fuß gehen.“

„Es ist ein weiter Weg, viel mehr als tausend Li.“

„Ich habe Zeit.“

„Wenn du Zeit hast, warum fährst du dann nicht mit einem Floß den Gelben Fluß hinunter? Je mehr Regen, desto höher ist das Wasser und desto besser die Fahrt. Mein Schwager schickt Melonenkerne nach Paotow. Du kannst auf seinem Floß mitfahren. Es ist ein großes, sicheres Floß, und die Flößer werden dir Tee und Nudeln geben. Du wirst leben wie ein reicher Mann und keine Sorgen haben."

Ich sagte, ich würde nur zu gerne auf dem Floß seines Schwagers fahren. Seine Freundlichkeit sei sehr groß, und vielleicht würde ich später einmal wieder nach Lanchow kommen und dann an seiner Schule unterrichten.

Er hatte schon ziemlich viel Wein getrunken und war sehr wortreich: „Wann immer du kommst, ich werde glücklich sein, wenn du meine Schüler Englisch und Amerikanisch lehrst. Aber jetzt fährst du mit meinem Schwager auf dem Gelben Fluß. Du bist unser Gast, keine Widerrede, du bist unser Gast. Mein Schwager ist ein gebildeter, feiner Mann. Es wird ihm großes Vergnügen bereiten, sich mit einem Herrn aus den westlichen Ländern zu unterhalten. Sprich jetzt, bitte, noch einige amerikanische Worte."

So fuhr ich mit dem Schwager des Lehrers auf einem Floß den Gelben Fluß stromab. Ich hatte den Gelben Fluß schon früher einige Male gekreuzt und wie bei allen Flüssen, die ich übersetzt hatte, gewünscht, ich könnte seinem Lauf folgen. Da kam der Fluß aus dem Nichts hinter einem kahlen Hügel hervor, mächtig und eilig floß er vorbei und verschwand wieder. Woher kam er und wohin floß er? Hier war er für einen kurzen Augenblick Gegenwart, was aber war vorher und was nachher? Ich war weitergefahren und hatte den Fluß verlassen. Jetzt würden wir ihm folgen. Unser Floß lag vor der Stadtmauer verankert.

Von den umliegenden Bergen gesehen ist Lanchow eine große Stadt mit einigen breiten und vielen schmalen Gassen, mit einem Gewirr flacher, gelber Lehmdächer, über das sich einige Tempel, eine Moschee und eine Kirche stolz emporschwingen. Von unserem Floß aus gesehen war es nur eine lange, gewaltige Mauer, glatt und abweisend, jeden Blick ins Innere versperrend. Langsam glitt die Mauer vorbei. Das gelbe Wasser um uns schien stillzustehen und die Ufer zogen vorüber: graue Berge ohne Bäume, ohne Gras und ohne Felder. Nur nahe dem Fluß und auf einigen Inseln waren üppiggrüne Felder und hohe Pappeln. Die Grenze zwischen Grün und Grau wär scharf gezogen, es war die Grenze, bis zu der das Wasser des Gelben Flusses zur Bewässerung geleitet werden kann.

Der Schwager des Lehrers war ein alter, freundlicher Mann und hieß Liu. Ich war froh, daß er alt war. Ich hatte eine große Vorliebe für alte Leute. Vielleicht war ich deshalb so viele Jahre in China geblieben, weil es ein altes Land war, das dem Alter huldigte. Wie hart und wie unduldsam und wie kleinlich ist die Jugend. Sie hat ihre Ziele und ihre Ideale und läßt nichts daneben gelten. Wie aber kann ein alter Mann es vermeiden, wenn er mit offenen Augen durchs Leben geht, zu erkennen, daß man Ideale nie verwirklicht und Ziele nur selten erreicht? Und selbst wenn es gelingt, so sind es nicht mehr die engen Ziele der Jugend. Ich liebte die Alten, die mit einem resignierten Lächeln um sich sahen. Sie wußten, was man vom Leben erwarten durfte.

Liu war ein sehr alter Mann. Er hauste wie ein Fürst in einem kleinen Zelt, das in der Mitte des Floßes für ihn errichtet worden war. Er trug einen blauen Ishang aus feiner Seide. Seine Fingernägel waren lang und gekrümmt wie die der hochmütigen Mandarine zur Kaiserzeit und zeigten, daß er nie manuelle Arbeit verrichtet hatte. Er war immer ruhig und wohlgemessen. Er verlor seine Ruhe nicht einmal, als wir in den Maulbeerbaum-Schwällen beinahe kenterten.

Wir erreichten die Schwälle am Nachmittag des ersten Fahrtages. Zuerst war der Fluß breit und gemächlich gewesen. Die acht Ruderer — an jedem schweren Holzruder taten zwei Mann Dienst — waren müßig und voller Späße. Sie bespritzten sich gegenseitig mit Wasser, zündeten sich großartig teure Zigaretten an und sangen Lieder, die an der Tugendhaftigkeit der Frauen längs des Gelben Flusses wenig Gutes ließen. Dann rückten die Berge enger an den Fluß heran, die Strömung sprang rasch von einer Seite auf die andere und schoß um die Landzungen. Die Ruderer waren jetzt sehr beschäftigt, das Floß in der richtigen Strömung zu halten. Schon haben wir einige Stromschnellen glücklich durchfahren. Der Anführer der Ruderer steht hoch oben auf den Säcken mit den Melonenkernen und ruft seine Befehle: „Jetzt rasch nach Süden. Gleich sind wir um den Drachenkönig-Fels, dann haben wir ruhiges Wasser. Noch vier Schläge: eins, zwei, drei, vier." Manchmal springt er rasch an ein Ruder und hilft gewaltig schnaufend mit. Dann sitzt er wieder oben auf seinem Kommandositz und zündet sich genießerisch eine Pfeife an.

Vor uns scheint der Fluß zu enden. Die Felsen schieben sich so eng gegeneinander, daß sie wie eine Wand undurchbrochen und gewaltig vor uns stehen. Die braune Brühe des Gelben Flusses stöhnt wie ein gequältes Tier. Sie bäumt sich auf und springt wild gegen die Felsen los. Aber der Fels ist hart und unverwundbar, das Wasser gleitet zurück, es muß sich fügen und geduldig den schmalen Weg suchen, der ihm offensteht.

Es scheint kaum glaublich, daß der Fluß, der eben noch einen Kilometer breit war, durch diesen Engpaß kann, ohne sich zu einem weiten See aufzustauen. Wie ein geschmeidiges Tier paßt sich das Floß den Schwällen an. Es steht still, schießt nach vorne und steht wieder still. Jetzt treibt es so nahe an der Felswand vorbei, daß ich den Stein berühren könnte. Es macht Spaß, so zu reisen: lang ausgestreckt auf den weichen Säcken zu liegen und die kahlen Berge über mir in die Vergangenheit gleiten zu sehen. Ich pfeife zufrieden vor mich hin: Gott segne den freundlichen Schullehrer und seinen guten Einfall, vielleicht werde ich wirklich einmal zurückkommen und an seiner Schule unterrichten. Da schreit mich der sonst sehr höfliche Pilot an: „Nicht pfeifen. Ruhe!"

Das Pfeifen stört wahrscheinlich den Flußgott, also schweige ich. Schon wieder liegt eine schwierige Stelle vor uns, und es ist besser, den Gott freundlich zu stimmen. So denkt anscheinend auch der Pilot, denn er bricht einen großen Fladen Brot in kleine Stücke, und dort, wo das Wasser am tollsten tobt, wirft er sie rasch in die Wellen. Und wirklich, schon sind wir unbeschädigt im ruhigen Wasser.

Aber nur kurz dauert die Ruhe. Wir sind nahe an die Felswand getrieben. Die Ruder, schenkeldicke Baumstämme mit gewaltigen Ruderblättern, biegen sich und knarren, die Männer keuchen und stöhnen. Das Floß steht unbeweglich in einem Schwall, der es ganz langsam hochhebt und im Zeitlupentempo gegen die Felswand drückt. Der Fluß ist hier sehr schmal, achtzig Meter vielleicht oder noch weniger, aber das Wasser an seiner Oberfläche steht fast still. Es ist nicht das gewöhnliche belebte Wasser einer Strömung, es ist gepreßt und zähflüssig wie Öl. Der gewaltige Druck des Stromes und der unerbittliche Gegendruck der Berge füllt es mit einer urgewaltigen, trägen Kraft. Und diese Kraft packt jetzt das Floß und hält es spielerisch fest, hebt es langsam, ganz langsam empor und kippt es gegen die Felswand.

Vielleicht lebt hier ein anderer Flußgott, dem wir auch opfern sollten, aber der Pilot hat leichtsinnigerweise kein neues Brot vorbereitet. Sein Gesicht ist bleich und er blickt wie hypnotisiert nach dem Felsen. Auch die Ruderer haben mit ihrer Arbeit aufgehört, es ist sinnlos, mit acht Menschenkräften gegen diese Gewalt anzukämpfen. Auch sie starren den Felsen an wie ein Untieir Für einige Sekunden ist es fast totenstill. Das Floß dämpft wie eine dicke Ölschicht das Lärmen des Schwalls, auf dem es reitet. Nur das Stöhnen der Männer ist zu hören. Es ist ein Stöhnen der Angst, nicht mehr ein Stöhnen der Anstrengung.

In diesem Augenblick der Angst, da alles stillsteht und wartet, der Fluß, der Fels und die Menschen zwischen beiden, kriecht der alte Liu aus dem Zelt. Er zieht genießerisch an seiner kleinen Pfeife, und das gutmütige Lächeln auf seinem faltigen Gesicht verstärkt sich. Er sieht mich an, als wollte er sagen: Ein großer Spaß, nicht wahr, ein ganz großer Spaß.

Plötzlich ein neues Aufwallen des Wassers. Hinter dem lächelnden Gesicht des alten Liu verliert der Fels seine Starrheit und schwebt gegen uns herunter, das Splittern von brechendem Holz wird hörbar und das Floß, von Wasser und Fels gepreßt, biegt sich wie ein Bogen. In sanfter Kurve gleitet der Fels noch tiefer, fast berührt er unsere Köpfe, dann schwebt er zurück und gleitet nach rückwärts. Doch nein, es ist nicht der Fels, der gleitet, wir treiben wieder in der Strömung. Die gestaute Kraft ist in Bewegung geraten und trägt uns weiter. Der Pilot ruft wieder seine Befehle, aber nur zwei Ruder gehorchen ihm, die beiden anderen sind wie Zündhölzer gebrochen. Der Fluß ist wieder ein Fluß und die Felswand eine gleitende Kulisse.

Der alte Liu setzt sich neben mich auf die Melonenkerne, seine klauenartigen Nägel schimmern alabastern wie die Krallen eines überzüchteten Vogels gegen den blauen Stoff seines Ishangs.

„Kennst du unsere Dichter?“ fragte er.

„Nur wenige. Und die nur oberflächlich.“

„Sie sagen viel mit wenigen schönen Worten. Sie können ausdrücken, was wir nur undeutlich fühlen. Weißt du, was Li Tai-po über den großen Gelben Fluß schrieb?“

„Nein.“

„Er schrieb:

> Siehst du die Wasser des Gelben Flusses,
> wie sie vom Himmel herabfließen?
> Der eilige Strom ergießt sich in die See
> und kehrt niemals zurück.

Ich denke oft an diese Zeilen, wenn ich auf dem Fluß reise.“

„Hattest du keine Angst, als wir gegen den Felsen stießen?"

„Nein. Ich bin viele Male den großen Fluß stromab gefahren und niemals ist ein Unglück passiert. Niemals, und ich bin viele Male hier gereist. Holzboote würden hier zerschellen, selbst Flöße aus Holz kämen nicht durch, sie sind zu starr. Nur auf Ziegenhäuten und Kuhhäuten kann man den Fluß meistern, sonst ist er unbefahrbar. Man kann auch nicht schwimmen. Nicht einmal ihr Westländer könnt das."

„Wir würden es auch nicht versuchen. Der Gelbe Fluß ist zu wenig einladend."

„Doch, einmal hat ein Engländer es versucht. Das war vor vielen Jahren, noch bevor ich meine erste Fahrt hier machte. Der Engländer fuhr auf einem Fellfloß stromab. Hier in der Maulbeerbaum-Schlucht stieß sein Floß gegen eine Felsklippe mitten im Strom. Er dachte wahrscheinlich, das Floß würde umschlagen, und sprang in seiner Angst auf die Klippe. Das Floß trieb unbeschädigt weiter und er saß mitten im Strom auf einem kleinen Felsen. Die Flößer taten ihr möglichstes, um ihn zu retten. Aber die Ufer waren so steil, daß sie erst viele Li unterhalb landen konnten. Sie ließen die Luft aus den Fellsäcken und nahmen Holz und Seile und wanderten über die Berge stromauf, bis sie einen Weg zum Fluß hinunter fanden. Dann stellten sie ein neues Floß zusammen und versuchten, an der Klippe zu landen. Aber die Strömung, die sie am Vortag gegen den Felsen geworfen hatte, trieb sie jetzt weit davon entfernt vorbei. Sie landeten wieder und zerlegten das Floß und wanderten stromauf. Selbst während der Nacht arbeiteten sie und waren unterwegs. Aber nie konnten sie den Felsen erreichen. Einmal kamen sie nahe genug, um einen großen Fladen Brot zu dem Engländer zu werfen. Aber er traf den Felsen und sprang wie ein Ball ins Wasser zurück. Der Engländer wartete geduldig, er wartete fast eine Woche lang. Und als sie wieder einmal hilflos vorbeitrieben, machte er die Bewegung des Schwimmens und zeigte auf den Strom. ‚Nein', riefen die Flößer zurück, ‚versuch es nicht, versuch es nicht, man kann hier nicht schwimmen.' Aber der Engländer fuhr fort, in der Luft zu schwimmen. Noch nie hatten sie ihr Floß so rasch zerlegt und waren so rasch stromauf gelaufen. Als die Klippe wieder in Sicht kam, sahen sie, daß sie leer war. Sie hörten auf zu rudern und ließen sich müßig treiben. Sie waren sehr müde und hatten Rast nötig. Und der Strom nahm sie und trieb sie gegen den Felsen und sie hatten Mühe, ihr Floß vor dem Kentern zu schützen. Das ist der einzige Unglücksfall, der sich jemals in der Maulbeerbaum-Schlucht ereignet hat. Man hat den Engländer nie gefunden."

Wir hatten ruhiges Wasser erreicht. Die Berge waren zur Seite gerückt und gaben dem Fluß ein breites Tal. Die grünen Oasen mit ihren kreischenden Wasserrädern wurden zahlreicher. Auf den Berghängen bewegten sich wie langsam ziehende weiße Wolken Herden von Schafen. Trieb uns der Fluß nahe ans Ufer, so nahmen die furchtsamen Schafe Reißaus, und die Wolke schwebte wie flüchtiger Nebel bergwärts und löste sich in einzelne weiße Punkte auf. Die beruhigenden Rufe des Hirten klangen dann noch lange über das Wasser. Die Ruderer, sonst nur zu bereit, die Frauen am Ufer durch anzügliche Bemerkungen und die Herden durch laute Rufe in die Flucht zu jagen, schenkten den Tieren keine Beachtung. Sie waren in langatmige Auseinandersetzungen vertieft, wen die Schuld an unserem Unfall träfe. Sie schienen von den gegenseitigen Fähigkeiten als Steuerleute und Flußkenner eine sehr geringe Meinung zu haben.

Sie waren kräftige, derbe Gesellen, voll von lauten Späßen und guter Laune. Einer hatte den Körper eines Boxers und darüber ein gutmütiges Kindergesicht. Sie nannten ihn „Ta-Shiao-Haitse", das Große Kind, und er war tatsächlich wie ein Kind immer aufgelegt zu lachen. Bald hatten sie sich geeinigt, daß der Unfall seine Schuld gewesen sei. Anscheinend hatte er ganz allein das Floß gegen die gefährlichen Felsen gerudert. Er wußte gegen die vielstimmigen Anschuldigungen keine Antwort und machte ein unglückliches Gesicht. Ich glaube, er war tatsächlich den Tränen nahe, denn die Flößer sind stolze Leute und fast ebenso selbstbewußt wie die Piloten der chinesischen Fluglinien.

Aber das Große Kind hatte keine Zeit zu weinen, er mußte zur Strafe die schlapp gewordenen Fellsäcke neu aufblasen. Das ist keine angenehme Arbeit, besonders nicht für einen so kräftig gebauten Kerl wie das Große Kind. Wenn das Floß schwer beladen ist, sind die Fellsäcke fast völlig unter Wasser. Nur das zugebundene Ende ragte gerade über die gelbe Brühe. Er mußte nun einen Sack nach dem andern öffnen und sich wie ein Frosch eng zusammenkauern, um mit dem Mund die Öffnung zu erreichen. Es war sicher nicht leicht, den Kopf fast tiefer als die Fußsohlen, die großen Säcke frisch aufzublasen. So vergaß das Große Kind seinen Kummer und seine Tränen. Er war sogar wieder von neuem Stolz erfüllt. Mit drei tiefen Atemstößen war die Haut so prall, daß sie unter seinem prüfenden Finger klang wie eine reife Melone. Immer wieder klopfte er mit dem Finger gegen die straff gespannte Haut und strahlte über das ganze Gesicht.

„Hast du Geschäfte gemacht?" fragte mich Liu.

„Jetzt im Nordwesten?"

„Ja, in Kansu und in Chinghai. Mein Schwager sagte, du kommst aus Chinghai."

„Ich war bei den großen Tempeln. Und am Blauen See. Aber ich habe keine Geschäfte gemacht, wenigstens keine guten."

„Warum reist du dann so mühsam? Es ist kein Vergnügen, in Chinghai zu reisen. Die Menschen sind unfreundlich und die Herbergen dürftig."

„Die Menschen waren nicht unfreundlich. Im Gegenteil, sie waren sehr freundlich. Vielleicht reiste ich, um möglichst viele von ihnen zu treffen. Sie lassen eine angenehme, freundliche Erinnerung zurück. Vielleicht auch reiste ich, um die Tempel zu sehen und die Berge und den Blauen See. Die Erinnerung an all das Gesehene macht mich glücklich."

„Erinnerungen sind ein schwerer Besitz. Die dunklen erfüllen einen mit Trauer und die strahlenden mit Sehnsucht. Erinnerungen sind wie Wünsche. Die einen greifen in die Vergangenheit, die anderen in die Zukunft. Aber beide nehmen uns den vollen Wert der Gegenwart, und es ist doch nur die Gegenwart, in der wir leben."

„Wenn Erinnerungen dasselbe sind wie Wünsche, dann seid ihr Großen Alten Herren" — ich gebrauchte einen sehr höflichen chinesischen Ausdruck, wie ihn meist nur die Diener für den ehrwürdigsten Vorstand des Haushalts verwenden, und ein belustigtes Lächeln glitt über sein Gesicht —, „dann seid ihr Großen Alten Herren gar nicht so zu beneiden. Ihr seid friedvoller als wir Jungen, weil ihr weniger Wünsche habt. Aber ihr seid geplagt von einem Berg der Erinnerungen."

„Das mag teilweise stimmen. Aber es ist leichter, den Erinnerungen des Alters ihre quälende Kraft zu nehmen als den Wünschen der Jugend."

„Und wenn Erinnerungen eine peinigende Last sind, warum ehrt ihr Chinesen das Alter so sehr? Warum sehnt ihr euch danach, alt und grau zu werden?"

„Ehrt ihr in den westlichen Ländern das Alter nicht?"

„Nicht so sehr wie ihr. Bei uns ist es eine Höflichkeit, bei euch ist es ein Kult."

„Ja, bei uns ist es tatsächlich ein Kult. Fast eine Religion. Weißt du den Grund dafür?"

„Nein."

„Vielleicht", sagte Liu und sah sehr nachdenklich aus, „weil wir Alten dem großen Jenseitigen näher stehen als die Jugend. Wir beten vor den Ahnentafeln der Verstorbenen. Warum sollten wir nicht einen Teil der Verehrung, die wir den Verstorbenen geben, auch schon denen widmen, deren Seele bald von uns gehen wird! Vielleicht ehren wir deshalb das Alter, weil es mit einem Fuß schon im großen Jenseitigen steht, von dem wir so wenig wissen."

Das war das Schöne an der Floßfahrt: man konnte reden, denken oder nichts tun, aber man war immer unterwegs. Dabei hatte man nicht das Gefühl des Unterwegsseins, man stand still im lehmigen Wasser und die Berge und Wolken zogen langsam vorbei. Das war viel weniger beunruhigend, als mit einem Pferd über die Steppe zu reiten. Die Steppe war groß und starr, der Reiter darin war ein verlorener beweglicher Punkt. Hier war das Floß der unbewegliche Mittelpunkt der Welt und die Erde hatte ihre Starrheit und Bedeutung verloren. Vielleicht reiste Liu dieses Gefühls wegen so oft den Gelben Fluß stromab.

Es war ein trüber, wolkiger Tag gewesen, aber gegen Abend kam die Sonne für ein paar Minuten durch die Nebelschwaden, und die kahlen Lößberge wurden in der rötlich dämmrigen Beleuchtung, ähnlich manchen Frauen, märchenhaft schön. Doch rasch war der Zauber zu Ende, leiser Regen fiel und gab den Bergen ihr gewohntes Aussehen.

Wir hielten in einem kleinen Ort, der Hsi Shia Kou, „Westlicher Mund der Schnellen", hieß. In Wirklichkeit waren wir am östlichen Ende der Stromenge, aber so hieß der Ort nun einmal, und niemand wußte warum. Liu, der hier bekannt war, wurde in einem reichen Bauernhaus aufgenommen, und ich durfte den K'ang mit ihm teilen. Die Familie des Bauern saß um uns herum und das Gespräch war lässig und freundlich, ohne hemmende Höflichkeit, wie unter alten Freunden.

Über einem grellen Feuer aus trockenem Gras, das ohne Unterlaß genährt werden mußte, kochte ein junges Mädchen Nudeln für uns. Es war ein hübsches, selbstsicheres Ding mit langen, schmalen Händen. Ihre Füße waren gebunden, eine Seltenheit bei jungen Mädchen, und ihre zögernden, hilflosen Schritte bildeten einen reizenden Gegensatz zu ihrem sonstigen Selbstbewußtsein. Sie wälzte den Teig in lange, etwa fingerbreite Bänder und riß von ihnen kleine Stückchen ab, die sie ins kochende Wasser warf. Sie stand einige Schritte vom Kochtopf entfernt, aber keine ihrer Würfe verfehlte sein Ziel. Sie riß und warf so rasch, daß man die einzelnen Bewegungen ihrer Hände nicht mehr unterscheiden konnte, sondern nur wie bei einem auf schnellen Touren laufenden Kolben die äußeren Konturen sah. Das Herdfeuer war die einzige Beleuchtung, und die fliegenden Teigstücke zuckten wie kurze Blitze durch die Dunkelheit. Sie flogen so enge hintereinander, daß sie wie Leuchtspurgeschosse ein helles Band von der Hand des Mädchens nach dem Kochtopf bildeten. Es konnte kaum ein schöneres und befriedigenderes Bild nach einem anstrengenden, hungrig machenden Tag geben: das brodelnde Wasser und der kräftige Dampf des gekochten Teiges, das Mädchen mit ihrem schönen Gesicht und den raschen Bewegungen. Sicherlich wußte sie, wie schön sie war und wie kunstvoll ihre Bewegungen. Sonst wäre sie näher an das Feuer gegangen und hätte gekocht, wie alte Frauen kochen. Aber sie war ein junges Mädchen, voll Freude über ihre Jugend und voll Erwartung.

„Es ist gut, daß Si-men Statthalter am Gelben Fluß war", sagte Liu.

Der Bauer und die Anwesenden lachten, das Mädchen errötete. Ich hatte nie von Si-men gehört und sah Liu fragend an.

„Sonst müßte die Lao Tai-tai heute für uns kochen", sagte Liu.

„Erzähl ihm die Geschichte. Er ist ein Fremder", sagte der Bauer.

„Willst du sie hören? Es ist eine sehr alte Geschichte", sagte Liu.

Ich nickte.

„Zur Zeit der sieben Reiche lebte ein Mann namens Si-men, der war der Statthalter am Gelben Fluß. Der Gott des Gelben Flusses wurde damals sehr verehrt. Die Zauberer und Hexen verkündeten laut: ‚Der Flußgott will jedes Jahr ein Mädchen freien. Sonst kommen Wind und Regen nicht zur rechten Zeit.

Es wird Überschwemmungen und Mißernten geben, Hunger und Tod werden kommen. Man muß die Braut des Flußgottes unter dem Volk suchen.'

Gab es nun in einem reichen Haus ein hübsches junges Mädchen, so sagten die Zauberer, die sei zu erwählen. Die Eltern, die ihre Tochter schützen wollten, bestachen dann die Zauberer mit viel Geld. Die Zauberer ließen sich erweichen und gingen zur nächsten reichen Familie. Dann befahlen sie den Reichen, Geld zu sammeln und ein armes Mädchen zu kaufen und es für den Gott in den Fluß zu werfen. So wurden die Zauberer reich und mächtig. Wer aber nicht bezahlen konnte, dessen Tochter wurde zur Gattin des Flußgottes bestimmt. Die Menschen am Gelben Fluß litten damals sehr.

Als nun Si-men sein Amt antrat, hörte er von diesem Brauch. Er ließ die Zauberer zu sich kommen und sagte: ,Ihr müßt mir den Hochzeitstag des Flußgottes ankündigen. Ich bin neu in meinem Amt und will dem Flußgott persönlich meine Ehrung darbringen. Das wird ihn freuen, und die Ernte wird gut werden.' Damit entließ er sie. Die Zauberer waren voll des Lobes über Si-mens Frömmigkeit.

Als die Zeit herankam, machten sie ihm Meldung. Si-men tat Feiertagskleidung an und fuhr im festlichen Zuge zu dem Fluß. Die Ältesten des Volkes und die Zauberer und die Hexen, sie waren alle da. Von weither waren Leute herbeigeströmt, um das Schauspiel zu sehen."

Liu zündete sich umständlich seine Pfeife an. Ein paar Frauen und ein paar Kinder und noch einige Bauern waren während seiner Erzählung ins Zimmer gekommen. Sie saßen schweigend um ihn herum und man konnte sehen, welches Vergnügen ihnen das Zuhören machte. Das junge Mädchen rührte langsam im Kochtopf.

„Dann bereiteten die Zauberer die Hochzeitszeremonie vor. Sie setzten die Flußbraut auf ein Ruhebett, taten ihr den Hochzeitsschmuck um und strichen ihr das Haar aus der Stirn. Pauken und Trommeln erklangen um die Wette. Schon waren sie im Begriffe, das Bett dem Fluß zu übergeben, und die Eltern des Mädchens nahmen unter Tränen Abschied von ihr. Da gebot Si-men Halt und sprach: ‚Nicht so eilig. Ich bin persönlich erschienen, um der Braut das Geleite zu geben. Da muß es feierlich zugehen. Es muß erst jemand in das Schloß des Flußgottes und ihn benachrichtigen, damit er selbst kommt, um die Braut zu holen.‘

Mit diesen Worten blickte er auf eine Hexe und sagte: ‚Du sollst gehen und dem Flußgott Nachricht bringen.‘ Die Hexe zögerte. Da befahl er seinen Dienern, sie ins Wasser zu werfen. Dann verging wohl eine Stunde.

‚Dieses Weib versteht seine Sache nicht‘, sagte Si-men, ‚sonst wäre sie schon lange zurück.‘ Dann sah er einen Zauberer an und sagte: ‚Geh du und mach es besser.‘ Der Zauberer verfärbte sich vor Angst. Aber Si-men ließ auch ihn packen und in den Fluß werfen.

Wieder verging eine Stunde. Si-men stellte sich beunruhigt: ‚Die beiden machen ihre Sache schlecht‘, sagte er, ‚und lassen die Braut zu lange warten.‘ Abermals blickte er auf einen Zauberer und sagte: ‚Geh du ihnen nach und mache es besser.‘ Der Zauberer aber warf sich zur Erde und bat flehentlich um Schonung. Und auch die anderen Zauberer und Hexen knieten der Reihe nach vor ihm nieder und baten um Gnade. Sie taten einen Schwur, daß sie niemals wieder dem Flußgott eine neue Gattin suchen würden.

Da vergab ihnen Si-men und schickte die Flußbraut mit ihren überglücklichen Eltern in die Heimat zurück. Mit jener Sitte war es für ewig zu Ende. Sonst wärst du wahrscheinlich schon die Gattin des Flußgottes und könntest nicht für uns kochen.“

Er sah nach dem Mädchen am Feuer, und alle lachten. Dann aßen wir die Nudeln und tranken das mehlige Wasser als Suppe und legten uns alle nebeneinander auf dem K’ang zur Ruhe.

Den ganzen nächsten Tag trieben wir zwischen steilen Bergen. Das Bild war immer dasselbe: eine kurze Strecke des Gelben Flusses, auf allen Seiten eingeengt von kahlen Bergflanken wie ein kleiner Gebirgssee. Dann trieben wir um die nächste Biegung und waren in einem anderen See. Und so trieben wir von einem See in den anderen, konnten nie mehr als ein paar hundert Meter des Flusses sehen und die Berge, die manchmal hoch und felsig waren wie die Dolomiten. Nur selten fuhren wir an Häusern vorüber. Und die Häuser waren die einzigen Farben in dieser Welt des grauen Flusses, der grauen Berge und des grauen Himmels. Die Häuser selbst waren auch grau, aber auf dem Dach lagen hohe Berge von goldgelben Maiskolben zum Trocknen und an den Hauswänden hingen Girlanden von grellrotem Pfeffer. Dann gab es auch meist einige grüne Bäume um die Häuser.

Gegen Abend wurde das Tal breiter, und wir kamen zu einer Stadt. Sie lag hinter einer zerbröckelnden, aber noch immer gewaltigen Stadtmauer am rechten Ufer und hieß Tsing Yuan. Liu ging, um Geschäfte zu machen, und ich ging mit ihm.

Es war eine kleine Stadt, wie es wahrscheinlich viele tausende in China gibt, ohne besonderes Merkmal oder persönliche Eigenart. Von den vier Stadttoren führten die Hauptstraßen nach dem Stadtmittelpunkt, auf dem ein hölzerner Pailu, ein Ehrenbogen, stand. In den Hauptstraßen waren die Geschäfte, winzige Läden mit einer Unmenge von Waren. Die Schmiede hatten ihre Läden in einer langen Reihe hintereinander, dann kamen die Sattler, die Töpfer, die Gemüseverkäufer und die Bäcker. Die gleichen Berufe drängten sich aneinander und beherrschten ihr Viertel mit ihren Gerüchen und Geräuschen. In einem halb verfallenen Tempel waren Soldaten einquartiert. Ich wußte nicht, zu welcher Armee sie gehörten, aber sie waren verwahrlost und unhöflich. Zwischen den tönernen Göttern hatten sie Stricke gespannt, auf denen ihre Wäsche zum Trocknen hing. Die Straße vor dem Tempel war fast menschenleer. Wahrscheinlich hatten die Bauern Angst vor den Soldaten, denn anderswo standen sie in dichten Gruppen und verkauften ihr Gemüse oder schlenderten von Stand zu Stand, um einige Töpfe oder Eisenwaren zu kaufen.

Es war nichts Besonderes oder Persönliches um diese Stadt. Sie war China. Ich dachte an Shanghai, das glitzernde, schmutzige Shanghai mit seinen Buicks und seinen Bettlern, mit seinem häßlichen Reichtum und seiner noch häßlicheren Armut; und ich dachte an Peking mit seiner lebenden Geschichte und seiner Würde und seiner atemberaubenden Schönheit. Sie waren das China der großen Vergangenheit und der ungewissen Zukunft. Tsing Yuan aber war das wirkliche China. Ein paar Meilen um die Stadt waren fruchtbare Felder. Dann kam das kahle Lößland und dann wahrscheinlich wieder andere Städte inmitten von Feldern. Aber Tsing Yuan wußte nichts von diesen anderen Städten. Es wußte auch nichts von Peking, außer ein paar alten Sagen und der Tatsache, daß dort im Himmelstempel der Mittelpunkt der Welt sei. Es wußte auch nichts von Shanghai, nur daß gelegentlich ein unternehmender Händler elektrische Taschenlampen von dort brachte oder Farbdrucke leicht bekleideter junger Damen, die voll mütterlicher Sorgfalt auf einige spielende Kinder schauen und es so den Bauern ermöglichen, die Bilder als Symbole eines engen Familienlebens zu kaufen. Würden Peking und Shanghai und alle Nachbarstädte von heute auf morgen von der Erde verschwinden, Tsing Yuan würde es kaum merken. Die Bauern würden wie immer ihr Gemüse und ihr Getreide und ihr Korn in der Stadt verkaufen und dort Töpfe und Schalen und Werkzeuge kaufen, die von den Töpfern und Schmieden Tsing Yuans angefertigt worden waren. Tsing Yuan war eine selbstgenügsame Insel. Und China besteht aus Tausenden solcher Inseln. Ich fühlte plötzlich, warum das Rad der Geschichte in China sich so langsam dreht und oft stillzustehen scheint. Es war kein Reich, es war ein Archipel der Unabhängigkeiten.

Wir blieben zwei Tage in Tsing Yuan. Fast wären wir einen dritten geblieben. Wir hatten einen guten Landeplatz an einer steil abfallenden Sandbank gefunden. Es war nicht leicht, mit dem Floß am Ufer anzulegen. Die aufgeblasenen Fellsäcke waren durch die schwere Last tief ins Wasser gedrückt, und sie durften nicht gegen den Flußboden wetzen, sonst bekamen sie Löcher und mußten umständlich geflickt werden. Meist mußten wir weit draußen in der Strömung halten und waren nur durch einige Seile mit dem Ufer verbunden. Hier aber stand das Wasser still und wurde rasch tief. Wir lagen richtig am Ufer, und viele Leute aus der Stadt kamen uns besuchen.

Das Große Kind war der Anlaß unserer Verspätung. Er hatte von einer früheren Fahrt in der Stadt Schulden und konnte sie nicht begleichen. Sein Gläubiger, ein hagerer, mißmutiger Mann, kam am dritten Tag, gerade als wir losfahren wollten, und zwischen ihm und dem Großen Kind entstand eine wortreiche, aufgeregte Unterhaltung, die wellenförmig auf und ab ging und kein Ende nahm. Liu, der aus irgendwelchen Gründen nicht gewillt war, die Schuld des Großen Kindes zu bezahlen, hörte zuerst aufmerksam zu und legte sich dann in sein Zelt. Bald hörte man ihn schnarchen. Die Bootsleute kauerten sich bei ihren Rudern in eine bequeme Stellung und warteten. Keiner mischte sich in die Auseinandersetzung des Großen Kindes und des hageren Mannes. Bei jedem Höhepunkt glaubte ich, eine Prügelei sei unvermeidlich, aber die drohend erhobenen Fäuste führten nur erschreckende Bewegungen aus und machten der Stimme wieder Platz. Schließlich wurde es dem Großen Kind zu dumm; er rief: „Wir fahren jetzt", und wollte aufs Floß steigen. Der Hagere warf sich ihm mit einem dramatischen Sprung nach und umklammerte sein Bein. Das Große Kind hätte sich mit einem kräftigen Tritt leicht befreien und vollends aufs Floß steigen können — mit dem einen Bein stand er schon auf dem Floß —, und der Hagere hätte ihn ebenso leicht wieder ans Ufer zurückzerren können, aber beide verharrten bewegungslos wie lebende Statuen in dieser unbequemen Stellung. Sie sprachen kein Wort und sahen sich nicht einmal an. Die Minuten vergingen, und sie starrten düster und schweigsam aus der Sackgasse ihrer Emotionen heraus. Wahrscheinlich hätte jede nächste Handlung für beide einen bedeutenden Gesichtsverlust gebracht, und so warteten sie, entschlossen, ihr Gesicht nicht zu gefährden. Der Gelbe Fluß selbst nahm sich ihrer an. Ein schwacher Wirbel faßte das Floß und zog es langsam vom Ufer fort. Das Bein des Großen Kindes glitt aus der gemimten Umklammerung und der Hagere sah schmerzvoll nach seinen leeren Händen. Das Große Kind blieb in seiner sonderbaren Pose. Er streckte den einen Fuß noch immer über den Floßrand, wie erstarrt vor Schreck über die Bewegung des Floßes und voll Bereitwilligkeit, sein Bein den Händen des Gläubigers wieder auszuliefern. Aber der Fluß hatte uns aufgenommen und trug uns mit sich. Erst als der Hagere nur noch ein dunkler Punkt gegen die helle Sandbank war, erlaubte das Große Kind seinem Fuß, wieder eine normale Stellung einzunehmen. Er mußte viel Gesicht gewonnen haben, denn die anderen Ruderer ließen ihn in Ruhe, und er war nicht ein einziges Mal das Ziel ihrer derben Späße.

Wir trieben den ganzen Tag und landeten erst spät abends an einem Steilufer. Droben auf einer angeschwemmten kleinen Ebene waren viele Felder voll von reifen Melonen und Getreide. Jedes Feld hatte sein eigenes Wächterhäuschen, einen winzigen hundehüttenartigen Bau, aus dem einige Kinder argwöhnisch nach den Kindern der nächsten Hütten sahen. Sie spielten nicht miteinander, sie riefen sich nicht einmal listige Scherzworte zu, sie sahen nur starr und voll Mißtrauen nach ihrer Ernte, als wäre sie von großen Gefahren umgeben. Auf dem Floß war es kalt und feucht, so gab ich einem Jungen einige Zigaretten, und er ließ mich in seiner Hütte schlafen. Wir machten ein heißes Feuer unter dem K'ang und hatten es angenehm warm und trocken. Ich hatte den K'ang für mich, denn der Junge schlief nicht, sondern schlich wie ein wachsames Raubtier um sein winziges Feld und kam nur von Zeit zu Zeit, um sich zu wärmen. Ich fragte ihn, wie der Ort heiße, und er sagte Ta Ping Ho — Großer Friede des Flusses.

Am nächsten Tag kamen wir nach einer anderen Ortschaft, die einen ähnlich irreführenden Namen hatte. Sie hieß Ta Miao — Großer Tempel, aber weit und breit war nicht einmal ein kleiner Tempel zu sehen, was in China eine Seltenheit ist.

Die Berge waren flacher und sanfter geworden und der Fluß langsam und breit. Vor uns mündete er in eine weite Ebene, die nach der Enge der letzten Tage grenzenlos und verwirrend war. Am linken Ufer aber schoben sich die Dünen der Gobi noch einmal in hohen Wellen bis an das Wasser. Ein Mann zog einen Esel hinter sich eine steile Düne herunter. Sie wateten langsam und mühsam durch den tiefen Sand und hinterließen eine steile, kühne Spur wie ein Skiläufer, der einen jungfräulichen Hang zerstört.

Wir landeten zur Mittagsrast in einem Dorf, das nichts Ländliches an sich hatte, sondern an eine schmutzige Vorstadt Shanghais erinnerte. Es gab hier Kohle und Ton, und der Fluß bildete einen billigen Verkehrsweg; daher war das Dorf eine einzige Töpferwerkstätte. Der Schlamm auf der Straße war schwarz von Kohle, die Menschen waren schwarz von Rauch und Asche. Zu Bergen getürmt standen Töpfe verschiedener Form und Größe bereit zur Verschiffung nach Ninghsia. Die Hauswände waren aus zerbrochenen Töpfen gebaut, und selbst der Tempel war zu einem Warenlager herabgewürdigt worden. Die Nudeln schmeckten nach Kohle und waren dunkelgrau. Es war ein niederdrückender Ort.

Abends landeten wir in Tsungwei, der Grenzstadt zwischen der Provinz Kansu und Ninghsia. Liu war für zwei Tage damit beschäftigt, die Grenzbeamten durch Festmähler und Geschenke freundlich zu stimmen und so einen zollfreien Durchgang seiner Waren zu ermöglichen. Ich ging in die Stadt, in der ein belgischer Priester leben sollte. Bald hatte ich sein Haus gefunden, und ein Diener ließ mich ein.

Wenn die Fenster geputzt gewesen wären, hätte das Zimmer sicher einen hellen, freundlichen Eindruck gemacht. Aber der Staub lag dick auf den Scheiben, und das Tageslicht drang nur gedämpft durch den Schmutz. Ein Großteil des Raumes lag im Halbdunkel.

In der einen Ecke stand ein breiter, weiß gestrichener Tisch und dahinter ein Regal. Beide waren mit einer Unmenge kleiner Dosen und Flaschen angefüllt, und einige hellschimmernde ärztliche Instrumente lagen unter Glas.

Daneben stand ein Schreibtisch mit vielen Papieren und Büchern, unordentlich durcheinander, als ob jemand gerade gestört worden wäre, der mit ihnen gearbeitet hatte. Ein chinesisches Bild der Maria mit dem Jesuskind hing an der Wand. Die asiatischen Züge der Madonna waren sanft und mütterlich, während das Knäblein mit der sicheren Selbstzufriedenheit asiatischer Kinder vor sich hinschaute.

„Besuch ist gekommen, Priester", sagte der Diener.

Die von uns abgewandte Gestalt in einem alten chinesischen Ishang murmelte etwas und fuhr in ihrer Beschäftigung fort. Über den Tisch mit den Medizinen war ein junger Mann mit entblößtem Oberkörper gebeugt, so daß sein Rücken eine pralle Kurve bildete. Auf der einen Schulter war ein tiefes Geschwür und der Priester reinigte es mit Watte. Dann legte er einen Verband darum und wandte sich um.

„Wie geht es Ihnen?" sagte er auf chinesisch und streckte mir seine Hand entgegen. Die Hand war blutig, er sah es und lachte entschuldigend. „Komm morgen wieder und iß nicht zuviel Paprika und trink keinen Wein", sagte er zu dem jungen Burschen, der sich anzog, und dann zu mir: „Ich komme gleich."

Er wusch sich im Hof die Hände und war im nächsten Augenblick zurück und schüttelte meine Hand.

„Durant ist mein Name."

Ich nannte meinen Namen und sagte, daß mein Floß zwei Tage Aufenthalt hier hätte und daß ich gekommen sei, ihm meinen Besuch zu machen.

„Eine gute Idee, eine freundliche Idee. Ich habe nur selten Gäste hier. Vielleicht regnet es ein paar Tage“, er warf einen prüfenden Blick gegen das Fenster, durch das die Wolken dunkler aussahen, als sie tatsächlich waren. „Solange müssen Sie mein Gast sein.“

Er war groß und mager. Sein Gesicht mit dem blonden Bart war bleich und müde. Es lächelte, aber das Lächeln war traurig und ohne Leben. Seine Augen, hellblau hinter den starken Gläsern seiner Brille, strahlten warm und herzlich. Sie füllten das Zimmer mit Leben, und zum erstenmal, seit ich die armselige Stadt betreten hatte, war ich froh.

Unsere Unterhaltung wurde in einem seltsamen Gemisch verschiedener Sprachen geführt. Durant begann auf chinesisch, ich antwortete ihm ebenso. Dann sprach er einige Sätze in Englisch, in Französisch und in einem schwerverständlichen Deutsch. Er war Flame.

„Ah, daß Sie Flämisch verstehen! Ich bin so froh, wieder flämisch sprechen zu können. Es tut gut, seine Muttersprache zu benützen“, sagte er auf chinesisch. Wir lachten beide. Er fuhr fort: „Es hilft nichts. Ich habe zwanzig Jahre nur chinesisch gesprochen und ich denke jetzt auf chinesisch. Wenn Sie erst einmal ein paar Tage hier sind, wird es besser sein.“

Der Diener brachte eine Flasche und zwei Gläser. Es war guter Wein aus Trauben. „Aus meinem eigenen Weingarten. Die einzigen Trauben in der ganzen Provinz. Sobald der Regen aufhört, schicke ich dem Gouverneur ein paar hundert Pfund. Er ißt sie gerne und es schadet nicht, sich mit ihm gut zu stellen.“

Der Regen war stärker geworden. Das Wasser trommelte gegen das Dach und fiel in Strömen gegen die Fenster. Der Hof war ein See, in dem die Tropfen kleine Pilze formten.

„Wir haben Glück mit dem Wetter. Wenn es nicht regnen

würde, könnten wir nicht so ungestört beisammensitzen. Ich bin von früh bis abends beschäftigt. Ein Kranker nach dem andern. Manchmal bis spät in die Nacht. Als ich vor ein paar Jahren zum erstenmal nach Tsungwei kam, waren die Leute mißtrauisch, und es dauerte viele Wochen, bevor der erste Kranke sich hertraute. Ich bin überzeugt, daß er die Medizin, die ich ihm mitgab, weggeworfen hat. Aber jetzt kommen sie mit jeder Kleinigkeit."

„Sie sehen aus, als ob Sie viel zuviel arbeiteten, Pater."

„Oh, ich werde bald weniger zu tun haben. Ich lerne jetzt zwei junge Chinesen an, und die können dann die meisten Fälle behandeln. Aber wir Missionäre hier in China sehen alle müde aus. Vor dem Krieg war ich in Belgien auf Urlaub. Wenn wir Missionäre uns dort treffen, können wir sofort erkennen, ob wir aus China oder aus dem Kongo kommen. Die aus dem Kongo sind trotz Malaria und Tsetsefliege lustig und guter Dinge. Sie lachen viel. Wir aus China lachen wenig. Wir sind müde. Unsere Arbeit hier ist schwer und nicht immer befriedigend."

„Der Gouverneur ist aber ein guter Freund der Mission, hörte ich."

„Es liegt nicht am Gouverneur. Er läßt uns in Ruhe arbeiten. Wir stören ihn nicht, im Gegenteil, wir können ihm mit Kleinigkeiten oft behilflich sein, mit Trauben zum Beispiel. Es sind die einfachen Leute selbst, die uns entmutigen. Sie haben hier — wenigstens in dieser Provinz — so wenig Bedürfnis nach dem, was wir ihnen geben können. Ich habe jetzt einige Christen hier, aber es sind wenige, und sie sind nicht bodenständig. Es sind Bauern, die aus anderen Provinzen hier eingewandert sind. Sie kamen ohne Geld und ohne Mittel, ein neues Leben anzufangen. Wir borgten ihnen Geld, und aus Dankbarkeit kamen sie oft in die Mission. Manche wurden Christen, andere zahlten ihre Schulden zurück und ließen sich nicht mehr blicken."

„Es muß ein einsames und hartes Leben sein."

„Nein, jetzt, seitdem ich hier bekannt bin und das erste Mißtrauen beseitigt ist, bin ich nicht einsam. Im Gegenteil, ich bin überlaufen von Leuten, die sich Rat holen wollen: wie diese Beule zu heilen ist; ob die kommunistischen Truppen nach Tsungwei kommen werden; was die letzten Nachrichten in der Zeitung sind; ob es möglich ist, die Trauben in der Hauptstadt mit Profit zu verkaufen. Ich bin ein Mädchen für alles in praktischen Dingen. Aber in religiösen Angelegenheiten sind sie völlig selbstgenügsam: ein bißchen Weihrauch und Opfer an den großen Feiertagen vor den Göttern im Tempel, eine Prozession, wenn der Regen zu lange ausbleibt. Alles nur praktisch und erst, wenn ihr Wohlleben gefährdet ist. Nicht einmal der buddhistische Priester konnte hier sein Leben fristen, der Tempel steht leer und er ist davongewandert."

Durant lachte leise vor sich hin:

„Er war ein alter, ehrwürdiger Mann, sehr gelehrt und sehr fromm. Er war mein guter Freund. Wir sind viele Abende zusammengesessen, und er hat mir oft geraten: ‚Priester, geh fort von Tsungwei, wir haben hier nichts verloren.' Aber ich bin nicht so frei wie er. Ich habe dort zu bleiben, wohin ich geschickt wurde, gleichgültig, ob die Ernte gut ist oder nicht."

Der Diener brachte zwei Schüsseln mit Schweinefleisch und gebratenen Kartoffeln, schob die Arzneitiegel ein wenig zur Seite und wir aßen. Dazu tranken wir eine zweite Flasche Wein; er war sauer, aber erfrischend. Dann legte Durant die Zigarre weg, die er auch während der Mahlzeit geraucht hatte, und zündete sich eine Pfeife an.

„Tsungwei ist heute sehr aufgeregt, und Sie werden kaum jemanden in den Straßen gesehen haben."

„Ja, es war ziemlich menschenleer, aber es regnete."

„Nein, heute ist es nicht nur der Regen. Der Gouverneur braucht neue Truppen, und in der ganzen Provinz werden Soldaten ausgehoben. Tsungwei soll zweihundert Mann stellen. So sind die meisten jungen Leute ins Gebirge geflohen. Sie werden in einer Woche zurückkommen, wenn die Gefahr vorüber ist. Ich bin, Gott sei Dank, mit dem Beamten befreundet, der die neuen Soldaten aussucht. Das ist ein wunderbares Geschäft. Er hat zwar eine große Summe bezahlen müssen, um dieses Amt zu bekommen, aber er verdient jetzt in wenigen Tagen ein Vielfaches. Es genügt nicht, nur in die Berge zu laufen, man muß auch einen Obolus entrichten, damit man nicht als Deserteur angezeigt wird. Ich bin, Gott sei Dank, sein Freund, und so konnte ich einige arme Christen freibekommen, die sich nicht loskaufen können. In ein paar Tagen ist die Aufregung vorüber, bis zum nächsten Mal wenigstens."

„Es ist immer gut, einflußreiche Freunde zu haben, besonders in China."

„Ah, er hilft mir nicht nur aus Freundschaft, sondern wir haben ein kleines Tauschgeschäft verabredet. Er hatte große Angst, er würde die gewünschten zweihundert Soldaten nicht zusammenbringen, und wollte meine Christen nicht freilassen. Er ist ziemlich krank und weiß, wie wirksam Ehrlichs ‚606' ist. So machten wir einen Handel: für jede Spritze läßt er zwei Mann frei. Er ist in einem Stadium, daß ich für die nächste Konskription ein Guthaben ansammle. Ich war ein guter Geschäftsmann, denn ich hätte ihm die Spritzen natürlich auch gegeben, wenn ich nichts dafür bekommen hätte."

Am Tor gab es einige Geräusche, und ein junges Mädchen, vom Regen durchnäßt und das Haar in nassen Strähnen, trat ein. Sie stand verlegen vor uns und murmelte leise: „Guten Tag, Priester."

„Was ist los, Kind? Geht's dem Vater schlechter?"

„Ja", sagte sie.

„Soll ich kommen?"

„Ja."

„Sie machen jetzt am besten Ihren Nachmittagsschlaf. Ich bin bald wieder zurück. Der Alte ist schwerkrank und ich muß sehen, ob ich ihm helfen kann."

Er packte einige Arzneien und Instrumente in eine Tasche.

„Kann ich mit Ihnen gehen?" fragte ich.

„Nein, sie leben fünf Kilometer von hier. Es ist kein Vergnügen, durch den Regen zu gehen. Wir könnten meine Maultiere nehmen und reiten, aber sie sind alt und ich will sie nicht aus dem warmen Stall holen. Ich bin gleich wieder da."

Er nahm das Kind bei der Hand und verschwand mit ihm im Regen.

Ich hatte eine lange Zeit für mich, aber es wurde mir nicht langweilig. Da waren viele Bücher, einige religiöse, aber meistens wissenschaftliche über die Religionen und die Geschichte Chinas. In flämischen Monatszeitschriften fand ich viele Artikel von Durant. Er war ein gelehrter Mann, da war kein Zweifel. Auf dem Schreibtisch lagen lose Blätter voll von chinesischen, tibetischen und mongolischen Schriftzeichen, aber ich konnte den verbindenden flämischen Text nicht verstehen und wußte nicht, was sie bedeuteten.

Der graue, trübe Tag war unmerklich zu einem düsteren Abend geworden, als Durant zurückkam. Der lange chinesische Kittel klebte an ihm, und er sah aus, als wäre er in einen schmutzigen Dorfteich gefallen.

„Dieser Regen ist gut für das Wintergetreide", sagte er. Eine Wasserlache wuchs von seinen Füßen in das Zimmer herein, er zog seine triefenden Kleider aus und warf sie auf die Veranda, wo sie der Diener murmelnd und gegen das Wetter protestierend in Empfang nahm. Durant rieb seinen mageren Körper mit einer dünnen Karbollösung ab, und das Zimmer roch wie ein Spital.

„Dem Alten ist kaum mehr zu helfen. Tuberkulose, in ein paar Tagen wird es zu Ende gehen. Seine Frau ist schon vor langer Zeit gestorben, und er hat keine Verwandten hier. Ich muß das Mädchen irgendwo unterbringen; wenn ich nur mehr Geld hätte! Aber ich werde schon einen Platz für sie finden, wo sie arbeiten kann, bis sie heiratet."

Er runzelte nachdenklich die Stirne, dann lachte er knabenhaft und ein wenig verlegen:

„Ich habe mit dem Alten so viel über seine Tochter gesprochen, und wie ich für sie sorgen könnte, daß ich ganz vergessen habe, mit ihm zu beten. Ich bin ein schöner Seelsorger!"

Sein Körper war so mager, daß man jede Rippe sehen konnte. Viele häßliche Narben hatten ihren violetten Stempel daraufgedrückt. Er hatte sich abgetrocknet und einen frischen Ishang angezogen. Der Diener brachte eine kleine Flasche Schnaps und wir tranken. Eine angenehme Wärme vertrieb den feuchten Schauer des Abends. Es war dunkel geworden, und ein kümmerliches Öllicht schimmerte matt im dichten Rauch der Zigarren und der Pfeife, die Durant ohne Unterlaß rauchte. Einige Pfeifen, halbgeraucht und nicht geleert, lagen auf dem Tisch. Er bot mir eine an, und der scharfe Tabak, den er selbst pflanzte, zerschnitt mir die Zunge.

„Ah, gut? Was?" sagte er, „Tabak und Schnaps, das hält mich gesund. Ist das beste Desinfektionsmittel. Sonst wäre ich schon längst gestorben. Als die große Pest durch die Provinz zog, das war 1924 oder früher, ich weiß es nicht mehr, war ich in einer Ortschaft mit sechshundert Menschen stationiert. Nur dreißig haben die Seuche überlebt. Ich habe niemals geglaubt, daß ich lebendig aus dieser Hölle herauskommen würde. Zwei Wochen hindurch schlief ich kaum ein paar Stunden. Ich sammelte die Überlebenden in meinem Haus, ich hatte noch genug Getreide, um sie zu ernähren. Und das Land war voll vom Verwesungsgeruch, und die Hunde wurden dick und fett. Ich rauchte damals Tag und Nacht, sonst hätte ich es nicht ausgehalten."

Ich deutete auf das Manuskript auf seinem Schreibtisch: „Woran arbeiten Sie hier?"

„Arbeiten? Ich komme kaum dazu. Nur während der Nacht ein paar Stunden. Ich habe von dem gelehrten Priester, der von hier auswanderte, ein paar alte Manuskripte bekommen. Ich versuche jetzt, sie zu übersetzen, sie geben eine gute Übersicht über die Ereignisse in unserer Provinz während der Sung-Dynastie. Alles noch unbekanntes Material. Aber es wird viele Jahre dauern, bevor ich damit fertig bin. Es gibt zuviel praktische Arbeit."

Wir aßen wieder Schweinefleisch mit gebratenen Kartoffeln.

„Heute bei diesem starken Regen bin ich auf etwas gekommen, was mir viel Arbeit schaffen wird. Wir haben hier in unserer Gegend sehr viele Blinde, mehr als zweihundert. Nur Männer, und sie müssen natürlich auf ihren Feldern arbeiten."

„Haben Sie eine Theorie, warum nur die Männer blind sind?"

„Ah, das ist sehr einfach. Sie alle waren Soldaten und zogen mit General Fu gegen die Kommunisten. Sie mußten in die Ordos, und die Sonne war grell und der Sand blies scharf über den Boden. Sie hatten natürlich keine Sonnenbrillen — sie hatten kaum Gewehre —, und nach einiger Zeit waren ihre Augen so entzündet und geschwollen, daß sie kaum mehr sehen konnten. Fu war in Peking und Shanghai gewesen und hatte seine eigenen Ansichten über Medizin. Er ließ die Erkrankten antreten, sie mußten in ihre Eßnäpfe urinieren und damit ihre Augen baden. Nun ist Urin in manchen Fällen ein Heilmittel, und der General hatte nicht ganz unrecht, aber nur gesunder Urin. Doch die Soldaten waren fast alle geschlechtskrank und nach ein paar Wochen waren sie auch noch dazu blind. Sie kamen in Fetzen und als Bettler hier an.

Sie haben sicherlich schon Blinde hier gesehen. Man merkt kaum, daß sie nicht sehen können, mit einer solchen Sicherheit gehen sie oft viele Meilen auf ihre Felder und arbeiten dort. Schon vor einiger Zeit merkte ich, daß sie bei Regenwetter viele Unfälle haben, der eine ein gebrochenes Bein, der andere einen eingeschlagenen Schädel. Zuerst dachte ich, daß sie im Schlamm leichter ausgleiten, aber das erklärt nicht ihre schweren Verletzungen. Ich fragte sie aus und erfuhr, daß sie ihren Weg verloren hätten. Das Lößland ist hier mit tiefen Schluchten durchzogen, sie brechen senkrecht von den ebenen Feldern ab, und Gnade Gott dem, der hinunterfällt.

Heute verstand ich zum erstenmal, warum sie bei Regen die Orientierung verlieren: der Regen erstickt jeden Schall. Nicht nur ihre Fußtritte werden im Schlamm unhörbar, die feuchte Luft und der Lärm des fallenden Wassers schlucken jeden Laut. Und sie finden sich zurecht, das glaube ich wenigstens seit heute, wie sich Fledermäuse zurechtfinden und wie Radar Schiffe und Flugzeuge leitet: durch den zurückgeworfenen Schall. Sie erkennen an dem Geräusch ihrer eigenen Schritte und wahrscheinlich an den vielen Geräuschwellen, die unhörbar in der Luft schweben, daß sie jetzt das Haus des Wu erreicht haben und daß links im Feld die große Pappel steht. Im Regen sind sie hilflos."

„Das alles klingt sehr wahrscheinlich."

„Ich muß jetzt versuchen, sie zu überreden, bei Regen im Haus zu bleiben oder nur kurze, gut bekannte Strecken zu gehen. Das wird nicht leicht sein. Sie sind dickköpfig und wehren sich gegen jede Änderung ihrer alten Gewohnheiten, als ob ihr Leben davon abhinge. Es hat keinen Zweck, ihnen etwas von Schallwellen zu erklären. Sie kennen das chinesische Wort dafür nicht einmal. Ich werde ihnen erzählen, daß bei Regenwetter böse Geister ihr Unheil treiben und Menschen in die Irre führen. Das werden sie glauben und vorsichtig sein."

Wieder verschönte das knabenhafte und um Entschuldigung bittende Lächeln sein hageres Gesicht: „Es ist vielleicht nicht ganz richtig, wenn ich als Priester die bösen Geister zu Hilfe nehme. Aber wir können uns hier gebrochene Gliedmaßen nicht erlauben. Sie bedeuten Hunger, und Hunger bringt Prostitution und die bringt wieder andere Krankheiten. Ich glaube, Gott wird das verstehen und auch der Bischof, wenn er davon hört."

„Ich hörte einmal von einem Missionar, der auf einer Insel in der Arktis lebte", sagte ich. „Die Eskimos dort begruben ihre Toten in einem Boot, weil sie auf der Reise nach dem Jenseits einen Fluß zu überqueren hätten. Dann kam die moderne Zeit und der Außenbordmotor. Die Toten wurden mit Motoren begraben. Aber die Eskimos waren nicht reich und das Wirtschaftsleben der Insel geriet in Unordnung. Da erzählte ihnen der Missionar, daß die mit einem Motor Begrabenen alle auf der einen Seite des Flusses stünden und nicht hinüber könnten. Motoren wären auf diesem Flusse nicht erlaubt, sie machten zuviel Lärm und die Ölflecke verunreinigten das Wasser. So holten sie die Motoren von den Toten und legten Paddel in das Boot. Seitdem nimmt das Leben auf der Insel wieder seinen gewohnten Lauf."

„Die Wege des Herrn können nicht immer gerade sein."

Die Welt war sehr klein geworden. Der Lärm des Regens schaltete jedes Geräusch von außen ab, und das Öllicht erhellte nur eine kleine Halbkugel aus Rauch, an deren Rand das Gesicht Durants sich manchmal hell abhob und dann wieder in den Schatten zurücksank. Wir saßen einige Zeit schweigsam; dann wurde die Stille durch ein Klopfen am Tor unterbrochen.

„Komm herein", rief Durant, und ein regennasser Bauer schob sich ins Zimmer.

„Du hast Besuch, Priester? Da will ich nicht stören. Ich habe nur vorbeigeschaut, wie es dir geht. Ich komme ein andermal wieder."

Aber er blieb stehen und wartete darauf, genötigt zu werden, doch hier zu bleiben. Kein Mensch würde in diesen Regen hinausgehen, nur um einen höflichen Abendbesuch zu machen, es mußte ein dringender Grund vorliegen. Und Durant enttäuschte ihn nicht. Der Bauer fragte höflich nach meinem Namen und ich nach seinem. Er hieß Wang.

Wir sprachen über das Wetter und die Ernte und die Preise. Wang war mit allem unzufrieden, aber am unzufriedensten war er darüber, daß er zum Militär mußte. Er war arm und hatte sich nicht freikaufen können. Auch Durant hatte ihm nicht helfen können, denn der Soldateneintreiber hatte eine alte Rechnung mit Wang zu begleichen und war in seinem Fall hart geblieben. Morgen oder übermorgen mußte er nach der Hauptstadt, wo er eine zweiwöchige Ausbildung und ein Gewehr bekommen würde. Dann ging es an die Front. Er war begreiflicherweise schlechter Laune.

„Irgendwelche Nachrichten von deinem Bruder?“

Der Bruder war vor zwei Monaten eingezogen worden, die Feindschaft des Eintreibers umschloß die ganze Familie Wang.

„Ja, ich habe Nachricht“, sagte Wang.

„Gute Nachricht, schlechte Nachricht?“ fragte Durant.

„Schlechte Nachricht.“

„Ist er krank oder verletzt?“

„Er ist tot.“

„Oh, ich bin traurig, das zu hören, wirklich traurig.“

Der tote Wang war ein kräftiger junger Bursche gewesen und hatte erst vor ein paar Monaten geheiratet, erklärte Durant. Er war arm, aber er hätte sich hinaufgearbeitet.

„Die junge Frau weiß schon davon?“

„Ja, ich habe es ihr erzählt.“

„Es ist ein großes Pech, daß du weg mußt. Aber wir haben alles Mögliche versucht.“

„Ja, Priester. Ich muß morgen weg.“

„Sag der Wang Taitai, sie soll mich bald besuchen.“

„Sie wird bald kommen“, und nach einer kurzen Pause: „Priester, bist du ein guter Mensch?“

„Du kennst mich, Wang.“

„Ich möchte dich bitten, eine gute Tat zu vollbringen. Wirst du es tun?“

„Wenn ich kann, Wang. Aber du weißt, daß ich kein Geld habe, ich bin selbst sehr arm.“

„Nein, es ist nicht Geld, aber du kannst uns helfen.“

„Was ist es?“

„Die Frau meines Bruders erwartet ein Kind. Es soll erst in sechs Monaten geboren werden. Aber wir sind so arm, sie muß den ganzen Tag arbeiten, und sie hat nicht genug zum Essen für sich allein. Kannst du ihr das Kind nicht nehmen?"

„Nein, das kann ich nicht, Wang."

„Aber, Priester, es ist eine gute Tat. Und ich weiß, du bist ein guter Mensch. Du wirst ihr helfen, du verstehst nur nicht. Sie muß sonst den Soldaten folgen und sich ihnen verkaufen. Anders kann sie nicht über den Winter leben. Sie wird krank werden und das Kind wird nicht lange leben. Sie weiß das alles, aber was kann sie tun? Und kein Bauer wird sie dann später heiraten. Sie muß eben in die Stadt und sich weiter verkaufen. Wenn du ihr jetzt eine Medizin gibst, so kann sie über den Winter aushalten, und wenn die nächste Ernte gut ist, wird sie nachkommen. Hilf ihr."

Durant dachte eine Zeitlang nach. Dann sagte er zu mir: „Alles, was er sagt, stimmt. Es ist kein vereinzelter Fall. Die Bordelle in den Städten sind voll mit solchen Frauen."

Wang hatte ihn nicht verstanden, Durant hatte englisch gesprochen.

„Wirst du uns helfen, Priester? Es ist eine gute Tat."

„Sag der Frau deines Bruders, sie soll bald zu mir kommen. Und schau, daß auch du bald gesund zurückkommst."

Wang verabschiedete sich glücklich.

„Was werden Sie tun?" fragte ich.

„Ich weiß es noch nicht. Daß Gottes Wege so krumm sind!" Er lächelte müde. „Sie können hier auf diesem K'ang schlafen. Ich habe heute kaum Zeit gehabt zu beten, ich gehe noch in die Kapelle."

Viel später hörte ich ihn zurückkommen, und er legte sich fast geräuschlos neben mich auf den K'ang. Es regnete noch immer, und die feuchte Nachtluft vertrieb den Rauch und füllte das Zimmer mit dem Versprechen des kommenden Tages.

Der nächste Tag war trüb und nebelig, aber es regnete

nicht. Liu sandte einen Boten: seine Besprechungen mit dem Beamten wären zu Ende und das Floß sei fahrbereit: würde ich freundlicherweise zurückkommen?

Durant begleitete mich, und als das Floß abstieß, stand er als dunkle, einsame Silhouette an dem steilen Ufer und der Nebel umwallte ihn.

Nach ein paar Stunden kam die Sonne durch und nahm die graue Trauer der letzten Tage. Die Landschaft hatte sich gründlich geändert. Wir trieben durch die Ebene, und nur zur linken Hand, rein und klar nach dem Regen, war die Kette des Alashan zu sehen, hinter der die Alashan-Mongolen in halber Unabhängigkeit ihrer großen Vergangenheit nachtrauern. Die hohen Wasserräder waren verschwunden, und breite Kanäle leiteten an ihrer Stelle das Wasser ins flache Land. Das System der Bewässerung von Ninghsia ist vorbildlich und, wie so vieles Vorbildliche in China, uralt. Der Fluß war nicht mehr gelb, sondern blau von der Weite des Himmels. Er zerteilte sich in viele flache Arme, und die Ruderer mußten ständig auf der Hut sein, um die Fahrtrinne nicht zu verfehlen. Oft rumpelten die Fellsäcke mit drohendem Laut über den seichten Grund und zweimal saßen wir fest und mußten das Floß entladen.

Ich war mit Liu in seinem Zelt und wir rauchten Opium.

„Nächstes Jahr", sagte Liu, „werde ich schon im Frühjahr stromab fahren. Wenn der Fluß hoch ist von den Schmelzwässern. Wenn du wieder im Nordwesten bist, komm nochmals mit mir."

„Ich weiß nicht, wo ich nächstes Jahr sein werde."

Die Sonne hatte eine italienische Szene ans Ufer gezaubert: einen weißen, schimmernden Pavillon, dunkle Pappeln und darüber einen so blauen Himmel, daß selbst die Brühe des Hwangho ans Mittelmeer erinnerte.

„Du solltest manchmal nach dem Hwangho zurückkommen", sagte Liu. „Man kann von seinem Wasser sehr viel lernen."

Ich sah ihn fragend an. Er rauchte seine Pfeife zu Ende und sagte: „Konfuzius wurde einmal gefragt, warum er den großen Strom liebe. Und Konfuzius antwortete: ‚Das Wasser ist wie der Edle. Es ist freigebig, ohne selbstsüchtig zu sein. Es gleicht so der Kraft des Geistes. Es schafft Leben. Nur dort, wohin es nicht gelangt, herrscht der Tod. Es gleicht so der Güte. Sein Fließen nimmt Rücksicht auf die Erhöhungen und Vertiefungen des Geländes. Es gleicht so der Gerechtigkeit. Es stürzt, ohne sich zu besinnen, in tiefe Abgründe. So gleicht es dem Mute. Es fließt ebenmäßig und bildet große Tiefen. So gleicht es der Weisheit. Es muß Schwierigkeiten, die sich ihm entgegenstellen, überwinden. So gleicht es der Verträglichkeit. Es füllt alle Vertiefungen gleichmäßig an. So gleicht es der Gerechtigkeit. Es nimmt nicht mehr Platz ein, als es wirklich bedarf. So gleicht es der Mäßigung. Es ändert unzählige Male seine Richtung, fließt aber immer wieder dem tiefsten Punkt zu. So gleicht es der Zielbewußtheit. Deshalb liebe ich den großen Strom.‘“

Wir zündeten uns neue Pfeifen an und rauchten schweigend. Obwohl es schon spät im Jahr war, brannte die Sonne heiß auf den Fluß, und Lius kleines Zelt schützte uns jetzt nicht vor Regen, sondern vor der Hitze.

„Wohin wirst du gehen?“ fragte Liu. „Peking ist eine schöne, große Stadt voll freundlicher Menschen. Peking würde dir gefallen.“

Ich dachte an Peking und wünschte, ich könnte dort noch einen Herbst verleben. Dann aber dachte ich an den Winter und an meine Armut. Vielleicht war es doch besser, nach dem Süden zu gehen.

Liu sagte: „Es sind noch einige Tage bis Paotow. Von dort kannst du nach Norden in die Mongolei gehen oder du kannst versuchen, nach Süden zum Jangtse zu kommen. Am besten wäre es natürlich, du gingst nach Peking.“

Vielleicht würde es mir gelingen, dort Arbeit zu finden.

Vielleicht sogar eine Arbeit, die so gut bezahlt war, daß ich wieder das Haus am Nord-See mieten könnte.

„Ja", sagte ich, „ich werde nach Peking gehen."

„Ah, das ist ein guter Plan. Peking ist eine weise Stadt. Dort kannst du über die Lehre des Gelben Flusses nachdenken. Das fließende Wasser spielt in unserer alten Weisheit eine große Rolle. Weißt du, was Laotse darüber sagt?"

Ich schüttelte den Kopf. Die Sonne hatte mich müde gemacht, und ich hatte so lange kein Opium geraucht, daß es mich verwirrte, statt meine Gedanken zu klären. Ich fühlte die wiegende Bewegung des Floßes und war froh, daß es mich nach Peking trug.

„Laotse sagte: ‚Auf der ganzen Welt gibt es nichts, das so weich und schmiegsam ist wie das Wasser. Und doch gibt es nichts, was es überträfe beim Anprall gegen das Feste und Starke. Es gibt nichts an ihm, wodurch man es verwandeln könnte. Das Schwache besiegt das Starke und das Biegsame das Harte...'"

Ich mußte lange geschlafen haben, denn wir hatten bereits zur Nachtruhe angelegt, als ich wieder aufwachte. Die Sonne war ein riesiger feuriger Ball durch den Dunst des Flusses und den Staub der Steppe. Sie färbte das Land rot und verlieh ihm eine wohltuende Wärme.

Am Ufer rauchte ein kleines Feuer und zwei Mongolen kochten darüber ihren Tee. Der eine war ein würdiger alter Mann und trug den roten Mantel eines Lamas. Der andere war um vieles jünger, aber auch sein Gesicht war ernst und gezeichnet von vielen Jahren harter Zucht im Kloster. Ich setzte mich zu ihnen und sie gaben mir von ihrem heißen, bitteren Tee.

„Woher kommst du?" fragte der Alte.

Ich erzählte ihnen von Kumbum und von Labrang und von dem Blauen See.

„Ah-ya", sagte der Alte. „Ich habe all diese Klöster schon besucht. Früher, als ich jung war, lebte ich in Pailingmiao und manchmal reiste ich nach Peking. Ah, Peking war eine glanzvolle Stadt! Ich wohnte dort im Nordosten der Stadt, im Großen Lamatempel. Aber täglich ging ich nach der Verbotenen Stadt, dem Tai Miao und dem Pei Hai. Kennst du Peking?"

„Ja", sagte icn, „ich kenne Peking. Ich war auch oft in der Verbotenen Stadt." Und wieder stiegen die Erinnerungen und Sehnsucht heiß in mir auf.

„Ich ging nicht aus Neugier", sagte der Lama eifrig. „Du mußt wissen, daß wir in Pailingmiao nur kleine Tempel hatten. Und wir wohnten in Zelten. Ich hatte niemals geglaubt, daß es so große und schöne Bauten geben könne. Aber ihr im Westen habt sicher noch viel schönere. Und auch größere."

„Schönere nicht", sagte ich, „aber größere."

„Ah, dann ist Peking doch die schönste Stadt der Welt", sagte der Lama befriedigt.

„Wohin geht ihr jetzt?" fragte ich.

„Nach Yunnan, nach dem Kloster Atuntse. Dort leben viele Mongolen. Aber es ist noch ein weiter Weg. Wenn wir Geld hätten, würden wir mit dem Flugzeug oder mit dem Auto reisen. So aber gehen wir zu Fuß."

„Wann werdet ihr in Atuntse sein?"

„Im Winter vielleicht, oder vielleicht erst nächsten Sommer."

„Kann ich mit euch gehen?" fragte ich.

Die beiden Lamas sahen sich einen Augenblick an, dann nickten sie beide mit dem Kopf. Der Junge warf mehr Tee in den Topf und legte neue Äste auf das Feuer.

„Bis morgen rasten wir hier", sagte er. „Erst übermorgen gehen wir weiter. Wir haben einen langen Weg hinter uns."

Liu gab mit ein reiches Abschiedsessen, als er hörte, ich würde ihn hier verlassen. Wir kauerten vor seinem Zelt auf dem Floß und aßen Hammelfleisch und tranken Hirseschnaps. Dann holte er die Opiumpfeife hervor und wir rauchten.

„Ah", sagte er, „du gehst jetzt also nach einem Kloster im Süden. Du gehst nicht nach dem weisen Peking."

„Ich hatte mir schon in Lanchow gewünscht", sagte ich, „südlich der Wolken zu gelangen."

„Aber dort wirst du neue Wolken sehen und wieder reisen wollen."

„Ich jage nicht nach Wolken."

„Vielleicht doch. Kennst du das Gedicht des Dichters Wang Wei über die Wolken?"

„Nein", sagte ich.

„... Mir war das Glück auf dieser Welt nicht hold.
Wohin ich geh? Ich wandre in die Berge,
Ich suche Ruhe für mein einsam Herz.
Ich werde nie mehr in die Ferne schweifen,
Müd ist mein Fuß, und müd ist meine Seele,
Die Erde ist die gleiche überall,
Und ewig, ewig sind die weißen Wolken."

„Wang Wei war ein großer Dichter", sagte ich.

„Er war ein weiser Mann", sagte Liu.

Kalter Nebel trieb über den Fluß, und wir gingen schlafen.

„I-lu ping-an, i-lu ping-an, dein Weg sei friedlich, dein Weg sei friedlich", rief Liu immer wieder, als sein Floß in der Morgendämmerung losfuhr. Der Nebel war so dicht, daß seine Stimme matt und samten klang. Aber ich hörte sie noch, als das Floß schon im drohenden Grau verschwunden war und der Fluß wieder einsam dahinströmte.

Ich setzte mich zu den beiden Lamas. Der Nebel hing schwer und bewegungslos in der Luft und tropfte von unseren Kleidern. Wir saßen stumm nebeneinander und bemühten uns um das Feuer, über dem der Teekessel hing. Dann kam die Sonne durch und trocknete unsere Kleider und wärmte den Sand. Ich sprang ins kalte Wasser und schwamm ein Stück stromab. Dann legte ich mich auf den Sand, der an der Oberfläche schon heiß war, und ließ mich vom Sand und von der

Sonne wärmen. Der Nebel war jetzt verschwunden, der Himmel war blau, nur im Süden ballten sich gebirgige weiße Wolken, die Erde lag gelb und leblos darunter. Obwohl die Sonne heiß und die Erde hier wahrscheinlich während des ganzen Jahres sandig und tot war, spürte ich das Kommen des Winters und war froh, daß die beiden Lamas weit nach Süden wanderten.

Der Rauch ihres Lagerfeuers stieg gerade in die stille Luft. Sie sangen ein trauriges Lied, dann unterbrachen sie ihren Gesang und der Alte rief: „Komm, komm, der Tee ist schon fertig."

Ich strich den Sand von meiner Haut und lief zum Lager zurück. Die Sonne brannte vom Himmel, und der Sand unter meinen Füßen war heiß, aber im Süden standen die Wolken und die Luft um meinen Körper war kühl. Wir schlürften den scharfen, würzigen Tee aus flachen Holzschalen, und die Sonne und die Wolken tanzten als blendendes Licht auf dem braunen Getränk.

„Morgen um diese Zeit", sagte der Alte, „sind wir schon unterwegs."

„Ja", sagte ich, „morgen sind wir unterwegs."

Zeittafel

KURZER ÜBERBLICK ÜBER DIE WICHTIGSTEN EREIGNISSE IN OSTASIEN (1912–1964)

1912 Die Mandschu-Dynastie wird in China gestürzt, die Republik ausgerufen. Chaos, Bürgerkrieg. An der Spitze der neuen Republik steht der ehemalige kaiserliche Marschall Yüan Schih-kai.
Der 13. Dalai-Lama zerreißt, als China Republik wird, den seit rund einem Vierteljahrtausend gültigen Vertrag, der Tibet unter die Oberhoheit Chinas gestellt hatte.

1913 Zweite Revolution in Südchina.

1914 Beginn des Ersten Weltkrieges in Europa.
Japanischer Überfall auf die Schantung-Halbinsel.

1915 Yüan Schih-kai wird Kaiser von China.

1916 Yüan Schih-kai wird ermordet. Unruhen, Epidemien.

1917 Siam und China werden von der Entente gezwungen, Deutschland und Österreich-Ungarn den Krieg zu erklären.
Nach dem Fall des zaristischen Rußland reisen Sun Ya-tsu und Tschiang Kai-schek, die sich in Japan aufgehalten hatten, nach China zurück und gründen im Süden eine Art „Provinzialregierung". Tschiang, zum General ernannt, baut eine nationale Armee auf.

1918 Ende des Ersten Weltkrieges in Europa.

1919 Mao Tse-tung ist Hilfsbibliothekar an der Universität von Peking. Damals erstmals mit den Schriften von Marx, Engels, Lenin und Trotzki konfrontiert, sammelt er Schüler um sich.

1921 In der Außenmongolei wird am 13. März eine provisorische revolutionäre Volksregierung gebildet.
Die Mongolei und die UdSSR schließen Bündnis.
Gründung der KP Chinas durch Mao Tse-tung.

1922 „China soll in ewiger Abhängigkeit von den angelsächsischen

Staaten gehalten werden. Es ist ausersehen, als Gegenspieler Japans im Fernen Osten Dienste zu tun" („Tokio Times").

Sun Ya-tsu gelingt die Bildung einer Kuo-min-tang-Regierung, ihr Ziel: die Volksrevolution.

1923 26. 1. Sun Ya-tsu und der sowjetische Beauftragte, Adolf Jaffe, unterzeichnen einen Vertrag, der die nationale chinesische Einheit wiederherstellen soll. China darf nicht zum Satelliten Rußlands werden.

1924 Erster Nationalkongreß in Kanton.

1925 Sun Ya-tsu stirbt.

Überall im Lande breiten sich — geleitet von Mao — kommunistische Zellen aus.

1926 Tschiang Kai-schek wird Oberkommandierender der Nationalen Befreiungsarmee.

1927 Auf Vorschlag Tschiang Kai-scheks wird die KP Chinas als illegal erklärt. Mao flieht.

Im August legt Tschiang das Oberkommando nieder und zieht sich in einen Konfuzius-Tempel zurück, um zu meditieren, wird aber im gleichen Herbst nach Shanghai zurückberufen. „Nanking"-Regierung.

1928 Tschiang Kai-schek neuerlich Oberbefehlshaber der Armee. Befreiung des Nordens, die Einheit Chinas ist wiederhergestellt.

1927—1935 Sven Hedin bereist die Mandschurei, die Wüste Gobi, China und Tibet.

1931 Die Japaner besetzen die Mandschurei. Boykott japanischer Waren in China.

1932—1935 „Der lange Marsch" der Kommunisten, 13000 km nordwärts.

Kampf Tschiang Kai-scheks gegen die kommunistischen Nester.

1935 Die Japaner gründen in den Ebenen Chinas den Operettenstaat „Ost-Hopei".

Die geflüchteten Kommunisten gründen in Yenan, im Nordwesten Chinas, eine Sowjetrepublik und reorganisieren sich. Tschiang Kai-schek auf dem Höhepunkt seiner Macht.

1937 Die Zentralregierung in Nanking schließt mit der Sowjetunion einen Waffenstillstand.

Am 6. Juli hält die japanische Infanterie in der Nähe Pekings Übungen ab. An der Marco-Polo-Brücke kommt es dann zu den ersten Schüssen: Die Japaner hatten nämlich einen ihrer Männer vermißt und die Chinesen der Entführung beschuldigt. Obwohl sich die Sache bald aufklärt, bestehen die Japaner darauf, daß sämtliche Chinesen-Truppen aus den besetzten Gebieten abziehen. Und als diese Forderung abgelehnt wird, eröffnen die Japaner das Gefecht: der Chinesisch-Japanische Krieg hat begonnen.

November: Die Japaner erobern Shanghai.

1938 Die Japaner landen in Kanton. Die Chinesen müssen Han-chow aufgeben.

1940 Die Japaner besetzen Hainan, Haifong und Hanoi (Indochina). Die französischen Kolonialherren (das Mutterland liegt eben — gegen die Deutschen — darnieder) bleiben weitgehend inaktiv. Siam (das sich nun Thailand nennt) fordert von den Franzosen Laos und Kambodscha zurück.

Über Aufforderung der Japaner schließen die Engländer die Burma-Straße und sperren so für Tschiang Kai-schek die letzten Zufuhren.

1941 Bildung einer japanfreundlichen Zentralregierung durch den von Tschiang Kai-schek abgesprungenen Wang Tsching-wei. Es kommt zur Spaltung Chinas.

Oktober: Fürst Konoye von Japan legt sein Amt als Ministerpräsident nieder. Sein Nachfolger wird General Tojo. Heftige Verhandlungen mit Washington. Roosevelt verlangt die Rückstellung aller in den letzten Jahren von den Japanern oktroyierten Gebiete. Am 1. Dezember wird der 8. Dezember (japanischer) bzw. der 7. Dezember (amerikanischer) Zeitrechnung zum „Tag der äußersten Grenze“ bestimmt. Als Roosevelt in einer Ansprache am 6. Dezember (amerikanischer Zeitrechnung) in einer Rede von den Japanern kompromißloses Aufgeben ihres

Standpunktes verlangt, ist man in Japan davon überzeugt, daß nur ein Überraschungsangriff die Lage der Nation retten könnte. So kam es zum Vernichtungsangriff der japanischen Truppen auf Pearl Harbor und zur amerikanischen Kriegserklärung gegen die Japaner.

1942 Schlacht bei den Midways.

China erhält neue Verfassung.

1943 Im Juli schätzt man die Zahl der bisher im Chinesisch-Japanischen Krieg Gefallenen auf 2,7 Millionen Japaner und 5,5 Millionen Chinesen.

1. August: Burma wird unabhängig.

In Indochina wird der Nationalstaat Vietnam (Tonking, Annam, Kambodscha) gebildet.

November: Churchill, Roosevelt und Tschiang Kai-schek treffen einander in Kairo, um eine gemeinsame Strategie der Niederwerfung Japans zu besprechen.

1945 6. August: Atombombe auf Hiroshima. 8. August: Atombombe auf Nagasaki. Kapitulation Japans.

12. August: Das kommunistisch besetzte Nordkorea wird Volksrepublik.

1946 Die Philippinen werden unabhängig.

Aufstand in Indonesien (Sukarno).

Aus Annam, Tonking und Cochinchina wird die Volksrepublik Vietmin: Die Vietmin-Bewegung unter Ho Tschi-min hat die Macht übernommen.

Aufstand der kommunistischen Huks auf den Philippinen.

Verhandlungen zwischen Tschu En-lai und Tschiang Kai-schek über US-Vermittlung, um die inneren Verhältnisse in China zu konsolidieren.

1947 Tschiang Kai-schek läßt durch seine Armee das von Mao regierte Yenan besetzen. Mao flüchtet in den hohen Norden Chinas.

Staatsstreich in Thailand, Unruhen in Malaia.

1948 April: Tschiang Kai-schek wird zum ersten Präsidenten der chinesischen Republik gewählt. Doch er kann sich der kommunistischen Infiltration nicht mehr erwehren. Massenflucht aus der Nationalarmee zu den Truppen Maos.

Sieg der Truppen Maos in der Schlacht von Süt-chou.

1949 Mao besetzt Peking.

April: Nanking wird von Maos Truppen besetzt.

Tschiang Kai-schek und seine ihm verbliebenen Getreuen fliehen nach Formosa.

21. 9. Proklamation der (kommunistischen) Volksrepublik China.

Die Haager Konferenz gibt Indonesien frei.

Auf den Philippinen tobt weiterhin der Huk-Krieg.

1950 Freundschafts- und Beistandspakt Maos mit Stalin.

Juni: Beginn des Korea-Kriegs (—1953).

1951 Japanisch-amerikanischer Friedensvertrag.

1950—1960 Industrialisierung Chinas, Schaffung der Volkskommunen.

1953 Aufständische schließen die französischen Truppen in der Dschungelfestung Dien-bien-phu ein: Teilung Vietnams.

1959 Auseinandersetzungen an der chinesischen Grenze mit Ost-Tibet, Nepal und Indien.

1964 Frankreich nimmt diplomatische Beziehungen zu Rot-China auf.